华中·元照 中青年法律科学文库

股东代表诉讼：世界与中国

Shareholders' Derivative Actions: The World and China

林少伟 著

華中科技大學出版社
http://www.hustp.com
中国·武汉

图书在版编目（CIP）数据

股东代表诉讼：世界与中国 / 林少伟著. -- 武汉：华中科技大学出版社，2019.9

（华中元照中青年法律科学文库）

ISBN 978-7-5680-5512-3

Ⅰ.①股… Ⅱ.①林… Ⅲ.①股份有限公司—股东—诉讼—研究
Ⅳ.①D912.290.4

中国版本图书馆CIP数据核字（2019）第197630号

股东代表诉讼：世界与中国
Gudong Daibiao Susong: Shijie yu Zhongguo

林少伟 著

策划编辑： 王京图
责任编辑： 李 娜
封面设计： 傅瑞学
责任校对： 梁大钧
责任监印： 徐 露
出版发行： 华中科技大学出版社（中国 · 武汉） 电话：（027）81321913
武汉市东湖新技术开发区华工科技园 邮编：430223
录 排： 北京欣怡文化有限公司
印 刷： 北京富泰印刷有限责任公司
开 本： 710mm × 1000mm 1/16
印 张： 31.25
字 数： 417千字
版 次： 2019年9月第1版 2019年9月第1次印刷
定 价： 108.00元

華中出版

本书若有印装质量问题，请向出版社营销中心调换
全国免费服务热线：400-6679-118，竭诚为您服务

本书是中国法学会2016年度一般课题“《公司法》私人执行之评估”[编号: CLS（2016）C27]结项成果。

目 录

第一部分　制度反思

第一章　股东代表诉讼之功能与缺陷

股东个人权利受到侵害时，可依照规定直接提起诉讼以获得法律救济。但股东作为公司的投资者，如公司利益受到损害时，其并没无资格代表公司向加害人提起诉讼。原因在于，公司具有独立法律人格，独立享有法律权利和承担法律义务，是法律上的人。因此，根据原告适格原则，公司利益受到侵害时，应由公司自身提起诉讼。股东作为公司的投资者，虽然与之有不可分离的密切关系，但其并不能直接等同于公司本身，因此当然也无资格代表公司提起诉讼。然而，此时问题产生：侵害公司利益的往往是公司董事或大股东，而一旦公司受到董事或大股东控制，公司即便想提起诉讼，也有心无力。即使加害人为个别董事，不足以控制整个公司，但董事会出于公司声誉或形象考虑，也会倾向于私下沟通解决，而非诉诸外部机构或提起诉讼，公之于众。此种情况下，公司利益受损，却对侵害人无可奈何，而作为最终受害者的股东面对此种悲剧，也只能望洋兴叹，无能为力。正义在此被公然践踏，而法律作为正义守护者，对此殊难旁观，而应拔刀相助。故此，法律赋予股东代表诉讼之权，允许股东穿透原告适格原则，可代表公司成为原告，起诉侵害者，索取赔偿，以“正”应有之“义”。但股东代表诉讼的功能是否仅限于救济股东与保护公司利益？其是否具有其他功能？制度本身是否也存在一些内生性缺陷？本章将对此进行一一剖析。

一、股东代表诉讼之功能

股东代表诉讼作为少数股东对抗董事的武器，其功能与作用不仅仅在于保护少数股东，根据英国伦敦大学学院赖斯贝格（Reisberg）教授的总结，股东代表诉讼有四个功能：赔偿、阻吓、补充和执行董事义务。[1]

（一）赔偿功能

股东提起代表诉讼后，如能胜诉，则被告须赔付一定数额的金钱。该赔偿金额虽不一定能落入原告股东的口袋，但至少可以让不法行为者付出一定的代价，同时，公司因董事的不端行为而造成的损失也可因此赔偿而得以弥补。因此，赔偿功能可谓代表诉讼最简单直接粗暴的功能。但赔偿功能本身也有一定的缺陷，原因有三：第一，公司股东的变更导致受损的股东因其退出公司而得不到相应的赔偿，而新进的股东却可坐收渔人之利。[2]特别是对于公众公司而言，因其股份流通性较强，股份的自由转让必会导致公司股东变化。如有股东在代表诉讼进行过程中转卖股份、退出公司，其必然承担因董事侵权行为而遭受的损失，而后来的股份受让者却可因代表诉讼的胜利而受益。但新进股东的受益并非不当得利，因其购买股份的对价已包含公司可能因代表诉讼的获胜而取得的利益。同样，退出股东放弃诉讼可能的受益而转让股份是其自由选择，“理性经济人”理论认为，该股东此时退出公司必然是经过各种权衡而做出的“合理”选择。当然，如退出股东因自身资金周转困难而被迫售出股份则另当别论。第二，代表诉讼即使获胜，在某种情况下也不一定能获得赔偿。比如董事可能无力偿还巨额赔偿，或者该救济本身属于非金钱意义上的。此时，代表诉讼的赔偿功能无以彰显。第三，诉讼胜利所得之赔偿分摊到每一股份时很可

〔1〕 Arad Reisberg, *Derivative Actions and Corporate Governance* (Oxford University Press, 2007) 54.

〔2〕 John Coffee and Donald Schwartz, ‘The Survival of the Derivative Suit: An Evaluation and a Proposal for Legislative Reform’ (1981) 81 *Columbia Law Review* 302; Ian Ramsay, ‘Corporate Governance, Shareholder Litigation and the Prospects for a Statutory Derivative Action’ (1992) 15 *University of New South Wales law Journal* 149, 156.

能微不足道。胜诉后，董事所赔付之金额，总数上可能很多，但平均分摊到每一股份时，却可能微不足道。在美国，已有实证研究显示，巨额的赔偿分摊到每一股份时通常只有“微少之量”[1]。如果这一现象普遍存在，则代表诉讼的赔偿功能无疑值得商榷。如若赔偿是代表诉讼的首要功能，则代表诉讼的存在价值似乎也值得怀疑。

（二）阻吓功能

代表诉讼的另一功能是阻吓其他董事，具有震慑作用。事实上，任何一种法律救济机制均具有或强或弱的阻吓功能。代表诉讼除了让不法行为者付出一定金额的赔偿外，还会给其声誉带来负面影响。因此，某个公司针对某位董事提起的代表诉讼，一般会阻吓该公司其他董事以及其他公司的董事。这种阻吓功能与刑事惩罚的作用具有异曲同工之妙。刑事惩罚的功能除惩罚犯罪人，使其付出相应代价之外，另一功能则是震慑社会其他人，特别是潜在的图谋犯罪者。二者区别在于刑事处罚的外在执行者是公共起诉部门，而代表诉讼的外在执行者是公司股东。[2]

代表诉讼的阻吓功能源于威慑理论。经典的威慑理论认为，惩罚的严重性和法律实施的经常性可以作为一种替代政策规范行为。[3]即行为人在实施某种行为之前须权衡该行为之得失，如实施该行为所获之收益高于该行为所付出之代价，则可付诸行动。反之，如该行为之代价大于其收益，则会抑制该行为。此外，威慑理论认为，某行为所造成之损害应由行为人

〔1〕 Roberta Romano, ‘The Shareholder Suit: Litigation without Foundation’ (1991) 7 *Journal of Law, Economics and Organisation* 55, 62; Sanjai Bhagat and Roberta Romano, ‘Event Studies and the Law: Empirical Studies of Corporate Law’ (2002) 4 *American Law & Economics Review* 380.

〔2〕 John Coffee, ‘New Myths and Old Realities: The American Law Institute Faces the Derivative Action’ (1993) 48 *Business Lawyer* 1428.

〔3〕 Richard Posner, *Economic Analysis of Law* (3rd, Little Brown, 1986) 205-12; John Parkinson, *Corporate Power and Responsibility-Issues in the Theory of Company Law* (Clarendon Press, 1993) 132-135; Gary Becker, ‘Crime and Punishment: An Economic Approach’ (1968) 76 *Journal of Political Economy* 169; Ehud Kamar, ‘Shareholder Litigation under Indeterminate Corporate Law’ (1999) 66 *University of Chicago Law Review* 996.

全部赔偿。[1]即行为人之行为造成他人利益受损时，该行为人须对受害人承担全部赔偿，赔偿之数额不应低于损失之数额。威慑理论的全部赔偿原则在很大程度上可以阻吓潜在的董事，促使他们自觉遵守法律规范及行为准则。但全部赔偿原则的实现需要法律责任的确定，即行为人知晓自己承担法律责任的可能性。如可能性很低，即使法律后果很严重，也可能阻止不了董事的自利行为。因代表诉讼而引起的法律责任的确定一般有以下三个变量：一是董事不端行为被发现的可能性；二是代表诉讼提起后胜诉的可能性；三是胜诉后公司获得赔偿的可能性。这三个可能性几乎没有一个可以从理论上分析和确定，只能因具体个案的不同而定。[2]

代表诉讼的阻吓功能与赔偿功能一样，也有其自身的缺陷。首先，阻吓功能的有效性很难衡量。即阻吓功能在代表诉讼所起的作用有多大，对其他董事的震慑性有多强，很难确切知悉。这种不可测量的缺陷源于两个原因：一是证明阻吓功能是否有效的证据无法从客观或有形之物之中获得证实。换而言之，我们很难从实践层面上证明某公司董事被诉给其他公司董事带来的可能的阻吓影响；二是阻吓功能属于主观层面上的功能。这种功能是否有效只存在于潜在董事的心理，很难为他人知悉。此外，阻吓功能与赔偿功能一样，可能会促使公司董事尽量选择低风险低回报的投资项目，以避免可能引起的诉讼纠纷。最后，阻吓功能的效用可能因股东与公司的利益冲突而减弱。代表诉讼由股东提起，股东提起代表诉讼出于保护公司权益，从而保障自身利益，但在实践中，代表诉讼的提起给公司和股东原告带来的利益可能不一致。因此，有可能出现一种情况，即当代表诉讼的提起给公司带来更多的利益而股东原告收益甚少时，股东可能不会提起该诉讼。反之，当代表诉讼的提起给原告股东带来更多的利益而公司可

〔1〕 Guy Halfteck, 'The Effects of Incentives to Invest and the Level of Investment in Class Action Law Enforcement on the Magnitude of Liability for Harm', Discussion Paper No. 452 (12/2003).

〔2〕 Guy Halfteck 'The Effects of Incentives to Invest and the Level of Investment in Class Action Law Enforcement on the Magnitude of Liability for Harm', Discussion Paper No. 452 (12/2003).

能会因此受损时，股东会提起该诉讼。这种利益的脱钩会促使股东在提起代表诉讼时权衡个人而非公司利益得失，而这种个人利益的权衡无疑会减弱代表诉讼的阻吓功效。

（三）填补空缺功能

通过司法形式解决纠纷是实现公平正义的主要方式，这一救济途径源于诉讼可以减少法律的不确定性。所谓法律面前，人人平等。然而，不同的人对同一法律可能会有不同的解读，在相互冲突的解读背景下，人们的行为也会有所冲突。通过法官释法的诉讼形式可以确定法律的确切含义，减少不确定性，进而降低纠纷的产生。代表诉讼作为一种特殊的诉讼途径，也具有这一内生性功能。

代表诉讼填补空缺的功能主要体现在董事与公司所签订的合同。公司聘请董事时一般会签订聘用合同，该合同根据既往和可预见的情况约定双方权利义务关系。无论合同如何完善，也不可能预见将来可能出现的任何情况，并事先对之做出约定。因此，通过司法解决合同没有约定的纠纷可填补这一不可避免的空缺。故此，代表诉讼也扮演此种角色，当股东认为公司某董事所行所为侵害公司利益时，可将其诉诸法院，并交由法院公平裁决。而法官在裁判此类案件时，会对规则进行解读甚至创造新的规则。比如，对董事一般义务的澄清和解释，甚至创设新的义务类型，等等，而这无疑有助于深化当事人对规则的理解和遵守。

（四）执行董事义务

代表诉讼在某种意义上也可促使董事注意其对公司的义务，如董事违反该义务而造成公司受损，股东甚至可以提起代表诉讼以执行该义务。传统理论认为，董事所负之义务仅对于其所服务的公司而言，董事对公司而非股东负有义务。然而，当董事违反义务而造成公司损失时，对该义务有权提出惩罚要求的应当是该义务所对应的权利享有者，即公司。但正如之前所述，公司很可能被不法行为者（即董事）所控制和操纵，而丧失指控董事之能力。此时，由股东替代公司执行董事义务遂成不二选择。

二、股东代表诉讼之缺陷

代表诉讼赋予股东直接起诉侵害公司利益者的权利，一方面可以震慑加害者，但另一方面也可能引起大量烦琐的诉讼，从而影响公司正常经营。很多国家之所以对股东代表诉讼施加种种限制，很大程度上也是源于代表诉讼本身的诸多缺陷。

（一）公司被善意地摧毁

股东本身享有个人权利的救济，如个人权利受到侵害，股东可以名正言顺提起诉讼。但代表诉讼赋予了股东另一层的诉讼救济权利，即当公司而非股东个人利益受损时，股东也有权提起诉讼。公司个人权利的救济，如同上述，受到一定的限制，因为如股东可任意利用代表诉讼权利，公司可能陷入无止境的诉累中。即使代表诉讼获得胜利，被告也可能无力偿还，出现赢了官司赔了钱的现象。英国坦普尔曼（Templeman）法官曾表示出类似的担忧，他在 Prudential Assurance Co Ltd v. Newman Industries Ltd (No.2) 一案中直截了当地指出“公司可能会被善意地摧毁”。股东提起代表诉讼如出于善意、维护公司利益，尚无可厚非，但如心怀恶意、图谋不轨，无休止地利用代表诉讼，则公司势必遭受重挫，被摧毁也并非杞人忧天。

（二）公司声誉的破坏

代表诉讼一般源于公司内部管理人员利用本身的地位和机会，窃取商业机会以侵害公司利益，而公司又因各种原因怠于起诉该侵害者。股东提起代表诉讼，意味着该公司内部治理结构可能出现问题，而且该问题因诉讼的提起将为广大投资者知悉，信息传播中的失真现象更可能会夸大这一问题。不管诉讼结果如何，可以肯定的是，诉讼的提起会打击公司声誉，破坏公司形象，更可能因此而影响公司的融资。

（三）公司金钱与时间的耗费

诉讼并非免费，需要一定的金钱才能提起并维持。除金钱这一直接的费用外，公司为应付代表诉讼，可能疏忽其他投资事宜或日常经营管理。比如，公司董事为了应诉，可能分散精力，不能全神贯注于公司本身的经营决策。在时间是金钱、机会是生命的市场经济中，这种时间与精力的耗费很可能导致公司失去潜在的投资机会和竞争优势。

（四）诉讼结果的不确定性

代表诉讼的提起并不意味着原告的请求一定得到法院支持，无论原告的证明责任能否得到法院认可，抑或被告的辩护是否强而有力，它们均是未知数。再者，诉讼过程中也可能出现意外情况，而这些无疑给代表诉讼披上未知之纱。在诉讼成功情况下尚可能赢了官司赔了钱，如原告败诉，则无疑赔了夫人又折兵。

（五）代理成本的产生

代表诉讼作为保护少数股东的强有力武器，目的在于降低公司代理成本，敦促董事勤恳为公司谋取最大利益。但代表诉讼本身也会产生代理成本，比如公司很难吸引优秀人才加盟公司，为公司贡献才智。代表诉讼一般针对公司董事，董事一旦成为被告，输了官司，须赔付一定金额。董事即使胜诉，也可能因此声名狼藉，影响个人名誉。有鉴于此，在担任某公司董事时，他们必会考虑这一因素，权衡得失。而对公司而言，其如想吸引更多优秀人才担任董事职位，为公司的经营管理保驾护航，则会提高薪酬和奖励，或者为董事购买充足的责任保险，以抵消董事可能遭遇的代表诉讼风险，消除董事的种种担忧与顾虑。[1]

（六）高风险项目的减少

公司的经营目的在于盈利，而不断追求公司利润很大程度上是公司管理者首要关注的，这种“首要股东价值”的公司价值目标在近数十年遭受很多人的抨击，他们认为这种传统的价值取向过于狭隘，公司也应当承担一定的社会责任，考虑其他利益相关者。但即便如此，实现公司利益最大化这一目标依然没变，只是实现该目标的途径有所转变。有鉴于此，公司董事为促进公司利益最大化，必然会采取各项措施，包括投资一些高风险、

---

〔1〕 Reinier Kraaman, Hyun Park and Steven Shavell, ‘When Are Shareholders Suits in Shareholder Interests?’ (1994) 82 *Georgetown Law Journal* 1733, 1738.

高回报的项目。但代表诉讼风险的存在可能迫使董事有意选择低风险、低利润的项目，因为低风险的项目虽然利润较低，但至少可保证公司在遭遇不测之时不致损失过大，以避免遭受股东起诉。然而，一味选择低风险项目并不符合公司宗旨，至少不符合大股东意愿。[1]这种为避免诉讼纠纷而采取保守经营的策略对董事而言无非是明哲保身，却不利于公司乃至整体市场经济的发展。

（七）秋后算账的暗示

代表诉讼的提起，一般源于公司董事的经营决策导致公司利益受损。这种诉讼实质上有秋后算账的意味，即公司董事即便在决策之前深思熟虑，也可能因各种原因而导致公司利益受损从而被诉。[2]相反，如董事轻率做出决策，恰好碰上大好时机，致公司获得高额利润，则其决策会被嘉许。但这种秋后算账的思维并不可取。首先，在变幻莫测的商业经济中，董事很难做到三思而后行，很多时候，机会稍纵即逝。如不及时明断，则会错失良机。然而，“及”时，也可变为“即”时，“果”断也可称为“武”断。是及是即，是果是武，单以后果论事，难免有失公允。其次，董事的决策过程是否合理并非黑与白、清与浊那么明显清晰，而是董事凭借其个人技能和经验，根据当时所获之信息做出的判断。判断当时的决策是否英明抑或冲动，须以当时情形进行辨明。最后，正如上面所述，即使决策过程合理，获取信息可靠，也可能经营亏损。管理公司如同驾驶帆船，即使晴空万里，也难保不会有狂风海啸的一天。此时，即便船身坚固如铁，船员训练有素，也可能斗不过天与地。

---

〔1〕一般而言，大股东偏向于减少红利分配而扩大公司投资规模，而小股东则倾向于稳投稳赚，定期获得一定的分红。

〔2〕James Hanks, ‘Evaluating Recent State Legislation on Director and Officer Liability Limitation and Indemnification’ (1988) 43 *Business law Review* 1207, 1232.

第二章　股东代表诉讼之内在逻辑

一、问题的提出

在股东代表诉讼保护股东权益的功能已成共识的今天，有必要拷问该制度之内在逻辑：为什么公司受损而由股东提起诉讼？决定代表诉讼的机构或组织为何只能赋予法院而非其他组织？对于前一问题，答案或似简单，正如前面所述，因为在公司利益受到损害的情况下，适格的原告只能是公司而非股东，之所以由股东代表公司提起诉讼，是因为公司可能受不法行为人控制而无法或无力提起诉讼，此时由股东提起诉讼可保障少数股东和公司的整体利益，这也是代表诉讼谓之为“派生”（derivative）的原因。这种解释的面纱背后，实际上隐藏着这样一种逻辑：即股东可以代表公司提起诉讼。然而，这种逻辑与公司法基本理论完全相悖。公司与其成员相分离并独立享有法律人格是现代公司法的基石，股东不能与公司人格混淆，也当然不能代表公司提起诉讼。其次，即使在某种例外情况下，公司自身无法提起诉讼以保障自身权益，股东是否以此可顺理成章代表公司提起诉讼也不无疑问。因为作为公司最终的代表，股东会才具有名正言顺的公司代表权，作为股东会其中一员的股东与股东会当然无法相提并论。然而，代表诉讼允许股东个人提起诉讼，用意何在？逻辑何存？

对于后一问题，法院作为代表诉讼的终局裁判者似也理所当然、不容置疑。因为法院作为不偏不倚的裁判者，无论是处理刑事案件，还是解决商业纠纷，均具有天然的正当性和强大的说服力。在诸多国家，法院作为代表诉讼的最终决定者已被立法者所确立。在我国，原告股东在提起代表诉讼后，其诉求是否能得以实现全然取决于是否得到法院的支持。在英国，成文法化后的代表诉讼在程序上被分为两个阶段，但无论是哪个阶段，法官均具有一定的自由裁量权决定是否接受或拒绝诉求。然而，美国并非如此。在符合赦免请求（demand-excused）的条件下，美国股东可径行向法院提起诉讼，而无须遵循先向董事会提出请求的程序要求。[1]此时，公司一般会设立特别诉讼委员会（special litigation committee），并由其向法院提起是否接受股东的诉求，而法院一般也会听从该委员会意见。此种情况下，法院仅仅是代表诉讼的名义裁判者，背后的特别诉讼委员会才是诉讼的实质决定者。同是英美法系的两大代表国家，英国和美国何以呈现出不同的制度体系？代表诉讼最终决定者是否应继续由传统的法院担负，抑或可以转移给特别诉讼委员会？除此之外是否还有其他组织或机构可承担此角色？本章拟就上述问题进行分析，进而拷问代表诉讼的内在逻辑。

二、股东何以能代表公司?

代表诉讼的内在逻辑认为，股东个人可以代表公司起诉不当行为人。然而，传统的公司法认为，董事会才是公司日常经营的代表者，作出起诉决定的也当然应由董事会承担。即使董事会可能受不当行为人的控制而失去正当性和公平性，作为公司最高权力机关的股东会也可接任该角色，作出是否起诉的决议。股东个人何以能代表公司提起代表诉讼？

（一）董事会

英美普通法认为，能够代表公司的首先应是公司董事会。公司的经营管理一般由董事会进行，董事对外行事时也以公司的名义。在授权范围内，董事可以公司的名义对外签订合同，享受权利，承担相应义务。此种情况下，董事所言所行可谓代表着公司的形象。因此，假如公司利益受损而诉

〔1〕 Jerold S. Solovy, Barry Levenstam and Daniel S. Goldman, 'The Role of Special Litigation Committees in Shareholder Derivative Litigation' 1990 (25) *Tort & Insurance Law Journal* 864.

讼途径有利于保障公司的，能够代表公司提起诉讼的也应当是董事会（一般情况下，股东会将此诉讼权利授予董事会）。[1]但有人质疑，当代表诉讼的起诉对象是董事会成员时，很难想象董事会能够大公无私地提起诉讼，大义灭亲。也有学者回应该质疑，指出无论起诉对象是否是董事会成员均不影响董事会作为公司代表享有的起诉资格。作为公司的代表，董事会可以做出起诉董事的决定，当然也有权做出不起诉该董事的决定。[2]起诉与否由董事会自由裁量，不能以其做出起诉的决定而赞同董事会可代表公司或以其不做起诉的决定而否定董事会代表公司的资格，这种以结果入手论证的逻辑并不可取。

此外，公司董事会并不是一成不变的，在公司经营过程中，也可能出现不法行为人离开公司董事会的现象，此时董事会做出起诉不法行为人（即已离开的董事）的决定也并非不可能。也有学者认为，通过排除利益关系人的投票权利，也可保证董事会做出公平决定。比如在董事会投票决定是否起诉实施不当行为的董事时，通过限制该董事的投票权来保证结果的公平。不可否认，限制不当行为人的投票权在某种程度上可以保证一定的公平性，但基于该董事在董事会可能具有的影响（如与其他董事的交情等），即使剥夺该董事的投票权也难以保证董事会做出的决定不受其影响。因为同为董事会成员，各董事之间会有互惠互利的想法和期待。他们很可能抱有这种一种想法，即如果他们反对公司提起诉讼，则与该诉讼相关联的董事很可能在将来其他投票事宜中支持他们，以作为回报。这种互惠互利的期待并非水中之月，而是具有很强的现实性。此外，如被诉董事具有很强影响力，即使该董事失去对该事项的表决权，也可能会发挥其影响力，迫使其他董事违背自己真实意愿而反对提起诉讼。可见，交由董事会决定是否提起诉讼，并非保障公司及少数股东利益的最佳途径。

---

〔1〕 Brian Cheffins, ‘Reforming the Derivative Action: The Canadian Experience and British Prospects’ (1997) 2 *Company, Financial and Insolvency Law* 230; Len Sealy, ‘Power of the General Meeting to Intervene’ (1989) 1 T*he Cambridge Law Journal* 26.

〔2〕 *John Shaw & Sons (Salford) Ltd v. Shaw* [1935] 2 KB 113 (CA).

（二）股东会

英国有法官在判例中指出，当董事会的成员对所投票的事宜有利益冲突而难以做出公平决定时，公司的代表权应由董事会转向股东会。[1]股东虽与公司分属两个不同主体，但股东作为公司的投资者，公司所获得的利益最终将体现在股东身上。因此，将公司的代表权交给股东会，由股东会投票决定是否起诉非法行为人，不但有法理支撑，也可避免董事会徇私。然而，由股东会代表公司也有其自身的缺陷：

第一，股东会对不当行为的追认存在不确定性。英国普通法认为，不当行为不具有可纠正性是代表诉讼提起的前提。换言之，当非法行为具有可纠正性，即股东大会可追认该行为时，则股东丧失提起代表诉讼之权。问题的关键是，什么类型的行为可由股东大会追认？是否所有的非法行为均可由股东大会追认？抑或只有某种特定类型的不当行为方可由股东大会追认？普通法对这些问题不仅没有答案，而且非常混乱。比如在 Regal(Hastings) Ltd v. Gulliver 一案中，法官认为董事违反义务的行为可由股东会追认。[2]而在 Cook v. Deeks 一案中，法官却作出相反的判决，认为违反董事义务的行为不具有可纠正性。[3]这种混乱的局面也激起学界的争议。有学者提出，与其纠缠于非法行为可纠正性的适用条件，不如从反面角度思考何种情况下，股东大会不能追认该行为。佩恩（Payne）教授认为，以下两种情况不能由股东大会追认：一是该不当行为所造成的损害波及股东。此种情况下，因股东个人权利受到损害，即使股东大会追认该不当行为，也不影响股东提起个人之诉。有鉴于此，股东大会追认该行为并不足以阻止诉讼的产生，也失去“追认”之意义。二是公司本身不具有“法律能力”（legal competence）解决该问题。[4]但佩恩教授并没有阐明何种情况下公司

---

〔1〕 *Movitex v. Bulfield* [1988] BCLC 104.

〔2〕 *Regal (Hastings) Ltd v. Gulliver* [1942] 1 All ER 378(HL).

〔3〕 *Cook v. Deeks*[1916] AC 554.

〔4〕 Jennifer Payne, ‘A Re-examination of Ratification’ (1999) 3 *The Cambridge Law Journal* 604.

不具有法律能力追认该行为。

第二，股东大会可能受不法行为人控制。在股权结构较为集中的法域里，不法行为人如是公司大股东或大股东的代言董事，即使其他股东联合一致，齐心协力，也无法通过提起诉讼的决议，因为不法行为人拥有绝对的控制权。在股权结构较为分散的法域里，因无一人拥有绝对多数的股份，不法行为人对公司的控制能力也较为薄弱。即便如此，只要不法行为人持有较多股份，也很可能控制股东大会。此种情况下，如果由股东会代表公司做出是否起诉不法行为人的决定，无疑是让不法行为人既当运动员又当裁判，结果可想而知。在传统普通法中，股份所代表的投票权被认为是股东的财产，这种财产权利不因其与投票事项有利益冲突而受到限制或剥夺。[1]因此，即便控制公司的股东同时也是侵害公司利益的不法行为人，其所持有股份的投票权利也不因此利益冲突而丧失。当然，现代公司法认为，如股东与投票事宜有关系，则其投票权受到限制。[2]此外，由股东会代表公司做出是否起诉的决议也考验着股东是否具有足够的智慧和信念做出正确的决定。[3]

第三，股东大会做出决定的前提是股东愿意投票。在私立公司中，因股份相对集中，股东人数较少，每个股东（包括小股东）拥有的投票权对投票结果的影响也不小。因此，股东可能会更愿意花时间和精力分析投票结果对公司及股东个人造成的影响，从而更为积极地行使投票权。但在公众公司中，因股份极为分散，股东特别是小股东持有的股份对投票结果的影响微乎其微，股东一般怠于研究或分析该投票事项对公司的影响。这种理性的冷漠使得股东不太愿意积极行使股东权。其次，搭便车心理和“冷

---

〔1〕 *North-West Transportation Co Ltd v. Beatty* (1887) 12 App Cas 589.

〔2〕 如英国《2006年公司法》第239条规定。

〔3〕 Ian Ramsay, ‘Corporate Governance, Shareholder Litigation and the Prospects for a Statutory Derivative Action’ (1992) 15 *University of New South Wales Law Journal* 149; Deborah DeMott, ‘Demand in Derivative Actions: Problems of Interpretation and Function’ (1986) 19 *Davis Law Review* 461,475-6.

漠”股东的出现，也对股东行使投票权产生负面影响。[1]再次，对于公众公司股东，因股份流通性较强，如股东认为因公司利益受损而导致的股份贬值在其可接受范围内，则其可通过证券市场的转让而轻易退出公司。最后，美国卢西恩·拜伯切克（Lucian Bebchuk）教授通过实证调查研究发现，股东很可能会受董事影响，听从他们的建议，投票反对提起诉讼，即使这些股东认为该决定可能不符合公司利益。[2]

（三）股东

既然董事会不能代表公司做出公正决定，而股东会因其“集体决策”本身具有各种缺陷，由股东个人代表公司提起代表诉讼遂成可能。但股东个人代表公司也有其本身的缺陷，比如公司可能会被恶意股东的诉讼所拖累。如任由股东恣意提起诉讼，则公司很可能会陷入诉讼泥潭而无法正常经营，继而遭受更大的损失。此外，股东个人行使公司代表权本身并不具有理论依据。国内有学者提出权利平等与当事人扩张是股东提起代表诉讼的理论基础[3]，笔者对此持不同意见。首先，权利平等作为一个极其广泛的概念，几乎可以作为少数股东任何救济措施的理论基础，将其作为代表诉讼理论根据如同将社会分工作为解释社会经济发展的理论一样，没有多大的理论意义。退而言之，即使将权利平等作为代表诉讼之理论基础，其本身也不无疑问。权利的平等如果意味着股东个人有权提起代表诉讼，那么在权利平等的指引下，其他股东个人（排除与不法行为人有关联的股东）同样也有权否定该诉讼，而主张不提起代表诉讼。此种情况下，如何解释仅仅某一股东个人有权提起诉讼而其他无关联股东却无权否定该诉讼呢？可见，权利平等本身并不能解决这一理论根据的困境。其次，所谓当事人

---

〔1〕参见赵万一、华德波：《公司治理问题的法学思考——对中国公司治理法律问题研究的回顾与展望》，载《河北法学》2010 年第 9 期。

〔2〕Lucian Bebchuk, ‘Limiting Contractual Freedom in Corporate Law: The Desirable Constraints on Charter Amendments’ (1989) 102 *Harvard Law Review* 1820.

〔3〕参见刘金华：《股东代位诉讼制度研究》，2007 年中国政法大学博士论文，第 32—49 页。此外，也有人提出了“受益说”和“股东权”。参见段逸超：《股东派生诉讼的法理探析》，载《河北法学》2004 年第 3 期。

扩张是诉讼法语境下的理论根据，该理论是建立在股东个人能提起诉讼的前提下解决其原告资格的问题。但在股东个人是否能代表公司提起诉讼未知的情况下，谈论其诉讼法的理论依据如无根之木。因此，权利平等和当事人扩张并非股东个人可代表公司提起诉讼的理论根据。其之所以能够代表公司，本质上是因为在董事会与股东会不能代表公司做出公正决定下不得已而赋予的权利。

基于股东个人可能存在的滥用该权利的情况，有学者提出，该权利的行使须受到两个限制：第一，限制股东起诉资格。在我国股份有限公司，并非任何股东均有资格提起代表诉讼，只有那些连续 180 日以上单独或者合计持有公司 1% 以上股份的股东，方可行使该权利。[1] 美国虽然没有对股东持有何种比例的股份作出限制，却规定了“当时股份持有”原则。《美国标准公司法》第 7.41 节将该规则表述为：“在被控诉的作为或不作为发生时为该公司股东或者通过合法的转让从一名当时股东手中受让股票而成为公司的股东，且在行使公司权利时公正、充分地代表了公司的利益。”[2] 不管是持股比例还是“当时股份持有”，它们均是对股东提起代表诉讼的资格限制。第二，对股东的行为进行司法审查。股东按照法定条件和程序提起诉讼后，法院必须对股东诉称行为进行司法审查，以作判断。然而，法院进行司法审查的标准目前也较为混乱。美国法一般以商业判断规则和公司最大利益标准作为司法审查的依据。英国《2006 年公司法》将代表诉讼成文法后，将司法审查标准区分为硬性标准和软性标准。在符合硬性标准，如事先得到公司授权等情况下，法院须拒绝股东诉求。在符合软性标准情况下，如原告股东出于善意，法官享有自由裁量权决定是否接受该诉求。[3] 我国公司法并没有对此做出明确规定，但实践中，法官基于商业判断规则

---

〔1〕 见我国《公司法》第 151 条规定。之所以对股份有限公司有此限制而对有限责任公司无资格限制，乃是考虑到股份有限公司的开放性和有限责任公司的闭合性。对于前者而言，因其股份流通性强，为防止恶意股东出于提起诉讼而购买该公司股份，因此有必要设此限制。而有限责任公司因股份转让的限制较严，故无设置起诉门槛的必要。

〔2〕 沈四宝编译：《最新美国标准公司法》，法律出版社 2006 年版，第 84 页。

〔3〕 参见英国《2006 年公司法》第 263 条。

进行司法审查并不少见。

须注意的是，法院对代表诉讼的司法审查标准不宜过高，也不能过低。一方面，如果法院对代表诉讼审查标准过高，则股东难以获得救济，公司权益也无从保障，代表诉讼也失去应有之义。另一方面，如司法审查标准过于宽松，则可能会产生琐碎之讼，进而影响公司和商业经济的健康发展。因此，如何拿捏二者关系，不致因偏向一方而导致利益失衡是代表诉讼制度设计之关键。

三、谁能决定代表诉讼?

由上述可知，股东之所以能代表公司提起诉讼实质上乃出于董事会与股东会的“无能”，而在股东很可能滥用该诉权的情况下，一方面通过设置起诉门槛或程序障碍限制股东行使该权利，另一方面则以司法审查的方式，赋予法院审查决定是否支持股东原告的诉求。这一制度设计的逻辑在于承认法院对公司内部管理的决定权，即公司诉讼的决定权由公司的董事会或股东会转移到法院。然而，这一制度设计合理吗？是否存在着其他组织或机构可代替法院而发挥相应的作用？事实上，除法院这一司法机构外，尚有两种组织可承担此种角色。

（一）独立董事委员会

由独立董事组成的委员会负责审查是否提起代表诉讼以保障公司利益在美国较为普遍。美国的代表诉讼虽然源于英国的福斯（Foss）规则，但经过数十年的演变，美国的代表诉讼已发展出一套迥异于英国的制度和文化。其中一个最大的区别是特别诉讼委员会的设立。[1]特别诉讼委员会由公司的独立董事担任，负责审查股东提起的代表诉讼是否符合公司利益。

---

〔1〕 该委员会的设立并非没有法律依据。联邦民事诉讼规则 23.1 条规定原告的请求须经过一定的诉前努力，包括为了获得诉讼而向公司董事或其他可相比拟的组织提出请求。另外，关于特别诉讼委员会这一机构的历史与演变，可参考 Deborah Demott, ‘Shareholder Litigation in Australia and the United States: Common Problems, Uncommon Solutions’ (1987) 11 *Sydney Law Review* 259, 275-9。

这一制度设计的最重要原因在于法院作为司法力量，是公司外部力量，虽然其具有公正严明之心，但相对于公司内部管理人员（如董事）而言，其对商业规则及公司内部管理运作并不熟悉。如代表诉讼之请求直接交由法院作出判断，既不利于公司自身的发展，也可能导致琐碎的案件让法官应接不暇。此外，因该委员会由独立董事担任，一方面因其是公司董事，对公司具体决策过程较为了解，也具有更佳的途径知悉公司财务信息和经营情况。代表诉讼的提起是否利于公司最佳利益，其最为清楚。另一方面，因其本身是独立董事，相对执行董事而言，其具有一定的独立性，该“独立”的身份赋予其超然于公司内部利益纠纷的地位和做出决定的公正性。因此，由独立董事组成的委员会负责审查股东提起代表诉讼是否利于公司，不仅可满足股东诉求和保障公司利益不受恶意诉累，同时也可减轻法院压力，可谓一石三鸟。

理论上而言，特别诉讼委员会确实有一石三鸟之功效。但美国证券法权威学者约翰 · 科菲（John Coffee）教授的实证研究发现，特别诉讼委员会几乎很少有提出允许代表诉讼的建议。[1]换言之，但凡有股东提起代表诉讼，公司的特别诉讼委员会一般会做出不予支持该诉讼的建议。这种普遍的做法不禁让人怀疑该组织的独立性与公正性。因为一个真正公正独立的组织，不可能一而再，再而三地否定代表诉讼，至少从概率上而言是不大可能的。澳大利亚墨尔本大学的伊恩 · 拉姆塞（Ian Ramsay）教授指出，这种现象源于特别诉讼委员会的独立董事结构性偏差（structural bias）。[2]独立董事名为独立，在现实中能否做到真正独立而不受执行董事（特别是与实施不法行为有关联的执行董事）的影响存有疑问。英国伦敦大学赖斯贝格教授提出，特别诉讼委员会之独立，其象征性大于实质性。[3]首先，

---

〔1〕 John Coffee, ‘New Myths and Old Realities: The American Law Institute Faces the Derivative Action’ (1993) 48 *Business Lawyer* 1407,1422-4.

〔2〕 Ian Ramsay, ‘Corporate Governance, Shareholder Litigation and the Prospects for a Statutory Derivative Action’ (1992) 15 *University of New South Wales Journal* 172.

〔3〕 Arad Reisberg, *Derivative Actions and Corporate Governance* (Oxford University Press, 2009) 104.

特别诉讼委员会之独立董事与被告同属公司管理者，在某种程度上具有共同利益点。独立董事虽名为独立，但毕竟属于公司管理者，虽然其不管理公司具体事务，但与其他董事（包括被告）也有共同的利益。此外，独立董事与非独立董事在公司中是同事，在生活中甚至可能是朋友关系。这两种因素可能使得独立董事难以做出独立的判断和公正的建议。其次，特别诉讼委员会成员由公司选择，当公司控制权掌控于非法行为人手中时，该委员会做出的建议或决定的公正性可想而知。再次，有学者指出，特别诉讼委员会成立后，也会受到公司以解散为借口的威胁，以迫使他们做出不与公司董事会相冲突的建议。〔1〕最后，英国牛津大学丹·普伦蒂斯（Dan Prentice）教授一针见血地指出，只要特别诉讼委员会做出不予支持诉讼的决定时，就有充分的理由怀疑该委员会的独立性与中立性。〔2〕在具有结构性偏差情况下，特别诉讼委员会犹如没有透明度和失去民众信任的政府一般，即使做出公正之决定或推出合理之政策，也会受到民众百般质疑。

根据美国普通法，特别诉讼委员会做出的建议并不具有法律约束力，其仅仅是向法院做出的建议，该建议对法院产生多大影响力并没有清晰的规则。比如当特别诉讼委员会做出不支持代表诉讼的建议时，法院是否根据该建议拒绝股东的诉求？还是完全根据自身的自由裁量权做出判断，而将特别诉讼委员会之建议仅仅当作“建议”？实践中，有法官根据特别诉讼委员会之建议作出判决，如 Auerbach v. Benett 一案。〔3〕也有法官将该建议仅仅作为建议，并根据自身的裁量权独立做出判断。如在公司法领域影响很大的特拉华州，其最高法院在 Zapata Corp v. Maldonado 一案中采取二阶段测试，即法官首先在第一阶段中须审查委员会成员的独立性与善意，以判断是否接纳该建议。在第二阶段中，法官根据自身的商业判断

---

〔1〕 James D. Cox, ‘Searching for the Corporation’s Voice in Derivative Suit Litigation: A Critique of Zapata and the ALI Project’ (1982) *Duke Law Journal* 959, 962-3.

〔2〕 Dan D. Prentice, ‘Note: Shareholder Actions: The Rule in *Foss v. Harbottle*’ (1988) 104 *Law Quarterly Review* 341, 346.

〔3〕 *Auerbach v. Benett* 47 NY 2d 619,393 NE 2s 994 (1979).

决定是否拒绝该代表诉讼请求。[1]在立法建议方面，模范商业公司法认为，如果由独立董事会组成的特别诉讼委员会根据商业判断认为该代表诉讼不符合公司利益，则法院应当根据这一建议做出判断。[2]但美国法律协会（American Law Institute）颁布的《公司治理原则：分析及建议》却认为法院应该被赋予更多的自由裁量权而不必拘泥于特别诉讼委员会的建议。另外，拉姆塞教授提出，假如法院在审查委员会建议方面没有太大的裁量权，那股东向法院提起代表诉讼的意义何在？因为只要法院根据委员会的建议做出判断，股东根本没有必要向法院提起诉讼而可直接向委员会提出请求。[3]

（二）独立组织

独立组织（Independent organ）的提法源于 Smith v. Croft 一案。诺克斯（Knox）法官在该案中提出一问题，即福斯规则中，股东原告被禁止代表公司提起代表诉讼是否不恰当？诺克斯法官认为，如果该公司的独立组织认为股东提起的代表诉讼不符合公司利益，则该股东被禁止提起代表诉讼这一做法是恰当的。换言之，诺克斯法官认为可在公司内部设立一独立组织，以审查决定是否支持股东的代表诉讼，如该组织认为诉讼符合公司利益，即做出支持之决定，否则做出不予支持之决定。至于独立组织的人员构成，诺克斯法官认为因公司而异，根据公司具体的治理结构选择成员组成独立组织，比如可以由公司股东组成，也可以由公司的股东及部分董事组成。但可以肯定的是，非法行为人对该独立组织的构成没有投票权。诺克斯法官冀望该独立组织可以充当公司与个别股东的中立仲裁者，既为股东个人提供救济途径，也可减少不必要的诉讼纠纷，以实现公司与股东个人之间的利益平衡。

但这一做法也遭受诸多非议：首先，虽然独立组织与美国的特别诉讼

〔1〕 *Zapata Corp v. Maldonado* 430 A2d 779 (Del 1981).

〔2〕 MBCA section 7.44.

〔3〕 Ian Ramsay, 'Corporate Governance, Shareholder Litigation and the Prospects for a Statutory Derivative Action' (1992) 15 *University of New South Wales Journal* 173.

委员会组成人员不同，但如果该组织提出之建议或做出之决定能左右法院，则独立组织具有特别诉讼委员会之缺陷，即浪费司法资源，因为股东根本没有向法院提起诉讼之必要。其次，小股东很难证明某些股东缺乏独立性。独立组织一般由股东组成，但与非法行为人有关联之股东应排除在外。少数股东如何证明某一特定股东与所诉事宜有关联是独立组织组成之一大障碍。如 Stamp 所言，这种证明责任是通往成功的代表诉讼的真正阻碍。[1]再次，独立组织成员即股东之间也可能会有分歧。在私立公司中，股东人数较少，产生纠纷的可能性较小。但在股东极为分散的公众公司中，小股东之间可能会出现分歧甚至分裂为两个针锋相对的阵营，此时冀望该独立组织作出有效之决定可能是虚幻的。[2]最后，有学者提出在独立组织中安排部分董事，以引导或组织股东成员作出公正决定。但如果独立组织成员包括董事，则该组织容易陷入特别诉讼委员会之困境，仅有独立之名，而无独立之实。因此，独立组织的制度设计，要么完全由股东组成，但正如上述，此时可能会出现证明责任过难、内部分裂等缺陷，要么仿照美国的特别诉讼委员会，吸纳部分董事作为独立组织的成员，但此时又有失去独立之可能。有鉴于此，放弃独立组织，直接赋予股东向法院起诉的权利而不必寻求其他独立机构或委员会的支持成为代表诉讼内在逻辑的必然。

（三）法院

正如上述，法院作为掌握代表诉讼生死定夺大权的最后选择，具有逻辑必然性。但学界对此选择依然争议不断。费舍尔（Fischel）和布兰德利（Bradley）教授认为法院并不是决定诉讼是否有利于公司利益的最佳机构。他们认为，第一，法官并不是商业专家，缺乏相应的经验和知识结构，无法为公司的决策做出是否合理的判断。第二，法官缺乏为公司考虑得失的

---

〔1〕 M. Stamp, ‘Minority Shareholders: Another Nail in the Coffin’ (1988) 9 *Company Lawyer* 134.

〔2〕 A. J. Boyle, *Minority Shareholder*'s *Remedies* (Cambridge University Press, 2002), 29. 英国普通法也出现相关案例，如 *Barrett v. Duckett* [1995] 1 BCLC 73.

激励。[1]第三，在普通法系国家，法官一向不太愿意介入公司内部事务，将代表诉讼是否利于公司的判断权交与法院无疑将法官推入左右为难之困境。第四，将公司的诸多事务一味推给法院，也可能给法院本身带来诸多问题，比如案多人少，难以应付等。

以上的批评是学界抵制司法力量介入公司内部事务的代表观点。然而，笔者对上述批评并不以为然。理由如下：第一，批评者认为法官不是商业专家，缺乏相应知识结构和经验的观点并非无懈可击。诚然，在很多情况下，法官因专注于某类案件而缺乏其他特定领域的知识和经验。但在法院分工逐渐细化的今天，该问题并不难解决。比如有专门从事商事裁判的法官。即使该法官本身不具有商业经验，其也可通过咨询其他学者或商业人士的渠道获取相应知识和间接经验。局外人的身份可能会让法官更能看清纠纷的核心和问题的本质。第二，法官作为社会正义的最后守护者，具有客观性和中立性，由其判断代表诉讼是否有利于公司利益可不受其他因素的影响和阻挠。也正因有此客观的地位和中立的身份，其作出的裁判也可令双方信服。第三，法官作为最终裁判者并不意味着漠视其他独立专家的意见。公司或股东可聘请独立专家对此发表相应意见，以供法官参考。第四，英国普通法历史发展表明，法官虽不愿意干预公司内部管理事务，但介入公司内部事务并进行司法审查的案例并不鲜见。[2]也正因有此类案件，在商业领域具有相关经验和知识结构的法官也并不少见。

四、结语

由上述可见，股东代表诉讼制度的两大内在逻辑具有其必然性。首先，股东之所以能代表公司提起诉讼，以对抗不法行为人，并非基于所谓“权利平等”或“当事人扩张”的理论依据，而是源于公司董事会和股东会的

---

〔1〕 Daniel Fischel and Michael Bradley, ‘The Role of Liability Rules and the Derivative Suit in Corporate Law: A Theoretical and Empirical Analysis’ (1986) 71 *Cornell Law Review* 273.

〔2〕 Arad Reisberg, *Derivative Actions and Corporate Governance* (Oxford University Press, 2009) 110.

无能。除赋予股东个人提起诉讼之权，别无他法可有力保障公司及少数股东利益。另外，在决定代表诉讼方面，美国的特别诉讼委员会因其所作之建议一般均为法院所接纳而成为事实上的决定者，但在实践中，特别诉讼委员会因经常作出否定诉讼的建议而导致其独立性和中立性备受质疑。英国普通法所提出的由股东或股东与董事组成的独立组织也因其具有种种缺陷而夭折。法院作为代表诉讼的最终决定者，虽也遭受学者质疑，但在其他独立机构或组织难以承担该角色的情况下，法院肩负该重任也自是顺理成章的了。

第三章　股东代表诉讼之可能限制：无反射性损失原则

股东提起代表诉讼之目的，在于通过诉讼使得公司恢复原状或得到其他形式的救济。因此，股东代表诉讼的蕴含之意是公司利益遭受损失，此为股东代表诉讼之基本前提，否则股东提起之诉讼完全可“直接”为之，而不必以“代表”为名。然而，当董事不法行为致使公司利益受损时，该公司股东也会间接受损，比如因公司股票价格的下跌致股东所持之股份的贬值，或因公司利润减少导致分红的降低等。因此，如何区分公司损失与股东损失，颇为关键。一般认为，股东的上述损失被视为公司损失的反射，即这些损失并非独立于公司损失，而是与公司损失同生死，共存亡。当公司以各种途径（包括提起诉讼）使得公司恢复原有利益或损失得以补偿时，股东的损失也相应恢复。因此，股东因公司利益受损而遭受的损失，称之为反射性损失，该损失一般不得予以单独赔偿，这即为普通法上的无反射性损失原则（No reflective loss principle）。[1]

一、无反射性损失原则的缘由

该原则最早可追溯至福斯规则，该规则在 Edwards v. Halliwell 一案中被总结为两点：第一，涉及对公司或团体的侵害而提起诉讼的，正当的原告应该是该公司或该团体；第二，如被诉称的侵害可能是对公司或团体有

〔1〕 *Prudential Assurance Co Ltd v. Newman Industries Ltd* (No. 2) [1982] Ch 204, 222-3.

约束力的交易，该交易以简单多数通过的决议形式，对公司股东也具有约束力，那任何单个的公司股东，不能仅仅以赞成决议的股东从该决议中获益这一简单理由而提起诉讼。[1]在随后的案例中，更有法官形象指出福斯规则的核心是：“作为一个基本原则，当 B 之行为造成 C 损失时，A 通常不能代表 C 对 B 提起诉讼。C 是适格的原告，原因在于其是受损一方。因此，C 享有诉权。”[2]对于一些原告在代表公司提起代表诉讼的同时也提起直接诉讼的，法官一般不予许可。上诉法院法官在 Prudential Assurance Co Ltd v. Newman Industries Ltd 一案中明确指出，原告提起的个人权利诉求是一种“误解”，法官认为：

“单个股东不能仅仅因公司利益受损，导致自身损失而要求索赔。他不能获得与其持有股份贬值相同的赔偿，也不能获得与其分红减少等量的赔偿，因为这种损失仅仅是公司损失的反射，股东个人本身并没有遭受损失。他唯一的损失体现在公司里，即其声称持有 3% 股份的公司资产净额的损失。原告持有的股份仅仅是根据公司章程享有的参与公司的权利，该股份和权利本身并没有因被告的不当行为而受到直接影响。原告仍然拥有这些股份，享有全部和绝对的权利，不受任何阻碍。被告之行为并没有影响这些股份，它仅仅是被告对公司的掠夺。”[3]

这一判决也为后来案例所仿效和支持。在 Stein v. Blake 一案中，原告声称被告违反受信义务，挪用公司资产，导致原告不能以合理价格出售持有的股份。故此，原告提起个人诉讼，要求被告赔偿个人损失。米利特（Millett）法官认为该案与上述一案并无差别，被告所为是针对公司，并致之遭受损失，原告声称之损失实质上是公司损失的反射，因此不予支持。[4]在 Johnson v. Gore Wood Co 一案中，宾汉（Bingham）大法官总结出无反射

〔1〕 *Edwards v. Halliwell* (1950) 2 All ER 1064, p1066.

〔2〕 *Prudential Assurance Co Ltd v. Newman Industries Ltd* (No. 2) [1982] Ch 204, 210; *Diamantides v. JP Morgan Chase Bank* [2005] EWCA (Civ) 1612.

〔3〕 *Prudential Assurance Co Ltd v. Newman Industries Ltd* (No. 2) [1982] Ch 204, 222g-223b.

〔4〕 *Stein v. Blake* [1998] 1 BCLC 577b.

性损失原则的三个要点：第一，当公司之损失是因某个对之负有义务的人的行为所造成的，则只有公司可对此损失提起诉讼，股东或其他人没有资格提起诉讼，也不能因持有的股份贬值为理由要求对方赔偿，因为这些损失仅仅是公司损失的反射。即便公司最终败诉，没有获得相应赔偿，股东也不能提起诉讼。第二，当公司遭受损失，却没有诉因要求对方赔偿时，如股东有此诉因，则可对此提起诉讼，即使股东之损失仅是其所持有股份的贬值。第三，当公司损失所源的义务的违反与造成股东损失所源的义务的违反相互分开、独立时，公司和股东均可分别提起诉讼，不受无反射性损失原则的约束。[1]

在同一案中，米利特法官对无反射性损失原则背后的原因作了详尽的解释，他指出，公司作为独立法人，与其成员相互独立，它自身拥有独立的财产，与股东财产相互分开，公司财产归属公司而非股东所有，并对债权人独立承担责任。具有可诉性的不法行为对公司造成的损害，须由公司独自行使权利要求索偿。股东并没有资格和权利提起诉讼，除非是按照规定，代表公司提起代表诉讼。当然，公司股份是股东而非公司的财产，如股东遭受某个可诉性的不当行为的侵害，导致股票贬值，则表面而看，是股东而非公司享有起诉权利。另一方面，虽然股份属于股东财产，具有可确定性价值，但它同时也代表着公司一定比例的资产，股票贬值的同时也是公司资产减少的反射。当公司对某个不法行为者享有诉因而股东没有诉因时，此时较为简单，公司可直接提起诉讼而股东无法行使诉讼权利。相反，当股东对某个不法行为享有诉因而公司没有时，此时由股东直接提起诉讼，而公司无法行使诉讼权利。比如，当某个不法行为针对股东，却导致公司利益受损，此时公司对该损失并没有独立诉因，股东可提起诉讼，要求赔偿自身损失。但他必须证明他自身享有独立的诉因，且其个人损失是因被告之可诉行为所造成的。但较为棘手的问题是，某个不法行为人违反对公司和股东二者所负义务而导致损失时，公司和股东是否可同时提起

〔1〕 *Johnson v. Gore Wood Co.* [2001] 1 BCLC 313,337f-33b; [2002] 2 AC 1, 35e-36a.

诉讼。在此情况下，股东所遭受之损失仅仅是公司损失的反射，如果允许股东获得赔偿，则意味着要么被告须因同一个行为而付出双倍代价，要么以牺牲公司及其债权人和其他股东利益为代价。显而易见，被告人虽需因其不当行为付出代价，但须在合理的范围之内，不能随意扩大其本该承担的责任。出于保护公司债权人利益之需，也只能承认公司受偿的正当性。股东虽也有受损，但可因公司的受偿而间接获得相应份额的赔偿。因此，当股东利益的损失仅仅是公司损失的反射时，该股东之权利因公司享有的诉因而被“免除”。股东只能在满足其个人享有诉因及以下任一条件，才能提起诉讼：（1）公司不享有诉因；（2）该股东所受之损失并非仅仅是公司损失的反射。当然，股东这一诉讼限制并不影响其根据法定要求代表公司提起代表诉讼。〔1〕

在 Day v. Cook 一案中，雅顿（Arden）法官也认可上述判决。他认为上述判例所提的观点非常清楚，即当股东和公司因同一行为遭受损失，而股东之损失仅仅是公司损失的反射时，股东个人不能得到赔偿，公司的诉求（如果有此诉求的话），永远胜过股东诉求。〔2〕

布莱克本（Blackburne）法官在 Giles v. Rhind 一案中对米利特法官的判决作出以下总结：（1）如股东所受之损失仅仅是公司损失的反射，比如该损失可因公司的受偿而得以恢复，则即便公司因各种原因，无法受偿，股东也不能提起个人之诉。（2）当对此没有任何合理怀疑时，法院可提前否定该股东之诉求。（3）股东的该反射性损失不仅仅限于股票的贬值或红利的减少，也包括其他任何的股东可能从公司获取的利益。（4）该原则之根据不仅仅是防止双倍受偿，也出于尊重公司意愿，即尊重公司对损失的处理方式。在某种情况下，公司可能放弃诉讼，选择以和解的方式获得赔偿，即使该赔偿数额可能低于以诉讼方式所取得的数额。（5）被告对公司和股东双方义务的违反，不管二者义务内容有何不同，只要股东损失仅仅

---

〔1〕 *Johnson v. Gore Wood Co.* [2001] 1 BCLC 313, 365b-366a; [2002] 2 AC 1, 61g-62g.

〔2〕 *Day v. Cook* [2002] 1 BCLC 1.

是公司损失的反射，则受到无反射性损失原则的约束。[1]

由此可知，无反射性损失原则的适用须符合以下两个条件：第一，股东之损失仅仅是公司损失的反射。第二，公司与股东须同时享有诉因。如股东或公司没有遭受损失，则谈不上反射性损失。如公司或股东其中之一不享有诉因，理当由其中享有诉因一方提起诉讼。

二、无反射性损失原则的根据

正如前面所述，无反射性损失原则在于防止被告人因同一行为而付出双倍代价，也避免受害人（即公司和股东）获得双倍赔偿。但这一依据并非总有效，对于某些具体个案，公司可能采取和解而非诉讼的方式获得赔偿，该赔偿可能远低于以诉讼方式取得的赔偿数额。此外，公司也可能因对方享有的某个抗辩理由而败诉，该抗辩理由可能并不适用于股东，此时若有股东提起诉讼，无疑既可获得赔偿，也可避免双倍赔偿。此外，既然无反射性损失原则目的在于防止双倍赔偿，为何允许只向公司而非股东赔偿呢？仅向股东赔偿同样可以达到防止双倍赔偿的目的。

有学者指出，如允许股东受偿，则无疑会减少公司资产，从而损害债权人利益。因为赋予公司提起诉讼和受偿的权利，可增加公司财产或预期利益，从而有利于保护公司债权人。[2]这似乎有理，但也不一定完全正确。当公司有足够资产，债权人利益不因公司失去该赔偿数额而遭受损失时，此时认为无反射性损失原则可保护债权人利益并不正确。

也有学者指出，无反射性损失原则另一个潜在依据是尊重公司自治，尊重公司的意思表示，公司的经营事务应由公司相关机构负责决策、执行。在公司章程授予公司董事会的权限范围内，董事会可在其授权内行使权力，不受他人干涉。当他人侵害公司导致公司利益受损时，董事会有权决定是否起诉。如允许股东提起诉讼，实质上是盗取公司董事会自主决策权，破

〔1〕 *Giles v. Rhind* [2003] 1 BCLC 1.

〔2〕 Gower and Davies, *Principles of Modern Company Law* (9th edition, Sweet & Maxwell, 2012) 625.

坏公司授权董事会集中管理公司这一原则和现代经营结构模式。

三、无反射性损失原则的限制

无反射性损失原则的适用也具有一定的限制或例外，在某些情形下，它也可能被排除适用。[1]

（一）公司缺乏诉因

只要股东能够证明其对被告享有独立的诉因，而公司没有，其本人所受之损失源于该被告之不当行为，则股东可对不当行为人提起诉讼，无反射性损失原则不再不适用。因为在公司缺乏诉因的情况下，公司不能提起诉讼，即使股东因该诉讼获得受偿，公司的资产也不会因股东损失的恢复而减少。

在 George Fischer (Great Britain) Ltd v. Multi Construction Ltd 一案中，原告与被告签订合同，约定由被告提供机械设备，以便原告全资设立的子公司进行操作，后设备出现问题，导致子公司遭受损失。原告诉称因被告提供的设备问题，导致子公司的经营成本和利润直接受损，而自己本身也间接受损，该损失可以子公司的损失数额进行确定。上诉法院认为，虽然原告公司所受之损失是间接损失，但因为该合同直接由原告公司与被告公司进行签订，子公司所受损失虽为直接，但并非合同当事人，因此没有诉因提起诉讼。有权提起该诉讼的只能是间接受损的原告控股公司。[2]此外，有法官指出，在确定母公司的间接损失数额时，须谨慎小心，不能随意地以子公司的直接损失作为母公司损失的确定数额，因为“每个公司均是具有独立法人地位的法人，它们之间的财产相互分开和独立，原告必须证明

---

〔1〕 需指出的是，股东代表诉讼并不构成无反射性损失原则的例外，因为这两者之间具有本质上的区别。无反射性损失原则关注的是股东可否因他人施加于公司的不法行为而主张个人受偿，而股东代表诉讼虽然也基于他人施加于公司的不法行为，但关注的是公司利益是否获得受偿，而非股东个人本身。

〔2〕 *George Fischer (Great Britain) Ltd v. Multi Construction Ltd* [1995] 1 BCLC 260.

自身财产所受损失以及将之损失量化”[1]。

（二）股东之损失异于公司损失

当股东所受之损失独立于公司损失时，此时股东之损失并非仅仅是公司损失的反射，因此股东可提起诉讼，要求被告赔偿。米利特法官在 Stein v. Blake (No 2) 一案中指出，股东所受之损失有以下两种：第一，因公司财产被挪用而导致股东股票价值的减值；第二，股东因被告之行为而被迫以低价转让股份。在第二种情形下，如被告对股东负有义务，且不当行为已违反该义务，则此时股东之损失可视为异于公司之损失，股东可提起诉讼。但对于第一种情形，米利特法官则不认为该损失与公司损失相独立，因此不予认可。[2]

在 Howard (RP) Ltd & Richard Alan Witchell v. Woodman Matthews and Co (a frim) 一案中，某公司经营加油站，该加油站所属的土地归属 M 所有。该公司股东 W 向法院提起诉讼，声称被告作为律师，并没有尽谨慎义务，使之与 M 签订的合同不利于公司，并导致 W 受损。斯托顿（Staughton）法官认为，被告不但对公司负有谨慎义务，对股东 W 也同样负有谨慎义务。W 在本案中所要求的仅是赔偿其个人损失，即因合同的不利条款导致其股份难以转让以及市场价值减少，他所诉求的并非是因此不利条款而导致的所有损失，因此 W 之诉求应获得支持。[3]

在 Heron International Ltd v. Lord Grade 一案中，法官也支持原告的诉求。在此案中，原告声称公司董事的行为已构成对公司和股东义务的违反。上诉法院发出禁令，防止实施董事提议。法院认为，如实施该提议，公司的资产价值将会减少，但股东不能因公司资产价值的减少提起诉讼，因为股东这种间接损失仅仅是公司损失的反射。但股东会因此提议的实施而导致其不能以高价转让其持有的股份，从而遭受个人损失，这种损失区别于公

---

〔1〕 *Gerber Garment Technology v. Lectra Systems Ltd* [1997] RPC 443.

〔2〕 *Stein v. Blake* [1998] 1 BCLC 573.

〔3〕 *Howard (RP) Ltd & Richard Alan Witchell v. Woodman Matthews and Co (a frim)* [1983] BCLC 117.

司损失，可得到法院的支持。[1]

斯莱德（Slade）法官在 Walker v. Stones 一案中，明确指出，对于符合以下条件者，无反射性损失原则不再适用：（1）原告能够证明被告所为已构成对其负有的义务之违反，不管该义务源于合同法、侵权法或其他法；（2）根据具体案件事实，法院能够认定这种义务之违反对原告所造成的损失是个人损失，区别并独立于与其有财务利益相关的公司或组织可能产生的任何损失。斯莱德法官进一步指出，在满足上述两项条件下，被告之不当行为也可能产生公司提起诉讼的权利。[2]

但也有学者指出，股东与公司的损失是否相互区别和独立很难一概划定，它们之间的界线并不总是那么容易划分。[3]股东能否因损失异于公司损失而提起诉讼应视具体案件而定。

（三）公司因被告之不当行为而难以提起诉讼

根据无反射性损失原则，股东之损失仅是公司损失之反射，享有起诉权利的是公司，而非股东。即便公司因各种原因败诉或与被告达成和解导致所受损失不能全部受偿，股东也没有提起诉讼之资格。但如果公司因被告之不当行为而失去提起诉讼的能力，则股东可代之提起诉讼，要求被告赔偿损失。

在 Giles v. Rhind 一案中，原告与被告根据股东协议，各持有 SHF 公司 20% 的股份，且都是该公司的董事。余下股份为 A 持有。被告在劳务协议终止后，将所持股份转让给 A，并违反与 SHF 签订的服务协议，设立具有同业竞争的公司 MWF。SHF 公司为此向被告提起诉讼，但后因破产清算，无法缴纳保证金而无法进行诉讼。此时原告股东向被告提起诉讼，要求对方偿还以下损失：（1）SHF 破产清算之前应付的报酬、福利和借款利息；（2）SHF 如继续营业，原告可以获得的报酬和福利；（3）原告因被告行为导致

〔1〕 *Heron International Ltd v. Lord Grade* [1983] BCLC 244.

〔2〕 *Walker v. Stones* [2001] QB 902.

〔3〕 Gower and Davies, *Principles of Modern Company Law* (9th edition, Sweet & Maxwell, 2012) 626.

股份和债权股额贬值所带来的投资损失。

英国上诉法院认为，原告有权对此提起诉讼。沃勒（Waller）法官认为，在原告是否有权向被告提起诉讼问题上，应注意两点：第一，原告的损失并非全是公司损失的反射，须有一部分损失不是反射性损失。即使公司能够提起诉讼，获得赔偿，股东的这部分损失也不会因此救济而受偿。第二，在关于股东股份因公司利益受损而贬值的问题上，即使股东之损失仅是公司损失之反射，但如公司缺乏诉因，股东也可提起诉讼。同理，如果被告之不法行为使公司失去提起诉讼之能力，则股东也应该被赋予在此情况下提起诉讼的权利。[1]

---

〔1〕 *Giles v. Rhind* [2003] 1 BCLC 15g-h, para 35.

第四章　股东代表诉讼之可能替代机制

在英国，股东一旦受到压迫，无论是直接还是间接，也无论是哪种形式，其首先考虑使用的机制是不公平损害救济制度（unfair prejudice），而非其他保护机制。在《2006年公司法》制定过程中，甚至有声音提出，考虑到不公平损害救济制度适用范围之广，可以此制度代替股东代表诉讼。确实，《2006年公司法》颁发后，相比其他制度而言，不公平损害救济制度改变不大，在保护股东（特别是少数股东）利益方面仍有着极其重要、无可替代的作用。但其是否能够替代股东代表诉讼，则不无疑问。有鉴于此，有必要探析不公平损害救济制度，将之与股东代表诉讼机制相比较，以全面和深入地了解股东代表诉讼制度。

一、不公平损害救济的历史演变

（一）《1948年公司法》之前

《1948年公司法》制定之前，不公平损害尚未现形，但在实践中已有萌芽。因受到福斯规则制约，股东只有在符合例外情形下才可以提起代表诉讼保障公司权益。但在公司具体经营过程中，少数股东可能会受到大股东或董事的压制，当这种压制不足以构成对股东个人权利损害（即不能提起股东个人权利之诉）和不符合福斯规则例外情形下，如果没有其他救济措施保护股东，则显失公平。因此，《1929年公司法》第168条规定，在特定情形下，小股东可向法院提起诉求，而法院可基于衡平法上的“公平和正义”理念赋予“解散公司”之救济手段。解散公司虽可以将股东脱离苦海，免受压迫，但同时也剥夺了其他股东继续经营公司的愿望。此外，解散公司这一救济措施并不符合现代商业经济的发展要求。一旦要求公司解散，不仅影响公司的债权人和职工，也对社会经济发展造成负面影响。再者，公司被强制要求解散时，公司资产可能严重贬值，作为已遭受到不公平损害的股东可能会遭受二次伤害，只不过此次的伤害源自法官的判决。一言以蔽之，解散公司的救济手段如同杀死了下金蛋的鹅，对任何人均无益。[1]

（二）《1948年公司法》

在修改制定《1948年公司法》时，学界已认识到基于衡平法的“公平与正义”解散公司的种种缺陷。1948年科恩（Cohen）委员会也注意到这一问题，并提出修订意见，以“压迫”（oppression）这一概念代替原先的解散公司救济措施。该建议最终被立法者采纳，即《1948年公司法》第210条。该法条规定，当小股东受到大股东的压迫时，可向法院提起诉讼，以获救济。而法院可根据具体情况，自由裁量给予小股东适当救济方式。然而，该规定在实践中却令人大失所望。[2]原因有二：其一，该规定实质上源于衡平法之公平与正义解散公司制度，因此，股东如欲提起受压迫之诉，须首先满足基于正义与衡平解散公司的条件，但这一要求在实践中足以对股东提起诉讼构成程序性障碍。其二，第210条规定的“压迫”一词含义不清，其外延在实践中又被限制和缩小，导致股东很难根据这一规定提起诉讼。有统计指出，在《1948年公司法》施行过程中，仅有两个成功的案例。[3]也正因如此，第210条规定在后来的案例中被认为是累赘、苛刻和错误的。[4]这也导致该条文在后来的公司法修改中被大幅度调整。

---

〔1〕Len Sealy, *Cases and Materials in Company Law* (Butterworths, 2001) 517.

〔2〕Arad Reisberg, *Derivative Actions and Corporate Governance* (Oxford University Press, 2009) 277.

〔3〕参见樊云慧：《英国少数股东权诉讼救济制度研究》，中国法制出版社2005年版，第129页。

〔4〕*SCWS* V *Meyer* [1959] AC 342 at p342 per Lord Simonds.

（三）《1985 年公司法》

在《1985 年公司法》之前，杰金斯（Jenkins）委员会在 1962 年发布建议报告，并对第 210 条规定进行全面反思和探讨。杰金斯委员会认为，该条文在实践中几无可行之处，在理论上也遭受很多质疑，与其完善该制度，不如直接推翻重整，以“不公平损害”代替“压制”。委员会认为不公平损害救济制度的实施同时需要以下三个方面：第一，赋予法官更多自由裁量权，使法官在此类案件中能灵活自主地处理；第二，解散公司不再是股东救济的唯一途径，解散公司可作为救济方式的其中一种，但法官应尽量避免适用该措施；第三，法院可以授权他人以公司名义提起诉讼。杰金斯委员会的建议在《1980 年公司法》修改中被采纳，并出现在公司法第 75 条规定中。这也是不公平损害第一次真正出现在英国公司法中，并对后来产生巨大的影响力。《1980 年公司法》第 75 条的规定摆脱了原有救济方式的狭隘，实现了救济维度的恰当化。但殊为可惜的是，不公平损害这一概念并没有得到清晰的定义。直至《1985 年公司法》的出台，不公平损害制度基本上得以完善。《1985 年公司法》第 459 条虽然没有直接对不公平损害这一概念做出明确定义，但通过对其构成要素的列举间接解释这一概念。第 459（1）条规定，公司成员在以下情况下可以向法院提出申请，即当公司事务已经或者正在以一种对公司一部分成员（至少包括他自己）的利益不公平损害的方式执行；或公司之实际或被提议的作为或不作为将要对公司某些成员利益造成不公平损害时。在原告资格上，公司法遵从普通法关于外部人不能起诉之原则，要求有资格行使该权利的只限于公司成员（即股东），即公司成员只能基于其成员的身份提出申请。如该成员同时担任公司董事而基于董事的身份提起申请的，法院不予支持。

《1985 年公司法》这一规定广受欢迎，特别是对于私立公司而言，因股份流通性较弱，股东退出公司途径较少，通过不公平损害救济方法是实现股东退出公司的途径之一。[1]而《1985年公司法》第459条的规定应用范围非常广泛，法官可自由裁量的救济措施相对较多，它既避免了解散公司的单一救济方式，同时也规避了福斯规则，对于公司异议股东而言是一大福音。但正是因为其大受股东欢迎，这一制度经常被股东滥用，导致滥诉情况比较严重。此外，不公平损害制度本身有耗费司法资源之特点。首先，法院须审判大股东是否有不公平之行为以及该不公平行为是否对其他股东构成损害。其次，也是最为重要的是，法院须对公司及其股东的全面情况进行审核考虑，以作出适用何种救济方式的裁判。因此，不公平损害救济不但耗时长，且耗费贵。不但浪费司法资源，且对公司本身也造成破坏。[2]

（四）法律委员会报告

在《2006年公司法》修改期间，法律委员会发布股东救济报告，其中针对不公平损害提出以下立法建议：第一，简化小型公司的救济程序。即针对小型公司的特点，简化该程序，以利于小股东提起诉求，但该简化程序是属于可选择性程序还是强制性选择程序尚不明确。第二，拓宽救济措施。委员会认为应该赋予法院更多的自由裁量权，增加法院对股东争议处理的灵活性。第三，植入诉讼时效。委员会认为不公平损害行为也应受到诉讼时效的约束。报告提出，股东应从知道或应当知道引起不公平损害行为的事实之日起三年内提起诉讼，否则对该权利不予保护。但贸工部对此持反对意见，主张以司法审查的方式替代诉讼时效。公司法审议与指导小组对诉讼时效的植入采取冷淡态度，立法者最终也没采纳诉讼时效的植入。

二、英国《2006年公司法》的最新规定

《2006年公司法》大体上延续了《1985年公司法》的不公平损害救济制度，其第994条第（1）款规定，基于下列理由，公司成员可以通过诉状

---

〔1〕 Jennifer Payne ‘Section 459 and Public Companies’ (1999) 115 *Law Quarterly Review* 368.

〔2〕 比如在 *Re Elgindata Ltd* [1991]BCLC 959 一案中，该案聆听会持续了43天，并花费32万镑（不包括上诉费用），而有异议的股份价值不超过25000镑。

向法院申请本部分之下的法令：（a）公司事务以不公平损害所有成员或一部分成员（至少包括他自己）的利益的方式正在或已经进行，或者（b）实际或被提议的公司作为或不作为（包括代表其作为或不作为）构成或将构成这样的损害。该项权利具有不可剥夺和不可转让性。[1]

法院如认为申请人的诉状有合理理由，可以颁布它认为适当的任何法令，对被诉称事项授予救济。根据《2006年公司法》第996条第（2）款规定，法院法令可以：（a）调整公司事务在将来的执行；（b）要求公司不得从事或不继续从事被起诉的行为，或要求公司从事被起诉人因疏忽而没有做的行为；（c）授权该个人或数人根据法庭认为适当的条件代表公司或以公司的名义提起民事诉讼；（d）要求公司未经法院同意不得对其章程作出任何或任何指定的修改；（e）规定其他成员或公司自己购买公司任何成员的股份，如果是公司自己购买，据此减少公司资本。[2]

从上述规定可知，不公平损害并不局限于私立公司，公众公司股东也可以行使该权利。但实践中，该权利经常为私立公司股东使用。这与法官的偏好无关，法官并非不愿意支持公众公司股东对该权利的行使。之所以出现这种情况，乃源于私立公司本身治理机构的特点。在私立公司中，特别是对于股东人数不超过5人的小型公司，其封闭性很强，公司人合性也非常明显，股东一旦遭受其他股东的侵害而想退出公司时，不像公众公司股东那般可自由转让股份而自如退出，小型公司股东的退出一般会受到章程或股东协议的诸多限制和约束。因此，不公平损害救济为私立公司股东所偏好。

三、不公平损害制度评析

（一）公司事务的含义

根据规定，不公平损害行为只限于公司事务的行为，而公司法并没有

---

〔1〕 *Exeter City AFC Ltd v. Football Conference Ltd* [2005] 1 BCLC 238.

〔2〕 参见英国《2006年公司法》第996条。

明确公司事务的定义。普通法认为，公司事务首先应当与公司股东或董事的个人事务相区分，如因股东或董事的个人行为对其他股东造成不公平损害，则受损害之股东不得行使该权利。但在公司具体经营过程中，公司事务和个人行为有时并不那么容易区分。哈曼（Harman）法官对此指出，下列行为并不构成公司事务：（1）对顾客或职工的不礼貌或冒犯性行为；（2）被告律师以私人身份要求申请人转让其股份到被告并辞去董事职务；（3）被告向银行偿还公司贷款但其没有向公司告知此事。此外，关于股东投票权的行使方面，普通法认为，股东行使投票权是其股东权的表现形式，本身并不属于公司事务，即使该股东投票权的行使受到董事会影响。[1]但如果股东会通过的决议对股东造成不公平损害，则股东可对此提起不公平损害之诉。

（二）利益

不公平损害救济前提之一是股东利益受损，因此，利益的概念必须得到澄清。首先，股东利益的受损既可以指全体股东利益的受损，也可以指部分股东的利益受损。其次，也是最为重要的是，该利益必须基于股东的身份所享有。[2]如股东同时担任公司某个职位或与公司有合作关系，则应区分该利益是基于股东的身份抑或基于其他身份所享有。基于股东身份所享有的利益一般源于公司章程的规定，即当股东依据章程所享有的权利以不公平的方式遭受损害时，其有依据第 994 条向法院提起诉求的资格。此外，股东在一定情况下也可根据股东协议提起诉求[3]，但该情形须受到“公司事务”要求的限制。

如对“利益”这一概念解释过于狭隘，过于限制其范围，则股东的权益很可能难以得到有效保障。因此，普通法认为应当对“利益”做扩大解释，法院在审查诉求时也应当考虑更多的其他因素而不局限于利益本身的

〔1〕 *Re Astec (BSR) plc* [1998] 2 BCLC 556, 575h-i.

〔2〕 *Re a Company* (No. 00477 of 1986)[1986] BCLC 376, 378h.

〔3〕 *O'Neill v. Phillips*[1999] 2 BCLC 1, 7h.

考察。霍夫曼（Hoffmann）法官指出，股东所受损的利益不应当被狭隘和技术性诠释。[1]根据霍夫曼确定的原则，对股东利益造成不公正损害的还包括以下方面：参与公司管理以及对影响公司的决策有被咨询的权利[2]、作为公司债权人或公司借贷资本的提供者的利益。[3]

（三）不公平损害之义

股东申请不公平损害救济时，须证明其利益受到或将受到不公平的损害。换言之，股东须证明被诉行为具有损害性和不公平性。

1. 损害性

股东首先须证明其利益受到一定的损害。一般而言，这种损害是财务性或金钱意义上的。比如，因不公平行为使得股东所持股票的价值减少或有减少的危险，这种损害可能源于公司资产被挪作他用。证明被诉行为具有损害性较为简单，因为对公司财务有损害的行为，也对公司股份持有者的利益构成损害。[4]当然，不公平行为的损害性也不一定全部体现为财务性或金钱意义上，在其他情形下仍然可能构成损害性行为。比如将股东逐出管理层或解除其董事职位，这种行为虽完全没有损害其持有股份的价值，但也可能构成损害性。[5]

2. 不公平性

由于公司法并没有对不公平损害这一概念进行解释，因此，所谓“不公平”似乎可由法院依其裁量权进行解释。只要在具体个案中发现有不公平之行为，法官即可认定。这种不确定的标准，一方面反映了法院不愿意对法律赋予他们广泛的自由裁量权作出任何评注，另一方面也反映了英国法院不愿意干涉公司内部事务，尤其不愿意根据事后对某一特定决议所存

---

〔1〕 *O'Neill v. Phillips*[1999] 2 BCLC 1, 15b-c.

〔2〕 *R & H Electric Ltd v. Haden Bill Electrical Ltd* [1995] 2 BCLC 280.

〔3〕 *Gamlestaden Fastigeheter v. Baltic Partners Ltd* [2007] UKPC 26, para 37.

〔4〕 *Re Macro* (Ipswich) Ltd [1994] 2 BCLC 354, 404d.

〔5〕 *Quinlan v. Essex Hinge Co Ltd* [1996] 2 BCLC 417.

在的具体情况的认识而对公司管理行为做出第二次评价。[1]但普通法发展至20世纪90年代，对不公平的认定已形成一定的标准，这种标准并非主观随意，也不是法官仅根据案件特定情况而恣意适用的。如同霍夫曼法官所言："公平这一概念必须具有司法适用性，且其具体内容的适用须基于理性原则。"[2]霍夫曼法官提出了认定不公平的两个原则：(1)该行为违反了对公司事务本应如何进行而达成共识的某些条款；(2)对某些规则的适用或适用方式与衡平法上的善意相冲突。[3]

帕顿(Patten)法官对上述两个原则作了进一步说明：第一，不公平这一概念虽具有客观之聚点，但并不能以此认为其处于真空当中。判断某个行为是否具有不公平性，应将其放置于公司结构这一法律背景进行考量，而这虽通常以公司章程或股东协议为依据，但受制于衡平原则。当坚持执行严格的法定权利会出现不合理的结局时，衡平原则可缓和弱化这种严格的法定权利。第二，一般而言，遵守公司章程和股东协议的行为通常不会构成不公平行为，除非这些协议的执行在某种特别的情况下会造成不公平(inequitable)。第三，虽然不可能详尽列举不公平行为的种种情形，但不公平的判断须遵循已确认和建立的衡平规则，而非以公平这一定义模糊的概念为标准。第四，判断某一行为是不公平的标准，应宽松于根据《1948年公司法》第210条基于公正与公平的理由解散公司的标准。第五，一个通常有效的判断方法是自问对某种权力或权利的行使是否涉及违反当事人之间的协议或协定。[4]

(1)确定不公平的标准之一：违反了关于公司事务应如何进行所达成的协议。判断某个公司事务的进行方式是否给其他股东带来不公平，首先应关注该行为是否违反股东之间已达成的章程或协议。因为这些章程或协

---

〔1〕参见张民安：《现代英美董事法律地位研究》，法律出版社2007年版，第560—561页。

〔2〕*O'Neill v. Phillips* [1999] 2 BCLC 1.

〔3〕*O'Neill v. Phillips* [1999] 2 BCLC 1.

〔4〕*Grace v. Biagioli* [2006] 2 BCLC 70, 93, para 61.

议是规范股东权利义务关系的文件，对章程或协议的违反通常是对股东某项权利的侵犯。但并非所有违反公司章程或股东协议的行为均可引起不公平损害之诉，原因在于有些不当行为虽违反章程或协议条款，却不足以产生不公平，比如违反了章程某些细枝末节或技术性的规定。[1]

章程或股东协议在公司经营过程中可能发生变更，不管是通过明示方式还是默认方式。在此情况下，法官在判断被诉行为是否违反章程或股东协议时，应特别注意章程或协议的条款是否在某种情况下已被变更。此外，如果董事在履行对公司的受信义务时，是怀有恶意或心怀不轨的，也可能违反协议，从而导致不公平损害之诉。霍夫曼法官在 Re Saul D Harrison & Sons plc 一案中认为，当董事的行为有“不可告人的目的”时，该行为可视为不公平行为。他认为，关于不公平这一概念的理解，经常可以转化为另一个事实的判断，即董事须在股东授权的范围内以公司的整体利益为准，履行受信义务。如果董事或董事会之行为有不可告人之目的，则他们显然已处于股东与公司的契约之外。[2]尼尔（Neill）法官也同意这一观点，他认为，如董事所为超过授权范围或有不合理、不可告人之目的，则股东可提出不公平损害之诉求。[3]

此外，有学者指出，不公平行为似乎隐藏着一种潜在规则，即董事行为违反公司章程或股东协议，构成不公平损害的，一般都属于不可批准型行为，即董事所违反的受信义务的行为不能得到批准或认可，因为被认为是不公平的。[4]但如可被批准或认可，则该行为是否仍可认定为不公平呢？普通法对此回答不太清晰，从上述潜在规则的反证似可推理出，受批准或认可的违反章程或协议的行为不具有不公平性。但霍夫曼法官曾指出，董事会受多数原则保护这一事实并不必然推理出该原则可保护不当行为不受

〔1〕 *Irvine v. Irvine* (No. 1) [2007] 1 BCLC 349, 417, para 256.

〔2〕 *Re Saul D Harrison & Sons plc* [1995] 1 BCLC 14, 18b-c

〔3〕 *Re Saul D Harrison & Sons plc* [1995] 1 BCLC 14, 31g-h.

〔4〕 Victor Joffe, David Drake, Giles Richardson and Daniel Lightman, *Minority Shareholders: Law, Practice and Procedure* (Oxford University Press, 2008) 219.

“不公平”的限制，它不能使董事违反受信义务的行为游离于不公平的边界之外。

（2）确定不公平的标准之二：基于衡平原则的考虑。对于大多数纯商业关系的公司而言，股东之间的权利义务关系均体现于公司章程或股东协议，公司事务的管理经营均需遵循这些规约。而对这些规约条款的违反，一般会被视为不公平的损害行为，股东可依此向法院提起诉求。比如一些大规模的公众公司或者上市公司股东，他们之间的关系一般体现在公司章程或股东协议，他们的合理期待或其他要求均可在这些公司宪章中获得支持。因此，对于纯商业公司而言，只要董事行为违反公司宪章条款，则很可能具有不公平性，无须以衡平原则进行判断。此外，对于一些虽非纯商业公司，但股东之间的具体权利义务关系在相关协议有详细规约的，这些公司也可以纯商业公司对待。但对于准合伙型的公司而言，不公平性的判断标准扩展至衡平原则。换言之，在准合伙型的公司中，即使董事所为没有违反章程或协议的规约，如有违反衡平原则，也可能构成不公平损害。值得注意的是，一个公司很可能不会永远是纯商业公司或准合伙公司，二者在经营过程中可能会发生相互转换，本来以纯商业关系设立的公司后来可能会转变为准合伙型的公司。

那何谓准合伙型的公司？威尔伯福斯勋爵（Lord Wilberforce）指出，如公司具有以下任一或多个特征，则可认定为准合伙公司：第一，该团体的组成和经营基于相互信任的个人关系；第二，有协议或默契约定所有成员或部分成员（不排除有部分“沉睡”的成员）参与该团体的经营；第三，股份的转让有严格的限制，如丧失信任或某个成员被免除管理职位，该成员不能随意转让股份。[1]值得注意的是，上述特征仅仅是准合伙公司的几个共同特征，而非详尽的列举。除此之外，还有其他因素可使公司具有准合伙的性质，甚至就连“准合伙公司”这一概念本身也并不能回答董事行为在何种情况下须受到衡平原则的约束，它仅是“一个有用的简略标签

---

〔1〕 *Ebrahimi v. Westbourne Galleries Ltd* [1972] 2 All ER 492 at 500.

而已”[1]。

（四）不公平损害救济的阻却事由

遭受不公平损害的股东并非享有绝对的救济权，当公司对受不公平损害的股东提出公平的出价时（即公司以合理价格收购声称受到不公平损害的股东的股份），法院可据此拒绝股东的救济。在法院看来，既然公司已认识到自己所犯之错误，并愿意为弥补这一错误而伸出和平之手，获得对方谅解，那么法院在此情况下就不适宜强行介入，进一步破坏双方所剩无几的友好关系。此外，在公司已对股东发出公平出价时，由双方自行谈判解决，不但可节约司法资源，也可减少费用，节省双方宝贵的时间。再者，不公平损害的主要救济措施即为颁发购买令，强制要求公司或被告购买异议股东的股份，以使异议股东全身而退。在公司已作出公平出价的情况下，股东仍然提起不公平损害之申请，可谓无此必要。有鉴于此，普通法认为，当股东受到不公平损害时，如公司已对其发出公平购买股份要约，而该价格是股东提起不公平损害之申请所能期待得到的最为现实的救济时，法院即可认定该公平出价已构成阻却事由。

（五）救济措施

根据《2006 年公司法》第 996（1）条的规定，法院如认为该诉求具有合理理由，则可以颁布其认为任何适当的法令，对被诉称事项予以救济。由此规定可知，法院对原告股东所能给予的救济措施理论上而言是无止境的，因为只要其“认为适当”，就可颁发任何法令予以救济。救济措施的多样化和广泛性，一方面意味着法院可运用其自由裁量权，不拘泥于特定条款而作出正当的判决。另一方面也意味着法院必须针对每个具体个案的情况，全面考量，以便颁发合适的法令。《2006 年公司法》在允许法院可以其自由裁量权采取任一合适法令救济原告股东的同时，也对一些可能的救济措施进行了归纳，包括但不限于以下几种救济措施。

---

〔1〕 *Fisher v. Cadman* [2006] 1 BCLC 499 at 526.

1. 调整公司事务在将来的执行

不公平损害之诉是基于公司事务以不正当的方式损害公司所有或部分成员而引起的，因此对该损害的救济首先应是对将来公司事务的处理作出调整，以使在可见的未来一段时间内，公司其余成员不再受到类似的损害。法院在颁发此令状时，可要求公司的某个或多个成员参与公司管理（当然，如果委任某个成员参与管理公司可能会造成管理层之间关系恶化的，则法院一般会谨慎使用该权力），甚至也可为公司事务将来的处理作出全面的准则，以便董事遵守。〔1〕

2. 要求公司从事或不从事、继续或不继续从事被起诉的行为

这是最为简单直接的救济措施，即当公司事务以积极的作为方式不公平损害所有或部分公司成员时，法院可直接要求公司停止该行为。反之，如公司的不作为导致公司利益遭受不公平损害时，法院同样可直接要求公司有所作为。

3. 授权诉求人以公司名义或代表公司根据法院的指引提起民事诉讼。

这实际上是法院通过颁发法令，允许申请人提起代表诉讼。该救济措施最早出现在 1962 年詹金斯委员会报告中，该报告建议引进代表诉讼作为不公平损害救济措施之一。然而，该报告之所以有此建议，是因为当时股东如欲提起代表诉讼，会面临重重困难。通过授权申请人提起代表诉讼，可以绕开代表诉讼所设置的障碍，有利于保护少数股东的利益。但《2006 年公司法》将代表诉讼成文化后，代表诉讼的提起程序与以前普通法大不一致。〔2〕因此，通过设置授权诉求人可提起代表诉讼作为不公平损害之救济，以避开福斯规则所设置的程序障碍，现在看来似无必要。实践中，这一救济措施也未曾使用过。〔3〕这一救济措施之所以不受欢迎，另一原因

---

〔1〕 *O'Neill v. Phillips* [1999] 2 BCLC 1; *Re a Company* (No. 007623 of 1984) [1986] BCLC 362; *Re Castleburn Ltd* [1991] BCLC 89.

〔2〕 参见林少伟:《英国派生诉讼的最新发展：普通法的回归》，载《时代法学》2011 年第 4 期。

〔3〕 Leslie Kosmin , 'Minority Shareholders' Remedies: A Practitioner Perspective' (1997) 2 *Company Financial and Insolvency Law Review* 211.

是申请人须花费巨大的时间和精力提起不公平损害之诉，如诉求获得法院支持，方可提起代表诉讼。在代表诉讼的程序障碍已大为减小的现在，与其耗费大量的时间与被诉人周旋于不公平损害是否具有合理依据，不如径行提起代表诉讼。此外，股东如直接提起代表诉讼，可受民事诉讼规则第199（7）条关于诉讼费用的保护，而通过不公平损害救济转入代表诉讼的，则不在此规定的应用范围之内。最后，诉求人通过不公平损害之诉，即使顺利获得法院支持，转而提起代表诉讼，又幸运胜诉，诉求人本应心满意足。但实际上诉求人不但可能分文不得，且在付出大量精力和时间之余，仍须自掏腰包。因为代表诉讼胜诉后，所得之利益（如被告的赔偿金）归于公司而非原告（即股东或不公平损害之诉中的诉求人）。

4. 要求公司其他成员或公司购买原告成员的股份

此救济措施是不公平损害之诉求中最受诉求人欢迎也最为法院接受的。当公司成员利益受到不公平对待时，既然双方情不投，意不合，最佳的解决途径莫过于说再见。由实施不公平损害行为的公司成员或公司本身购买该股东股份，一方面既让诉求人股东全身而退，不再陷于公司内部各种矛盾中左右为难，另一方面也可使公司集中精力于自身的投资经营，不用耗费精力与时间与异议股东纠缠不清。特别是在双方关系破裂，难以继续信任和合作时，一方退出公司可谓是解决问题的最佳途径。有法官一针见血地指出，该救济措施的目的在于使难以继续合作的双方能够干净清白地分开。[1]因为与其双方勉强维持关系继续合作，不如一鼓作气，分清账本，让一方退出公司，一举永诀。

在确定购买股份的救济措施后，如何确定购买价格殊为关键。一般而言，双方可就股份购买价格进行磋商，如不能达成协议，法院可径行委托专家进行评估，并由其提交评估报告。虽然股份的价值评估因具体个案而异，但根据公司法的规定，该股份须以公平的价格进行购买，而何谓公平亦可能难以达成一致。米利特法官就股份价格的确定提出三个方法：（1）

〔1〕 *In re Clearspring Management Ltd* [2003] EWHC 2516 (Ch), para 25.

以公司继续运行为基础，以比例为原则确定股份价格。（2）在前面确定的价格的基础上进行一定的折扣。（3）按公司处于清算或破产的阶段为基础，以比例为原则确定股份价格。[1]对于准合伙型的公司而言，当诉求人为小股东时，股份价格的确定应以比例为原则，不能打折扣。当诉求人为大股东时，同样也应以比例为原则，股份的价格不能溢价，也不能以折扣价售出。对于非准合伙型的公司，除非有特殊情况，否则对于少数股份的收购，一般以折扣价购买，即使该少数股份额达到 49%。对于超过 50% 以上的多数股份而言，则很可能以溢价收购。这种因股份持有量的不同而导致购买价格差异的原因在于，对少数股份的收购一般不会影响公司的经营管理。但对于超过 50% 的股份的收购则大不相同，此时股份受让者对公司经营和战略无疑具有很大的影响力甚至决定权。因此，超过半数的股份转让价格一般会以多于按比例确定的价格进行处理。

在判断公司股份价值方面，另一个考虑因素是基于公司是否继续经营抑或公司处于清算或破产阶段。如公司继续经营，公司股份的估价无疑会远高于处于清算或破产阶段的价格。普通法虽然对此没有明确清晰的规则判断何种情况下应选择以公司继续运行为基础，何种情况下应选择以公司处于清算或破产为基础对公司股份进行评估作价，但无可否认的是，法院一般不情愿使用后者，如同米利特法官所说，当购买者购买其中一方的股份时，其意图无疑是继续经营公司，因此，采取后者作为评估作价的基础很难具有说服力。[2]此外，当一方愿意购买另一方股份时，很难想象公司在股份收购后会陷入破产境地。再者，如允许以公司处于清算或破产阶段为基础评估作价，一旦股份收购完毕，公司继续经营，业务蒸蒸日上，则可能出现坏人受益，好人吃亏的现象。因为在大多数情况下，股份的购买者一般为被诉求人，而深受不公平损害的股东则是被收购者，假如以公司

---

〔1〕 *CVC/Opportunity Equity Partners Ltd v. Demarco Almeida* [2002] 2 BCLC 108,118, paras 37-8.

〔2〕 *CVC/Opportunity Equity Partners Ltd v. Demarco Almeida* [2002] 2 BCLC 108,118, paras 38.

处于破产或清算的阶段为基准计算公司股份价值，那前者无疑可以较低的价格购得后者股份。在公司继续运行、经营良好的情况下，前者可获得丰厚的回报，而后者则赔了夫人又折兵。

四、不公平损害救济与股东代表诉讼之间关系

（一）二者区别

不公平损害制度与股东代表诉讼的目标一致，即保障少数股东利益，前者通过各种救济措施（主要是通过购买股份而让股东退出公司）而使双方各得其利，后者则通过起诉不法行为人，使之对公司进行赔偿，从而使公司股东间接受益。但这两个制度之间也有明显的区别。

在原告方面，代表诉讼的原告必须是公司的股东，已退出公司的股东不能提起诉讼，但现任的股东可以对发生于他成为股东之前的不法行为提起诉讼。不公平损害救济的申请人是公司成员，也可以是因法律规定而导致股份转让的人，更可以是国务大臣。前股东也不能申请不公平损害救济，这与代表诉讼一样，但在不公平损害救济中，股东对发生于其成为股东之前的行为无法要求法院予以救济。

在被告方面，公司是代表诉讼的名义被告，而在不公平损害之诉中，控制股东或董事通常是被告。

在代表性方面，代表诉讼中，股东所提起之诉讼是代表公司，而在不公平损害中，公司成员通常是为保护自身利益而向法院要求救济的。

在受益人方面，代表诉讼中，直接受益者是公司，即代表诉讼所得之赔偿归于公司，股东只能以其所持有的公司股份按比例间接受益（实际上，股东通过代表诉讼受益一般是通过公司股票的上涨体现的）。而不公平损害制度则关注公司成员的个人利益，在诸多救济措施中，尤以要求一方购买另一方的股份为主。

在是否要求净手方面，代表诉讼要求原告具有干净之手，即原告股东没有过错，如原告行为在公正之眼中具有不正当性，允许其所提起的代表诉讼继续进行有违公允的，则法院可拒绝股东的请求。但在不公平损害中，

对诉求人没有净手的要求，诉求人本身具有过错并不能成为不公平损害的阻却事由，但可能会影响法院的判决，特别是在法院确定给予何种类型的救济措施方面，诉求人是否净手尤为重要。

在是否需要穷尽其他救济措施方面，代表诉讼的提起一般要求股东须穷尽其他救济措施。在存有其他可替代性救济措施的情况下，法院一般会拒绝股东请求。在不公平损害救济中，只有少数案例规定，当股东能运用自身投票权纠正所诉求之事项时，法院才会拒绝申请人之诉求。[1]一般而言，即使存有其他可替代性救济措施，也不影响股东提起不公平损害的诉求。

在救济方面，代表诉讼一旦胜诉，法院一般判决被告支付一定的赔偿数额，而在不公平损害中，法官具有充分的自由裁量权，只要合适，其可裁判作出任何救济规定，但最受欢迎也最为广泛的救济措施是，要求其他成员或公司购买其中一方的股份，使其退出公司。

（二）二者的融合?

代表诉讼与不公平损害虽然具有种种不同，但它们目标一致，均以少数股东的利益为依归，通过诉讼方式保护少数股东不受大股东（控制股东）或董事的压迫与诈欺。鉴于这两种救济程序的相似之处，有学者提出，何不将二者“合二为一”，融合在一起。[2]理由如下：

第一，代表诉讼与不公平损害二者的诉由虽有所不同（前者是以公司受损为诉由，而后者是公司成员利益受到不公平损害），但 2003 年的两个案例确认了不公平损害救济可以代替代表诉讼，即使公司受损，法院也允许股东提起不公平损害之诉求。[3]这两个案例的宣判，可谓开启了代表诉讼与不公平损害二者融合的大门，为之扫除了诉由差异的障碍。

第二，在不公平损害的诸多救济措施中，包含了授权股东以公司名义并代表公司提起民事诉讼的救济，这实际上是将代表诉讼作为不公平损害

---

〔1〕 *Re Legal Cost Negotiators Ltd* [1999] 2 BCLC 17.

〔2〕 Arad Reisberg, *Derivative Actions and Corporate Governance* (Oxford University Press, 2009) 278, 285.

〔3〕 *Bhullar v. Bhullar* [2003] EWCA Civ 424; *Clark v. Curland* [2003] EWCA Civ 810.

的救济措施之一，既然不公平损害包括代表诉讼的救济，那将二者统一规定，也应无太大障碍。

第三，不公平损害作为保护少数股东利益的制度之一，历来应用广泛，且法院也偏向于接受公司成员以此提起的诉求。相反，代表诉讼长期以来为普通法所不齿，股东提起代表诉讼，不仅须克服程序上的种种障碍，也面临法院不愿接受该种诉求的历史传统，导致代表诉讼的案例很为少见。因此，在一种程序广受欢迎（无论是公司成员还是法院），另一种程序几无存在必要性的情况下，将二者合二为一，将代表诉讼纳入不公平损害的统领之下，并不会影响代表诉讼的实施。

第四，将代表诉讼纳入不公平损害这一制度之下，有诸多优势：首先，可消除二者之间的种种差异。英国对少数股东的保护制度较为繁杂，在股东对选择何种救济措施保障自身利益无所适从的情况下，能够对相关制度进行简化无疑是少数股东的福音。在制度较为完善的情况下，过多的条文规定会造成“法律负担”。假如将法律制度视为社会产品，在法制不发达的国家，这如同供小于求。而在法制较为发达的国家，过多的法律条文则供过于求。显然，无论是前者，还是后者，都不利于社会的整体发展。[1]其次，将代表诉讼规定在不公平损害制度的条文之下，可集中精力解决不公平损害制度的相关问题，进一步澄清和完成不公平损害制度，使之发挥更大的效果。再次，将两者合一，可提高不公平损害救济的地位，使之成为股东的首选，不致让股东受到损害时不知所措，在诸多保护措施中左摇右摆、犹豫不决。在法院乐意接受不公平损害诉求的传统下，提高不公平损害的地位无疑可更好地保障少数股东的利益。最后，如同霍尔（Hale）所言，如果这两项制度的设置初衷均是为达致同一目的，即通过为股东提供

〔1〕 在工党执政期间（1997—2010 年），法律规章的数量可谓剧增，议会通过的重要法律就超过 300 部，而每部重要的法律又产生了更多的次级规范。以内政部为例，在工党执政期间，通过了 60 份议案，发起了 100 多个立法咨询文件，制定了至少 350 个规范，增加了 271 个新的罪行。有鉴于此，保守党 2010 年上台执政后，提出“一进一退”（one in one out）政策，即任何部门想制定一新的规定或通过一部新的法案，必须先废除一部旧的法规，以防止法律数量膨胀。详情见 Philip Johnston, *Bad Laws* (Constable Publisher, 2010)。

工具，救济因不法行为所造成的损害，以监管董事和管理层的行为，则将二者分开规定并不具有正当性。[1]

在公司法修改咨询阶段，法律委员会对上述意见颇为重视，也曾考虑过将代表诉讼程序与不公平损害程序合二为一，但最终否定这一建议，理由有三[2]：第一，在不公平损害之诉中，申请人股东须证明其所受之损害乃是对方以不公平方式所为。而对于代表诉讼而言，排除一些诉讼程序障碍，如原告资格、持股时间或数量要求等之外，原告所要证明的是公司具有诉由，即公司利益受到损害。如将二者合一，则代表诉讼的原告不仅须证明公司利益受到侵害，尚需证明该侵害是以不公平行为方式所造成的。这样一来，不但不会减轻原告的负担，反而会加重原告的诉累，而这显然不符合二者融合的初衷。第二，虽有案例判决，即便公司利益受损，公司成员也可提起不公平损害之诉。但一般而言，不公平之诉主要针对公司成员个人之权利受到侵害，而代表诉讼则源于公司利益受到侵害。如将二者合二为一，可能会混淆个人之权利与公司之利益这两个不同的概念（即使二者本来就没有非常清晰的界线）。从案管（case management）角度看，这会使得诉讼缺乏清晰、核心的聚焦点，同时也会耗费司法资源，付出更大的经济成本。第三，代表诉讼与不公平损害的不同处理对公司债权人的影响也不尽相同。对于代表诉讼而言，因胜诉所得利益归于公司，无疑增加公司偿还债款的能力，有利于保护公司债权人利益。但对于不公平损害而言，法院给予的救济直接针对申请人，在诸多救济措施中，法院可选择任何一种合适的方式解决双方的纠纷，其中当然也可要求被诉求人给予一定的赔偿，而这种救济措施并不会为公司债权人带来任何利益的增进，甚至很可能减少公司偿还债款的能力。这样一来，将二者程序合二为一，明显会为债权人带来负面影响。基于此上述理由，法律委员会最终决定将二者程序分而规之。

---

〔1〕 C. Hale, 'What's Right with the Rule in *Foss v. Harbottle*?' (1997) 1 *Company Financial and Insolvency Law Review* 219, 221.

〔2〕 Consultation paper, para 16.4.

五、不公平损害制度是否可为中国所借鉴？

不公平损害制度在保护少数股东利益方面具有不可替代的作用，其因适用的广泛性和救济的多样性而深受股东欢迎。鉴于国内少数股东备受压迫的现象层出不穷，公司长久不分配股利的严重性，有学者建议借鉴英国，引进不公平损害制度，以更有力地保护少数股东利益，为中国资本市场的健康发展保航护驾。笔者对此持反对意见，认为国内不适宜引进不公平损害制度，理由如下：

（一）两国法律环境与规范结构的差异

法律的移植并非简单的规范植入，而是牵一发而动全身，涉及输出国与移植国两国之间社会、经济、文化和法律环境等因素的影响。[1]不公平损害制度的移植则涉及法律环境与规范结构的影响。在英国的法律规制中，对少数股东保护的措施并不多，主要有股东个人诉权、基于公平合理请求解散公司、不公平损害救济以及代表诉讼。[2]数目不多的救济措施似乎与英美法系国家发达的法律体系格格不入，因为作为英美法发源地的英国，其对股东权益理应提供一系列措施悉心呵护，以促进资本市场的资本发展，然而在股东权益法律规制方面，只有区区几种措施，就为股东提供了充分而有力的保护。这种少而精的规制体系，其实并不神秘，原因在于不公平损害制度在整个股东保护体系中的地位。如同上文所论述，不公平损害制度适用非常广泛，只要股东利益受到不公平损害，就可向法院提起诉求。而法院在认定事实时，可颁发任何其认为适当的法令，这意味着不公平损害救济措施的多样性。有鉴于此，不公平损害备受股东青睐，也处于英国少数股东权益保护体系的龙头地位，具有极其重要的作用。

在中国，虽然股东备受压迫的现象层出不穷，但在法律规制层面上，保护少数股东法律措施多种多样，各种规范也紧密相扣，很少有某一种具

〔1〕 Mathias Reimann & Reinhard Zimmermann, *The Oxford Handbook of Comparative Law* (Oxford University Press, 2008) 421, 477.

〔2〕 A. J. Boyle, *Minority Shareholder's Remedies* (Cambridge University Press, 2002).

体措施具有龙头地位和作用。如引进不公平损害制度，不但会破坏原有法律规范的结构，也会在理论上和实践上产生诸多问题：如何处理不公平损害救济措施与其他少数股东保护措施的关系？因为不公平损害的诸多救济措施与我国其他少数股东保护措施具有重叠之处，该制度的引进势必影响其他制度的修整，如此一来，我国公司法原有保护股东权益的规范结构也必将进行大幅度调整。在公司法修改生效不到六年的情况下，对之进行大幅度的修改和重整无疑不利于法律的稳定性。

（二）不公平损害救济措施与我国诸多制度有重合

不公平损害最为常用的救济措施是要求公司或被告人收购异议股东股份，使之退出公司，以解决双方矛盾。这种救济效果在中国相对应的制度是异议股东股份回购请求权，即《公司法》第 74 条的规定，如公司连续 5 年不向股东分配利润，而公司该 5 年连续盈利，且符合本法规定的分配利润条件的，对股东会该项决议投反对票的股东可请求公司按照合理的价格收购其股权；如在股东会决议通过之日起 60 日内股东与公司不能达成股权收购协议，股东可以在股东会决议通过之日起 90 日内起诉。除此之外，不公平损害的其他救济措施也能在中国公司法找到相应制度，如强制解散对应《公司法》第 182 条关于司法解散公司的规定，要求被诉求人赔偿诉求股东的救济可对应《公司法》第 21 条关于股东有损害赔偿权的规定。可见，中国公司法并不缺少股东权益保护机制，不公平损害制度的引进在很大程度上仅仅是对原有制度的重复。

当然，也有人认为，不公平损害的救济措施优于国内本身具有的保护机制，比如在股份回购救济措施方面，股东提起的不公平损害之诉一旦获得法院支持，则可马上就股份的回购与公司进行磋商协调。而国内异议股东的股份回购请求权则须等上漫长的 5 年，望眼欲穿也可能一无所获。然而，这种优劣仅仅是具体立法技术的差异，并不能以此否定整个制度方向。其次，也正是因为某些制度存在技术性缺陷，所以才有必要对之进行改进和完善，并增强其在实践中的应用。假如因某个制度的细枝末节出现缺陷，而生搬硬造与之具有同等效能的制度，这是典型的因小失大，也是浪费立法资源的典型体现。

（三）不公平损害制度本身也有缺陷

不公平损害虽广受英国股东欢迎，但其本身并非完美。最令人诟病的是该诉讼程序耗时长，花费大。因为法院不仅需要对被诉行为是否具有“不公平性”进行确定，在颁发具体救济令时，也须综合考虑双方当事人的具体情况和需求。这一缺陷不仅不利于原告股东，使之在决定是否提起诉求前思虑再三，也会影响被告和公司。因长时间的诉讼不仅会分散被告的精力，也会影响公司的正常运营，从而间接导致其他股东可能利益的受损。

此外，不公平损害本身与代表诉讼也有重叠之处，代表诉讼的前提是公司利益受损，而不公平损害救济的前提是股东利益而非股东权利受损。因此，在公司利益受损的情况下，股东利益也可能因此而遭受损失。此时，符合代表诉讼条件的行为也同样符合不公平损害救济。在已实施代表诉讼的今天，如引进不公平损害制度，如何区分和融合二者程序，是学界和司法界不可避免的难题。

（四）改进与增强现有股东保护措施才是当务之急

我国现有的少数股东保护措施并不少，与其盲目引进或移植其他制度，不如改进和增强现有的措施。事实上，在公司法基本方向和主要制度已经确定的今天，学界和司法界的首要任务是通过释法完善制度，通过执法实施制度。我国少数股东利益之所以备受剥削，公司利益任由控制股东操纵，股东随时可能遭受由股东或董事控制下所做出的不正当决策的侵害，很大程度上并非是因为制度的缺位，而是制度规范的不完备。比如借鉴于美国的股东代表诉讼，于2005年修改的公司法中首次被采纳。该诉讼权利旨在保护少数股东和公司的利益不受控制股东和董事的侵犯，然而在实践中，该权利的行使却少之又少[1]，这明显与立法初衷不相称。此时学界需要考虑的并非引进其他具有同样功效的制度，而是改进和完善现有的代表诉讼

---

〔1〕 Shaowei Lin, ‘Derivative Actions in China: Cases Analysis’, (2014) 44 *Hong Kong Law Journal* 621.

制度，比如降低起诉门槛，完善股东向董事会或监事会请求起诉的程序，完备关于双方和解和司法审查制度等，使之具有更强的可适用性和灵活性。因为即使引进其他制度，也可能水土不服而起反作用。有鉴于此，与其无休止地生搬硬造外来之物，不如改进与增强现有的股东保护措施。

第二部分　大陆法系

第五章　德国股东代表诉讼：时应之变，竿头百尺

德国的法律体系在建立之初并没有规定股东代表诉讼制度，直到 2005 年德国 UMAG 改革之后才引入了此制度。其制度由萌芽到正式确立，乃是顺势而生，但终究改革路上荆棘重重。此制度相对于德国公司法中其他制度而言比较年轻，因此，它仍然是不完整的、需要进一步完善的。其制度改革之效若“欲穷千里目”，须得“更上一层楼”。

德国股东代表诉讼，一般而言，指的是德国股份公司中的制度。由于德国法中股份公司和有限公司分开立法且有关法律规定差异巨大，对于德国的股东代表诉讼而言，亦要分庭论述。德国股份公司法于 2005 年才真正引入此项制度，但是在有关有限公司的法律规定中却仍没有类似规定。近些年来，德国的司法判决中对于有限公司法适用了“合伙之诉（actio pro so-cio）”[1]——这一制度并不被德国主流观点认为是德国的股东代表诉讼，Hopt 教授甚至将其称为股东代表诉讼的“亚种”。[2] 因为它的侵害主体只是限定在股东中，对于董事或者是高级管理人员侵害公司的行为，股东则没有权利以个人名义进行起诉。[3] 而股东代表诉讼的被告主要是公司的董

---

〔1〕 Mock, Rabels Z 2008, S. 266.

〔2〕 Klaus J. Hopt, ‘Shareholder Rights and Remedies:a View from Germany and the Continent’ (1997) 2 *Company, Financial and Insolvency Law Review* 261, 272- 273.

〔3〕 Theodor Baums, ‘Personal Liabilities of Company Directors in German Law’ (1996) 7 *International Company and Commercial Law Review* 318- 324.

事及其他内部人，如高级管理人员、监事或者控股股东。[1]下文中所言“德国股东代表诉讼”，均指德国股份公司中的股东代表诉讼。

一、德国股东代表诉讼的历史演变

股东代表诉讼最开始是在英美法系中得到应用，后来则逐渐被大陆法系国家所接受。在英美法系，盛行诉讼先于权利，有权利就有诉讼的观念，[2]这一观念亦影响了德国，加速了其引入股东代表诉讼的进程。德国在 2005 年 11 月 1 日通过了《德国关于公司完善和股东诉讼现代化的法律》（Gesetz zur Unternehmensintegrität und Modernisierung des Anfechtungsrechts(UMAG)），将股东代表诉讼制度最终引入到德国的《股份法》（AKtG）中，其具体制度规定于原来的第 147 条和新增加的第 148 条以及第 149 条中。然而，这一相对年轻的制度发展进程却并非一帆风顺。它从最开始的法定强制起诉制度到后面相对成熟的股东代表诉讼制度，从最开始的苛刻实行条件到后期的相对宽松的发起条件，从在《德国商法通则》（ADHGB）中的粗糙规定到被引进到德国的《股份法》中，其制度由萌芽到正式确立，历经重重挫折种种困难，终于在 2005 年实现了质的飞跃。

德国最开始是在 1884 年《德国商法通则》第 223 条中引入了法定强制起诉制度，它赋予了占公司注册资本 20% 以上股份的股份公司股东在提供担保或者提存的前提条件下可以为了公司的利益强制要求董事会提起诉讼。这一条款并不是真正意义上的股东代表诉讼，甚至有些与股东代表诉讼的要求背道而驰。它并没有赋予股东可以在董事会或者监事会不作为不起诉时以自己的名义提起起诉的权利，而且还对股东的强制起诉权进行了一定的严格限制，例如需要股东提供担保或者提存，需要股东的持股比例达到较高的要求等。德国立法者之所以作出如此规定，主要有以下三个理由：保障公司内部机构职权的正常分配和公司内部机构的运行秩序；避免股东

---

〔1〕 参见王建文：《我国股东代表诉讼制度评判与适用——兼评〈公司法解释（二）（征求意见稿）〉的相关规定》，载《北方法学》2007 年第 4 期，第 65 页。

〔2〕 参见施天涛：《公司法论》（第 2 版），法律出版社 2006 年版，第 442 页。

诉讼的滥用；股东代表诉讼可能影响了法人的独立性。但是，由于受到了美国衡平规则的影响——这一规则赋予了小股东可以为公司利益而向董事会提起代表诉讼的权利，以及当时德国出现的一些公司大股东以及高管侵犯公司利益而董事会、监事会怠于起诉的情形，德国立法者在折中选择之后敲定了法定强制起诉制度。

随后的德国公司法经过历次修改，虽变化繁杂，然嬗变较大的是提起法定强制起诉的股东所持股数目的标准明显下降，1900 年《德国商法典》[Handels-gesetzbuch (HGB)] 第 268 条至第 270 条规定：股东所占公司注册资本达到 10% 股份即可；1937 年《股份法》第 122—124 条规定占公司注册资本 10% 以上或者特殊情形之下 5% 以上的股东可以行使此权利。[1] 这一股东持股比例要求的机制一直持续到了第二次世界大战之后的 1965 年，这一年德国的《股份法》第 147 条将 1937 年的《股份法》中有关法定强制起诉制度的三个法条合并成了一条，股东持股数亦只需要达到 10% 即可。

因此，直到那时才演变成的机制还不是股东代表诉讼，而是小股东为了公司利益，可以强迫股份公司董事会对股份公司的管理层或监事会成员提出索赔，而这种索赔需要通过委派一个特别代表进行诉讼，且法院任命的特别代表对是否提起公司诉讼享有最终决定权。[2]

1998 年修改的《股份法》第 147 条规定了相应的制度，这一条分为三款，实际上却是规定了两种不同的小股东行使公司损害赔偿请求权的机制：股东大会或合计持有公司十分之一及以上股本的少数股东有权要求公司或公司的特别代表行使公司的损害赔偿请求权；或者是当有事实证明——存在因不正当或严重违反法律或章程的行为而给公司造成损害的重大嫌疑时，合计持有超过公司二十分之一股本或持有股本数额达到 500000 欧元的少数股东可以向法院申请任命特别代表行使公司损害赔偿请求权。这两种提

---

〔1〕 在公司审计报告中，根据事实，已经确认了针对某人公司享有损害赔偿请求权的，则只需持股达 5% 的股东在股东大会提起要求公司针对该人提起诉讼的请求，而公司必须起诉。

〔2〕 参见李小宁：《简析德国股份公司法关于股东代表诉讼的最新改革》，载《湖南大学学报（社会科学版）》2009 年第 3 期，第 139 页。

起机制中，相同点就是法院任命的特别代表有权决定是否提起公司诉讼，而特别代表代表的是公司利益，并不是代表少数小股东利益，这一特殊立场导致了特别代表在诉讼提起以及诉讼中必须保持中立，而这种诉讼模式更像是一种修正机制，这种机制迫使公司执行其对董事等公司管理人员的索赔。

直到 2005 年德国 UMAG 修订时，德国股份公司法才引入了真正的股东代表诉讼。首先，第 148 条规定小股东可以以自己名义向法院申请行使公司损害赔偿请求权，所得赔偿归于公司；其次，该法大大降低了小股东行使权利所必须持有的股份比例；最后，新法亦对原来由小股东承担诉讼费用的不合理规定进行了改革。此次改革，于德国股东代表诉讼制度而言，虽标志其正式成立，意义深远，但由于初次引入，其规定多有不足之处，仍有待改进完善。

二、德国股东代表诉讼的现行制度

2005 年德国 UMAG 进行了一系列改革，这对于股东代表诉讼制度而言是一次质的飞越。该法中规定的很多关于股东代表诉讼的制度为股东主张公司损害赔偿权利、维护自己和公司的利益提供了有力保障。

德国 UMAG 中对于股东代表诉讼的改革主要体现在其诉讼许可程序以及其他具体的内部制度方面。2005 年修订的德国《股份法》第 148 条第 1 款规定了股东要提起股东代表诉讼之前的诉讼许可程序，这也是新法中新增加的程序，即股东必须首先向法院申请以股东自己的名义提起损害赔偿请求权，法院经审查同意之后，股东才可以提起股东代表诉讼；此外，还有关于股东论坛、商业判断规则等规定。

德国新《股份法》中对于股东代表诉讼前提条件有所规定。比如第 148 条第 2 款对提起股东代表诉讼的股东持股比例有法定要求：主张损害赔偿请求权的股东必须持有公司百分之一以上股份或者持股数额达到 10 万欧元。更进一步说，股东在证明董事或者监事会或者其他在公司设立时对公司有损害的人提起损害赔偿诉讼之前，首先需要证明自己的持股数目是符合法定要求的。此外，提起股东代表诉讼前提条件还有股东需要请求公司进行诉讼而公司并未诉讼，这也是大多数国家股东代表诉讼制度所设有的前置程序。[1]再则，还有提起诉讼的股东所列举的事实构成对公司已经造成某项损害的怀疑、法院必须被说服等要求。

德国 UMAG 中对股东代表诉讼适用范围以及责任范围也有所规定。比如新《股份法》中第 147 条第 1 款第 1 项规定："如果股东大会通过简单多数作出决议，公司须根据本法第 46 条到第 48 条、第 53 条的规定对公司设立过程中的义务人、或者对执行公司事务的公司董事会或监事会成员，或者根据本法第 117 条而提起损害赔偿之请求。"具体而言，法条中第 46 条规定了公司发起人的责任，主要包括公司发起人对公司设立过程中为了公司成立而作的有关支付股款等负连带责任；第 48 条规定了公司董事会和监事会成员在公司成立过程中对其义务之违反所造成的公司损害承担连带责任；第 53 条规定了公司补充设立的损害赔偿请求权。德国《股份法》第 117 条还规定了其他人的损害赔偿责任：这些人故意利用其对公司的影响力而让公司董事会或监事会的成员，或者代理人，或者公司的全权业务代表为损害公司或公司股东的行为。此外，通过这些损害行为而获益的人，只要其故意对这一损害行为施加影响，亦为共同责任人。综上所述，德国股东代表诉讼制度被告范围不局限于公司的发起人或设立人、公司发起时的其他义务人（如公司设立时的董事、监事等）、公司的董事会或监事会成员，还包括利用其影响力而对公司故意损害的其他人以及通过此损害而获益的其他人。

（一）具有过滤功能的诉讼许可程序

在德国诉讼许可程序中，它具有实质审查内容的特许程序，不同于在大多数国家适用的仅仅是股东请求公司自己提起诉讼的前置程序。[2]它在

---

〔1〕 对此也有不同观点，参见张民安：《公司法的现代化》，中山大学出版社 2006 年版，第 407 页。

〔2〕 参见胡晓静：《德国股东派生诉讼制度评析》，载《当代法学》2007 年第 2 期，第 137 页。

一定程度上可以过滤掉一些股东滥诉的情况，从而保证股东代表诉讼的质量。

1. 法定持股比例要求

提起代表诉讼的股东必须遵循德国《股份法》中法定持股比例要求。第 148 条第 1 款规定：只有持有占注册资本额百分之一以上股份或者持有公司注册资本额达 10 万欧元以上的股东，才可以向法院提起以及被移送认证以发起股东代表诉讼程序。这里的“10 万欧元”指的是注册资本而不是股份在股票市场的价格，因为股票价格随着市场进行上下波动，而且股票价格往往和每股代表的股份并不相同，这会造成确认股东代表诉讼原告资格的困难。德国股东代表诉讼对于股东持股的要求门槛比较低，即使是在一些注册资本额比较大的股份公司，提起代表诉讼的股东亦只需要满足其所持有的注册资本额达到 10 万欧元的条件即可。

在起诉之时，持股比例或者是持股数也不一定要求只能是一个股东达到要求。如果一个股东达到法定数额的要求，则该股东可以单独提起法定许可程序；当多个股东的持股数联合达到法定要求时，这些股东亦可以作为一个诉讼共同体共同提起诉讼许可程序。在这种情况下，这些联合股东就构成了民事合伙[1]，应当要适用《德国民法典》第 705 条中关于民事合伙的规定。但是这种共同体诉讼程序的具体要求并没有在德国《股份法》中得到明确规定：即这个法定数额是否需要在提起诉讼之初一直持续到诉讼终结，关于这点，德国的理论界一直争论不休。

2. 股东所获股份的证明

股东必须证明他们的起诉对象在损害公司利益行为被公开之前就已经获得了该公司的股份。德国新的《股份法》第 148 条第 1 款第 2 句第 1 项明确规定，股东有责任证明其所持有的股份在起诉对象被指控违反信托义务或损害股份公司这种行为被重大新闻媒介中公布之前就已经持有了。这

〔1〕 RegE, Drucksache 3/05 S. 43. Spindler, NZG 2005, S. 866. Lochner, in Heidel, § 148 Rn. 4.Bezzenberger, in GroßkommAktG, § 148 Rn. 166.

一严格条件的设定，让那些没有胜诉希望或者是以滥诉为目的而进行的诉讼会预先被排除，从而使诉讼许可程序有了过滤功能。[1]这就涉及一个问题：信息公开——这里的信息公开指的是在大众媒体、经济报刊或者传播广泛的网络服务器上进行的信息公开。[2]而关于信息公开的方式，理论上只要求涉及的媒体发行量比较大而且公开发行，普通股东能够知悉获取信息即可，它并没有明确标准。如果在股东所提供的信息公开时间之前，该损害义务或损害事实已经通过相类似的方式公开的，股东必须证明其在该公开之前已经占有该股份或者该股份已经转到其账户，而且尽管已经公开，其不可能知悉已经公开的信息。[3]德国《股份法》这样规定，主要是为了防止有些人在早已经知晓有不正当行为的情况下，通过短期获取公司股份从而获得股东资格滥用自己的诉权。

3. 原告要先向股份公司提公司起诉的要求

按照德国《股份法》第148条第1款第2句第2项的规定，在股东提出代表诉讼之前，股东需要证明自己已经向公司提出过请求，由公司自行提出诉讼。这也显示了股东代表诉讼的“辅助性”特征。[4]德国新法中规定的这一要求是诉讼许可程序的前提条件之一。股东等待公司答复的期间应当合理化，且这一期限应当由股东设立并适用一般规则。立法者在立法草案中建议两个月的期限应该是“合理的期限”，[5]如果公司明确拒绝了股东的请求，则不必拘泥于这一期限。公司必须没有经过实质性的起诉，而不论其是否准备起诉。故而，公司股东只要是能够证明自己已经设置了合理期限且公司并没有在合理期限之内进行起诉，则满足了诉讼许可程序的

---

〔1〕 参见胡晓静：《德国股东派生诉讼制度评析》，载《当代法学》2007年第2期，第137页。

〔2〕 RegE, Drucksache 3/05, S. 43.

〔3〕 RegE, Drucksache 3/05, S. 43.

〔4〕 RegE, Drucksache 3/05 S. 43. Bezzenberger, in GroßkommAktG, § 148 Rn. 120. Lochener, in Heidel, § 148 Rn. 10. Hüffer, § 148 Rn. 6.

〔5〕 RegE, Drucksache 3/05, S. 44.

前提条件。[1]

4. 存在对“不诚实”或重大的义务损害之合理怀疑

德国《股份法》第 148 条第 1 款第 2 项第 3 目规定：“存在事实表明这一怀疑是正确的——因为‘不诚实 (Unredlichkeit)’或者重大违反法律或章程行为而造成公司受到损害。”这一规定实质上给股东代表诉讼提出了一个比较高的实现条件。最初，这一规定是在 2005 年 UMAG 生效前德国《股份法》第 147 条第 3 款，新法中并没有废弃这一要求，仍然有所规定，但是新法中的条件还是比旧法要宽松一些：新法并没有采纳旧法的“重大怀疑（dringender Verdacht）”，只要达到“简单怀疑（einfacher Verdacht）”即可。[2]这里的“简单怀疑”，包含了“不诚实”以及“重大违反法律或者公司章程”“给公司造成损害”三个方面。所以说，在提起代表诉讼之前，只需要对追索可信性进行审查即可，而不需要确信提起诉讼的股东的请求一定会得到实现。

立法者之所以作出如此修改，一方面，是为了方便股东提起股东代表诉讼，这也体现了德国新法对于以往的股东代表诉讼的革新：由“重大怀疑”到“简单怀疑”。另一方面，也是为了防止股东代表诉讼的滥诉，对于某些明显可以看出轻微的违反法律或者公司章程的行为，新法不允许股东提起股东代表诉讼。因为，在该情形下，小股东不应该强迫沉默的或者有其他想法的大股东接受其提起股东代表诉讼的愿望。[3]

接下来将对法条中的“不诚实 (Unredlichkeit)”以及重大违反法律或章程行为还有“事实引起怀疑”进行分析。

（1）“不诚实”。对于“不诚实”应该要如何定义，德国的《股份法》并没有进行明确规定。然而，在德国的法律理论中，对此的解释却有很多理论，主要分为立法者的解释和德国文献中学者的解释。德国立法者认为：

---

〔1〕参见德国《企业完整与撤销权现代化法》的政府立法草案及立法说明。Available at <http//www.bmj.de/media/archive/797.pdf>.

〔2〕BegrRegE, BT- Drucks. 15/5092, S. 22.

〔3〕BegrRegE, BT- Drucks. 15/5092, S. 22.

那些违反忠实义务并构成犯罪的行为，都属于“不诚实”。[1]在德国文献中，不同的学者对于“不诚实”的解释亦不同。学者 Spindler 认为：所有的受刑事处罚的行为，包括构成德国《刑法典》第 266 条规定的不诚信，以及其他所有的违反忠实义务的行为都属于该条规定的“不诚实”。[2]学者 Seibert 则指出：“不诚实”指的是犯罪行为，该行为同时给公司造成了损害，这些行为往往具有“道德上的缺陷（sittlicher Makel）”。[3]学者 Lochner 认为，“不诚实”主要是指：“主观应受到指责并与道德相违背的行为，该行为并不一定须违反法律或者违反公司章程。”[4]

（2）重大违反法律或公司章程。关于此处的“重大违反”，德国的法律并没有一个明确的具体的定义，但是在德国的文献中却有不同的观点。学者 Hüffer 认为：“当某一违反法律或公司章程的行为是明显的、并且按照该行为的类型对此行为负责的公司管理者而言是不能容忍的，则该违反具有重大性。”[5]学者 Bezzenberger 则给“重大性”确立了四个标准：“客观损害的程度”“责任的范围”“造成损害的种类和外延”以及“在股份经济中一个客观的公司机构不能容忍”。[6]还有一些学者强调在判断“重大性”时，还可以加入损害程度。

（3）事实需要引起怀疑。这种引起怀疑的事实，只需要由提起许可申请的股东提起即可，并不需要其进行证明，同时，这些事实，也只需要能够引起“合理怀疑”即可。换句话说，就是股东并不需要证明损害存在，亦不需要证明损害比较大，而只需要论证存在一个“诱因”，存在这样一个假想或者怀疑，该损害已经出现。[7]

---

〔1〕 RegE, Drucksache 3/05, S. 44.

〔2〕 Spindler, NZG 2005, S. 867. Vgl. Seibt, WM 2004, S. 2140.

〔3〕 Seibert, FS für Priester, S. 769-780.

〔4〕 Lochner, in Heidel, § 148 Rn. 13.

〔5〕 RegE, Drucksache 3/05, S. 44.

〔6〕 Bezzenberger, in GroßkommAktG, § 148 Rn. 133 – 138.

〔7〕 RegE, Drucksache 3/05, S. 44.

5. 不存在重大违反公司利益的理由

德国《股份法》第 148 条第 1 款第 2 项第 4 目规定，当提起诉讼存在重大违反公司利益的理由时，小股东提起诉讼许可申请则不会得到支持。这是许可程序中一个例外性规定：一般而言，只需要满足前三个条件，法院就会支持小股东提起股东代表诉讼。[1]但是，当存在这种“重大（überwiegend）违反公司利益的理由”时，股东代表诉讼就不可能得以实现。这一规定源自联邦高等法院在 ARAG 一案的判决——法院认为，若股东提起的诉讼不符合公司重要利益之时，监事会可以不理睬有关的诉讼请求。[2]

所谓的“违反公司利益”，一般而言包括消极利益和积极利益。消极利益，包括诉讼费用、公司的名誉损失以及在诉讼中的机会成本等；积极利益，主要是指公司所获得的诉讼利益以及未来公司得以避免相类似的损失等。除 UMAG 规定的提起代表诉讼的条件之外，还有三种例外情形可以排除小股东提起股东代表诉讼程序：非常小的损害赔偿数额、“多重诉讼（Mehrfachkalge）”，以及股东代表诉讼所提起的赔偿数额远远高于被告拥有的财产，因此导致公司基本上不能受偿。对于非常小的赔偿数额，德国新法不允许小股东得到强迫公司起诉的资格，这也是为了防止股东滥诉，节约司法成本。多重诉讼，指不同股东或者股东构成的团体基于同一个损害赔偿请求而提出了多个诉讼许可申请，其目的不是为了在诉讼过程中提出新的事实和获得新的判决，而是实质上为了使公司诉讼成本升高。[3]至于第三种情形，则是考虑到公司在被告受偿能力的影响下基本得不到理想的受偿效果之事实。以上的三种情形中，公司的经营秘密和商业秘密不能作

---

〔1〕 RegE, Drucksache 3/05, S. 45.

〔2〕 参见 [德] 托马斯 · 莱塞尔：《德国资合公司法》，高旭军、单晓光等译，法律出版社 2005 年版，第 31 页。

〔3〕 Vgl. RegE, Drucksache 3/05, S. 45. Bezzenberger, in GroßkommAktG, § 148 Rn. 158. Spindler, NZG 2005, S. 867.

为该条所规定的排除股东代表诉讼的理由。[1]

对于这一条规定，在德国的学术界引起了部分学者的不满，有些学者认为其是“剑（stumpfes Schwert）”，[2]认为这一规定应该直接予以删除。[3]批评者们认为，这一规定主要是有以下两个方面的不足：该法违背了 UMAG 的立法目的，它限制了股东权利，弱化了投资者的利益；另外，实践中存在“多重起诉”的情况比较少，即使存在，也不应当按照权利不能滥用的原则而不支持其诉讼许可的申请。[4]

（二）股东代表诉讼程序

1. 在固定期限内起诉且需要再次要求公司提起诉讼

德国《股份法》第 148 条第 4 款第 1 项前半句的规定，股东代表诉讼需要在法院准许小股东提起股东代表诉讼程序决定生效之后在三个月内进行起诉，这“三个月”指的是除斥期间，[5]不得中止、中断或者延长，如果股东没有在三个月内提起诉讼，则会因不适法（unzulässig）而被驳回起诉。德国《股份法》第 148 条第 4 款第 1 项后半项规定：“在获得提起股东代表诉讼的许可后，提起股东代表诉讼之前，小股东必须再次要求公司在合理期限内提起诉讼。”只有当公司并没有提起适当的诉讼时（无论是直接拒绝小股东的请求还是没有针对小股东的请求进行起诉），公司小股东才可以自己提起股东代表诉讼。德国新法之所以作如此规定，主要是为了给公司一个重新考量自己得失并且自行起诉的机会，另外，也可以避免公司在后续自行起诉与小股东以同样理由起诉两种诉讼之间的“赛跑（Wettlauf）”。[6]

---

〔1〕 Spindler, NZG 2005, S. 867. Vgl. Happ, in *FS* für Harm Peter Westermann, S. 993. Lochner, in Heidel, § 148 Rn. 17.

〔2〕 Linnerz, NZG 2004, S. 310.

〔3〕 Lochner, in Hiedel, § 148 Rn. 17.

〔4〕 Vgl. Meilicke/Heidel, DB 2004, S. 1482. Lochner, in Hiedel § 148, Rn. 17. Weiss/Buchner, WM 2005, S. 169. Pansa, S. 149.

〔5〕 Bezzenberger, in GroßkommAktG, § 148 Rn. 229.

〔6〕 Beschlussempfehlung und Bericht des RA, Drucksache 15/5693, S. 34.

2. 公司提起新的诉讼或者继受已经开始的股东代表诉讼

股东代表诉讼从其出生之日起就有它自身的特点——附属性。它只能是在公司怠于起诉或者不能起诉的情形之下，股东为了公司的利益而以自己的名义起诉，这就表明最终的诉讼利益是归于公司的，公司才是实体权利的享有者，股东所享有的权利只是一种程序上的权利。由此，德国立法者立法的时候在《股份法》中新增加了第 148 条第 3 款的规定，公司在许可程序或者诉讼程序过程中，可以随时针对相同事项提起新的诉讼或者继受已经开始的诉讼程序。当公司提起新的诉讼的时候，原来的许可程序或者已经开始的股东诉讼程序因此而“不适法”；当公司继受已经开始的股东代表诉讼后，产生的是按照法律规定的程序进行的当事人变更（Parteiwechsel），[1] 该诉讼继续进行。而公司在这两种情形下并不需要征得原股东代表诉讼中当事人的同意，[2] 原股东代表诉讼中的原告股东则作为无独立请求权第三人参与诉讼。

3. 公司提起新诉讼或者继受诉讼后的撤回诉讼

公司在许可程序之后可能会提起新的诉讼，也可能会继受已经进行的股东代表诉讼，在这种情况下，若公司撤回诉讼，则对于原来股东代表诉讼的被告是不公平的，[3] 同时，对于公司重新起诉也会造成诉讼资源的浪费。[4] 此时，为保护小股东的利益以及节约诉讼资源之需要，法律对诉讼费用以及达成和解或者是撤回诉讼的前提条件有所规制。

德国《股份法》第 148 条第 6 款第 4 项规定：“当公司自己提起诉讼或者继受已经开始的股东提出的诉讼程序，公司应该承担其提起诉讼或继受诉讼前股东因此承担的诉讼费用，并且该诉讼只有在满足本法第 93 条第 4

---

〔1〕 Spindler, NZG 2005, S. 868. Lochner, in Heidel, § 148 Rn. 24. Spindler, in K. Schmidt/Lutter (Hrsg.) AktG, § 148 Rn. 35. Bork, ZIP 2005, S. 67. Hüffer, § 148 Rn. 14. Bezzenberger, in GroßkommAktG, § 148 Rn. 213. Paschos/Neumann, DB 2005, S. 1782.

〔2〕 Vgl. Hüffer, § 148 Rn. 14. Paschos/Neumann, DB 2005, S. 1782. Spindler, in K. Schmidt/Lutter (Hrsg.) AktG, § 148 Rn. 35. Lochner, in Heidel, § 148 Rn. 24.

〔3〕 Paschos/Neumann, DB 2005, S. 1783. Bork, ZIP 2005, S. 67.

〔4〕 Bork, ZIP 2005, S. 67.

款第 3 项和第 4 项的规定下才能撤回诉讼，其中‘限制期间（Sperrfrist）’并不适用。”而《股份法》第 93 条第 4 款第 3 项和第 4 项规定，根据股东大会决议，并且不存在持有股份总额达到注册资本额十分之一的股东书面提出反对时，公司可以放弃给付请求权或者可以与请求权相对人作出和解。故而，公司只有在得到股东大会同意且持股总额达到十分之一及以上的少数股东不反对的情况下才可以撤诉。这里对于提出反对撤诉的股东的持股比例与《股份法》第 148 条第 1 款第 1 项规定的提起法定许可程序的股东持股比例（占公司注册资本额百分之一以上或者是持有公司股份达 10 万欧元以上）相比更高，这在一定程度上会加大大股东滥用其职权的风险，进而使得被告因法律规定的撤诉程序而减少其责任承担范围。如果在一个公司中意欲提起股东代表诉讼的股东持股比例满足百分之一却无法满足十分之一，则很容易发生公司撤诉情形，进而使得公司损失得不到有效弥补，大股东利益却因为其权利滥用而得到满足。

德国《股份法》第 147 条的规定加大了大股东滥用其权利的可能：德国《股份法》第 147 条第 1 款规定，在股东大会上，占有公司过半数股份的股东可以强制要求公司起诉，且股东大会可以在作出起诉决定的同时，聘任特别代理人（besonderer Vertreter）。德国《股份法》如此规定，主要是为了减少诉讼请求、降低索赔数额、使被告受益或者使该诉讼无果而终等。[1] 而该条第 2 款规定，当股东所占股份达到公司注册资本十分之一或者持有 100 万股份时，才可以向法院提起要求聘任其他特别代理人进行诉讼。当股东提起代表诉讼后，一旦大股东觉得威胁到自己利益，依据《股份法》第 148 条第 3 款第 1 项的规定，公司可以提起新诉讼，则大股东可以再依据《股份法》第 147 条第 1 款的规定召开股东大会，强制要求公司起诉并且聘任特别代理人。一旦小股东持股数达不到《股份法》第 147 条第 2 款规定的数额（即股东所占股份达到公司注册资本十分之一或者持有 100 万股份），小股东则对于诉讼完全无可奈何，无法对诉讼施加任何自己

〔1〕 Kling, ZGR 2009, S. 229.

的影响或意愿。

（三）降低股东申请法院任命特别审计人的持股条件

在一系列公开渠道发布了有关公司的利益受损事实之后，股东可以依据这些信息申请诉讼许可，但即使如此，其对于损害事实以及认定的证据掌握情况也并不一定理想。有鉴于此，德国法律赋予了股东一项关键权利——特别审计（Sonderprufung），它是对公司经营活动进行审查的一项重要程序。鉴于股东对公司内部管理过程中有限的知情权，其只有通过特别审计才能发现管理层的违规行为。[1] UMAG中规定，申请特别审计人的股东要求持有公司百分之一股份或持股达到10万欧元的股东即可要求申请法院任命特别审计人，这一要求与提起诉讼许可程序的持股要求一致。这样，那些想要提起代表诉讼却又缺乏证据的少数派股东可以通过要求进行特别审计来获取他们想要的证据。[2]

（四）诉讼费用的承担

德国在引入股东代表诉讼以后，对于诉讼费用的承担有了一个新制度，这进一步鼓励小股东提起股东代表诉讼，消除其在财物方面的后顾之忧。对于股东代表诉讼的诉讼费用承担而言，主要分为两个部分：提起法定许可申请的诉讼费用和提起股东代表诉讼的费用。按照德国《股份法》第148条第6款规定，当诉讼许可申请被驳回时，诉讼费用应当由股东自行承担；反之，诉讼费用则在最后的裁决中依具体情况而定，这也与我国一些学者所持的“公司受偿限额”标准殊途同归。[3] 如果中途公司提起新诉讼或者继受诉讼，则公司需要对其起诉前或者是继受之前诉讼的诉讼许可申请人的申请费用给予补偿；如果股东代表诉讼被驳回（无论是被全部驳回还是被部分驳回），则公司在给予许可申请股东费用补偿时就需要满足一

〔1〕 Spindler/Stilz/Mock, 3. Aufl. 2015，AktG § 142 Rn. 1.

〔2〕 参见李小宁：《简析德国股份公司法关于股东代表诉讼的最新改革》，载《湖南大学学报（社会科学版）》2009年第3期，第139页。

〔3〕 参见张民安：《公司法的现代化》，中山大学出版社2006年版，第409页。

个条件——股东在许可程序陈述中并没有故意或者重大过失而作出虚假陈述从而获得诉讼许可。显然，股东与公司的诉讼费用分担的一个重要区分点在于，诉讼许可申请是否得到法院支持。

如果诉讼许可不为法院所允许，则需要由申请股东承担相应的申请费用。法律如此规定也是为了防止股东滥诉，为了防止少数股东将诉讼许可程序作为测试股东代表诉讼是否成功的排练场，进而随意进行许可申请，浪费司法资源。但是该情形有一个例外规定，德国《股份法》第 148 条第 6 款第 2 项中规定：当诉讼许可申请基于《股份法》第 148 条第 1 款第 2 项第 4 目规定的几种请求，与公司利益严重冲突被驳回且公司在股东提起申请前应该指出有关原因却并没有指出，则该申请人不需要承担费用。

如果诉讼许可程序为法院所准许，则在许可程序中不存在费用承担问题，在诉讼中是否需要承担诉讼费用，需要区分情况。这里的情况区分首先表现为原被告方当事人的区分：如果中途由公司提起新诉讼或者是承继原先股东代表诉讼，则公司需要承担原申请股东的费用，对诉讼许可申请人的申请费用给予补偿；如果股东作为原告方一直没有改变过，则要再行区分代表诉讼胜诉与否。如果在股东代表诉讼中为原告方胜诉，则诉讼费用由被告方承担；在原告方败诉时，原本，按照德国《民事诉讼法》第 91 条第 1 款确立的关于费用承担责任分配基本规则，[1]需要由原告股东承担，但是由于股东代表诉讼自身性质，它的实体权利享有者仍然是公司，股东只是为了公司利益而进行起诉，故而公司需要在特有条件下对股东费用予以补偿。这一特有条件即是：股东在许可程序陈述中并没有故意或者重大过失以获取诉讼许可。

值得注意的是，虽然新法对于代表诉讼中股东诉讼费用有所革新，但对于股东诉讼费用补偿仍为有限补偿。在股东代表诉讼中股东获胜的情形

〔1〕 德国《民事诉讼法》第 91 条第 1 款：败诉方要承担诉讼费用，特别是要偿还对方当事人产生的费用，只要这些费用对于合乎目的的权利追诉或者权利辩护是必要的。偿还费用亦包括补偿对方当事人因必要的旅行或者参加必要的庭审而耽误的时间，可以相应适用证明补偿的法律条文。

下，公司也非对其在诉讼中的一切费用都需要承担。而在德国《股份法》第 148 条第 6 款第 6 项情形下则规定更为严苛，该条规定：在多个股东共同申请股东代表诉讼或者共同提起股东代表诉讼时，一般情况下，他们只能获得一个代理人的费用，除非为诉讼目的之进行而非多个代理人不可。立法者如此规定主要是为了防止股东为了诉讼获胜而花费额外费用，比如为了增大获胜几率而聘请多个律师。当然，该条规定自身也有不可忽视的优势：它可以防止公司承担过重的费用负担；也可以防止股东因为没有诉讼费用约束而滥诉。

（五）诉讼公告制度

为了防止股东滥诉，德国《股份法》第 149 条规定了诉讼公告制度。立法者规定这一诉讼公告制度主要是为了防止股东滥诉，以进一步体现“公开原则”。但是该条规定也有一定局限性：它只是规定上市公司需要将诉讼许可申请以及诉讼终结情况在公司刊物（Gesellschaftsblaetter）予以公告。对于非上市公司而言，因其规模小，股东之间联系相对而言比较紧密，法律则没有必要专门为它们规定诉讼公告制度。另外，为非上市公司的名誉考量，它们不需要对股东代表诉讼情况进行公告，能有效避免外界各种猜疑。

关于公告内容，主要是关于诉讼终结的情形以及防止诉讼的协议：比如诉讼和解、诉讼调解、诉讼判决或者是诉讼撤回；诉讼终结涉及的协议以及财产给付情况；关于防止起诉的协议内容；等等。德国《股份法》第 149 条第 3 款还规定了特别公告情形——股东可能会滥用诉权——以起诉相威胁向相关人员谋取费用后即承诺不起诉或中止起诉；与此相对，公司及其相关人员为了防止股东起诉而对股东予以贿赂。这两种为防止起诉的情形都需要予以特别公告。

关于未公告或者公告不充分的法律后果：如果与诉讼终结相关的财产性给付没有完整公告，则其所约定的给付义务无效。但即使给付义务无效，其他诉讼程序并不会因此受到影响，而公司损失补偿则可以依据《德国民法典》第 812 条第 1 款规定的不当得利要求返还或者行使德国《股份法》

第 62 条第 1 款规定的请求权。

（六）为保护董事利益的商业判断规则

在德国新修《股份法》以后，无疑会加大小股东权利，同时也会对董事会权利进行一定限制，股东代表诉讼制度的确立会使董事们面临更多的责任风险。[1]为了在诉讼中为董事提供一种责任免除的可能性，也为了正确处理董事股东之间的矛盾，德国立法者引进了美国法上的商业裁判规则，[2]并将其在德国《股份法》中第 93 条第 1 款 2 项正式确立，且在 ARAG/Garmenbeck 一案的判决中也有所体现。[3]虽然这一规则并没有被应用到诉讼许可程序中，而是在代表诉讼程序开始阶段被应用，但是它还是作为一种弥补股东代表诉讼给董事带来风险的平衡机制发挥着它的重要作用。具体而言，体现德国商业判断规则的法条是修改后的德国《股份法》第 93 条第 1 款"如果董事在作出一项企业决定时理智地认为，其是基于合理信息为了公司利益行为的，则不存在义务违反 (Pflichtverletzung)"。

从法条规定来看，这一规定仅仅适用于公司在做企业决定时，而不涉及法律方面的决定。要判断一个行为是否符合"商业判断规则"，主要从以下几个方面着手评判：

1. 企业决定

企业的经营决策必须要基于对于未来不确定事务的预测，而无论其正确与否，也不论其与法律或者合同规定的义务是否相同。比如企业为了确定下个季度的销售总量而作出的销售方案，企业所购买的不动产设备等。

---

〔1〕 参见胡晓静：《德国股东派生诉讼制度评析》，载《当代法学》2007 年第 2 期，第 139 页。

〔2〕 商业裁判规则 (Business Judgment Rule)，又称作经营判断原则，营业裁判规则，是美国法院在司法判例中发展出来的关于董事在职权内的合理经营失误不承担责任的一项法律原则。(该概念引自徐晓、杨宗仁：《论董事义务与商业裁判规则》，available at <http: //www. law-lib. com/lw/lw-view/897>)

〔3〕 联邦最高法院 1997 年 4 月 21 号判决，载《联邦最高法院民事判决》(BGHZ) 135, S. 244ff. NJW 1997, S. 1926 ff.

2. 董事会在“行为”时要“相信”是为了公司利益

此处的“行为”含义比较宽泛，对于决策本身以及其执行都包含其中，而对于法律行为还是事实行为则在所不论。在评判“相信”这一点时要从董事会主观角度出发而不是从法院角度出发，它要求董事会在做决定时要“理智地相信 (annehmen duerfen)”，而不能随意就做出决定。“为了公司利益”指的是为能让公司具有长期盈利能力以及竞争能力，以及有利于企业的产品和服务。“利益”指的是董事在行为决策时预期能够得到的利益，它包含了总公司和子公司的利益。

3. 董事会的决定做出要基于“合理信息”

董事会的决定多依靠经验或直觉等不确定不合理的信息，这就要求董事会决策必须要理性、客观。立法者既不想使董事丧失承担企业经营风险的勇气，同时也不想助长其鲁莽和轻率行为，而让投资者和劳动者为此买单。[1]

4. 行为不能受到利益冲突和他人的影响

虽然该条件并没有在法条中明确指出，但从法律规定来看，已经暗含了这一要求。董事作为公司雇佣的领导公司员工为公司盈利的决策者，必须处于中立地位，为公司利益而履行职责。公司以外其他任何利益都不得影响董事决策，这也与董事的忠诚义务和谨慎义务相辉映。

只有满足了以上四个条件，董事才得以适用商业裁判规则，用于免除自己的责任。而依据德国《股份法》第 93 条规定，在追究董事对公司的损害赔偿责任诉讼中，要适用举证责任倒置原则，由董事来承担自己没有违反注意义务的证明责任。故而，商业判断规则也要适用举证责任倒置原则。

（七）股东论坛

股东论坛是德国立法者在借鉴英美法系优点的基础上再结合本国实际所进行的一次创新。为实现小股东依据《股份法》达到法定持股比例以提

〔1〕 RegE, Drucksache 3/05, S. 20.

起股东代表诉讼之目的，[1]又基于股东结构的分散现状和经济发展的国际化需求，[2]股东论坛的设置势在必行。它使得股东之间的联系成为可能，从而使特定持股数额要求的少数派股东权的行使更为便利。[3]

为改变此种情况，德国《股份法》第 127 条规定了股东论坛，它规定股份公司需要在电子版联邦法律公报 (elektronischer Bundesanzeiger) 上设置股东论坛，而股东或者股东联合会可以在需要股东行使表决权或者需要提出请求时在该论坛上向其他股东提出申请。股东论坛的规定适用于德国公司治理中的许多情形，包括股东会召集请求权 (第 122 条)、特别审查 (第 142 条第 2 款) 和股东代表诉讼 (第 148 条第 2 款)。

股东论坛的适用有几点需要注意：第一，联邦法律公报的发行人——联邦司法部并不对股东论坛的发行内容负责。股东论坛只是为了便于股东及股东联合会之间联系而设置的，它并不涉及官方公布行为，而只是私人之间的联系。[4]它主要在股东之间起作用，而联邦司法部官方仅仅作为一个渠道提供者，本身并不会在公报上发行内容，也就不会对其内容负责。第二，股东在股东论坛上的发布内容有一定限制。德国《股份法》第 127 条第 2 款规定：股东或者是股东联合会在股东论坛上发布的内容，一般要包括申请股东或者是股东联合会名称以及联系地址、公司名称、相关股东大会召开日期。这也体现了股东论坛中通讯地址之重要性，如果没有通讯地址，则公布请求会被驳回，毕竟通讯地址是公司获得保护的前提。第三，股东论坛中涉及的相关董事会和监事会，不得在股东论坛上发布其对股东申请有关观点，但是他们可以在其后发布公司网页链接，以便股东直接点击，从而使股东可以了解到公司高层之观点。通过这一制度设计，股东之间联系交流加深，一方面使得小股东能够达到提起代表诉讼所要求的资本

〔1〕 Konstantin Gùnther and Barbara Roth, ‘Why Germany Needs Share-holder Reform’, (2005) *International Financial Law Review* 17, 18.

〔2〕 Hüffer/Koch, 12. Aufl. 2016, AktG § 127a Rn. 1.

〔3〕 Hölters/Drinhausen. 3. Aufl. 2017. AktG § 127a Rn. 1.

〔4〕 参见胡晓静：《德国股东派生诉讼制度评析》，载《当代法学》2007 年第 2 期，第 138 页。

要求，燃起他们的诉讼欲望之火，另一方面也可以让公司对自己的治理机制加以改良，弥补其治理缺陷。很显然，立法者通过这一机制创新让股东之间的联系更为紧密，弥补了股东代表诉讼的制度缺陷，立法者希望股东论坛与个别企业在因特网上被中断的交流平台相比具有更大的优越性。[1]

三、对德国股东代表诉讼现行制度的评析

（一）德国股东代表诉讼优缺点

在传统德国公司治理方面，德国法更重视二元制公司制衡结构 (cheek and balance)，即强调董事会和监事会平行治理，由此导致小股东在公司治理中的作用并不是很突出，这一治理结构也使得监事会对于董事会的监督力度不足，因为监事会往往会因为二者在工作中的亲密关系而不愿意对董事进行起诉，再加上以往德国法中对于法定强制起诉门槛设定太高，使得很多小股东因为股权分散而无法提起法定强制起诉，因而导致大股东侵害小股东的情形有所增加，公司管理人员对此也无可奈何，最终结果就是法定强制起诉制度的作用无法得到有效发挥。德国公司治理结构不完善还进一步导致了德国 1999 年股票市场动荡，种种因素综合之下，德国法为适应社会经济发展也不得不一步步改革。德国在 2005 年通过 UMAG 引进了股东代表诉讼，也进一步表明德国公司法正在慢慢向英美法靠近，德国公司治理模式正在一步步重视股东权利，重视责任规则在公司治理中的作用。

UMAG 中股东代表诉讼有了历史性改革。一方面，它在股东资格和股东诉讼费用承担上都规定较为宽松，使得诚信股东能够提起股东代表诉讼，这也可以进一步促使股东积极行使自己的权利，它体现了该制度在各国的发展趋势；但是从另一方面来看，新法又规定了严格的诉讼许可程序，通过诉讼许可程序来审查股东起诉理由以防止股东滥用诉权，同时引入了商业判断规则，以维护董事积极性，保证公司经营效率，体现了对董事利益

〔1〕 参见《德国〈企业完整与撤销权现代化法〉的政府立法草案及立法说明》，available at <http//www.bmj.de/media/archive/797.pdf>。

和股东利益平衡。具体而言，股东代表诉讼制度如下：

第一，股东代表诉讼前置程序——诉讼许可制度，可以避免股东滥用诉权，同时节省了司法资源。第二，对于诉讼股东持股比例改革：股东只需要满足持有注册资本百分之一及以上，或者只需要满足持股数达 10 万欧元即可提起股东代表诉讼。这一选择性的条件要求让股东代表诉讼的股东资格更为宽松，一般而言，德国股份公司注册资本只需要满足 5 万欧元即可，那么股东只需要百分之一的持股比例（500 欧元），就可以提起诉讼；或者对于一些注册资本比较多的公司，股东持股达到 10 万欧元即可提起代表诉讼。第三，诉讼费用的承担，让股东提起代表诉讼费用承担更为合理，进一步鼓励股东提起诉讼。第四，诉讼公告制度，可以监督股东代表诉讼程序，让其更为公开透明。第五，引入了商业判断规则，平衡董事和股东利益。第六，引入股东论坛制度，让股东之间联系更为紧密，亦激起股东提起股东代表诉讼的积极性。

（二）德国股东代表诉讼作用

德国股东代表诉讼到底会对公司治理以及社会进步有多大作用？这一点在德国理论界一直有争议。评论股东代表诉讼的作用，要从其对公司以及对社会的作用来看：

从对公司的作用来看，有一部分人认为其对公司治理作用不大，[1]主要基于以下两个方面原因：新法虽然采取了一些措施来防止股东滥诉，但是由于降低了股东提起代表诉讼的门槛，诉讼许可程序不一定能够将一些干扰性诉讼排除掉。这种干扰性诉讼会浪费公司精力和时间，降低公司经营效率。进一步而言，股东代表诉讼门槛降低让董事名誉受损的风险也加大了，股东可以轻而易举“冲向法院”，董事被诉这一事实也会很快在社会散播，进而有损董事名誉，会降低社会公众对公司的信任度与好感度。但也有人觉得新法对于公司的治理改善还是有一定作用的，主要表现在：小

〔1〕 Ulrich Noack and Dirk Zetzsche, ‘Corporate Governance Reform in Germany: The Second Decade’ (2005) *European Business Law Review* 1033-1064, 1053.

股东提起诉讼的资本门槛降低了，诉讼费用的分担上新法也更偏向小股东的利益。从理论上来说，新法新引入的股东代表诉讼，充分借鉴了英美法系股东代表诉讼的优点，同时结合了最新的司法解释，这是德国法上的一次重大的改革。

德国股东代表诉讼对社会的进步作用总体而言有局限性。德国的股东代表诉讼在 2005 年被引进之后在现实中被应用的案例还是很少的，这并不是说德国的公司治理已经十分完备，股东没有诉讼的理由，而是说明了股东代表诉讼有极大的局限性，导致在公司董事、监事以及管理层等侵害公司或者是小股东利益时，小股东并没有如法律期待的那样提起诉讼。学者 Hilt 甚至直接认为，未来德国不可能有大量股东代表诉讼案件出现。[1]作为一个理性的经济人，小股东在自己利益受到侵害，考虑是否提起诉讼时，要考虑自己的诉讼成本与最终得到的诉讼利益之对等性。可是现行德国法并没有很好地满足小股东的这种诉求，在一定程度上打击了小股东的诉讼积极性，主要表现在：第一，德国《股份法》第 148 条第 6 款规定了小股东提起许可申请被驳回或者是在败诉情况下有承担诉讼费用的可能。第二，德国《股份法》第 148 条款第 2 项第 3 目规定的要求被诉人有“不诚实”以及“重大违反法律或章程行为”的门槛，然而这些措辞在法律上都没有一个明确的具体的定义，且在实践中难以判断，而其他一些对公司有损害的行为却没有被写入可提起诉讼的范围之内，这也是德国法律规定的漏洞之一。这些措施都让股东需要考虑自己的诉讼成果，如果不能保证自己胜诉的话，股东就不会轻易提起诉讼，即使是“职业诉讼股东”也是如此。[2]第三，德国《股份法》第 148 条第 3 款第 2 项规定了公司可以随时对股东已经提起的代表诉讼另行起诉并会导致原有代表诉讼被排除，其实这在一定程度上违背了“一事不再理”原则，不仅会浪费司法资源，还会打击股

---

〔1〕 Hans C.Hirt, ‘The Enforcement of Directors' Duties Pursuant to the Aktiengesetz: Present Law and Reform in Germany: Part2’ (2005) 16 *International Company and Commercial Law Review* 223-224.

〔2〕 Linnerz, NZG 2004, S. 309.

东的诉讼积极性。

总之，德国新法对于股东代表诉讼的改革效果仍然有待提升。新法中赋予了法院很大的自由裁量权，比如在诉讼是否有利于公司的判断以及在是否允许股东提起代表诉讼上，代表诉讼中前置许可程序相当于是一个小型“审判程序”，它仍被牢牢掌握在法院手中。改革对公司治理以及对社会的作用大小仍然在很大程度上取决于法院司法实践。在股东代表诉讼改革的同时，德国的传统公司治理机制也在改革，尤其是对于监事会的改革。比如德国公司治理准则提出了加强监事会职能的诸多方法，包括促进董事会和监事会之间的合作、确保监事会的独立性等，这也就意味着传统的德国公司治理机制仍然会继续发挥重大作用，且还会盖过代表诉讼的作用。未来德国的股东代表诉讼可能还会在维护公司效率与保护小股东利益之间追求一种更为完满的平衡。而我国也在 2005 年对《公司法》进行全面修改的同时引入了股东代表诉讼，很显然我国的股东代表诉讼与德国相比不同之处有很多，也希望未来德国《股份法》会对我国的《公司法》完善有一定的借鉴意义。

四、结语

近些年来，由于经济全球化以及为国际国内资本市场吸引国内外投资者之目的，[1] 以及欧盟公司法的不断变革发展，这些综合因素带动了德国公司治理一步步改革。另外，传统的德国公司治理体制也受到挑战——其效率日渐低下，且从 20 世纪 90 年代以来德国经济发展停滞以及某些著名公司内部治理丑闻都加深了民众对于传统公司治理体制的质疑。[2] 德国传统法中对于股东权利的限制以及对于董事约束的缺乏已经不再适应当今世界的经济发展趋势。由此德国立法者对于股东代表诉讼进行了股东资格和

---

〔1〕 Theodor Baums, ‘Company Law Reform in German’ (2002) *Journal of Corporate Law* 12.

〔2〕 参见李小宁：《简析德国股份公司法关于股东代表诉讼的最新改革》，载《湖南大学学报（社会科学版）》2009 年第 3 期，第 138 页。

股东的诉讼费用承担等历史性改革。但同时德国的股东代表诉讼改革仍有一定局限性，如对于股东代表诉讼中被起诉人的门槛“不诚实”“重大违反法律或章程行为”解释不明，以及在实践中此制度仍然应用十分稀少等。

总而言之，德国股东代表诉讼改革是适应了均衡董事会、股东以及公司各方利益的现实需要，但还有很多方面没有彻底改革。未来改革还需要进一步细化，真正让股东代表诉讼发挥其应有的作用。

第六章　法国股东代表诉讼制度：起源百年，桎梏至今

一、法国股东代表诉讼之初窥

股东代表诉讼制度，旨在保护股东合法权益，尤其是势单力薄的中小股东，禁止控股股东、董事或高级管理人员或他人滥用权利损害公司利益进而间接损害股东权益。在公司管理层经营管理权日益膨胀的环境下，这一机制逐渐成为各国公司法中不可或缺之组成部分。法国作为大陆法系渊源国之一，始终站在立法之前沿，其公司法中的股东代表诉讼机制由来已久，并且在法国商法体系法典化、去法典化和再法典化的立法进程中贯穿始终，呈现出与英美法系下的股东代表诉讼同根生但不同貌的特点。

（一）制度发源：英美两国之制度考究

一般认为，股东代表诉讼这种诉讼形态乃由英国判例法开创。在 1828 年 Hichens v. Congreve 一案中，即可初见在衡平法上创设对中小股东权利保护制度的雏形。[1] 随后，在 19 世纪中叶英国的 Foss v. Harbottle 案中，首次正式提出了股东代表诉讼概念，并确立了著名的福斯规则，成为英国后期长达数十年股东代表诉讼之处理指南。[2] 此外，英国法院判例在后续发展中亦相继创设了福斯规则之例外，如“不合法或越权行为”“欺诈小股

〔1〕参见周剑龙：《论股份有限公司经营的内部监督机制——中国公司法发展之前瞻》，载《法学评论》1995 年第 1 期。

〔2〕*Foss v. Harbottle* (1843) 2 Hare 461.

东”“特别多数”和“正义”等。到目前为止，股东代表诉讼在英国司法中并不常见。究其原因主要有二：一方面，不公平损害救济制度的应用更为广泛；另一方面，英国传统公司法中的保守主义，即坚持公司自治，司法机关对干预公司活动持谦抑态度。英国股东代表诉讼的制度背景对法国股东代表诉讼的确立具有较大的影响，但同时也成为该制度在两国呈现出迥异的发展轨迹之背景元素。

如果说英国是股东代表诉讼的发源地，那么美国就是股东代表诉讼之集大成者。早在 1817 年 Attorney General v. Utica Ins. Co. 一案中，法院即首次表明小股东有权对公司管理层提起诉讼。1855 年，最高法院在审理 Dodge v. Woolsey 一案时，确认银行董事应该为其违反忠实义务而承担衡平法上的责任，从而正式肯定了股东代表诉讼的合法地位。〔1〕而具有里程碑意义的确权是 1881 年美国法院提出的衡平规则 94（Equity Rules 94）。该规则否定了英国判例法的福斯规则，明确允许小股东为公司利益提起代表诉讼。〔2〕此后，在长达百年的司法实践中，美国对股东代表诉讼机制的适用条件、诉讼程序等进行不断完善。〔3〕不同于英国保守主义下萎缩严苛的股东代表诉讼，美国的股东代表诉讼明显较宽松，这同美国崇尚自由、具有创新精神以及美国律师进取尝鲜的文化精神息息相关。面对不断膨胀的经营管理层，美国司法勇于创新及尝试，通过新制度激励股东维权，同时根据实务实践进行限权，促成股东代表诉讼在美国本土的茁壮成长。法国股东代表诉讼制度虽继受于英美的股东代表诉讼，但最终却呈现差异较大的制度成果，这同各国迥异的文化背景与国情息息相关。

---

〔1〕 See Sarah Wells, ‘Maintaining Standing in a Shareholder Derivative Action’ (2004) 38 *U.C. Davis Law Review*, 3478.

〔2〕 衡平规则 94 主要包括三方面的内容：首先，股东提起代表诉讼之前，应向所有股东提出正式要求，请求解决有关争议事项；其次，股东必须对董事会提出同样的请求，以穷尽公司内部的救济渠道；最后，原告还需要表明当事人之间不存在意欲寻求联邦诉讼程序的串通共谋。

〔3〕 如创设“诉讼费用担保”和“特别诉讼委员会”制度来抑制滥诉现象。

（二）法国股东代表诉讼制度之历史渊源

继英美两国先后通过判例法创设股东代表诉讼之后，大陆法系国家亦相继引入这一制度。法国的股东代表诉讼制度是公司法制度的重要组成，在《法国民法典》《法国商法典》及部分散落法令中均有所规定。纵观法国股东代表诉讼的发展历程，其演变并非一帆风顺。

法国作为大陆法系起源国之一，在法典化思想和早期理性主义思想的影响下，早在 1804 年即出台了《法国民法典》，其中的私法学理论及较完备的立法技术促进《法国商法典》的成文化与体系化。1807 年，《法国商法典》出台并生效。该法典采用民商分立的立法模式，确立了以商事组织和商事行为为主要调整对象的现代商法体系，共四卷，总计648条。[1]然而，此时法国商事活动领域集中于小商业和小工业，公司法体系尚未完备，基于公司管理斗争而衍生的股东代表诉讼制度适用空间也有限。但是，该商法典的制定对法国商事环境也具有一定的调整作用，即将分散的商事规定编撰在一起，推动商事活动规范化，为股东代表诉讼的诞生奠定法律基础。

《法国商法典》颁布后，法国公司活动日趋活跃成熟，在所有权与经营权相分离的现代公司治理模式下，股东利益饱受膨胀的经营管理权侵蚀的现象愈发明显。在英美两国股东代表诉讼制度的启发下，法国成为大陆法系股东代表诉讼制度的尝鲜者。1867 年，法国法院表明准许股东行使代表诉讼提起权（action sociale ut singuli），[2]但这仅仅是法国股东代表诉讼制度的萌芽。由于成文法天然存在着滞后性和僵硬性的缺陷，此时股东代表诉讼制度尚未得到法律的明确承认。1807 年的《法国商法典》仅包含了部分公司、证券、破产等商事部门法律规范，显然难以满足后续商事交易的发展需要。因此，20 世纪中叶后，根据商事活动的新需求，法国相继在商事登记、公司法、证券法、破产法、保险法和票据法等领域制定了单行法（或法令），从而形成了以《法国商法典》为主，各单行法（或法令）为辅共同

〔1〕 参见金邦贵译：《法国商法典》，中国法制出版社 2000 年版，第 1—76 页。

〔2〕 *See* C. HOUPIN & H. BOSVIEUX, *2 TRAITÉ GÉNÉRAL DES SOCIÉTÉS CIVILES ET COMMERCIALES ET DES ASSOCIATIONS* (1929) 1431.

构成的商法体系。[1]法国的股东代表诉讼制度就是在这一时期通过立法文件明确下来的。但此时，法国关于股东代表诉讼制度的有关规定尚不具有系统性及逻辑性，无论是实体内容还是程序内容都存在法律漏洞。基于此，1966 年 7 月 24 日，法国重新颁布了一部全面规定各种公司形式的完整的、统一的公司法，即《法国公司法典》(亦译为《法国商事公司法》)。该法共计 509 条，取代了过去相关的公司法律规范，并依欧盟公司法指令作了多次修订。[2]法国股东代表诉讼制度在这一单行法中得以完善。不但实体和程序方面的有关规定更加完备，而且在适用条件上也较宽松。如在适用对象范围方面，该制度最初只适用于股份有限公司的领导人，直到 1966 年，其适用对象范围扩大至有限责任公司的股东。这一变化同鼓励经济发展、刺激投资和调整公司管理结构及秩序的背景密不可分。后续，法国颁布其他法令或相关单行法，对股东代表诉讼制度进一步细化。如在股东资格方面，之前的法律仅仅局限于股份有限公司和有限责任公司的股东。直到 1988 年 1 月 5 日第 88—15 号法律才赋予所有类型公司的股东行使这种诉讼的权利。

实际上，随着法国社会的变迁、商业环境或商业运行规律的新陈代谢，大量的单行法及法令的制定使得 1807 年的《法国商法典》变得名存实亡。在各基本商法部门均采取单独立法的情况下，《法国商法典》事实上已走向了去法典化。[3]股东代表诉讼制度的成文化就是在法国的去法典化过程中实现的，以大量的法令和单行法对该制度进行规定也是法国股东代表诉讼制度的一大特征。2000 年，在大陆法系法典化传统思想的驱动下，法国对

〔1〕 参见王建文：《法国商法：法典化、去法典化与再法典化》，载《西部法学评论》2008 年第 2 期。

〔2〕 参见罗结珍译：《法国公司法典（上）》，中国法制出版社 2007 年版，第 53 页。

〔3〕 “去法典化”的英文单词为“decodification”，该词还有“解法典化”“非法典化”等译法，它的基本含义是指，在法典外，单行法律的激增并且使其在一个统一的法典体系内部产生重大分裂的情形。除了该基本含义外，在汉语中该词还常常被用于指称在立法模式选择上不采取法典法形式的立法政策取向。详情参见聂卫锋：《〈法国商法典〉总则述评——历史与当下》，载《比较法研究》2012 年第 3 期。

商法典进行再法典化。[1]在将金融市场秩序规制更新至1966年《法国公司法典》中的同时，法国立法机关还启动了将该法的公司法部分编入到《法国商法典》之中的立法工作。依2000年9月18日第2000—912号法令，并经2003年1月3日第2003—7号法律批准，法国立法机关将《法国公司法典》中的公司法内容重新编为《法国商法典》第二卷，并将其名称定为“商事公司与经济利益合作组织”。[2]2000年夏天颁布的《法国商法典》[3]与其说是立法，不如说是一部法律汇编。它仅仅是将1807年以来商法各部门法所颁布的单行条例或法令进行整合，所以其缺乏体系化、逻辑化结构，呈现出散乱而自相矛盾的特点。因此，在2000年9月，法国重新对这一法典进行梳理并重新颁布，即现行的《法国商法典》。

现行《法国商法典》对股东代表诉讼制度进行了明确规定，第L223-22条指明，有限责任公司“除了对本人受到的损害提起赔偿诉讼之外，股东得单独或者按照最高行政法院提出资政意见后颁布的法令确定的条件组成集体，对经理提起追究责任的‘公司诉讼’(action Roriale)。诸起诉人有权就公司受到的全部损失请求赔偿，相应情况下，损害赔偿金归属公司”。第L225-252条指明，股份有限公司“所有股东，除了就其个人受到的损害提起赔偿之诉外，均可单独或者由符合第L225-120条之规定条件的（股东）协会，或者按最高行政法院提出资政意见后颁布的法令规定的条件组合为集体，针对董事（2001年5月15日第2001—420号法律）或总经理提起追究责任的‘公司诉讼’，原告有权就公司受到的全部损失追究赔偿责任，相应情况下，获得的损害赔偿归属于公司”。且股东的代表诉讼提起权

〔1〕“再法典化”的英文单词为“recodification”，该词还有“法典重修”“法典重编”等译法，它的基本含义是指，在统一的法典法被“去法典化”肢解后，通过全新的法典编纂，使原本零散的法律规范体系得以实现法典化的立法过程。详情参见聂卫锋：《〈法国商法典〉总则述评——历史与当下》，载《比较法研究》2012年第3期。

〔2〕参见李飞：《当代外国破产法》，中国法制出版社2006年版，第340—341页。

〔3〕参见金邦贵译：《法国商法典》，中国法制出版社2000年版。

是不容剥夺且自动享有的。[1]由于法国股东代表诉讼制度移植于英美两国，因此在制度框架上与英美两国具有相似性，包括原告资格、被告资格、起诉的前置程序要求、起诉时效要求、适用客体范畴、当事人确定、诉讼担保或赔偿问题等。但另一方面，从法国股东代表诉讼发轫至今，法国现代社会的公司运行实践已经发生翻天覆地的变化。从股权结构方面而言，英美两国逐渐呈现股权分散的股权结构，而包括法国在内的大部分欧洲大陆国家，则走向了股权集中的方向。这就导致法国在公司实践中面临的公司治理问题与英美国家截然不同。譬如控股股东对中小股东权益侵害的问题，这是股权集中型公司中常见的问题。由于控股股东或大股东持有占绝大多数份额的公司股份，因此他们实际上拥有对公司决议的“决定权”。为了针对性解决法国公司管理中的特殊问题，法国的股东代表诉讼制度在借鉴英美股东代表诉讼制度的基础上作出相应的改变，从而形成一套具有独立性、逻辑性和体系性的股东保护制度。

二、法国股东代表诉讼制度之解析

正如上文所述，法国商事实践同英美两国的商事实践截然不同，无论是在原告资格、被告范围还是在事项范围、程序事项等方面均依法国商事环境而有独特性规定。相较于美国的股东代表诉讼，《法国商法典》或相关法律中对股东代表诉讼制度的具体规定并不多，其具体规定主要有以下几个方面。

（一）股东起诉的资格要求

股东代表诉讼制度的创设以完善公司法人治理结构和保障股东权益为目标，重点在于提高股东的“主动治理性”[2]，避免他们因“无法为”或“难

〔1〕 See Reinier Kraakman, Hyun Park and Steven Shavell, ‘When are Shareholder Suits in Shareholder Interests? ’ (1994) 82 *Georgetown Law Journal* 1733, 1738.

〔2〕 这里的“主动治理”并非指股东有权参与公司管理，而是指股东可以通过提起诉讼与公司经营管理层进行抗衡，以形成对经营管理层的有效监督。股东不直接管理公司，但股东可以通过加强监督参与公司治理，而治理不等同于管理。

以为”而选择放弃公司，即通过“用脚投票”的方式处理公司管理中的矛盾冲突。消极退出无论是从繁荣宏观市场经济，还是从推进公司管理规范体系化的角度看，均弊大于利。因此，从理论上讲，股东代表诉讼制度应当允许每一个股东都享有提起代表诉讼的权利，进而最大限度地降低股东提起诉讼的成本，提高股东通过参与公司治理维护自身权益和公司权益的积极性。但是，任何制度均有其百密一疏之处，个别股东可能利用股东代表诉讼制度谋取私人利益，如通过提起诉讼威胁经营管理层。[1]另外，随着公众公司开放性不断提高，允许任意股东享有代表诉讼提起权可能会加重法院审理负担或造成滥诉现象，亦违反经济效益原则。因此，为了防止个别股东对代表诉讼提起权的滥用，防止因无益的诉讼影响公司的正常经营从而使股东利益最终受损，各国均根据本国国情对提起代表诉讼的股东即原告作有一定资格条件的限制。[2]法国在股东起诉的资格要求方面以公司类型为划分依据：

对于有限责任公司，根据第 L223-22 条的有关规定，股东个人或按照最高行政法院提出资政意见后颁布的法令确定的条件组成集体有权提起公司诉讼，实际上对有限责任公司股东没有要求，只要符合“当时持有原则”即可。这与有限责任公司人合性较强，股东人数较少且不易滥诉的特征有关。

对于股份有限公司，根据第 L225-120 条有关规定，股份有限公司的股东提起代表诉讼具有三种形式：（1）股东个人单独提出。（2）符合第 L225-120 条之规定条件的（股东）协会提出。公司资本少于 750 万欧元的股份有限公司，只有当股东证明其进行记名登记至少已有 2 年并且持有至少 5% 表决权的股份时，才可以组成旨在公司内部代表其利益的股东协会，并将

〔1〕 See Mathias M. Siems, ‘Welche Auswirkungen hat das neue Verfolgungsrecht der Aktionärsminderheit?’ (2005) 104 *ZEITSCHRIFT FÜR VERGLEICHENDE RECHTSWISSENSCHAFT [ZVGLRWISS]* 376, 385.

〔2〕 参见郑曙光：《论公司股东代表诉讼制度在我国的完善》，载《河北法学》2002 年第 6 期。

其章程报送公司以及金融市场主管机关。公司资本超过750万欧元的股份有限公司，股东同样必须证明其进行记名登记至少已有2年，但对与公司资本相关的表决权数目的多少，则按下列数目递减——资本为75万欧元至450万欧元的公司，至少应持有4%的表决权；资本为450万欧元至750万欧元的公司，至少应持有3%的表决权；资本为750万欧元至1500万欧元的公司，至少应持有2%的表决权；资本超过1500万欧元的公司，至少应持有1%的表决权。（3）按最高行政法院提出资政意见后颁布的法令规定的条件组合为集体。可见，法国法对股份有限公司股东的起诉资格问题规定较为复杂，股东个人可以无条件提起诉讼，但是要组成内部股东协会就要符合较为严格的条件，包括持股时间的限制，且持股时间同日本（6个月）、中国台湾地区（1年）等相比更长；同时具有持股比例的限制，要求股东持有股份的比例是随着公司资本数额的增大而减小，随着公司资本数额的减小而增大的，即两者之间成反比。诚然这种规定具有一定的道理，单一的股东力量可能过于微薄，不足以制衡实力过强的董事或经理，组成内部股东协会则可能进行有效制衡，同时还可以降低诉讼成本。但过于强大的股东制衡可能会产生股东干预公司管理的可能，所以通过持股时长和持股比例进行限制具有合理性。公司资本越大可能小股东数量也越多，过高的持股比例要求有碍协会的组成，因此应当予以适当降低。然而，这一规定同英、美、德、日等国家相比明显过于烦琐，且该举措是否能有效防止滥诉也值得思考。

法国股东代表诉讼对原告资格的规定同他国规定具有相似性，均是持股时间和持股比例两方面的限制。关于持股时间，笔者认为法国对股东内部协会中的股东持股时间的规定过于严格，在一定程度上阻碍了协会股东行使代表诉讼提起权。诚然，束以持股时长的限制固然能有效遏制某些股东投机取巧，通过买卖股份进行恶意诉讼。但2年的持股限制对于善意的股东而言过于严苛，不仅可能导致他们错失起诉良机，而且可能打击股东参与公司治理的积极性，不利于实现股东代表诉讼的规范价值。另一方面，这种限制并不能彻底杜绝滥诉，恶意股东仍可以在明知董事等人违反义务的情况下特意购买股份，并在等待一定期限后再行起诉，而且这样一般也不会超过诉讼时效。[1]关于持股比例的要求，法国的规定相较于其他国家和地区显得过于烦琐。如美国和日本都没有对股东的最少持股数作出限制，只要持有一股或最小持股单位者都可以提起代表诉讼，但我国台湾地区所谓“公司法”第 214 条则规定提起代表诉讼的股东必须是持有已发行股份总数百分之五以上的股东。[2]而法国法中规定股东个人可以单独提起诉讼，没有股份数额的限制。值得注意的是，法国法同时规定，股东可以按照行政法令以集体形式起诉，而股份有限公司的股东还可以组成内部股东协会提起诉讼。[3]显然，同其他国家简洁易懂的规定相比，法国根据不同公司赋予股东不同起诉形式的选择权，看似给予股东更大的权利自由，实际上由于过于烦琐，可能加重法院审理案件的负担，对于小股东而言更可能形同虚设。另外，由于组成股东内部协会具有持股时长和持股比例的双重限制，而股东个人单独起诉则没有限制，这种规定是否合理也存在疑义。因为如果股东组成协会受到太多限制，那么股东可以选择个人单独提出诉讼。以此而言，除了经济效益性之外，股东内部协会提出诉讼是否具有合理性不无疑问。

（二）被告范围规定

股东代表诉讼制度设置的根本目的是保护公司及股东利益，而英美两国作为制度的发源国，其股东代表诉讼的创设是基于公司经营管理层权力过大，利用管理权损害公司利益的现象频繁，因此制度适用的被告对象多为董事或经理等经营管理层。随着公司实践的扩张，公司利益面临多方面的侵害，各国司法实践中股东代表诉讼的被告范围逐步扩大以适应实践中股东权益的保护需求。如日本股东代表诉讼的被告主要包括董事、监事、发起人、清算人、行使决议权接受公司所提供利益之股东、用明显极为不

---

〔1〕参见李宁顺：《股东代表诉讼当事人制度研究》，载《求索》2006 年第 6 期。

〔2〕参见徐纯先：《股东代表诉讼制度对比性研究》，载《改革与战略》2002 年 Z3 期。

〔3〕See C. HOUPIN & H. BOSVIEUX, *2 TRAITÉ GÉNÉRAL DES SOCIÉTÉS CIVILES ET COMMERCIALES ET DES ASSOCIATIONS* (1929) 1431.

公正价格认购股份者；美国股东代表诉讼被告的范围十分广泛，包括公司内部的控股股东、董事、经理、职员及公司内部其他职员和会计师事务所、律师事务所等中介机构。[1]而法国法在被告范围的规定方面并不具体，现行法典中明确的有董事、经理及监事，其中对监事提起股东代表诉讼的情形也有所限制。第 L225-257 条规定："监事会成员对其在履行职责中所犯的个人过错承担责任；监事会成员对公司管理行为及其结果不负任何责任。管理委员会成员有违法行为，监事会成员知情而不向股东大会揭露此种行为者，得被宣告对此种违法行为承担民事责任。"因此，对监事提起代表诉讼的情形主要有两种：监事会成员个人错误以及知情不报行为（即未尽责行为）。法国股东代表诉讼制度规定的被告范围同英、美、日等其他国家相比过于狭窄，这显然不利于真正保护公司和股东利益。如前所述，股东代表诉讼的立法目的是加强对公司运营的监督以及保障公司及股东的合法权益，从这一角度而言，一切对公司利益会造成损害的对象均应成为股东提起代表诉讼的对象范围。如果将被告的范围限定在董事、监事、经理等公司内部人，则可能忽略公司董事、监事与公司以外的第三人合谋串通，共同侵犯公司利益的情形。而法国作为大陆法系国家，具有较显著的股权结构集中情形，控股股东侵权现象也是法国许多公司目前面临的重大问题，如无明文将控股股东纳入被告范围[2]，显然不符合目前的公司实践，这一点无疑值得法国在未来立法中进一步探索。

（三）股东提起代表诉讼的限制措施

股东代表诉讼是股东用以维护自身利益和公司利益的利器，但另一方面，也可能成为股东制造滥诉、妨碍司法的毒刃。因此，各国一般会采取某些许可程序或规定对股东行使代表诉讼提起权进行限制，以防止股东利

---

〔1〕 See Mark D. West, 'The Pricing of Shareholder Derivative Actions in Japan and the United States' (1994) 88 *Northwestern University Law Review* 1436, 1439.

〔2〕 法国法中规定，在个别情形中，如果公司控股股东被认定为实际董事（de facto director），则其他股东可以对该控股股东提起股东代表诉讼，但这种情形较为稀少且证明难度太大。

用该制度取巧投机。法国在股东代表诉讼的限制措施方面同德国相似，也对提起代表诉讼的许可程序和时效作出了规定。1988 年 1 月 19 日第 88—56 号法令第 201 条规定，法院只有在公司法定代表人按照规定应通知参加诉讼时才可对案件进行审理。《法国商法典》第 223-23 条规定："第 223-19 条及第 L223-22 条所指的追究责任之诉讼，时效期间为 3 年，自造成损害的事实发生之日起计算，或者，如损害事实曾被隐瞒，时效期间仅自事实被揭露之日起计算，如损害行为构成犯罪，诉讼时效期间为 10 年。"股东代表诉讼只是股东代表公司提起的诉讼，损害赔偿之所得最终归公司所有。因此，公司自然是股东代表诉讼的利益主体，听取公司的陈述或意见是十分必要的。另一方面，任何权利的救济都应当予以时效的限制，避免权利人怠于行使应有的权利。同时，该法条对股东代表诉讼规定的时效较长，是为了防止经营管理层利用自身职权阻碍股东诉讼，如故意隐瞒或者故意销毁证据，或者以股东大会来打压小股东。[1]这样才能保证股东，尤其是中小股东拥有充足的时间准备和提起诉讼，诉讼成本和风险也将因此降低。除了以上两方面的限制措施外，《法国商法典》还规定了股东代表诉讼提起权的不得限制情形，第 223-22 条特别规定："公司章程中的任何条款，旨在规定行使'公司诉权'（提起公司诉讼）必须事先通知或者需经事先批准的，或者规定事先放弃行使该项诉权的，视为未予订立。股东大会的任何决定，均不得产生消灭对经理因其履行职务中的过错追究其责任之诉权的效力。"该法条明确限制公司章程及股东大会对股东代表诉讼提起权的干预或干扰，这是考虑到经营管理层权力扩张后极可能通过股东大会对公司章程进行修改或作出对自身有利的决议。

除了上述规定外，法国有关股东代表诉讼制度的限制措施寥寥无几，同美国等国家相去甚远。美国在限制股东代表诉讼提起权方面规定较为详尽：（1）衡平规则 94 的牵制程序限制。首先，股东提起代表诉讼之前，应

〔1〕 参见甘培忠：《论股东派生诉讼在中国的有效适用》，载《北京大学学报（哲学社会科学版）》2002 年第 5 期。

向所有股东提出正式要求，请求解决有关争议事项；其次，股东必须对董事会提出同样的请求，以穷尽公司内部的救济渠道；最后，原告还需要表明当事人之间不存在意欲寻求联邦诉讼程序的串通共谋。[1]而法国股东代表诉讼的有关法律中只表明股东有权在公司管理层或监事会有损公司利益时代为提起诉讼，但并未提及前置程序，只在某些法条中规定股东享有向经营管理层对经营活动事实进行提问、聘请专家鉴定人对公司管理活动提出汇报等。[2]（2）诉讼担保费用制度。通过设置诉讼担保费用，提高股东提起代表诉讼的门槛，减少滥诉可能。然而，代表诉讼律师想尽各种办法，指导原告股东规避或豁免诉讼费用担保的规定，故此，许多相关规定沦为纸上空文，无法达到预期效果。[3]（3）特别诉讼委员会制度。通过在公司中设置特别诉讼委员会来判定股东提起代表诉讼的合法性。委员会通常由公司董事会任命的独立董事组成，理论上，特别诉讼委员会完全中立，能够作出公正合理、符合公司利益的决定。但有时经理层管理权限过大会形成结构性偏见，有违该制度初衷。而法国相关制度中并不存在以上几种限制措施，这几种措施是否值得纳入也值得深思。

三、法国股东代表诉讼制度之评析

通过上述制度分析，不难看出法国法对股东代表诉讼制度的规定较少，且适用条件较为烦琐，同经济最为自由开放的美国相比，法国的股东代表诉讼可谓处于初级发展阶段，对股东，尤其是中小股东的权利保护作用并不显著。这主要基于以下几方面的原因。

---

〔1〕 See Paul L. Davies and L. C. B. Gower, *Gower's Principles of Modern Company Law* (Stevens and Sons, 1979) 571.

〔2〕 See C. COM. art. L.223-36、L.223-37 (Fr.).

〔3〕 参见李小宁：《公司法视角下的股东代表诉讼——对英国、美国、德国和中国的比较研究》，法律出版社，2009 年版，第 94—95 页。

（一）公司股权结构之难——所有权与经营权分离程度不高

归根结底，股东代表诉讼制度是所有权和经营权相分离的管理机制之下股东权利保护机制，所有权与经营权分离越明显，该制度作用越大。在市场经济发展之初，公司规模较小，投资者所有权与经营权相混同，股东权利庞大且受制较少。随着科学技术水平不断提升，商事实践的不断扩展，小公司逐渐发展成为多品种生产、多部门合作和多价值追求的较大规模公司，这就产生对专业化管理人才和技术人才的需求，以及约束股东权利，保障公司独立性的必要性。[1]而股东作为投资人显然已经无法满足专业化管理这一需求，寻找专业型、复合型经营管理人成为大势所趋，导致公司所有权和经营权逐渐分离。早在1940年，法国公司即开始出现这种分离，但同经济发展速度迅猛的英美等其他国家相比，法国公司仍以小规模公司为主，启用专业化经营管理的公司较少，而大规模的公司基本是国家控股或是家族企业。[2]这同法国羸弱的资本市场和小规模银行金融息息相关。在此种股权结构之下，经营管理层实际上受家族股东或国家股东的监管或控制，二者之间具有目的上的同质性，可以说这一时期的法国公司以国家导向为特征。1986年至1989年，法国大多数国家控股企业逐渐实现私有化[3]，同时法国股票市场和公司规模日益壮大，但家族控制企业的现象依旧明显。家族控股是法国资本市场中一种长期、稳定的现象，而不是处理股权分散和经营管理层权力膨胀关系中的某一阶段。[4]这一时期中，除了家族控股现象外，法国大型公司中的较大比例持股者是金融机构，如银行

---

〔1〕 See Maurice Lvy-Leboyer, ‘The Large Corporation in Modern France’ (1980) *MANAGE RiAL HIERARCHIES: COMPARATIVE PERSPECTIVES ON THE RISE OF THE MODERN INDUSTRIAL* 117.

〔2〕 See James A. Fanto, ‘The Role of of Corporate Law in French Corporate Governance’ (1998) 31 *Cornell International Law Journal* 221.

〔3〕 See James A. Fanto, ‘Transformation of French Corporate Governance’ (1995) 21 *Brooklyn Journal of International Law* 49-56.

〔4〕 See Morton Keller, ‘Regulation of Large Enterprise: The United States Experience in Comparative Perspective’ (2001) *MANAGERIAL HIERARctlEs* 161, 164.

这种机构投资者实际上是中小股东的“同盟者”，不仅能对抗持股较多的大股东，同时因其本身具有较强的专业知识和技能，从而对经营管理层具有较大的监督约束作用。但由于政策限制，目前这种金融机构投资者更多成为家族型大股东或国家持有型大股东的经济计划或经济政策建议者。因此，现在的法国公司实际上是以股权集中型为特征，家族控股现象及国家影响较为明显。由于家族企业或家族控股现象的存在，法国公司中的经营管理层大部分都受到监督及压制，这种股权集中之下的经营管理权并未过多逃逸出所有权的掌控。

（二）股东作为原告之难——资格限制较多

总体来讲，欧洲大陆国家大部分股东代表诉讼制度适用较少的原因之一就是股东起诉之持股比例的门槛太高，如西班牙要求股东持股 5%[1]，奥地利要求 10%。[2] 畸高的持股比例要求实质上成为了小股东难以逾越的起诉门槛。最后的可能是，公司经营管理者只需要对大股东进行贿赂，使其获得的“不良利益”多于公司正常经营获取的利益，那么大股东就会选择与管理层沆瀣一气，共同欺压小股东。[3]

然而，法国的股东代表诉讼制度对小股东并没有持股比例的限制，在允许小股东单独提起诉讼的同时，也允许股东组成内部协会提起代表诉讼，但后者对股东有持股时长和持股比例的双重限制。另一方面，法国在诉讼程序上也没有像德国法一般设置额外的限制，如规定股东还需要满足必要性需求及准入程序。[4] 看起来似乎法国具备孕育股东代表诉讼制度的肥沃土壤，其实不然。首先，相比于让股东代表公司主张权利，实际上，法国更注重由董事等经营管理层代表公司对一切损害公司利益的主体提出损害

---

〔1〕 Ley de Sociedades Anónimas art. 134(4) (B.O.E. 1989, 1564) (Spain).

〔2〕 AKTG s134(1) (Austria).

〔3〕 See Alexander Stremitzer, ‘Plaintiffs Exploiting Plaintiffs’ (2010) *Yale Law & Econ. Research Paper 11*–12.

〔4〕 See Paolo Giudici, ‘Representative Litigation in Italian Capital Markets: Italian Derivative Suits and (if ever) Securities Class Actions’ (2009) 6 *European Company & Financial Law Review* 248-49.

赔偿请求。可以说，法国之下，诉讼权利归属于经营管理层。[1]这种实践现状容易让股东忘却其应有的权利，对股东的激励并不是很高。其次，虽然法国法对股东单独提起诉讼没有持股比例或持股时长的限制，但是正如上文所述，股东单独提起诉讼的成本费用远远高于集体诉讼的成本费用，小股东没有足够的积极性去单独实施公司管理监督之措施，而大股东往往和经营管理层蛇鼠一窝。另一方面，由公司股东组成的集体协会（l'action sociale ut singuli）虽然也可以替公司提起代表诉讼，但法国法对这一组织形式的股东代表诉讼提起权具有较严格的规定——必须是现在持股的股东，且持股期限应当超过两年，持股比例根据公司资本的不同具有不同的规定。这一系列的规定实际上束缚了绝大多数股东，尤其是小股东，提高他们提起诉讼的门槛，最后可能导致股东怠于行使这一权利。

（三）股东作为代表人之难——成本大于收益

股东代表诉讼制度是股东代表公司提起的诉讼，其诉讼利益直接归公司所有，股东作为公司投资者，获得间接利益。同时，股东提起代表诉讼需要付出一定的成本，包括时间、精力、金钱等。从经济效益成本的角度看，在“理性经济人”假设前提下，只有当股东提起代表诉讼付出的成本要低于胜诉时股东可能获得的利益时，才能激励股东提起代表诉讼，否则股东，尤其是中小股东，会选择“用脚投票”的方式消极退出公司，以避免得不偿失。

除了持股比例和持股期限的限制之外，诉讼费用有关制度是另一个有关股东提起代表诉讼的激励因素。其一，根据美国法的一般规定——败诉方必须补偿胜诉方的诉讼费用。该制度的总体效用在于制止股东滥用诉讼权利，只有当股东觉得诉讼具有较大胜诉价值时，股东才会提起诉讼，具有阻止恶意诉讼的作用。欧洲大陆国家大部分同美国采用相同实践，但是

---

〔1〕 See Bernard Grelon, ‘Shareholders? Lawsuits against the Management of a Company and its Shareholders under French Law’ (2009) 6 *European Company & Financial Law Review* 205, 212.

法国对股东提起代表诉讼获得的补偿具有一定限制。依据法国法的相关规定，股东提起代表诉讼胜诉后只能获得法庭费用的补偿，除个别情形外，律师费用不能受偿，且最终获得的补偿也远远低于实际支出的律师费。[1]法国法的这一规定对于股东来说明显不具有激励性，大部分股东都会担心"赔了夫人又折兵"，因此往往更多选择其他成功几率更高且成本费用较低的方式保障自身权益。其二，法国未规定胜诉酬金制度（Contingency Fees），在促进股东代表诉讼激越方面不如美国。所谓的胜诉酬金主要针对代理律师而言，如果案件胜诉则律师可以获得额外费用（Conditional Fees）。[2]可以说，胜诉酬金制度有助于激励律师更好地代表股东利益进行诉讼，推动股东代表诉讼制度的应用。1996 年，《马尼里报告》（Marini Report）在公司法有关研讨中提出设置胜诉酬金的提案，但最终仍然未能通过。[3]胜诉酬金制度的缺位并不直接影响股东权益，但是律师的积极性会间接影响股东可能享有的客户服务，而律师毋庸置疑在诉讼中占据着重要地位。其三，庭前保证金（Advance Court Fees）的设置，阻却了股东提起诉权。所谓的诉前费用是启动诉讼需要支付的费用，制度本意是防止股东进行恶意诉讼或者滥诉，通过要求股东交付类似保证金的庭前费用，可以引起股东的审慎注意义务。然而，过高的庭前费用显然会影响股东提起股东代表诉讼，以避免承担过多风险。在法国股东代表诉讼制度中，法国法对股东要求提供的庭前保证金并不高，但其要求股东搜集证据或提供专

---

〔1〕 See Bernard Grelon, 'Shareholders? Lawsuits against the Management of a Company and its Shareholders under French Law' (2009) 6 *European Company & Financial Law Review* 205, 212.

〔2〕 See Samuel Issacharoff and Geoffrey P. Miller, 'Will Aggregate Litigation Come to Europe?' (2009) 62 *Vanderbilt Law Review* 179, 57

〔3〕 See PHILIPPE MARINI, 'LA MODERNISATION DU DROIT DES SOCIÉTÉS' (1996) *THE MODERNIZATION OF CORPORATE LAW* 93–94, *reprinted in* COMPARATIVE CORPORATE GOVERNANCE: ESSAYS AND MATERIALS M-113.

家鉴定人，这同庭前保证金具有相似效应，即增加股东提起诉讼的成本[1]，直接降低其权利行使的积极性。

（四）股东作为“外部人”之难——证据要求高

高新技术的迅猛发展对公司的专业化管理不断提出新要求，公司不得不吸纳更多的管理人才以谋求更加有序的公司发展。基于所有权与经营权相分离，公司日常经营管理交由公司经营管理层负责，一般股东不得随意干预。长此以往，可能的结果是，股东对公司事务越来越陌生，甚至对公司内部信息一无所知，而公司管理层则手握公司一切事务信息或内部信息。在美国股东代表诉讼制度中，股东可以对任何可能损害公司利益的对象提起代表诉讼而不受其他诉前要求的限制。[2]但在法国股东代表诉讼制度中，股东必须提供董事等经营管理层损害公司利益的证据才可能提起代表诉讼。因此，获取证据的难易程度也成为股东提起代表诉讼的重要因素之一。

法国法中规定，股东提起代表诉讼应当承担提供证据的责任，即证明公司管理层存在经营错误（management mistake），这种举证责任对于法国公司股东来说显得过于严苛。首先，同美国规定不同，法国并未规定股东有权获取会计账簿或记录，股东在股东大会上提问也应遵守有关规制。[3]这一规制的初衷为严格遵循所有权和经营权相分离的原则，但对于股东搜集证据、监督经营管理层来说却是一大阻碍。股东获取公司内部信息的渠道十分狭窄，甚至被阻断，这一现实困境很难满足股东证明“损害”的代表诉讼要求。其次，为弥补股东获取信息较难的现实缺陷，法国法另外规定，公司应当设置一名或者数名会计监察人进行监督，且股东有权聘请鉴

〔1〕 See Dominique Schmidt, '*De quelques règles procédurales régissant l'action en responsabilité civile contre les dirigeants de sociétés « cotées » in bonis' (2008)* ÉTUDES DE DROIT PRIVÉ 383, 391.

〔2〕 See Robert C. Clark, *Corporate Law* (Little, Brown and Company 1987) 639.

〔3〕 See Paolo Giudici, 'Representative Litigation in Italian Capital Markets: Italian Derivative Suits and (if ever) Securities Class Actions' (2009) 6 *European Company & Financial Law Review* 254.

定人对经营管理层的管理事务进行调查报告，以收集相关的证据。[1]然而，并非所有股东都可以提出鉴定人调查的请求，只有持股比例占 5% 以上的股东才可以启动鉴定人调查程序（expertise de gestion）。[2]这一比例限制同样是为了避免股东滥用权利，妨碍公司正常经营管理活动。但对小股东而言，这又再次令其陷入求助无门的状态。较高的持股比例要求使鉴定人调查这一协助调取证据的救济措施成为空谈，股东作为公司“外部人”依旧处于信息闭塞的不利状态，也自然难以有效行使股东代表诉讼提起权。

四、结语

股东代表诉讼制度作为股东维护自身权益的重要手段，已经成为现代公司治理体系的重要组成部分。不仅在英美法系国家得以善用常用，亦逐渐被大陆法系国家所重视。《法国商法典》明确规定了股东代表诉讼制度。然而，从《法国商法典》及相关规则的演变历程与司法实践而言，法国股东代表诉讼制度同英美国家相比仍然有很大的差距，这主要体现在条文规定较为笼统、分散和单一，且同该制度相关的具体程序也并不完善，仅涉及股东持股时长、持股比例、被告资格以及其他限制措施。基于这些立法现状，法国股东代表诉讼制度难以得到广泛应用。要改变这种现状，一步登天显然不可能，但只要承认股东代表诉讼的功能与作用，并从具体制度与规范体系上进行改进与完善，法国股东代表诉讼制度定有其用武之地，也能实现规范的内在价值，可以更好地衡平公司内部的权力制衡。

---

〔1〕 See C. COM. art. L. 225-216 (Fr.).

〔2〕 See C. COM. art. L. 225-231 (Fr.).

第七章　日本股东代表诉讼：一个美丽的误会?

一、问题的提出

我国2005年修订的公司法首次明文赋予股东提起代表诉讼之权，以期防止控制股东、董事或经理滥用权利，损害公司利益。然这一制度的移植并未产生预料中的正面效果，股东对该权利的行使在实践中也较为罕见。有学者通过调查发现，自2006年代表诉讼制度实施后，至2009年为止，共有50件代表诉讼案例，平均每年不到13件案例。[1]这不但与实践中少数股东利益备受侵犯的普遍现象不相匹配，也与实践中产生的其他大量公司纠纷案例不相协调。有学者认为，代表诉讼之所以“名存实亡”，不仅因其程序上设置的层层障碍，也与其缺乏激励因素密不可分。[2]为完善代表诉讼制度并提高其可用性，绝大多数学者认为应改革诉讼费用缴纳规定，并赋予原告股东诉讼费用补偿请求权和胜诉利益分享权，以调动广大股东提起代表诉讼的积极性。[3]他们以日本为例证，认为日本90年代始代表诉讼之所以被广泛使用，是因为日本于1993年修改了《日本商法典》，将代表诉讼确定为非财产权请求，收取数额较低的固定诉讼费用，调动了股

〔1〕 Hui Huang, 'Shareholder Derivative Litigation in China: Empirical Findings and Comparative Analysis' (2012) 27 *Banking & Finance Law Review* 619.

〔2〕 参见刘俊海：《现代公司法》，法律出版社2008年版，第274—282页。

〔3〕 参见刘俊海：《新公司法的制度创新：立法争点与解释难点》，法律出版社2006年版，第267—271页；刘冬：《我国股东派生诉讼制度研究》，群众出版社2011年版，第102—118页。

东提起代表诉讼的积极性。这种论证蕴含着两大逻辑前提：第一，股东是否提起代表诉讼，主要取决于其对诉讼成本与收益的分析，即从经济学上而言，股东作为理性之人，在考虑是否进行某种行为时，必先对该行为成本与收益进行衡量，如利大于弊，则会提起诉讼，否则便选择忍让、无视。第二，通过改革诉讼费用，可在金钱方面激励股东，提高股东提起代表诉讼的积极性，以实现代表诉讼制度由“文本”向“活法”的转化。这种逻辑进程的论证乍看具有强大说服力，事实上，不仅国内学者如此论证，国外学者也持类似看法。[1]然而，事实上真是如此吗？日本股东代表诉讼之所以在90年代被频繁使用真是源于诉讼费用的改革吗？股东在提起代表诉讼时是否真以“理性经济人”角色进行成本收益的权衡？这会不会是一场美丽的误会？如上述理论逻辑存有重大谬误，那又如何解释日本在诉讼费用改革后代表诉讼大量产生的现象？本章试图以日本代表诉讼的实践为分析对象，通过整理、归纳和分析实践中代表诉讼的相关数据，对上述问题进行一一解读，并从行为经济学的角度论证代表诉讼何以可能。

二、日本代表诉讼历程及其可能原因

（一）沉睡的三十五年

日本商法规范始于明治时代，通过借鉴和移植德国法，日本于1899年通过《商法》。[2]当时并没有代表诉讼的相关规定，直至第二次世界大战结束后，受美国法影响，日本公司法于1950年正式确立代表诉讼制度，该规定要求只有连续6个月以上持有公司股份1%以上的股东才有资格提起诉讼。股东提起代表诉讼的，须先向公司董事会提出要求，如公司拒绝或在30日内未提起诉讼，则股东方有权向法院提起诉讼。[3]该规定目的在于震慑公司董事，以保障公司及股东个人权益。但在实践中，该规定如同沉睡

---

〔1〕 Arad Reisberg, *Derivative Actions and Corporate Governance: Theory and Operation* (Oxford University Press, 2007) 222-273.

〔2〕 日本第一部《公司法》早于1893年即通过实施。

〔3〕 见《日本公司法》第267条规定。

的权利，极少为股东所使用。在实施的前5年内，没有出现一件相关案例。至1985年整整35年中，也只有25例左右，年均不到一例。[1]这与美国形成强烈对比，20世纪60年代至80年代，几乎有19%的美国公众公司有过代表诉讼经历。[2]事实上，仅特拉华州，一年所发生的代表诉讼案例就比日本代表诉讼实施后前35年的案例总数还要多。[3]

面对代表诉讼沉睡的35年，有学者认为，这可能源于东方的忍让文化，即如非迫不得已，宁可忍让，也不“惹是生非”，诉诸法院。[4]然而，这种文化解释论并不具有说服力，原因很简单：1918年至1939年，日本的诉讼案例数量非常大。[5]如日本人受东方文化影响，不愿意提起代表诉讼，那如何解释此段时间高数量的诉讼案例？马克·拉姆兹耶（Mark Ramseyer）教授甚至将这种文化解释论称之为“同义反复”（tautology），认为用非诉讼文化解释代表诉讼几无所用，实质上并没有达到解释目的，而只是在重复同一命题。[6]可见，这种动辄冠以“文化”或“国情”等宏大词汇进行的解释不但毫无说服力，实际上也是懒于论证的表现。

---

〔1〕 Shiro Kawashima and Susumu Sakurai, ‘Shareholder derivative Litigation in Japan: Law, Practice, and Suggested Reforms’ (1997) 33 *Stanford Journal of International Law* 17.

〔2〕 Roberta Romano, ‘The Shareholder suit: litigation without foundation?’ (1991) 7 *Journal of law, Economics and Organization* 55.

〔3〕 关于特拉华州代表诉讼案例的数目统计，有两个数目：一个由Thompson和Thomas所进行的研究发现，该州于1999年到2000年间共有40例代表诉讼。而Daivs进行的研究发现，特拉华州七年间约有294例案件，平均而言每年有42例，二者数目大致相同。见 Robert Thompson and Randall Thomas, ‘The Public and Private Faces of Derivative Lawsuits’ (2004) 57 *Vanderbilt Law Review* 1747; Kenneth Davis, ‘The Forgotten Derivative Suit’ (2008) 61 *Vanderbilt Law Review* 387.

〔4〕 Mark West, ‘The Pricing of Shareholder Derivative Actions in Japan and the United States’ (1994) 88 *Northwestern University Law Review*1436; Tom Ginsburgh and Glenn Hoetker, ‘The Unreluctant Litigant? An Empirical Analysis of Japan’s Turn to Litigation’ (2006) 35 *Journal of Legal Studies* 31.

〔5〕 John Haley, ‘The Myth of the Reluctant Litigant’ (1978) 4 *Journal of Japanese Studies* 359.

〔6〕 J. Mark Ramseyer, ‘The Costs of the Consensual Myth: Antitrust Enforcement and Institutional Barriers to Litigation in Japan’ (1985) 3 *Yale Law Journal* 604.

除文化解释论外，也有学者提出其他原因，大致而言，有三种：第一，日本诉讼法律制度效率过低、成本过高，严重打击股东提起代表诉讼的积极性和热情。[1]第二，与上述观点相反，拉姆兹耶教授则认为日本诉讼体系效率高，可预见性大，当事人在进入诉讼程序之前即可准确预估诉讼结果，这种精准的诉讼可预见性使得股东在提起代表诉讼之前即可预见诉讼结果，基于理性的成本收益考量，股东因此甚少愿意行使该诉讼权利。[2]第三，日本一备受尊敬的法学家 Takao Tanase 则提出与上述观点截然不同的解释，他认为日本的政治精英（political elite）偏好于以非诉讼化途径解决纠纷，也因此设置了多种便捷、高效的非诉讼解决机制，股东在衡量是否提起代表诉讼以保障公司利益时，自然会考虑其他解决途径。[3]这三种完全不同的解释似乎自相矛盾，但深思之下，它们背后的理论实际上是一致的：即股东在考虑是否提起代表诉讼时，以“理性经济人”的角色自居，考量诉讼的成本与收益，如诉讼的成本大于所获收益，则股东会选择其他解决途径，拒绝提起诉讼，以避免遭受可预见的损失。这种理所当然且富有吸引力的解释理论几乎为学界所公认。特别是在 1993 年日本进行诉讼费用改革后，代表诉讼大量产生，更为这一理论增强说服力，使之显得毋庸置疑和无可挑剔。

（二）1993 年后的代表诉讼

如前所述，代表诉讼实施后的前 35 年如同沉睡的制度，无人问津。但自 90 年代始，代表诉讼的案件出现井喷式增长[4]，仅 1993 年一年，就有 86 个案件等待审理，相当于前 35 年的 4 倍，此后代表诉讼案件数量逐年提高，直至 1999 年达到顶峰，有 222 个案件，随后出现下降趋势。详见下

〔1〕 John Haley, ‘The myth of the reluctant litigant’ (1978) 4 *Journal of Japanese Studies* 359.

〔2〕 J. Mark Ramseyer and Minoru Nakazato, *Japanese Law: An Economic Approach* (University of Chicago Press, 1989) 92.

〔3〕 Takao Tanase, ‘The Management of Disputes: Automobile Accident Compensation in Japan’ (1990) 24 *Law and Society Review* 651.

〔4〕 这种井喷式的增长也从另一侧面推翻了上述的文化解释论。

表 7-1[1]：

表 7-1　日本代表诉讼案件数量统计

	高级法院			地区法院			合计		
	新受理	已审结	正审理	新受理	已审结	正审理	新受理	已审结	正审理
1993	无	无	10	无	无	76	无	无	86
1994	无	无	10	无	无	129	无	无	139
1995	无	无	14	无	无	148	无	无	162
1996	12	13	13	68	66	150	80	79	163
1997	11	9	15	88	66	172	99	75	187
1998	17	18	14	73	59	186	90	77	200
1999	15	11	18	95	77	204	110	88	222
2000	31	29	20	84	99	189	115	128	209
2001	28	26	22	66	87	168	94	113	190
2002	9	9	22	78	105	141	87	114	163
2003	无	无	无	85	76	150	无	无	无
2004	无	无	无	78	100	128	无	无	无
2005	无	无	无	70	91	107	无	无	无
2006	无	无	无	72	77	102	无	无	无
2007	无	无	无	70	50	122	无	无	无
2008	无	无	无	64	46	140	无	无	无
2009	无	无	无	70	42	168	无	无	无

资料来源见注释 [1]。

日本代表诉讼自 1993 年后出现的井喷式增长，很多学者将之归因于诉讼费用的改革。1993 年之前，原告股东如提起代表诉讼，须向法院缴纳一定数额的诉讼费用，该数额根据诉讼标的金额而定。显然，代表诉讼标的金额数目一般较大，尤其在涉及上市公司纠纷时，原告股东所要求的赔偿数目更为巨大。此时，原告股东起诉时须根据索赔金额比例缴纳诉讼费用，这无疑严重打击股东的积极性。但 1992 年日兴证券一案彻底改变了这一规定，它确立了将代表诉讼视为非财产请求权的规则，并以此按较低的固定数额收取诉讼费用。1993 年修订的《日本商法》也确认了这一规则。[2]在韦斯特（West）教授看来，诉讼费用的降低，可以解释代表诉讼大量产生

〔1〕该表格数据源于日本最高法院于 2010 年 3 月发布的司法统计。最高法院对代表诉讼案件数目的统计始于 1993 年。此外，从 2003 年开始，高级法院不再对代表诉讼案件进行统计，因此，从 2003 年开始，日本代表诉讼案件数字的合计也无法统计。

〔2〕参见刘俊海：《新公司法的制度创新：立法争点与解释难点》，法律出版社 2006 年版，第 267—268 页 .

的现象，因为股东作为“理性经济人”，在考虑是否提起代表诉讼时，必会进行成本收益分析，而诉讼费用的改革无疑降低股东的诉讼成本，从而提高代表诉讼的可利用性。[1]这种基于“理性经济人”和成本收益分析的解释理论也为国内学界所接受和认可。

除股东本身出于经济考量外，代表诉讼之所以大量产生还有另一原因，即律师的作用。韦斯特指出，与美国类似，日本的律师出于经济诱因考虑，也会推动代表诉讼。尤其是在保护投资者权益组织 Kabunushi Onbuzuman 成立以后，该组织的律师成员为从诉讼中获取利益，极力鼓动股东提起代表诉讼。[2]然而，这种基于“理性经济人”和成本收益分析的理论真能解释日本代表诉讼沉睡的 35 年和随后井喷式的增长现象？

三、对传统解释理论的批判

如前所述，绝大多数学者认为，股东作为“理性经济人”，在决定是否行使代表诉讼权利时，会考量诉讼成本与收益，日本代表诉讼在前 35 年几无所用，而在 1993 年诉讼费用改革后大量产生即是这一理论的强有力佐证。同时，律师为从诉讼中获取利益，也会刺激和推动代表诉讼的发展。然而，这种传统的解释理论在逻辑与数据面前可谓不堪一击。

（一）理性的股东？

认为股东为“理性经济人”的理论依据是，日本代表诉讼在前 35 年所用极少，乃因为诉讼成本高于预期收益。而 1993 年诉讼费用改革后，诉讼成本大量降低，导致诉讼收益相应提高，作为“理性经济人”的股东此时当然愿意提起代表诉讼。然而，这种论证存有三大缺陷。

---

〔1〕 Mark West, ‘Why Shareholders Sue: the Evidence from Japan’ (2001) 30 *Journal of Legal Studies* 351.

〔2〕 West 虽然承认日本不具有美国所谓的风险代理收费机制（contingency fee arrangement），从而在某种程度上降低了律师在代表诉讼中所起的作用，但他仍然坚称，日本律师出于个人收益考虑，仍会煽动和支持股东提起代表诉讼，从而在某种程度上刺激代表诉讼。具体参见：Mark West, ‘Why Shareholders Sue: the Evidence from Japan’ (2001) 30 *Journal of Legal Studies* 351。

第一，该论证忽视了1993年实施诉讼费用改革之前代表诉讼的实际情况。假如1993年之前，代表诉讼仍如一潭死水，那或许可作为传统理性人解释的佐证，但事实并非如此。有学者对1990年到1993年三年期间代表诉讼发生的数量进行统计，发现这段期间内公开报道的代表诉讼案件高达40例，这比前35年的总数多了一倍。[1]假如传统理性人的解释理论成立，那如何解释在诉讼程序没有发生改变、诉讼费用没有进行变革之前，为何会出现如此大量的代表诉讼案件？[2]吊诡的是，在诸多学者论证日本代表诉讼时，均有意无意地回避了1990年至1993年代表诉讼数量突然增长这一不可忽视的现象。可见，股东在决定是否提起代表诉讼时，成本与收益并非其主要考量因素，必定有其他原因在其中发挥作用。

第二，诉讼费用降低与代表诉讼数量上升二者之间并非一定存在因果关系。首先，诉讼费用降低与代表诉讼数量上升之间是否具有一定关联尚且难以论证，即使承认二者之间具有一定关联，也很难证明该关系是因果关系，因为代表诉讼数量的上升，并不必然是诉讼费用降低的结果，股东很可能受其他因素的驱使而提起代表诉讼。退而言之，即使二者之间存有因果关系，也很可能代表诉讼数量上升为因，而诉讼费用降低是果。因为1993年之前，代表诉讼案件已有上升趋势，1993年诉讼费用的改革很可能是为适应这种上升趋势而作出的改变。[3]

第三，代表诉讼的实践表明，很少股东能从代表诉讼中获利。日本最高法院虽然统计并发布代表诉讼案件的年度数量，但并没有公布每个具体案件的详情，包括原告是否胜诉、双方是否达成和解等。而这些详情的缺乏，无疑不利于分析股东是否能从代表诉讼中有所获利。幸而已有学者对此作了相关统计。Nakahigashi和Puchniak花费数月时间，从各大数据库搜

〔1〕 Mark West, 'Why Shareholders Sue: the Evidence from Japan' (2001) 30 *Journal of Legal Studies* 351.

〔2〕 这段时间内发生如此多的代表诉讼案例的原因将在下文论述。

〔3〕 事实上，这种谁因谁果的纯粹理论探讨并不能说服彼此，相反，这种辩论很可能增加双方的分歧而非增进共识。

寻相关信息，并形成以下数据，见表 7-2、表 7-3[1]

表 7-2 1993-2009 年能查明的代表诉讼案件结果统计

原告胜诉	原告败诉	原告撤诉	驳回起诉	双方和解	总数
9.459%	39.189%	8.108%	16.216%	27.027%	148

表 7-3 KO 数据库：1993-2009 年能查明的代表诉讼案件结果统计

原告胜诉	原告败诉	原告撤诉	驳回起诉	双方和解	总数
7.143%	21.429%	3.571%	0.000%	67.857%	28

数据来源见注释 [1]。

由上面两个不同来源的表格数据可知，代表诉讼案件具体数目虽相差较大，但在诉讼结果的比例上，却大致相同。自 1993 年诉讼费用改革以来，到 2009 年为止，从公开的所能查明结果的案件上而言，只有不到十分之一的诉求获得法院认可，原告股东获得胜诉。与此相反，被告“胜诉率”竟平均超过 30%。如算上原告撤诉和驳回起诉的数量，则被告胜诉率几乎高达 60%。这种胜负比例明显失衡的现象表明股东在决定是否提起代表诉讼时并非出于成本收益的考虑，否则，他们不会在胜诉率如此低的情况下仍然提起诉讼。特别是考虑到原告股东仍需缴纳一定数额的诉讼费用和缺乏风险代理收费机制的情况下，股东如欲提起代表诉讼，须冒较大的风险才可能获得些微成功的机会。

即使在这些为数不多的原告胜诉案件中，原告股东所得可谓微不足道。为对原告股东在胜诉中所获多少作出大概估算，有必要将代表诉讼中公司的类型区分为上市公司与非上市公司，因为上市公司信息公开，透明度相对较大，股份价格清晰可查，故可直接估算公司股东所持每一股份因胜诉所获之收益。在上述 148 个案件中，牵涉上市公司的达到 119 件，而在这 100 多件上市公司代表诉讼案件中，原告股东胜诉率才达到 5%，只有平均

---

〔1〕 该数据主要来源于 shiryon-ban Shouji-Houmu 法律期刊。除此之外，他们在 2010 年 3 月开始，通过 Kabunushi Onbuzuman 官方网站，也对代表诉讼案件进行搜索和分析并得出另一份数据，该数据在文中注明为 KO 数据库。具体见：Masafumi Nakahigashi and Dan W. Puchniak, ‘Land of the rising derivative action: revisiting irrationality to understand Japan’s unreluctant shareholder litigant’, from Dan W. Puchniak, Harald Baum and Michael Ewing-Chow (edited) ‘The Derivative Action in Asia: A Comparative and Functional Approach’ (Cambridge University Press, 2012) 128-185.

胜诉率的一半。Nakahigashi 和 Puchniak 对五家发生过代表诉讼的上市公司的信息进行分析，发现原告股东胜诉后，其所持有公司股份平均每股只涨 2.5%（具体见表 7-4）。[1]提起代表诉讼的往往是少数股东，在持有股份较少的情况下每股仅涨 2.5%，这种收益与败诉情况下付出的成本相比，可谓小巫见大巫。因此，以"理性经济人"解释股东基于成本收益而决定是否提起代表诉讼的理论在此数据面前无疑丧失说服力。

表 7-4　原告胜诉案件中上市公司每一股份所获收益

公司名称	诉求金额（日元）	赔偿金额（日元）	赔偿与诉求金额比例	发行股份总额	每一股份所获收益	股票价格	股份收益与股票价格比
Hazama Corporation	14 000 000	14 000 000	100.00%	321 076 000	0.04360	4150	1.05068
Yakult Honsha	65 000 000 000	6 754 000 000	10.39%	175 910 000	38.39463	1742	0.02204
Mitsubishi Oil	9 000 000 000	180 000 000	2.00%	1 514 507 271	0.11885	204	0.00058
Duskin Corporation	10 602 000 000	5 343 000 000	50.40%	67 394 823	79.27908	1754	0.04519
Apamanshop Holdings	130 000 000	126 000 000	96.92%	1 033 822	121.87784	2070	0.05887

资料来源见注释 [1]。

有人以美国为例证，他们认为，美国代表诉讼胜诉率也较低，但这并不完全影响股东行使代表诉讼权利的积极性，因为绝大多数诉讼以和解结案，而和解可为公司和原告律师带来不少收益。[2]但日本代表诉讼的和解与美国有两大区别：第一，日本代表诉讼的和解率并不高，与美国高达六成多的和解率不同，日本的和解率只有不到三成。第二，即使以和解结案的代表诉讼，原告公司所得也寥寥无几。根据 Nakahigashi 和 Puchniak 对

〔1〕 Masafumi Nakahigashi and Dan W. Puchniak, 'Land of the rising derivative action: revisiting irrationality to understand Japan's unreluctant shareholder litigant', from Dan W. Puchniak, Harald Baum and Michael Ewing-Chow (edited) '*The Derivative Action in Asia: A Comparative and Functional Approach*' (Cambridge University Press, 2012) 128-185.

〔2〕 根据 Romano 的调查研究，65% 的代表诉讼以和解结束。这种局面主要源于律师的作用，因为律师可以从和解中获取一大笔律师费。原告虽然所获甚少，但起码不用付出成本。对于被告而言，他们在有董事保险机制的情况下，基于公司整体利益考虑，也乐意与原告达成和解。具体见：Roberta Romano, 'The Shareholder Suit: Litigation without foundation?' (1991) 7 *Journal of Law, Economics and Organization*, 55, 87-58。

十三家上市公司和解案件的统计，和解后上市公司平均每一股份只涨 0.2 日元，相当于平均提高了 0.05% 的股价（具体见表 7-5），如此之小的增值可谓微不足道，如对应到每个股东所持有的股份，则其增值更是极为渺小，几乎可忽略不计。

表 7-5　上市公司代表诉讼和解后每一股份所获收益

公司名称	赔偿金额	发行股份总额	每一股份所获收益	股票价格	股份收益与股票价格比
Obayashi Corporation	20 000 000	745 173 000	0.0268	541	0.00005
Cosmo Securities	130 000 000	423 601 000	0.3069	271	0.00113
Kajima Corporation	40 000 000	961 312 000	0.0416	317	0.00013
Daiwa Bank	250 000 000	2 743 837 000	0.0911	92	0.00099
Takashimaya	170 000 000	305 044 000	0.5573	1420	0.00039
Sumitomo Corporation	430 000 000	1 064 462 000	0.4040	791	0.00051
Nomura Securities	380 000 000	1 962 977 000	0.1936	880	0.00022
Ajinomoto Corporation	120 000 000	649 445 000	0.1848	1102	0.00017
Dai-Ichi Kangyo Bank	127 000 000	3 505 384 000	0.0362	870	0.00004
Hitachi Ltd	100 000 000	3 337 894 000	0.0300	1640	0.00002
Kobe Steel	310 000 000	2 867 549 000	0.1081	53	0.00204
Mitsubishi Motors	180 000 000	1 483 438 000	0.1213	219	0.00055
Tokyo Style	100 000 000	102 507 000	0.9755	1415	0.00069

资料来源见 P106 注释 [2]。

由以上基于数据的论证可知，传统的股东出于成本收益的理性假设而决定是否提起代表诉讼的解释理论并不符合实践情况。如股东真如传统解释中那样被视为“理性经济人”，则其在胜败诉比例极不相称的情况必不会提起代表诉讼。因此，必定有其他原因，使得股东在明知提起诉讼并不能为自己及公司带来较大利益的情况下仍然坚持起诉。

（二）律师的推动？

有学者提出，即使基于“理性经济人”的理论无法解释大量产生的代表诉讼，也不意味着成本与收益在诉讼中所起作用的减弱或消亡，因为在诉讼进程中，律师的角色也极为重要，他们会为获取利益而极力推动股东行使代表诉讼权。[1]不可否认，律师在诉讼进程中具有一定的作用，但以此认定律师可推动代表诉讼则会产生逻辑与实践的困惑。

〔1〕 Mark West, ‘Why shareholders sue: the evidence from Japan’ (2001) 30 *Journal of Legal Studies* 351.

在逻辑上，日本与美国不一样，它并没有实施风险代理收费机制（contingency fee arrangement）。日本律师收费由两大部分组成：一是预先缴纳、不得退回的预付费用（chakushukin）。二是根据诉讼结果而确定的胜诉费用（hoshukin）。[1]有鉴于此，股东在提起代表诉讼时，无论最终结果如何，他都必须缴纳一定数额的预付费用，否则诉讼无从提起。假如股东为“理性经济人”，他在面对胜诉率不到一成的情况下，断不会执意缴纳预付费用而提起代表诉讼。如股东提起诉讼之缘由非源于“理性经济人”假设，则律师也无推动作用，因为预付费用的收取决定了日本律师无法鼓励股东行使诉讼权利，进而无法推动代表诉讼的发展。与日本相反的是，美国律师之所以能提高广大股东行使代表诉讼的积极性，是因为风险代理收费这一机制使得股东在不用付任何费用的情况下就可雇用律师。即使败诉，股东也无须支付任何律师费用。但在日本，即便在某些案件中，一些律师降低预付费用，股东仍需支付 30 万日元到 500 万日元等数额不一的律师预付费用。[2]这种收费与律师协会制定的收费标准相比，已是大幅度降低，但对于少数股东而言，仍然不少。可见，从逻辑上而言，日本律师与美国律师不同，难以有效推动代表诉讼。

即使日本律师与原告股东达成共识，借鉴美国风险代理收费机制，免除预先费用，而只在胜诉时抽取一定比例的律师费用，[3]也无法证明律师在代表诉讼中的推动作用，因为该理论假设的前提是律师从胜诉的案件中所获收入高于可能付出的成本，然而这种理论假设并不符合日本代表诉讼

---

〔1〕 由日本律师联合协会制定的收费标准虽不具有强制效力，但在实践中为律师所自觉遵守。2004 年 4 月 1 日，该收费标准有所修改，赋予律师更多的裁量权，使之与顾客自由达成共识。即便如此，原先的收费标准仍为律师所参考。

〔2〕 Masafumi Nakahigashi and Dan W. Puchniak, ‘Land of the rising derivative action: revisiting irrationality to understand Japan’s unreluctant shareholder litigant’, from Dan W. Puchniak, Harald Baum and Michael Ewing-Chow (edited) ‘*The Derivative Action in Asia: A Comparative and Functional Approach*’ (Cambridge University Press, 2012) 128-185

〔3〕 律师收费标准自 2004 年修订以后，对律师收费要求有所宽松，理论上律师完全可以按照美国的风险代理收费规则进行收费（即只有当代理的案件胜诉时才能收取费用），但实际上，日本律师很少采取这种收费规则，仍然遵循以前的收费标准。

的现状。如同前面所述，股东提起代表诉讼的胜诉率只有 10% 左右，律师如采纳风险代理收费机制，以最终胜诉为条件而获取一定比例的酬金，则如此之低的胜诉率无疑会使风险代理收费机制遭到大多数律师的抵制。一名理性的律师，一名基于成本收益而考量是否接受代理案件的律师，不仅不会愿意代理代表诉讼，反而可能会抗拒或抵制这类案件，只有那些“无比绝望的”、“窝在壁橱大小的办公室”里的律师才会抱着一丝胜诉的希望接受代理代表诉讼。[1]

四、代表诉讼何以可能：一种行为经济学分析

既然股东在决定是否提起代表诉讼时，非以“理性经济人”自居，非基于成本收益的考量，那代表诉讼何以可能？如何解释股东在明知诉讼成本大于收益时仍义无反顾地行使权利，起诉不当行为人？这种明显“丧失理性”的行为是否有理论依据可供支撑？本书认为，行为经济学上关于准理性与有限理性的分析可解释这种现象。

（一）准理性行为

准理性行为是指并不直接提高行为人的物质财富，但可增进行为人整体福利的行为。[2] 传统的理性行为一般从金钱或财富的意义进行理解，而准理性行为却以个人整体的福利为出发点。此时，整体的福利既包括金钱或财富，也包括其他非金钱的利益，比如个人名誉、长久利益等。最为典型的准理性行为莫过于捐款给慈善机构，这种捐赠行为直接减少捐赠人的财富，是明显的非理性行为，但捐赠人通过捐赠行为可提高个人声誉，从而很可能获取其他包括金钱在内的利益。因此，这种直接减少金钱利益但可增进整体福利的行为，即为准理性行为。事实上，假如扩大传统定义为

---

〔1〕 Mark West, ‘Why Shareholders Sue: the Evidence from Japan’ (2001) 30 *Journal of Legal Studies* 351.

〔2〕 Dan W. Puchniak and Masafumi Nakahigashi, ‘Japan’s Love for Derivative Actions: irrational Behaviour and Non-Economic Motives as Rational Explanations for Shareholder Litigation’ (2012) 45 *Vanderbilt Journal of Transnational Law* 1, 82.

金钱或财富意义上的理性概念，将行为人其他非金钱或非财富意义的福利也纳入其范围，则这种准理性行为实质上是扩大意义上的理性行为。准理性行为对日本代表诉讼的影响主要通过三大主体：维权律师、总会屋（Sokaiya）和环保分子。

1. 维权律师

如同上面所述，一名作为“理性经济人”的律师是不愿意接受代理代表诉讼的，原因在于代表诉讼胜诉率低，付出的成本远大于可能的收益。然而，维权律师却会出于政治目的而主动、积极地代理代表诉讼。这些维权律师是为保护投资者权益而设立的非盈利机构 Kabunushi onbuzuman 的成员，[1] 他们以保护股东权益为目的，通过各种途径影响政府决策和立法。其中，由维权律师选择代理一些具有影响力的代表诉讼案件，通过媒体的广泛报道和传播，不仅能提高股东以诉讼保护自身权利的意识，也可震慑公司董事和管理人员，防止他们以权谋私，损害公司利益。鉴于此，维权律师在考虑是否接受代理代表诉讼时，并非出于诉讼本身成本与收益的考量，而是基于其政治目的，即使最终败诉，维权律师在金钱上一无所得，[2] 这些案件也可能会提高其他公司广大股东的权利意识，从而实现他们原本的目的。维权律师的这种目的可从其处理案件的方式窥见一二。在 148 例代表诉讼案件中，由维权律师代理的案件有 30 件，其中 66% 的案件以和解结案，而这些和解协议几乎无一不以承诺改善公司治理为主要条件。[3]

2. 总会屋

总会屋，又称为企业敲诈者，它与日本黑帮具有一定的联系，以威胁

〔1〕 该机构成立于 1996 年，主要由律师、会计师和学者组成，以保护投资者权益为目的，通过各种途径影响政府决策和立法。具体见 Curtis Milhaupt, ‘Non-profit organizations as investor protection: economic theory, and evidence from east Asia’ (2004) 29 *Yale Journal of International Law* 169, 207。

〔2〕 作为 Kabunushi onbuzuman 成员的维权律师，如代理案件败诉，其律师费用由该机构承担。但如胜诉，则胜诉所得也归 Kabunushi onbuzuman。

〔3〕 Curtis Milhaupt, ‘Non-profit organizations as investor protection: economic theory, and evidence from east Asia’ (2004) 29 *Yale Journal of International Law* 169, 207.

公司将其财务状况或者管理层的私生活等敏感信息公之于众为手段，敲诈勒索企业金钱。[1]代表诉讼作为一种股东诉讼形式，自然成为总会屋敲诈企业的一种工具。他们通过购买上市公司股份，成为公司股东，进而以各种理由提起代表诉讼。公司为了避免在诉讼过程中公开披露公司信息，只能选择顺从总会屋意志。可见，总会屋提起代表诉讼，并非基于该诉讼本身成本与收益的考量，而是具有其他目的，以实现其他目的为动机而提起诉讼。此种情况下，该诉讼本身赢或输已然无关紧要。1993 年至 2009 年，约有 5% 的代表诉讼涉及总会屋。[2]

3. 环保分子

日本国内一些环保组织也会通过代表诉讼的手段威胁公司，以迫使公司放弃一些可能影响环境的项目。与总会屋类似，他们通过购买一定数量的上市公司股份，在公司准备开建或扩建可能污染环境的工厂时，以代表诉讼为手段，迫使公司放弃相关项目。此时，原告股东提起代表诉讼也并非基于诉讼本身的收益，而是为达致环保目的。据统计，由环保分子提起的代表诉讼约占代表诉讼总数的 2%。[3]

可见，在准理性行为的三大主体中，维权律师、总会屋和环保分子已占可公开查明的代表诉讼总数的四分之一（见表 7-6），而这尚不包括其他的难以查实的准理性行为，因为对于一般的原告股东而言，只有他们自己才知道提起诉讼的行为是否出于准理性，外人很难知晓。

---

〔1〕 过去数十年，总会屋已成功地通过各种手段从企业诈取数百亿日元。具体见：Mark West, ‘Why Shareholders Sue: the Evidence from Japan’ (2001) 30 *Journal of Legal Studies* 351。

〔2〕 Mark West, ‘Why Shareholders Sue: the Evidence from Japan’ (2001) 30 *Journal of Legal Studies* 351.

〔3〕 Dan W. Puchniak and Masafumi Nakahigashi, ‘Japan’s Love for Derivative Actions: irrational Behaviour and Non-Economic Motives as Rational Explanations for Shareholder Litigation’ (2012) 45 *Vanderbilt Journal of Transnational Law* 1.

表 7-6　三大准理性行为主体参与代表诉讼统计

主体	数量（件）	占总数比例	总比例
维权律师	30	20.%	27%
总会屋	7	5%	
环保分子	3	2%	

资料来源见 P111 注释 [3]。

（二）有限理性行为

在古典经济学理论中，人被假设为具有理性的经济人，其行为以获得最大利润或效用为目标。然而，这种假定每个行为人均有使自己获得最大效用或利润的意愿和能力的理论受到了越来越多的质疑和挑战。以西蒙为代表的学者提出有限理性理论（bounded rationality），他们认为，理性的适用范围是有限的，这种有限性体现在两个方面：一是社会环境。西蒙认为环境是复杂和不确定的，在非个人交换形式中，这种复杂多变的环境容易造成不确定性，而且交易越多，不确定性就越大，信息也就越不完全。二是人的认知能力。西蒙认为人对环境的计算能力和认识能力是有限的，人不可能无所不知。[1] 根据有限理性理论，人们的决策所依据的理性因素非常有限，因而作出的决策当然也并非最优。特别是在复杂的代表诉讼中，人们根本不愿意花费大量的时间和精力进行分析，而是选择简化的思维模式作出判断。这种决策模式在心理学上被称为精神式启发（mental heuristics），[2] 即在解决某种复杂问题或作出某种决定时，使用快捷、常识性的规则。这种简单化的思维模式使得行为人在面临某个复杂问题时，往往会依据可利用性法则（availability heuristic），即根据他们对事件已有的信息，包括记忆的难易程度或记忆中的多寡，来确定该事件发生的可能性。此时，行为人所作的决策或判断并非通过对尽可能多的信息进行筛选，而

---

〔1〕 西蒙关于有限理性的探讨，可见其经典著作：Herbert Simon, *Models of Man: Social and Rational* (John Wiley, 1957) 270. 国内关于理性到有限理性的理论演变，可参见袁艺、茅宁：《从经济理性到有限理性：经济学研究理性假设的演变》，载《经济学家》2007 年第 2 期，第 21—26 页；邓汉慧：《西蒙的有限理性研究综述》，载《国土资源高等职业教育研究》2002 年第 4 期，第 35—38 页。

〔2〕 Russell Korobkin and Thomas Ulen, ‘Law and Behavioural Science: Removing the Rationality Assumption from Law and Economics’ (2000) 88 *California Law Review* 1051.

是受到事件刺激的频率、新异性、生动性和情绪性等的影响。

日本代表诉讼的大量产生至少有部分可归咎于股东的这种有限理性行为。代表诉讼程序较为复杂，股东在提起代表诉讼时，并不会花费大量时间和精力分析该诉讼可能出现的情况，而是依据可利用性法则，凭借自身记忆和认识作出判断，而这种判断大多受到新闻媒体对某些个别胜诉案件报道的影响，特别是1986年东京地区法院对代表诉讼所作判决的影响。如上所述，日本在实施代表诉讼的前35年里，该制度基本处于沉睡状态，偶有应用，但无一胜诉，这一局面直至1986年方有所改变。这一年，东京地区法院在一代表诉讼中史无前例地判决原告股东胜诉，引起巨大轰动。媒体铺天盖地的报道、学者热火朝天的议论，使得广大股东不仅知悉这一消息，也极大地鼓励了他们使用该诉权以保护公司和自身利益，即使该案的胜诉仅仅是代表诉讼中的特例。此后数年间，代表诉讼数量逐年上升，并于1993年达到一小高峰。这也可以解释为何日本在1993年改革诉讼费用之前，代表诉讼突然产生且数量逐渐上升的现象。

日本股东因有限理性行为而提起代表诉讼的解释并非水中之月、镜中之花，而是有实践依据的。West曾对此进行过一次小范围的调查，他调查询问了十个提起代表诉讼的原告股东，当被问到在提起代表诉讼之前是否考虑过胜诉可能性时，他们的回答竟高度一致，均预计提起诉讼后会胜诉或至少与被告达成和解。[1]这种与现实胜诉率明显不相吻合的预先期望无疑证实了有限理性对股东的影响，即股东在决定是否提起代表诉讼时，仅凭借记忆和有限信息作出判断，而1986年因胜诉而轰动一时的东京地区法院代表诉讼一案，无疑给股东留下了不可磨灭的印象，以至于忽视了绝大多数代表诉讼均以败诉告终的无奈现实。

此外，有限理性还可能产生过度自信偏差（overconfidence bias），即行为人在受制于有限理性情况下，很可能会过于相信自己的判断能力，高估

〔1〕 Mark West, 'Why Shareholders Sue: the Evidence from Japan' (2001) 30 *Journal of Legal Studies* 351.

成功的机会，这种认识的偏差即是过度自信偏差。[1]具体到代表诉讼中，即使有部分原告股东知悉胜诉希望较为渺茫，但他们受限于各种不完全信息，会高估自己，认为即便有 90% 的诉讼不利于原告，自己所提起的诉讼也属于其中有利于原告的 10%。

有限理性也会使股东产生“羊群行为”（herding behaviour），即股东提起代表诉讼乃出于跟从多数人的决策行为，而趋向于忽略对自己有价值的因素。[2]这种从众心理（conformity）使得原告股东对代表诉讼权利的行使更多的是以一种追求时尚的心态对待。日本公司法领域权威学者 Mitsuo Kondo 认为，日本代表诉讼数量之所以在九十年代初急剧上升，是因为当时该行为被视为“一种时尚”，而后来有下降趋势则是因为“该时尚渐已消退”。[3]虽然简单地将诉讼行为视为一种时尚来解释日本代表诉讼数量的上升和下降似显奇怪，但这种“时尚”的解释实质上正是羊群行为和从众心理的通俗化代名词。当原告股东受此影响时，主导是否提起代表诉讼的因素并非理性或成本收益，这些已被置之脑后，取而代之的是“时尚”等非理性因素。

五、结语

代表诉讼迥异于一般诉讼的一大特点是该诉讼所得归于公司所有，而非原告股东，因为股东所提之诉讼乃代表公司，股东个人本身并无资格提起代表诉讼（这也是为何称之为“派生”诉讼的原因）。但如诉讼失败，则原告股东须承担相关损失，包括缴纳诉讼费用和律师费用等。在如此不平衡的情况下，如能减轻原告股东的费用负担，必定会促进代表诉讼的使用。

---

〔1〕 Christine Jolls, ‘Behavioural Economics Analysis of Redistributive Legal Rules’ (1998) 51 *Vanderbilt Law Review* 1653.

〔2〕 Robert. Shiller, *Irrational Exuberance: Revised and Expanded* (Princeton University Press, 2016) 149.

〔3〕 Dan W. Puchniak and Masafumi Nakahigashi, ‘Japan’s Love for Derivative Actions: Irrational Behaviour and Non-Economic Motives as Rational Explanations for Shareholder Litigation’ (2012) 45 *Vanderbilt Journal of Transnational Law* 1.

这种传统的解释理论暗含着的逻辑前提是：原告股东在决定是否提起代表诉讼时，必是以“理性经济人”自居，通过对诉讼成本和收益的考量作出决定，日本代表诉讼的实践即为该解释理论的强有力佐证。然而，通过对日本代表诉讼实际案件的数据分析可发现，日本代表诉讼胜诉率相当低，所得收益也不多。即使在诉讼费用改革后，日本原告股东仍需付出一定的费用。在胜诉希望渺茫的情况下，这些成本无疑远远超过收益。鉴于此，日本原告股东提起代表诉讼并非出于对成本和收益的考虑，而是受制于其他因素的影响。其中，行为经济学上的准理性和有限理性可以有效解释这种现象：原告股东在决定提起代表诉讼时，并非完全理性，至少并非基于成本与收益的衡量，而是受限于准理性和有限理性。事实上，代表诉讼如此，其他诉讼行为也未尝不是如此。在分析某种权利或诉讼形态是否为人们积极所用时，传统的理性解释理论是否依然有效或具有说服力值得学界重新审视。

第八章　韩国股东代表诉讼：一波方动，万波随起

一、财阀控制的韩国企业

经历第二次世界大战和朝鲜战争的破坏后，韩国作为一个独立的经济体逐渐摆脱最初卑微的经济地位，并逐渐成为亚洲经济发展重要推动力量和工业经济体。不同于西方资本主义国家原始资本积累过程，韩国缺少原始资本的支持，走上了不同于西方的经济发展道路。

针对特定的行业，韩国政府对企业提供优惠贷款以支持该行业的发展，比如采取不同于其他资本主义国家企业的融资方式——股权融资予以支持。由于国内银行政策的支持，韩国企业在发展时期一般都是以向银行贷款的方式进行融资，从假发业、鞋业、服装业，到钢铁和化工行业，最终发展到电子、汽车和半导体行业，逐渐发展为由政府严格控制资金提供的繁荣市场。后来，政府为发展其他行业，而采用向已经发展起来的行业提供许可证的方式。因此，韩国出现了越来越多的家族企业财阀（Chaebol）。这些企业与政府联系密切，跨行业控制着韩国国内的重要经济领域。例如，韩国闻名世界的三星（Samsung）电子公司，作为典型的财阀集团，其子公司包括三星人寿（Samsung Life）、三星物产（Samsung C&T）以及三星证券（Samsung Securities）等，横跨众多行业。[1]诸如此类的财阀集团主要特点通常表现为：首先，所有权与经营权不完全分开，企业的大部分所

〔1〕 Adrian Cadbury, 'Family Firms and Their Governance: Creating Tomorrow' s Company from Today's' (2000) 5 *Egon Zehnder International* 68.

有权和经营权仍然掌握在创立企业的家族或家族继承人手里，股权结构单一，主要由家族经营者掌握大部分股权，社会投资者分散且持有的股份占比很小，因此企业的管理决策权往往掌握在这些家族性的大股东手里。其次，这些财阀企业交叉持股现象普遍，交叉持股为公司大股东取得控制权且为拥有众多子公司提供便利，这些大股东控制约韩国经济的1/4。[1]此外，这些企业对政府具有很强的依赖性，很大程度上依赖于政府提供的优惠政策。对于符合韩国政府发展目的和宏观计划项目的企业，政府会给予大力支持和相关政策上的优惠。因此韩国的财阀集团为了企业的发展，大多与政府交好。

韩国家族性财阀企业的发展虽给韩国经济带来迅速繁荣，但随着金融危机的到来，暴露出来越来越多的问题，尤其是小股东的权益保护问题。财阀集团的发展使得家族管理者掌握着企业的决策权，有权选择和任命董事。因此大股东利用其优势地位掠夺小股东的情况时有发生。企业为了与政府保持良好的关系以获得企业发展优惠政策，官商勾结、贪污贿赂的丑闻屡见不鲜。此外，这些财阀集团还经常通过与受控子公司进行内部交易控制市场，企业内部的交叉补贴现象严重，经营状况混乱，财务透明度越来越差，小股东难以掌握到真实内部信息以维护自身权益。如此众多的问题，催生了小股东维权的制度工具（例如股东代表诉讼），以此来保护小股东的合法权益不受控股股东不法行为的影响。[2]

二、束之高阁的股东代表诉讼制度

现行韩国股东代表诉讼制度形成于1962年，通过效仿日本的相关制度，间接引入英美法系的股东代表诉讼制度。韩国将此制度规定于《韩国商法》第三编有关公司法的内容中，具体规定了董事会制度，对股东会的权限进

---

〔1〕 Phil-Sang Lee, 'Economic Crisis and Chaebol Reform in Korea' (2000) 14 *APEC Study Center Columbia University Discussion Paper* 45.

〔2〕 Sung Wook JOH, 'Korean Corporate Governance and Firm Performance' (2001) 2 *Korea Development Institute* 35.

行相应限制，并对少数股东的维权制度进行规定。而这其中就包括维护少数股东权益、监督董事行为的事后救济性措施——股东代表诉讼制度。[1]

股东代表诉讼制度，是股东为了公司利益，代表公司对不当行为人提起的诉讼，即主要针对并追究董事不当行为的诉讼。原本应由公司负责对董事责任进行追究，但由于董事与公司之间的特殊关系，公司可能力不从心或有心无力，而放任董事不负责任的行为又会对其他股东造成利益损害。因此，将此项起诉的权利赋予（中小）股东，有利于监督董事，从而维护公司和股东的利益。

但可惜的是，韩国股东代表诉讼并没有取得预期效果。1997 年之前，韩国并没有股东代表诉讼的记录，该制度可谓是处于束之高阁备而不用。直到 1997 年初，由韩国民族团结与民主参与联盟（The People's Solidarity for Participatory Democracy）（以下简称 PSPD）对韩国第一银行（Korea First Bank，以下简称 KFB）提起的代表诉讼是韩国历史上第一例股东代表诉讼。[2]故此，问题产生：为何捍卫小股东合法权益的制度处于无人问津的尴尬局面？背后有何原因使其被束之高阁？通过综合各种因素，可能有以下原因。

其一，韩国公司大部分都是家族企业，创始人及其家族牢牢掌握着公司的控制权，这导致决策权和控制权高度集中在同一个人手中，公司的决策和监管也完全听命于此具有支配权的股东，少数股东的利益显然难以得到有效保障。虽有股东代表诉讼制度，但绝大多数的小股东力量薄弱，再加上政府与财阀的官商勾结，维权可谓难上加难。

其二，造成韩国小股东怠于起诉的另一个重要原因可能与亚洲传统的商业文化有关。与中国的“无讼”法律观念相类似，韩国商业领域也盛行

---

〔1〕 参见王舜模、金晓帆：《韩国股东代表诉讼制度及其运用》，载《公司法律评论》2008 年第 00 期。

〔2〕 Jooyoung Kim, Joongi Kim, 'Shareholder Activism in Korea: A Review of How PSPD Has Used Legal Measures to Strengthen Korean Corporate Governance' (2001) 51 *Journal of Korean Law* 58.

以非法律的方式来解决争端。“亚洲商业文化更倾向采取平和的、非正式的争端解决机制作为解决纠纷的方法。这种方法能为参与各方‘保全脸面’，而且能使他们的商业事务不为公众所知。”[1]因此，选择诉讼以外的解决方式更符合韩国传统商业观念。

其三，股东代表诉讼制度对小股东缺乏激励机制。诉讼成本高、信息披露不足等根源于制度本身的弊端，反过来也导致此制度无法良好施行。在1962年的《韩国商法》中，对提起诉讼的小股东的持股比例要求过高。其要求小股东必须持有公司已发行股份的5%，并对此项权利的行使设置了较高的门槛，使得大部分的中小股东都被此项严苛的条件拒之门外。此外，提起股东代表诉讼的时间和金钱成本较高，例如高昂的诉讼费用，以及胜诉所得并不直接归属于原告股东也削弱和挫伤了股东提起诉讼进行监督的积极性和热情。而信息披露不充分则导致中小股东难以收集相关证据，严重限制了股东代表诉讼作为监督董事责任的有效机制。[2]

三、金融危机过后的股东代表诉讼制度：吐故纳新

1997年韩国重要钢铁公司韩宝钢铁公司的破产拉开了韩国金融危机的序幕。韩国国内很多大型公司相继破产，导致外债无法偿还，韩国公司治理结构的弊端逐渐显露，所有权与经营权分离所产生的矛盾与冲突日益尖锐。在引发金融危机的一系列原因中，董事会对做出决策的大股东监督不力、中小股东的权利难以保障、相关信息披露不透明等都是当中难以回避的问题。[3]金融危机所引发的对公司治理的反思以及韩国历史上第一次股东代表诉讼的提起，使得韩国越来越重视对中小股东权利的维护。故此，韩国在1998年、1999年和2001年对相关法律进行多次修改，吐故纳新。

---

〔1〕陈逸敏、朱羿锟：《股东派生诉权保护：东亚经验及其启示》，载《学术交流》2004年第12期。

〔2〕Kon Sik Kim, ‘Corporate Governance in Korea’ (1986) 218 *Journal of Comparative Business and Capital Market Law* 28.

〔3〕参见苏启林、欧晓明：《家族性企业集团治理——以韩国财阀为例》，载《改革》2003年第4期。

而在历次改革中，股东代表诉讼作为保障小股东权益的重要制度成为改革重点之一。最终，韩国形成了比较完备的股东代表诉讼程序和理论体系。

（一）提起诉讼的条件

股东代表诉讼制度是为了防止公司董事、监事利用职权损害公司利益而进行的事后救济，其主要针对不履行法定职责的相关董事提起。《韩国商法》中规定了董事的忠实义务，要求董事应当按照法律和章程的规定，为公司忠实履行职务。[1]因此，凡违反此种忠实义务而造成公司损害的行为，都可以作为提起股东代表诉讼的原因。对于董事责任追究的范围，理论上有不同的观点。其中通说观点认为，董事对公司应承担的所有义务就是董事的责任，不应作过多的限制，故即使法律没有明文规定，也可以追究董事相应的责任。而少数说认为，只有商法上明文规定的责任，如《韩国商法》第399条规定的违反法律、章程而引起的责任，第428条规定的董事在新股发行时的担保责任等，才是真正的董事责任。[2]

《韩国商法》还规定了股东提起代表诉讼的前置程序。股东如若发现董事的不当行为，需先向公司请求提起追究董事责任的诉讼，如公司在接到该请求之日起30日内没有提起诉讼，股东才能提起代表诉讼；但如果处于紧急情况，不立即提起诉讼将会给公司带来无法挽回的损失时，股东可以跳过之前的步骤，无须遵循前置程序，直接以公司的名义提起诉讼。[3]

（二）诉讼当事人资格

1. 原告资格

亚洲金融危机之前，提起代表诉讼的股东需要拥有已发行股份总数5%的股份，考虑到韩国财阀的控股家族平均也只拥有不到10%的股份，5%的门槛显然太高。因此，1997年亚洲金融危机爆发后，上市公司股东提起代表诉讼的持股比例门槛大幅降低至0.01%。根据《韩国商法》第403条

---

〔1〕参见韩国《商法》第382条。

〔2〕参见崔有喆：《论公司法的少数股东权益制度》，2002年中国政法大学硕士论文。

〔3〕参见《韩国商法》第403条。

的规定，持有发行股份总数 1% 以上股份的股东，可以对董事提起代表诉讼。[1] 修改后的韩国《商法》将原告股东的持股比例由 5% 降低为 1%，降低了对小股东持股比例的要求，有利于股东代表诉讼制度的有效施行。考虑到上市公司的特殊性，股东持股相较于非上市公司更加分散，即使是 1% 也具有很大的难度，因此韩国《证券交易法》（Korean Securities and Exchange Act）对上市公司的股东持股比例作出特殊的要求，即持有 0.01% 股份的股东可以提起代表诉讼，并且其必须在起诉前的 6 个月内连续持有股份。[2] 基于对股东权利的进一步考虑，其中还规定了提起诉讼的股东所持有的股份即使是在提起诉讼后减少到了 1% 以下，也不影响股东提起代表诉讼的权利。

2. 被告资格

对于被告范围，适用于违反法律或章程的董事或者曾经担任董事期间产生过相应责任的人。而对于董事的定义，除了一般意义董事之外，《韩国商法》还认定以下几种情形的业务执行者也应视为董事：（1）利用其对公司的影响力指示董事执行业务者；（2）以董事的名义直接执行业务者；（3）虽非董事，但利用名誉会长、会长、总经理、副总经理、专务董事、常务董事、董事以及其他可认定为有权执行公司业务的名义执行公司业务者。[3]

（三）程序性规定

1. 诉讼的参加和告知

股东在提起代表诉讼后，应立即将相应情况向公司汇报，公司在知悉后可以参加该诉讼。[4] 对于此项告知义务，韩国以法律明文的形式规定下来，并成为原告股东的一项法律义务。但如果没有及时告知，股东应承担何种责任？颇为遗憾的是，韩国对此没有作出具体的规定。

---

〔1〕 参见《韩国商法》第 403 条。

〔2〕 参见《证券交易法》第 191 条之 13。

〔3〕 参见《韩国商法》第 401 条之 2。

〔4〕 参见《韩国商法》第 404 条。

2. 诉讼的担保

为了防止股东滥用权利损害董事以及扰乱公司的正常经营，法律规定在董事能够证明股东恶意提起代表诉讼时，可以向法院要求股东提供相应的担保。这一规定在平衡股东诉权和董事合法权益以及公司自治方面无疑具有重要作用。

3. 诉讼的撤回、放弃与和解

对于已经提起的股东代表诉讼，未经法院许可，当事人不得以任何理由撤回、放弃诉讼请求或者和解。[1]因为代表诉讼的标的是公司利益，为了防止原告股东与被告有损害公司利益的诉讼交易，韩国法律禁止股东随意处分诉讼标的乃出于对公司整体利益的考虑与维护。

4. 再审

股东代表诉讼能够左右公司的利益，实践中经常出现原告股东与被告恶意串通损害公司利益的行为，为了应对代表诉讼的原告和被告的此种不当目的，法律赋予公司或者股东对此项代表诉讼的终审判决提起再审之诉的权利，以防止公司利益遭受损害。[2]考虑到法院判决权威性和稳定性的维护，对再审的提起规定了一定的限制条件，具体有三：第一，提起再审的前提是有一个已经终审的代表诉讼判决，其他判决不能成为再审的理由；第二，必须能够证明原被告相互勾结，存在损害公司利益之目的，单纯的一方行为不能成为提起再审的理由；第三，对于提起诉讼的主体，包括公司和任何股东，对于股东的资格没有限制性的规定，只要在提起再审时是公司股东即可。

（四）提诉股东相关费用的承担

对于提起代表诉讼后胜诉的股东，其不仅有权要求被告承担诉讼费用，对于诉讼费用以外的其他合理费用，也有权要求公司承担。股东胜诉后，意味着公司损失的挽回。因此，对于因诉讼而产生的各种费用，胜诉股东

---

〔1〕参见《韩国商法》第403条。

〔2〕参见《韩国商法》第406条。

都有权要求被告和公司承担。这不仅有利于激发股东起诉的积极性，也能有效减轻原告股东的负担。

对于提起代表诉讼后败诉的股东，该股东应自行承担为此支出的诉讼费用，除非能够证明该股东存在恶意，也即该股东明知会败诉或者故意造成公司损害而起诉，否则其无须向公司承担败诉带来的损害赔偿。这有利于防止股东为损害公司利益而实施的滥诉行为，也不会压制股东起诉的积极性。

1998 年亚洲金融危机过后，经历多次改革的股东代表诉讼制度便利了小股东行使诉权，制度体系也逐渐完整，激活了原本被束之高阁的股东代表诉讼制度，1997 年的第一起代表诉讼案件，使得该制度日益吸引小股东和民间组织的关注。

四、韩国股东代表诉讼制度评析

（一）股东代表诉讼之理论意义

为了避免董事等管理层的不当行为损害公司或股东的利益，韩国商法大致规定了两种监督方式：一种是以聘请外部独立董事和内部审计师的方式进行的事前监督，通过事前监督和审计阻遏董事潜在的不当行为；另一种则是通过诉讼（包括代表诉讼）的方式进行事后救济，通过损害发生后对责任人的追究弥补损害。这种事前监督和事后救济相结合的做法事实上已成为世界上多数国家的普遍做法。

有学者认为，事后监督具有无可比拟的优越性，因为事后的损害赔偿仅仅是财产的转移，而不会增加任何社会成本。但对于事前监督而言，则需付出高昂的成本，即使聘用的监督人员没有完全履行监督的责任，该笔费用也不得不付出，例如聘用外部董事的费用就很高昂，因为很难找到一个具备专业能力且能够付出足够时间的人。此外，信息披露的成本也比较高昂，需要花费相当多的人力和物力来维持此种信息公开。[1]而对于事后监督而言，诸如股东代表诉讼的事后监督机制，前期并不需要任何成本来维持，仅仅在发现董事管理不善或存在不法行为时才开始计算相应成本，只要管理人员没有不法行为，则不会给公司带来任何成本。然而这种优越感可能虚无缥缈，因为股东代表诉讼的提起需要满足一定的前提和条件，需要存在明确的董事不法行为和满足法定的持股比例，因此也需要一定的社会成本。除此之外，股东还需要承担败诉所带来的不利后果，即诉讼费用的支出。因此，事后监督仍然需要大量成本的支出，只有权衡事前监督和事后监督的相对成本，并且在事前监督手段失灵时，提起诉讼的事后监督行为才有意义。韩国在对《公司法》和《证券法》的相关制度进行修改时，可以说是完备地引进了事前监督机制，典型如外部董事制度，然而，有学者认为，这种事前监督机制在实施中收效甚微。[2]

在韩国，外部董事制度是事前监督的一种主要方式。其规定主要体现在《证券交易法》中，即规定上市公司必须设立外部董事。[3]但此项制度屡遭诟病，首先，外部董事的独立性存在问题。由于韩国企业存在股权结构单一的情况，很多大企业被相关利益家族团体控制，而外部董事仍由最高管理层任命，或者实际上是由应受监督的控股股东任命，因此很难实现对董事会的有效监督。此外，聘请外部董事所支出的高额薪酬也受到不同程度的质疑，增加了公司的代理成本。其次，作为事前监督的另一种手段，大型上市公司必须设置审计委员会，[4]但有关其日常运营的诸多问题尚未得到解决，其运行也受到公司内部管理层的制约。在韩国，一些公司甚至学习了美国的交错董事制度企图以此防御敌意收购。然而，遗憾的是，韩国并没有完整学习这一制度的精髓。为了使交错董事有效，除非有正当理

---

〔1〕 Lucian A. Bebchuk & Allen Ferrell, 'Federalism and Corporate Law: The Race to Protect Managers from Takeovers' (1990) 99 *Columbia Law Review* 1168.

〔2〕 Woon-Youl Choi, Sung Hoon Cho, 'Shareholder Activism In Korea: An Analyisis Of PSPD's Activities' (2003) 11 *Pacific-Basin Finance Jounal* 356.

〔3〕 参见韩国《证券交易法》第109条。

〔4〕 参见韩国《证券交易法》第109条。

由，否则不得撤换董事，因此，股东不得通过增加董事人数和填补空缺来充实董事会。[1]然而，《韩国商法》规定，如三分之二具有表决权的股东出席，且三分之一具有表决权的股东同意，就可以“无理由”罢免董事。公司章程如有其他规定，则视为无效。据此，获得超过三分之二代理权就已足够，在韩国企业被恶意收购的风险更大，因此以交错董事的形式进行防御几乎没有任何实质意义。

鉴于以上的事前监督和防御手段在韩国都存在诸多问题，韩国企业实质上缺乏强力有效的监督机制，此时，强调股东代表诉讼的独特作用对于韩国公司的良好发展无疑具有重要的理论意义和实践价值。

（二）股东代表诉讼之阻碍

经历改革后的韩国股东代表诉讼更多地考虑了小股东的权利，并为其权利的行使大开方便之门。例如，在降低股东提起诉讼的门槛和诉讼费用分担等方面都注重中小股东的利益需求。实践中，股东代表诉讼案件从无到有也充分展现改革激发中小股东监督董事行为、维护公司利益的热情，但据学者研究显示，1997 年至 2010 年提起的股东代表诉讼案件也只有 55 起，且其中大部分都是由民间组织人民团结与民主参与联盟（The People's Solidarity for Participatory Democracy，以下简称 PSPD ）提起。[2]有学者认为，韩国股东代表诉讼的受限可能是诉讼申请费上升所致，并以日本为例。日本自 1950 年采用股东代表诉讼制度以来，几乎没有发生过股东代表诉讼，从 1950 年到 1990 年，日本股东提起的代表诉讼不到 20 起。但在 1993 年，日本将申请费降至 80 美元左右（合 8200 日元），这种变化导致了股东代表诉讼的激增。基于这一事实，很多人倾向于认为降低诉讼费用可能会导致代表诉讼猛增。但这并不令人信服，据了解，自 20 世纪 90 年代初以来，韩国一直将申请费固定为一定的金额，金融危机前大约为 50 美

〔1〕 参见《韩国商法》第 385 条。

〔2〕 Bernard Black, Brian Cheffins and Michael Klausner, ‘Shareholder Suits and outside Director Liability: The Case of Korea’ (2011) 325 *Journal of Law Review* 10.

元（5 万韩元），目前约为 230 美元（23 万韩元）。然而，韩国的诸多股东均不愿提起诉讼。事实上，在韩国，申请费从来都不是一个关键问题。诉讼费用的上涨并不在于阻止诉讼，而是为了与韩国国内总体物价上涨相同步。有鉴于此，改革后的韩国股东代表诉讼之提起数量仍然寥寥无几的背后，究竟是何因素在作祟？

虽然提起股东代表诉讼的原告资格门槛降低，即持有 1% 的股份即可提起诉讼，但这一要求对大部分小股东而言仍足以构成障碍。这意味着可能需要很多小股东的联合才能达此要求。即使达到要求，在搜集相关证据方面也极其困难。对于追究董事责任所需要的资料，现行法律缺乏规定。而颇多缺憾的公司信息披露透明度和可信度，也成为小股东提起诉讼的阻碍。[1]此外，导致股东难以提起诉讼的障碍还有 6 个月的等待期，这是只有在日本才会出现的等待期限要求。[2]韩国《证券交易法》要求股东在提起诉讼前"连续"持有股票 6 个月。一般而言，一旦获得某一公司的股份即为该公司的股东，拥有相应的股东权利。6 个月的等待期固然是为了防止某些恶意股东滥用诉讼，但此种以等待期限制小股东行使权利的方式似乎也有违商业自由的原则。此外，从韩国股东代表诉讼稀有的情况看，一味地限制小股东权利滥用也不利于韩国整个金融市场的良性发展。

根据美国特拉华州普通公司法，原告股东在提起诉讼前必须要求公司董事会采取行动，除非此种要求已无实质意义。与此相反，在韩国，原告股东必须等待 30 天，只有在等待董事会的反应后，或者因为等待可能导致公司"无法弥补的损失"的情况下，原告股东才能提起诉讼。换而言之，即使这种要求可能徒劳，不会驱使董事会作出任何改进或修正，股东也必须"静静"等待，而这导致的结果，很可能是接到要求通知的董事有足够的时间对其不法行为进行"毁尸灭迹"，采取对抗诉讼的防御措施，并最终致使诉讼黄金时间被整整推迟 30 天。

---

〔1〕 Kon Sik Kim, 'Corporate Governance in Korea' (1986) 21 *Journal of Comparative Business and Capital Market Law* 8.

〔2〕《日本商法》第 267 条同样规定了 6 个月的等待期。

《韩国商法》对于董事违反信义义务的责任标准并没有作出直接规定，只在第 382 条和 399 条中规定简单的过失责任，即“董事应为公司的利益忠实履行其职责，遵循法律法规和公司章程的规定”，“如果董事在参与董事会行为时违反了相关的法律或者公司章程或者其行为疏忽没有履行其职责，那么该董事应对公司的损害承担连带责任”。因此韩国法院在判断董事是否违反信义义务时，具有一定的自由裁量权，其判断并不是对该董事行为是否“公正或合理”进行价值判断，而是主要从形式上看其是否符合股东会或董事会的批准，以及是否符合章程规定的程序，如是，则推定该项决定合理。而这使得实践中在董事没有进行自我交易的情况下，法官通常乐意直接依据商业判断规则为实质上损害公司利益的董事会决定作辩护，因为毕竟大多数情况下原告只能证明董事做了错误的决定，而不能证明其决策违反了信义义务。如此一来，韩国股东代表诉讼更难以发挥效用。此外，在最近允许公司限制董事责任的改革之前，韩国法院正在制定关于限制董事承担责任金额的政策。他们愿意根据所谓的责任减轻因素（例如董事先前对公司成功所作出的贡献）行使酌情权以大幅减少责任金额，而对于此项酌情权的合法来源，法院会引用《韩国民法》中的诚信原则作为裁判依据。[1]

股东代表诉讼的费用承担问题也是限制韩国股东代表诉讼发展的主要原因之一。在美国，在代表诉讼中胜诉的股东应由公司全额偿还其所支付的申请费和律师费。从经济上讲，公司全额偿还诉讼费用相当于按比例向所有股东征收诉讼费用，因此可以解决股东搭便车问题。另外，美国法律为解决缺乏激励的问题而完善了律师行业结构，有专门从事该种类型诉讼的律师，因此股东代表诉讼在美国通常由原告律师提起，这些律师专事此类诉讼，并由专业律师先行承担诉讼费用，原告股东更多的只是“贡献”

---

〔1〕 Rho and Kim (2011), the LG Petrochemical case, Seoul Southern District Court 2003-gahap-1176 (Aug. 17, 2006); the Dongbang Peregrine case, Supreme Court 2002-na-60467, 60474 (Dec. 10, 2004); and Seoul Central District Court 2008-gahap-47867 (Feb. 8, 2010).

起诉的资格。[1]故此，根据投资风险收益理论，无论诉讼费用的负担风险有多大，总会有专门从事此种诉讼的律师愿意承担。可以肯定的是，较高的诉讼费用可能会减少从事这项业务的律师人数，但如果市场竞争变得越来越激烈，诉讼费用的影响可能会被竞争压力所抵消。在这种情况下，问题的核心很可能不在于诉讼成本本身，而在于法律职业市场的结构和竞争，在竞争激烈的市场中，总会有律师愿意在现有成本结构的约束下组织并提起股东代表诉讼。

不同于美国的规定，韩国法律中明确规定了胜诉原告可以获得诉讼费用并且在因诉讼而花费的实际费用范围内，可以请求支付相当的金额。但实践中，股东提起代表诉讼时仍需要承担很大的风险。首先，诉讼费用的偿付只有在原告胜诉的情况下才能进行，如果一旦以失败告终，公司无须支付诉讼所产生费用，即使该诉讼乃出于善意，如此一来，无疑大大提高了诉讼的预期成本。而且，即使胜诉，原告股东在追回诉讼费用时也可能会出现执行困难。再者，诉讼费用的补偿以合理范围为限制，但合理成本的范围并不明确。韩国最高法院的一项裁决规定了法律上合理诉讼费用所允许的当前成本水平，[2]因此，如果原告律师的报酬高于该裁决规定的水平，他们不太可能得到充分补偿，并且代表诉讼相较于一般的诉讼而言成本更高、耗时更久，因此支出的律师费将很有可能得不到全额补偿。不应忽视的是，韩国的原告股东在诉讼费用方面承担着另一种风险。韩国在分配诉讼费用时遵循英国规则，即败诉的原告必须支付诉讼费用，包括被告合理支付的律师费。[3]因此，韩国诉讼费用的不确定性更增加了提起代表诉讼的预期成本。另外，韩国律师市场正处在发展变革的时期，由专业律师承担诉讼费用进行代表诉讼的情况并不为韩国法律职业市场所接受，律师要求在诉讼开始前支付律师费则颇为常见。如果原告在代表诉讼中胜诉，

---

〔1〕 Dan W. Puchniak, ‘The Derivative Action in Asia: A Complex Reality’ (2012) 9 *Berkeley Business Law Journal* 1.

〔2〕 参见《韩国民事诉讼法》第109条（1）。

〔3〕 参见《韩国民事诉讼法》第98条：如果双方达成和解，则不再使用英国规则。

被告董事可能会赔偿律师费。但原告败诉时，原告已经支付的律师费不予退还。因此，聘请律师的实际操作可以被看作是授予律师的一种保险单，通过这种保险，与投资相关的风险从律师转移到原告。这种风险分配可能加剧律师的道德风险问题，即原告律师和被告董事私下和解的问题时有发生，而此种做法并不会有相应代价。因此，即使有专业律师制度，股东或投资者也不被鼓励提起诉讼，而专业律师也可能会通过机会主义行为勾结被告损害原告股东利益。由此而言，建立专门从事股东代表诉讼的律师制度来推动此项制度仍然道阻且长。

股东代表诉讼的法律后果直接归属于公司，而与原告无关，因为只有受到损害的公司才能得到实际的赔偿，原告股东只能从诉讼中的公司追偿获得一定比例的最低利益。原告在付出巨大努力之后得不到直接的经济利益，还可能面临因败诉而承担诉讼费用的后果，这种吃力不讨好的行为对大部分关注短期收益而不关心公司经营状况的中小股东显然不具有足够吸引力。

综合以上分析，韩国股东代表诉讼制度在经历改革后虽已具有相对完备的规范体系，但相对于股东代表诉讼盛行的美国和日本，拥有相似制度的韩国股东代表诉讼并没有完全被激活。

五、独揽大任的 PSPD

（一）PSPD 的成立

金融危机的发生，使得韩国开始重视公司治理结构的改革和中小股东权利的维护，由此韩国特有的从事股东维权活动的非营利组织 PSPD 开始通过股东代表诉讼保障中小股东利益，并借此打击韩国企业的腐败行为。作为非营利组织，PSPD 主要通过监督管理层、出席股东会议行使股东权利、提起股东代表诉讼、对公司主要活动进行监督和公示、披露公司相关管理信息等活动来维护小股东的权益，以期对社会发展和公司治理的科学化做出贡献。其公益性的目的能够使得分散的中小股东凝聚力量，发挥群体性效应，能够代表中小股东对管理层提起诉讼，吸引社会的关注，降低股东个人的诉讼成本。

PSPD 是韩国具有代表性的非营利性民间组织，1994 年 9 月 10 日在首尔成立，成立时有 200 名会员，并将推动韩国经济改革作为活动的主要目标之一。在过去军事政权的过渡时期，PSPD 宣称其目标是反对仍然统治社会的先前统治阶级的保守残余势力，并且主张基于监督政府立法、司法和行政部门活动的基本机构改革。在著名学者、律师、牧师以及社会活动家的领导下，该组织逐渐壮大，至今已经吸纳一万多名成员。最近，该组织集中关注于大企业家的逃税、就业保护问题以及对立法机构的监督，被韩国民众广泛认为是人权维护和民主实现的重要力量。[1] PSPD 80% 的活动经费都来自其会员会费和社会捐助。其中一个行动机构是参与经济委员会（The Participatory Economy Committee，以下简称 PEC），该委员会于 1997 年启动小股东维权运动，目的是通过动员小股东集体对抗财阀，以保护少数股东权利、改善公司管理并提高公司管理的透明度。PEC 由多元化的专家组成，包括公司律师、会计师和学者等，参与经济委员会有 3 名全职工作人员和约 20 名志愿者，其预算同样来自会费和捐款。

（二）提诉目标的选择

1997 年，PSPD 对韩国第一银行前高管提起代表诉讼，这不仅是韩国历史上第一起股东代表诉讼的案件，也是 PSPD 保护中小股东权益的开端事件。它代表韩国第一银行的 61 名中小股东提出索赔，要求前董事长和相关董事赔偿 400 亿韩元，指控他们收取贿赂对一家濒临破产的公司提供巨额的信贷，从而给公司造成了巨大的损失。最后法院作出要求这些高管赔偿 400 亿韩元的判决。[2] 紧接着在 1998 年，其又代表了 22 位股东对韩国巨头企业三星电子的 11 位董事提起了另一项代表诉讼。由此看来，PSPD 在对提诉对象的选择上也存在一定的特点和规律。

---

〔1〕 Boong-Kyu Lee, 'Don Quixote or Robin Hood: Minority Shareholder Rights and Corporate Governance in Korea' (2002) 15 *Columbia Journal of Asian Law* 345.

〔2〕 Woon-Youl Choi , Sung Hoon Cho, 'Shareholder activism in Korea: An analysis of PSPD's activities' (2003) 11 *Pacific-Basin Finance Journal* 349–363.

作为非营利性质的 PSPD，因其目标不是投资利益的最大化，而是秉持非营利目的，以求对财阀控制下的韩国公司治理模式进行改革和完善。因此，其对提诉目标的选择上主要考虑那些枉顾小股东利益的大型公司，而并不考虑此公司过去的股价或者经营状况。据资料显示，其主要以大型财阀公司为提诉目标，在 1997 年，其将韩国第一银行、三星电子和 SK 电信（SK Telecom）作为起诉目标展开调查，1998 年将现代重工（Hyundai Heavy Industries）、LG 半导体（LG Semiconductor）和大宇（Daewoo）也列入了调查范围，而以上这六家企业除了韩国第一银行外，都是当年韩国评选的五大财阀企业，[1] 其资金实力雄厚，社会影响力巨大，控制着韩国的经济命脉。并且一旦这些提诉对象被选定后，PSPD 将不会改变其目标名单，除非该目标企业破产。由此可以看出其维护少数股东权益的信心和决心。

PSPD 在目标选择时也不会考虑该公司的行业属性，横跨各个领域的企业只要存在侵害小股东权益的嫌疑，都可能被起诉，例如三星电子和 LG 半导体是韩国主要的半导体芯片制造商，SK 电信则是韩国电信行业的巨头。

（三）运作方式及优势

PSPD 的运作经费主要来自社会捐助和会员的捐赠，筹集运营所需的经费后，其首先选择监督的目标公司，主要都是韩国著名的财阀集团公司。随后，它通过向目标公司的中小股东筹集股权委托来加入公司内部，代替这些中小股东行使相关的权利。如前文所述，股东要想提起代表诉讼必须持有已发行股份的 1% 或者上市公司股份的 0.01%。据了解，在实践中，PSPD 为了获得小股东的支持，常常采用新闻媒体、街边宣传的方式进行股权集中。PSPD 代表小股东进行维权的形式多种多样。首先，他们会参加股东大会，参与该公司的管理决策，在参加股东大会之前公布此项计划，并搜集整理各种公众信息，在股东大会上对相关决策进行投票和质询，获得公司的内部信息从而为以后的诉讼搜集证据；其次，在董事会作出有损

〔1〕 Woon-Youl Choi , Sung Hoon Cho, ‘Shareholder activism in Korea: An analysis of PSPD’s activities’ (2003) 11 *Pacific-Basin Finance Journal* 349–363.

股东和公司利益的决策前进行事前的监督和质询，PSPD 通过要求查询管理层相关账簿和决策信息，监督董事会的行为，并对即将发生的不法行为进行事前制止和阻挠；最后，在之前方法无济于事的情况下，PSPD 通过提起股东代表诉讼的方式，代表小股东对有责任的董事进行追责，并对有刑事责任的相关负责人进行刑事追责。〔1〕

相对于小股东自行提起的股东代表诉讼而言，PSPD 之所以成为韩国股东代表诉讼的包揽者，主要原因还是其特殊的优势地位。首先，在小股东因自身股权数额不足无法提起股东代表诉讼时，它能够凝聚中小股东的集合力量，使得“群体效应”发挥得淋漓尽致，它还避免了单个股东经济力量不足的问题，使得单个股东不用直接提起诉讼面对管理层，从而无须独自承担高昂的诉讼费用。〔2〕其次，PSPD 的宗旨是为了企业健康的发展和改革，因此其不需要获得利益，这与股东代表诉讼的结果有一定的呼应性，股东进行代表诉讼不能直接获得经济利益，这与“理性经济人”的目的不符，但作为公益性组织的 PSPD 则能通过提起诉讼监督公司的管理，从而实现其运行的宗旨。最后，PSPD 在韩国具有广泛的代表性和号召力，在提起代表诉讼时，不容易被大企业威胁，能够获得社会专业力量的支持和援助，例如专业律师的辩护和社会的捐款，从而能够带动舆论对大企业进行监督，具有更大的胜诉可能性。

（四）争议

PSPD 的诸多行动无疑会对公司经营管理存在或多或少的干预，在很大程度上也限制了公司管理层的自主性。在 PSPD 监督公司管理层的过程中，如若管理层没有考虑采纳其要求和建议，则其很可能通过提起股东代表诉讼或者刑事诉讼的方式，让法院对公司决策进行强制性干预。因此，有不少学者提出质疑，认为 PSPD 的此种行为违反了商业判断规则，挑战了管

---

〔1〕参见周建军：《小股东运动在韩国：从“小股东”到“利益相关者”的转变》，载《当代韩国》2008 第 1 期。

〔2〕Jaycee Park, ‘Free Enterprise Institute NGO Director Publicly Criticizes the Ideology’ (2001) 5 *the People*’s *Solidarity for Participatory Democracy* 34.

理层合法的商业自由裁量权和决策能力，实际上并不利于企业的自由发展。另外，PSPD 在召集少数股东方面面临的困难也是其必须面对的问题。例如一个发行股份总额接近百兆的公司，要想召集持有其万分之一股份的股东，也至少要有一百亿左右，因此，PSPD 想要凑集此种数量的股份，也是困难重重。即使在实践中，PSPD 采用街头宣传、报纸和网络等各种宣传手段，号召小股东揭露企业的不正当行为，也需要相当烦琐的程序和相当大的人力物力投入。在已经提起的代表诉讼案件中，由于缺乏足够的财力和人力资源，PSPD 只能对数量有限的三星或现代等大型企业集团提起诉讼，此类企业，在整个韩国企业系统中只是冰山一角。因此，即使其提起诉讼获得了胜诉结果，也只是震慑了目标企业的管理层，而对于其他企业的管理层则不存在任何实质性的影响，小股东在这些企业的提起股东代表诉讼的权利仍旧处于搁置不用的状态，这对于整个股东代表诉讼制度的完善和构建仍然不具有显著性的建设作用。因此，尽管 PSPD 提出的股东代表诉讼引起了广泛关注，但几乎没有实现威慑功能。至少到目前为止，当经理和控股股东违反其受托责任或从事证券犯罪时，他们更有可能像我们在最近的公司丑闻中看到的那样受到刑事追责，而不是被投资者私下起诉。

虽然现行制度仍存在众多问题，但 PSPD 作为一个第一次采用处于休眠状态的制度来维护小股东权益的公益团体，激活了股东代表诉讼制度在韩国的首次运用，并为该制度的改革和完善提供了实践范本，以此而言，PSPD 可以说是股东代表诉讼的第一实践者，其对于推动股东代表诉讼制度和加强股东维权意识做出了不可磨灭的贡献。

六、代表案例介绍——小股东诉三星电子董事案

（一）案件概述

PSPD 把三星电子列入小股东维权运动的目标之后，于 1998 年 9 月 16 日正式对三星电子提出要求，要求公司对其现任董事和前任董事提起诉讼，并提交了相关的证据，包括首尔地区检察官办公室（Seoul District Prosecutor’s Office）的调查结果、公平贸易委员会（Fair Trade Commission）的同

意令以及详细披露了三星电子的不公平商业行为的新闻报道。然而，1998年10月16日，负责回应诉讼请求的三名审核人员作出了拒绝提起诉讼的答复，原因是现任和前任董事不存在任何违反法律禁止性规定的行为。这一请求被公司拒绝之后，PSPD代表三星电子的22位小股东于1998年10月20日在水原地区（Suwon District Court）[1]法院向11位三星电子的现任和前任董事提起代表诉讼，这些小股东总共代表了15373股（即0.01304%的流通股），符合《证券交易法》规定的0.01%的要求，他们对这些董事提出以下多项指控：（1）行贿；（2）不公平的交易行为；（3）对陷入财务困境的公司进行不正当的投资；（4）以低于市场的价格出手投资性房地产。PSPD要求赔偿的总金额高达3512亿韩元。

（二）案件详情及相应裁决

原告依据《韩国商法》第399条之规定，即（1）董事做出违反法律或者章程规定之行为，该董事应对公司承担连带赔偿责任；（2）若前款行为是根据董事会的决议做出的，赞成该决议的董事也应承担前款规定之责任；（3）作为参加前款之决议的董事，如果其在会议记录中没有被记载为提出异议者，也推定为赞成该决议者，符合条件的股东可向违反此项规定之义务的董事提出赔偿请求。

1. 关于向韩国前总统卢泰愚（Roh Tae-Woo）行贿所造成的损害

PSPD指控三星电子的总裁李健熙（Lee Kun-Hee）动用公司资金75亿韩元作为行贿资金，在1988年3月至1992年8月通过未被起诉的同谋李宗基（Lee JongKi）[2]向韩国前总统卢泰愚行贿，造成公司的巨额损失，因此被告必须对此75亿韩元做出赔偿。被告对此项指控辩称是为了公司利益和生存，符合公司的经营目的和法律的规定。

对此，法院拒绝接受被告的辩解，认为公司必须在现有法律界限内采

---

〔1〕 水原位于首尔以南约30英里处，是三星电子的所在地，也是其主要制造工厂所在地。

〔2〕 李健熙的妹夫，三星集团旗下报纸《中央日报》(Joongang llbo) 的董事长兼首席执行官。

取公司行为，并且如果非法，则不应允许可能给公司带来损害的行为。法律并不能证明以必要的名义实施的非法公司行为是正当的，并且董事这些行为不受商业判断规则的保护。

2. 关于与旗下子公司进行内部交易造成的损害

PSPD 对此项指控的依据是三星电子与三星集团旗下三家子公司存在不法交易。根据小股东的指控称，三星电子的董事在 1994 年至 1996 年采用不公正的手段，即采用在报纸上购买广告版面而多支付广告费用的方式，向旗下的中央日报（Joongang Ilbo）非法提供资金 3.7475 亿韩元。同样，原告还指控三星电子的董事自 1994 年以来向三星物产支付了过多的首付款和月租金，从而为其提供不法资金。自 1997 年 6 月以来，通过向三星重工支付高于市场价格的开发费用和月租金，双方进行了多次不公正的交易，以上两种不法行为严重损害了公司的利益，原告称此项损失约为 48.41 亿韩元。面对以上种种行为，小股东们认为公司董事违背了董事的忠实义务和有关反垄断和反不正当竞争的规定。

但是法院在判断此项义务的违反时并没有支持原告股东的观点，其认为，即使原告的指控都是事实存在的，但目前没有足够的证据表明，其上的每一项决定都是由董事会进行正式投票决定的，因此不足以认定此种行为违反董事的忠实义务，故此项赔偿请求并没有得到法院的支持。

3. 关于向利川电气（Icheon Electric）投资和担保所造成的损害

三星电子在 1993 年购买了利川电气 38% 的股份，因此成为其第二大股东，利川电气变为三星集团旗下的又一关联公司。1997 年，利川电气财务状况异常，但三星电子的董事在 3 月 14 日仅仅用一个小时就完成评估，决定对利川电气进行收购，原告认为此项草率的决定违反了董事谨慎义务，因为在利川电气的财务出现异常的情况下，应先作出合理评估，并进行详细考察，以判断收购利川电气与创建一家全新的公司相比优势何在、收购的预期风险和预期利润是否成合理比例，并应对于利川电气正常运营时涉及的额外风险进行评估。但相关董事并没有作出与此相关的评估，同时缺少相关的书面或者口头报告，仅仅通过董事的描述就作出此草率决策，违反了董事义务。最终，由于董事决策的失误，在收购后不到两年时间，利川电气就濒临破产清算，最终以 95 亿韩元的低价转让给另一家公司。据此，三星电子总共投资了 1999 亿韩元对利川电气进行收购，除去收回的 95 亿韩元，总共造成损失 1904 亿韩元，原告要求被告董事对这些损失做出相应赔偿。

法院认为，此项损失根源于董事不合理的收购决策，在被收购的利川公司存在财务异常的同时，按照善良管理人的注意义务，董事应当对其财务状况进行合理评估，以董事之注意维护公司和股东的利益，但董事对此项决议的做出仅用了一个小时，且会议记录没有相关评估资料，显然违背了董事信义义务。但考虑到金融危机对损失造成的影响，判决董事赔偿 276 亿韩元的损失。

4. 关于出售三星化学（Samsung Chemical）股份所造成的损害

1994 年 4 月 22 日至 1998 年 7 月 23 日，三星电子以票面金额一万韩元每股份的价格，通过十次交易从三星化学购买了 2175 万股股票。其中 1994 年 4 月 22 日购买了 1000 万股股票。距离最后一笔交易仅八个月的 1994 年 12 月 17 日，三星电子以每股 2600 韩元卖出了 2000 万股，占所持股本总数的 92%，2600 韩元的价格是根据遗产税的相关规定的价格计算出的，但如果用保守的资产净值算法，则股票的价值为每股 5733 韩元。对于以收购价格的四分之一出售股份的决定，原告股东认为其违反了董事义务，因为在此期间，三星化学的经营状况已经有所改善，并且在 1993 年其股票的出售价格还维持在 6600 韩元，因此，仅以一个小时的时间决定出售 2000 万股股票的董事会决定不符合公司和股东的利益，董事没有履行应尽的董事义务。此外，2000 万股代表了对三星化学的控制权，如此轻率地放弃一个公司的控制权，以低价出售股权的行为严重损害了公司的利益。因此原告股东认为参与此决定的 5 名董事不能获得商业判断规则的保护，并因此应赔偿公司损失共计 626 亿韩元。

2001 年水原法院作出一审判决后，首尔高等法院作出二审判决，判决三星电子的董事对三星电子赔偿 900 多亿韩元。对于小股东来说，其并不会因此获得直接的经济利益，但由于获得赔偿后的公司资产相应增加，信息透明度和公司治理环境的改善无疑会对众多小股东带来积极影响，以此而言，该诉讼所得对于小股东而言，所获之间接利益与非金钱利益也不容小觑。

七、总结

韩国股东代表诉讼历经多次改革，由束之高阁、备而不用，到吐故纳新，不断改革。在此过程中，韩国不断根据国内的实践状况和企业环境，对小股东维权的相关制度进行细化和调整，取得了较为明显的成效。在PSPD针对韩国第一银行提起的第一起股东代表诉讼后，韩国股东代表诉讼打破了纸上谈兵的制度困境。由此，韩国股东代表诉讼虽没有像美国或日本一样频繁地被提及，但大有一波方动、万波随起的趋势。面对仍未被完全激活的股东代表诉讼制度，韩国仍应继续总结实践经验，进一步优化其制度结构，为小股东维权提供更有利的法律环境，使得股东代表诉讼的立法目的能够得以充分实现。

第九章　越南股东代表诉讼：缘何冷漠，缘何一新？

旨在保护中小股东的代表诉讼制度尽管已成为东亚文化圈公司治理最前沿的工具，但因与东亚传统文化中民事纠纷解决的理念和方式有所不符，这一制度在东亚似并未实现革故鼎新，而呈现出一种“冷漠”的态势。对于东亚国家而言，代表诉讼制度大多系原封不动的“舶来品”，并且鲜有真正有效施行投入。日本于 1950 年公司法确立该制度后，至 1995 年一共仅有 25 例左右，年均不到一例。[1]韩国对源自英美法系国家的代表诉讼模式呈现出强烈的倾向，几乎没有进行任何修改就将其移植到本土，但真正提起代表诉讼的案例却很少。[2]对东南亚的越南而言，亦不例外。为此，本章试图梳理越南股东代表诉讼制度之过往、现行制度等相关线索，以评判破茧而出的越南代表诉讼制度。

一、越南股东代表诉讼：从《公司法》到《企业法》的历史沿革

（一）越南公司治理结构

越南公司治理在历史上被一分为三：分别是法国殖民地时期、1945 年至 1975 年战争时期和 1990 年后至今。因前两者处于特殊的历史背景，故

---

〔1〕 Shiro Kawashima and Susumu Sakurai, ‘Shareholder Drivative Litigation in Japan:Law Practice, and Suggested Reforms’ (1997) 33 *Stanford Journal of International Law* 17.

〔2〕 Ok-Rial Song, *Improving Corporate Governance though Litigation: Derivative Suits and Class Actions in Korea* (Routledge, 2008) 92-4.

与 1990 年后的越南公司法划清界限。现今越南的公司治理制度主要是以 1990 年后的时间段为基础。

第一部《越南公司法》生效于 1990 年。在数十年中，越南公司治理的法律框架经历了非同小可的发展阶段。1990 年《公司法》是第一部承认私人资本所有权的法律，同时首次赋予建立私营企业的合法权利。在 1990 年《公司法》实施以前，公司处于依据《国有企业法》所设立的国有企业的阴影之下，而外国公司则由《外国投资法》所约束。1999 年,《企业法》(Law of Enterprise) 取代《公司法》，并提出股东的四项基本权利，首次阐明股东具有获得公平对待的权利。[1] 2005 年《企业法》修改后将私人及国有股份公司纳入到统一的法律治理结构之中，上述所说的股东权利也增加到八项。[2] 2014 年再次修改的《企业法》在股东权利上未作变化。除上述法律之外，其他涉及公司治理的法规在政府或政府部门制定的分类法中也有迹可循，但这种成文法的进步并未实现对股东的有效保护。

在越南，有关投资者保护的记录可谓是狼狈不堪。根据《世界银行营商报告》(World Bank Doing Business Reports)，在衡量投资者保护标准的指数中，越南的披露指数得分高于平均水平[3]，但在董事责任指数中仅获得 2 分 (10 分制), 而在股东诉讼指数方面则是 0 分[4], 可谓令人大跌眼镜。这两项分值生动地揭示出越南公司董事行使职权时，如出现错误，则其获得豁免的几率非常之高。即使不能得到豁免，司法机关在很大程度上仍不支持受损股东提起针对不当行为者的代表诉讼。与同时期拥有相似政治、经济体制的法域如中国、蒙古或者总收入大致相当的法域如泰国和印度尼西亚相比，越南可谓是投资者受到保护最少的国家之一。投资者保护指数揭开了这层迷雾——为何越南的投资者保护指数如此之低？究其原因，在

---

〔1〕 参见 1999 年《越南企业法》第 52、53 条。

〔2〕 参见 2005 年《越南企业法》第 41 条。

〔3〕 See “World Bank Doing Business 2011”, 47, available at<www.doingbusiness.org/reports/doing-business/doing-business-2011>, 最后访问日期：2018 年 12 月 27 日。越南的得分为 6 分，东亚和太平洋国家为 5.2 分，OECD 国家得分为 6 分。

〔4〕 Ibid.

于股东缺乏强有力的机制挑战不当行事的公司董事、监事和高级管理人员。

（二）无人问津的股东代表诉讼

当法律无法兑现其所谓的弱者保护承诺时，诉诸司法就难以避免。在公司治理领域，处于弱势地位的股东需要国家伸出援手，为此，股东代表诉讼制度应运而来。

1. 转轨经济背景下被抑制的代表诉讼

1999 年《企业法》与 2005 年《企业法》都是建立在特定的经济环境之中，它们对当时的公司法律治理框架提出不同的构想。其中现实的压迫致使法律对企业家的支持远大于对股东保护的需要，但这并非是企业家得到立法者青睐的结果，而是市场和经济水平先天不足，当时的立法者需要优先着眼于能够在市场上一掷千金的企业家。如果公司数量尚未增加到一定水平，闲置资本便不会由市场转移到公众身上。实际上，在不发达的市场经济中，股东的基数非常之小。[1]因此，社会压力不足以掀起层层巨浪迫使国家对此立法，所谓的股东积极主义也当然无影无踪。

结合《企业法》的修订，会发现一个奇怪的现象，既然股东保护不是一个值得立法者思考的现象，那为何在每次《企业法》大修后，股东的权利却会不断扩大？其本质原因是让《企业法》变得更好看。因为股东权利的扩大使股东在实体法上的保护机制更加完善，呈现出一种股东得到公司妥善守卫的假象，实则是为转型经济服务。市场经济的发展特别需要外国投资者，特别是满足国际捐助者（比如某些西方国家）对公司法制度强加的标准。因此，公司治理法律框架的完善可以说并不是越南股东积极主义推动的结果。在越南，由家族企业所有者的主导地位和前国有企业的现任管理人员所筑成的壕沟，使对裙带资本主义和战略投资者的保护可能更甚

---

〔1〕 See “Vietnam Development Report 2009” 87, available at: <http://documents.worldbank.org/curated/en/961201468260113731/pdf/470230ENGLISH010English1full0report.pdf>, 最后访问日期:2018 年 12 月 24 日。据推测，2008 年，越南全国大约有 450000 名证券投资者，其中大约 12535 名为外国投资者。这意味着包括股东和债权人在内的投资者一共只占越南总人口的 5%。

于转型经济中的小股东。[1] Nguyen Ngoc Bich 和 Nguyen Dinh Cung 为此特别提出建议，处于特殊政治经济背景下的越南应该专注于鼓励富人投资而不是保护小股东。[2]

2. 学术圈漠视引致股东积极主义缺失

股东积极主义是指外部股东以其最大努力，积极参与和干预公司的重大经营决策。股东积极主义现身于权利救济之中，救中小股东于危难之间。传统公司法规定重大经营决策由董事会或者高级管理人员确定，股东会或者股东大会不作为公司的常设机构，因此广大中小股东的利益常常没有得到足够重视。股东积极主义正是伴随着改革的浪潮一步步地将中小股东推向公司治理的前沿。

然而，越南公司法采取的是一种自上而下的变革。越南公司股东和学者并没有为此而上下鼓动，相反，确立股东代表诉讼制度的原动力系旨在提高《世界银行营商报告》中的投资者保护指数。显而易见，这种需求来自于外部压力，而非来自股东或学术界的国内需要。《企业法》的不断修订，导致股东权利不断增加，但讽刺的是，越南公司法学界几乎很少对股东代表诉讼展开学术讨论。[3] 其时胡志明市国家大学开展了一项名为"投资者保护：融合背景下越南企业法的理论与实践问题"的研究项目。2010年5月，越南学术界在该研究项目框架下举办了一次研讨会，重点讨论对越南股东保护的可能性以及促进方案。该次研讨会上的许多学者提到了股东保护的方式方法。学者们主张改善股东的投票权，例如通过降低法定投票人数限制或者允许通过邮件、电话会议等形式进行投票，以及加强监管以限制自我交易。种种迹象表明，即使是在看似对越南股东保护研究最为全面的研讨会中，股东代表诉讼这一话题也未得到广泛讨论。

---

〔1〕 Avilov Gainan, 'General Principles of Company Law for Transition Economies' (1999) 24 *Journal of Corporation Law* 190, 208.

〔2〕 Nguyen Ngoc Bich & Nguyen Dinh Cung, *Company Capital,Management and Disputes under Law on Enterprise 2005* (NXB Tri Thức, 2009) 354.

〔3〕 Bui, Xuan Hai, 'Vietnamese Company Law:The Development and Corporate Governance Issues' (2006) 18 *Bond Law Review* 22.

学术圈的漠视致使越南股东积极主义缺失。股东代表诉讼的身影鲜少在越南公司治理的文献中被捕捉到，一些学者提到股东代表诉讼是股东权利保护的机制[1]，也有学者提议加强公司治理方面的执法。[2]这些观点又分散在文献库的各个角落，学者难以寻其主线，进而在一个闭合的圈子内加以讨论，这个圈恰好便是“股东代表诉讼”这一制度。

3. 司法实践对股东代表诉讼兴趣寥寥

股东代表诉讼在越南公司治理中无迹可寻。然而，同样处于经济转型时期的中国对这一制度争相追捧。大致相似的政治经济条件下呈现出截然不同的局面，引人深思。越南股东对诉讼缺乏兴趣是最有力的一点解释。

1994年，越南司法系统设立了一个专门的商业法庭（TòaKinhtế，即“越南经济法庭”）。然而，该商业法庭不是解决商事纠纷（尤其是涉及公司与其成员之间的纠纷）的热门选择。2008 年，世界银行的一项调查结果显示，95% 的企业家更愿意利用谈判解决商业纠纷。只有 0.7% 的公司以法院作为解决争议的首要选择。同时，大约 70% 的公民表现出他们对司法系统的信任危机。[3]这一数据与先前所述的研究结果一致。这些研究表明，在商事纠纷中，非正式的谈判取代了越南正在实施的法律制度。

1999 年至 2005 年，法院接收商业案件的年均数量波动幅度很小，每年不超过 1500 例。[4]2005 年至 2008 年，商业案件数量大幅增加，然而，案件总数也在相应地增加。商业案件至多占法院案件总数的 2%。在商业案件中，公司与其成员纠纷的比例非常小。以河内人民法院收集的数据为例，2007 年至 2009 年，公司与其成员之间发生争议的案件数量非常少。（见表

---

〔1〕 Pham, Duy Nghia, ‘A Dream of Half of Million Enterprises and an Unified Act: Law on Enterprise 2005 from a Comparative Perspective’ (2006) 7 *State and Law Journal* 50.

〔2〕 Bui, Trong Dan, *Legal Issues of Enforcement for Corporate Governance in Vietnam: Constraints and Recommendations* (Emerald Group Publishing Limited, 2005) 95–108.

〔3〕 World Bank, ‘Vietnam Development Report 2010: Modern Institution’ (2010) 1 *World Bank Other Operational Studies* 87-9.

〔4〕 Helen Jane Nicholson, *Borrowing Court Systems: The Experience of Socialist Vietnam* (Brill, 2007) 262-3.

9-1[1]）

表 9-1　成员诉公司案件

时期	驳回[1]	和解[2]	未裁决[3]	案件总数	比例
2007（1 月 1 日—12 月 31 日）	4	5	7	223	7.2%
2008（10 月 1 日—12 月 31 日）	0	2	8	141	7.1%
2009（1 月 1 日—3 月 31 日）	0	2	8	154	6.5%

1　越南 2014 年《民事诉讼法》第 192 条规定该案件将在某些情况下被驳回，例如当事人达成和解，撤回诉讼请求或原告或被告死亡、法人被解散。

2　该案已经进行，可以通过审判或和解来结束。

3　在这段时间内，案件尚未解决。

资料来源：见注释 [1]。

2009 年，针对河内人民法院商业法庭展开的一项调查显示，董事、经理违反其受信义务，如损害股东的知情权、拒绝回购和内幕交易等很少被带入法庭。[2]河内是越南第二大商业中心，公司诉讼方面的纠纷在全国范围内可谓不少，但董事、经理和股东不用正式的法律机制解决纠纷的态度竟高度一致。这种现象是基于法律在越南文化中没有发挥重要作用的事实。[3]

越南第一部《公司法》依赖于法国法（民事模式），法国立法模式更多选择事前机制来保护股东。后修订的两部《企业法》主要是从普通法国家（加拿大和新西兰）[4]借来的。向越南当地那些更熟悉苏联法律的学者灌输西方股东权利救济的观念和事后机制需要大量的时间。这一背景下的股东代表诉讼制度不仅在学术圈备受冷漠，在司法实践中也不能运用自如。越

〔1〕 Quynh Thuy Quach, *Does More Litigation Mean More Justice to Shareholders? The Case of Derivative Actions in Vietnam* (Cambridge University Press, 2012) 16.

〔2〕 Quynh Thuy Quach, *Does More Litigation Mean More Justice to Shareholders? The Case of Derivative Actions in Vietnam* (Cambridge University Press, 2012) 16.

〔3〕 World Bank, ‘Vietnam Development Report 2010:Modern Institution’ (2010) 1 *World Bank Other Operational Studies* 87.

〔4〕 John Gillespie, *Transplanting commercial law reform : developing a “rule of law” in Vietnam,* (Routledge, 2005) 159.

南股东代表诉讼既没有得到发展的空间，也不能为受到伤害的股东提供令人满意的补救措施，实在是有很大的改进余地。

二、羽翼渐丰的股东代表诉讼

（一）越南股东代表诉讼的奠基

公司治理法律框架中有两种机制可以为股东提供保护。第一种是以事前机制防止公司内部人员的机会主义行为。这种机制旨在完善公司内部治理结构，限制董事、监事和总经理过度使用权利。第二种是事后机制，允许股东在发生损害股东或公司利益的机会主义行为后以诉讼的方式寻求救济。

越南立法者在2005年修订的《企业法》中较为粗糙地制定了一个不起眼的条文。2005年越南《企业法》第165条规定："违反本法规定者，依其违反性质及程度，分别处以纪律处分、行政处分或追究刑事责任；对企业、业主、公司成员、股东、企业权人或他人利益造成损失者，应当依照法律规定予以赔偿。"

2004年《越南民事诉讼法》第56条第2款与2014年《越南民事诉讼法》第68条第2款规定相同：民事诉讼中的诉讼人是指发起诉讼的人或本法规定的其他个人、代理人或者组织，要求法院在他的合法权益遭受侵害时予以裁决的主体。如果公司董事、监事和高级管理人员违反越南2005年《企业法》的相关规定，并对公司、股东等造成损害的，原则上股东可以援引2004年越南《民事诉讼法》第56条第2款之规定提起诉讼。但事实上股东在提起诉讼时面临严重的阻碍。股东仅在不当行为者违反该法规定时，方可提起诉讼。但董事、监事或者高级管理人员完全可以在不违反《企业法》程序性和实质性规定的前提下损害公司、股东利益[1]，在这种情形下，

---

〔1〕参见越南2005年《企业法》第44条规定，除依本法第45条第6项规定外，两名股东以上有限责任公司股东可按照下列规定将股权全部或部分转让给他人：1. 股东须以同等条件向公司其他股东按所占股率出售股权。2. 公司其他股东未于相关提议后30个工作日内全部或部分收购该股份，该股权转让股东才能转让予公司股东以外的人士。例如，如果公司股东甲以极高价格向公司股东乙转让0.1%股权，乙拒绝后，甲以同样的高价将股权转让给非公司股东丙，其后再将剩余股权以低价转让给丙。这将损害有限责任公司的人合性。

股东势必投诉无门。《世界银行营商报告》中越南股东诉讼指数获得 0 分是一个明显的证据——越南 2005 年《企业法》不能实现股东的诉讼权利。

（二）越南股东代表诉讼何以可能

为回应现实需要，填补漏洞，2010 年 10 月 1 日，政府颁布第 102/2010/ND-CP 号法令（第 102 号法令）。第 102 号法令旨在扫除外国组织或个人在越南首次投资的障碍[1]，同时规定了有限责任公司和股份公司股东有权起诉有不当行为的董事、经理[2]，首次明确赋予了股东起诉的资格。

第 102 号法令第 19 条针对有限责任公司的股东作出规定，在下列情形下，公司股东可以针对成员董事会董事长、经理（总经理）[3]提起民事诉讼：（一）成员董事会董事长或经理（总经理）未能妥善行使其权利并履行其职责；未能实施或者未能及时对公司成员董事会下达命令；在违反法律或者公司章程的情形下行使其被授予的权利或者履行其义务；（二）成员董事会董事长或经理（总经理）利用公司的商业信息、技术和机会为自己、其他个人或者组织谋取私利；（三）成员董事会董事长或经理（总经理）滥用职权、动用公司资产为自己、其他个人或者组织谋取私利；（四）法律或公司章程规定的其他特别情形。

第 102 号法令第 25 条规定针对股份公司的股东作出规定：（一）在下列情形下，股份公司连续 6 个月以上单独或者合计持有公司普通股 1% 以上股份的股东有权要求监事会（Board of Supervision）提起针对董事会董事

---

〔1〕 第 102 号法令是关于外国组织或者个人在越南首次投资设立企业的程序性规定。

〔2〕 2010 年 10 月 1 日生效的第 102/2010/ND-CP 号法令第 19 条和第 25 条为 2005 年《企业法》第 165 条的具体实施提供指导。

〔3〕 越南 2005 年《企业法》第 46 条规定：两名以上有限责任公司设有成员董事会（Members' Council）、成员董事会董事长（A Chairman of The Members' Council）、经理（A Director）或总经理（General Director）；11 名成员以上有限责任公司须设立监事会（Board of Supervision）；公司成员少于 11 人者，可按照公司企业管理需要设立监事会（Board of Supervision）。

或者经理（总经理）[1]的民事诉讼：（1）董事会董事或经理（总经理）未能妥善行使其权利并履行其职责；未能实施或者未能及时对董事会下达命令；在违反法律、公司章程或者股东大会决议的情形下行使其被授予的权利或者履行其义务；（2）董事会董事或经理（总经理）利用公司的商业信息、技术和机会为自己、其他个人或者组织谋取私利；（3）董事会董事或经理（总经理）滥用职权、动用公司资产为自己、其他个人或者组织谋取私利；（4）法律或公司章程规定的其他特别情形。（二）在收到本条第 1 款规定的连续 6 个月以上单独或者合计持有公司普通股 1% 以上股份的股东的诉讼请求后 15 日内，监事会应当书面答复，证明收到请求并执行诉讼程序。[2]（三）监事会未按照本条第 2 款规定的请求提起诉讼或者股份公司没有设监事会的，本条第 1 款规定的连续 6 个月以上单独或者合计持有公司普通股 1% 以上股份的股东可以直接针对董事会董事或经理（总经理）提起诉讼。（四）提起诉讼的顺序和程序应当符合民事诉讼法的有关规定。

第 102 号法令对有限责任公司和股份公司的股东诉讼规定有所不同。有限责任公司的股东可以直接以自己的名义提起诉讼，股份公司的股东必须先向监事会提出诉讼请求，由监事会履行诉讼职责。只有在监事会拒绝提起诉讼的情形下，股东方能提起诉讼。有限责任公司股东提起诉讼的形式与直接诉讼更为相似，能否称其为股东代表诉讼仍不明确。

---

〔1〕 越南 2005 年《企业法》第 95 条规定：股份公司设有股东大会（A General Meeting of Shareholders）、董事会（A Board of Management）及经理（A Director）或总经理（General Director）；对于股份公司设有 11 个自然人股东以上或法人股东持有公司股份总额 50% 以上的，须设监事会。董事长、经理或总经理依公司章程规定担任法定代表人。公司法定代表人须常住越南；法定代表人如离开越南达 30 天以上，须依公司章程规定书面授权他人执行公司法定代表人相关职责。

〔2〕 2005 年越南《企业法》第 126 条第 1 款规定：监事行使权利、履行义务应当严格遵守法律、公司章程规定、股东大会之决定和职业道德规范。

三、越南股东代表诉讼可行性评析

（一）第 102 号法令程序瑕疵

立法者试图在第 102 号法令中逐步引入股东代表诉讼，关于股东代表诉讼的程序设计体现了越南立法者的谨慎，但这种谨慎同样使得股东代表诉讼发生"变形"，越南股东代表诉讼的程序设计也有所不足。

第一，越南第 102 号法令没有规定股东代表诉讼原告资格。第 102 号法令第 25 条规定股份公司中"连续 6 个月以上单独或者合计持有公司普通股 1% 以上股份的股东"可以要求监事会提起针对董事会董事或者经理（总经理）的民事诉讼。但该条未明确指出如果原告股东是在错误行为发生之后取得股份的，能否向监事会提出请求[1]，该条也未说明是否所有符合所有权门槛的股东都可以成为股东代表诉讼的原告。

第二，监事会不适合作为接受先诉请求权的机构。第 102 号法令第 25 条第 2、3 款体现了股东代表诉讼的一种思路，即股东必须要求监事会起诉违法者，且只有在股份公司未设监事会或监事会拒绝提起诉讼时，股东才能以自己的名义提起诉讼。但将决定公司是否提起诉讼的权利交给监事会本身与股东代表诉讼的目的不符。各国法律均要求股东在提起代表诉讼之前应当先向公司提出请求，这只是礼貌性的请示，而非真正指望由公司决定是否起诉。法谚有云："任何人不能做自己的法官。"如果公司内部人本身就是侵权人，如何能将纠正错误的希望寄托于公司身上呢？第 102 号法令第 25 条规定当董事会董事或经理（总经理）错误行事，股东可以寻求事后救济。然而监事自身就是错误行为者，股东只能束手无策。我国《公司法》规定了前置程序中的交叉请求权[2]，尽管此举重复设置先诉请求，导致股东代表诉讼成本增加，但其能够填补监事错误行事而股东投诉无门的空白。美国为确保股东代表诉讼符合公司的最佳利益，首先需要成立一个特别诉讼委员会，由其对案件请求进行审查。如果委员会建议驳回案件，案

---

〔1〕 参见施天涛：《公司法论》，法律出版社 2018 年版，第 459 页。

〔2〕 参见我国《公司法》第 151 条。

件将不会进入司法程序。越南立法者希望监事会扮演这种审查角色，但法律所规定的监事会义务过于宽泛[1]，即使监事会想要扮演独立的角色来“质问”公司高层，也不现实。第102号法令没有明确指出监事会在收到股东的要求后是否需要进行实质审查。如果监事会认为提起诉讼并不符合公司利益，决定驳回股东请求，这一决定是否基于商业判断规则“一裁终局”？股东在监事会拒绝后又是否可以直接提起诉讼？

（二）成本问题

诉讼成本是一柄双刃剑，它既可能推动诉讼进行，也可能阻碍其发展。[2]越南司法体制下的诉讼成本问题恰好堵塞了股东提起代表诉讼的道路。

第一，原告股东应当预先支付的法庭费用无法被免除。诉讼成本包括法庭费用和律师费用。根据越南法律，提起诉讼的人必须预先支付一部分法庭费用[3]，法庭费用最终由败诉方承担。[4]如果原告是为公共利益而提起诉讼的实体或者组织，那么其预先支付的法庭费用可能被免除。[5]但这项规则并不适用于个人。因此即使原告股东是为了公司的利益而提起诉讼，其仍须预先支付一部分法庭费用。法庭费用的数额是以索赔金额为依据计算的。就非财产案件而言，法庭费用是一个确定的数字。就财产案件而言，法庭费用是基于当事人主张的金额进行计算的。如果当事人索赔的金额为4亿以下越南盾，那么法庭费用为索赔金额的5%。如果当事人索赔的金额超过4亿越南盾，法庭费用为固定金额加上当事人索赔金额的固定比例。[6]显而易见，原告股东索求的赔偿数额越高，他需要预先缴付的法庭费用越

---

〔1〕越南2005年《企业法》第126条第2款规定：监事应当诚实、谨慎地履行其受托事务，以确保公司的最大合法利益。

〔2〕Arad Reisberg, *Derivative Actions and Corporate Governance* (Oxford University Press, 2007) 222-8.

〔3〕参见越南2005年《民事诉讼法》第130条。

〔4〕参见越南2005年《民事诉讼法》第131条。

〔5〕参见第10/2009/UBTVQH12号法令第10条第2款。

〔6〕参见第10/2009/UBTVQH12号法令附表。

高。囿于对高额成本的顾虑，潜在的原告股东提起股东代表诉讼时势必犹豫不决。在日本公司治理的发展历程中，诉讼费用计算方式的修订使40年里并不活跃的股东代表诉讼呈爆炸式增长，这给越南法庭费用的改制带来一定的启发。〔1〕

第二，原告股东不能要求公司承担股东代表诉讼的合理费用。股东代表诉讼具有较一般诉讼更为复杂的程序设计，包括诉因判断、当事人资格认定、前置请求程序、利益归属和费用分担等规则。诉讼的时间成本高昂，诉讼涉及的实质问题也更为专业，从实践经验来看，律师费用占据了股东代表诉讼成本的较大比例。“公司应当承担股东因参加诉讼支付的合理费用”，诸如此类的规定却无法在越南公司治理的法律规则中被捕捉到。在英国和美国，如果股东提起代表诉讼是为保护公司重大利益，原告股东支付的合理费用将由公司承担。〔2〕考虑到股东代表诉讼的本质，股东是为公司利益而提起诉讼，而诉讼收益又全部归于公司。如果原告股东必须自己支付法庭费用与律师费用，那么股东提起代表诉讼的积极性将大幅降低，长此以往，越南股东代表诉讼必将荡然无存。

（三）律师

当律师摆脱诉讼成本的桎梏，方能大展拳脚。正是因为律师是受费用驱动的，因此只有在脱离成本桎梏时，他们才会积极主动地寻找提起代表诉讼的机会，律师的这种积极性毫无疑问成为一种重要的影响公司治理的市场力量。〔3〕在某种程度上，律师可以被视为股东代表诉讼的“发起人”。然而，越南律师驾驭股东代表诉讼的情形寥寥无几。

越南律师人数少、诉讼技巧有限这两大因素极大地限制了股东代表诉讼的发展。2010年，越南仅有6000名律师，即每15000名越南公民拥有

---

〔1〕 Fujita,Tomotaka, *Transformation of the Management Liability Regime in Japan in the Wake of the 1993 Revision*, (Routledge, 2008) 16-7.

〔2〕 Xiaoning Li, *A Comparative Study of Shareholders' Derivative Actions: England, the United States, Germany, and China* (Kluwer, 2007) 177-8.

〔3〕 参见施天涛：《公司法论》，法律出版社2018年版，第456页。

1 名律师。与其他国家比较而言，泰国每 1526 名公民拥有 1 名律师，新加坡每 1000 名公民拥有 1 名律师，美国每 250 名公民拥有 1 名律师。根据越南政府报告，截至 2020 年，越南大约需要 12000 名律师才能满足其社会最低需求。[1]越南律师专业素质低也是一个值得关注的问题。在商业纠纷中，律师提供的服务通常仅限于咨询，仅有 1.2% 的执业律师能够为企业家提供足够专业的咨询服务。专业从事诉讼的越南律师可谓凤毛麟角。据推测，能够参与跨境诉讼的律师仅 10 到 15 人。[2]而外国律师被越南法律拒之门外，无法为越南企业家提供优质的服务。[3]

大多数中小股东并非法律人士，他们仍然需要专业的律师来协助处理诉讼事宜。有人争辩，原告股东聘请律师是其个人选择，被告的错误行为不会强制原告股东通过聘请律师并提起诉讼来保护他们的权利，因为即便进入诉讼阶段，案件也会由法官依法裁判。这一理念反映出审判主义的残余。律师被置于审判程序的边缘地位，加上越南堪忧的律师人数和劣质的法律服务，反而成为股东代表诉讼发展道路上的绊脚石。律师服务市场的改善无疑是能使越南股东代表诉讼蓬勃发展的方案之一。

（四）法官与法庭

2010 年之前，“法官数量稀少”是越南国民议会的热点问题之一。越南国民议会依据职员配额（Staff quota）[4]为法院指定法官人数，自 2003 年以来，最高人民法院不断要求国民议会为其增加工作人员配额。2003 年，

---

〔1〕 See “Draft of Lawyer Development Strategy 2010” 10, avaliable at<http://phapluattp.vn/20101030111650277p0c1063/chien-luoc-phat-trien-nghe-luat-su-chay-theo-so-luong-la-chua-on.htm>, 最后访问日期：2018 年 12 月 30 日。

〔2〕 See “Lacking Lawyers To Accompany Enterprises Joining WTO” 46, avaliable at<http://vnexpress.net/GL/Kinh-doanh/2006/08/3B9ECBA2/>, 最后访问日期：2018 年 12 月 31 日。

〔3〕 越南 2006 年《律师法》第 76 条规定：在任何案件中，境外律师事务所只能为其客户提供法律咨询服务。

〔4〕 职员配额是法院可以招聘的最大员工数量。该配额由国民议会根据每个部门或者部门工作人员的社会需求计算得出。

越南大约有 1200 名法官，2010 年，全国法院的法官人数大约为 800 人。[1] 2010 年，越南总人口数约为 8700 万，法官人数与实际需求之间不可避免地产生了一道鸿沟。法院人手短缺的问题至 2010 年仍然严重。即使职员配额增加，法官的潜在候选人并未相应增加。[2] 越南最高人民法院首席法官在其演讲中提到，法院的工作人员只能解决大约 30% 的案件。这意味着因人力资源缺乏，70% 的案件无法及时处理。[3]

对高素质法律人才的培养需要投入大量的时间、金钱，而越南法官通常并未接受过良好的训练，尤其是在商业（经济）纠纷中，越南法官没有能力解决案情复杂的纠纷。自 2003 年越南司法改革（Judicial Reform Strategy）启动以来，关于法官能力的负面评估频频出现在越南最高人民法院的年度报告中。[4] 即使在最高人民法院人事和组织部的最新报告中，也无法找到法官能力提升的数据。直至 2010 年，最高人民法院的年度报告仍然强调，审判质量差和法官自身能力不足是越南法院系统的内在缺陷。[5]

法院不可靠最终体现在判决之上。越南司法部经统计得出，2006 年至 2008 年，大约 50% 的民事判决能够进入执行阶段（包括强制执行）。[6] 在可执行的案件中，实际可以执行的案件比例又微乎其微。2006 年实际可执

〔1〕 World Bank, 'Vietnam Development Report 2010:Modern Institution' (2010) 1 *World Bank Other Operational Studies* 32.

〔2〕 Ibid.

〔3〕 See "Speech of Chief Judge of SPC at National Assembly Meeting on March,2010", available at<http://baodientu.chinhphu.vn/Home/Nganh-Toa-an-dang-qua-tai/20103/28723.vgp >, 最后访问日期：2018 年 12 月 29 日。

〔4〕 2002 年 1 月 2 日，越南政治局发布第 08/NQ-TW 号决议，主题为"司法部门下一次的主要任务"。该决议为后来的越南司法改革战略奠定基础。

〔5〕 World Bank, 'Vietnam Development Report 2010:Modern Institution' (2010) 1 *World Bank Other Operational Studies* 7.

〔6〕 World Bank, 'Vietnam Development Report 2010:Modern Institution' (2010) 1 *World Bank Other Operational Studies* 93. 2006 年，强制执行的案件占案件总数的 45.9%，2007 年为 46.7%，2008 年为 50,7%。

行案件占判决总数的63%左右，2007年为64%，2008年为62%。[1]2009年，188 000起案件中有98 754起案件因判决过于模糊或者不切实际而无法执行。[2]

综上所述，法院系统的混乱之治无法为股东寻求正义提供现实契机，进而湮灭了股东走上司法救济的途径。司法裁判也势必不能成为越南股东中意的纠纷解决机制。

四、脱离越南股东代表诉讼举步维艰之困境

越南的制度基础和现实因素无法为股东代表诉讼提供有力的支持。司法部门、律师和中小股东尚未做好投身于股东代表诉讼中的准备。如果制度改革不能适应国情需要，那么越南引入股东代表诉讼只是徒劳无功，让法律变得好看而已。为使字面上的法律成为现实，制度的完善只是开始，新的设计与替代方案也必须被关注。

（一）将公司权力机关纳入代表诉讼前置程序之必要

从公司权力机关设立的初衷来看，其具有个人与整体的双重价值属性。个人价值是对股东个人权益的保护，而整体价值则体现为保障公司法人治理结构的独立性。公司权力机关存在的意义之重点有“保护”一词，这与股东代表诉讼的目的不谋而合。股东代表诉讼设立前置程序在于明确该诉讼本源在于公司，即公司有资格针对损害其利益的行为提起诉讼，只有当公司不能提起诉讼时，才赋予股东个人实现救济的机会，这同样是尊重公司自我管理原则的表现形式之一。然而股东于交叉请求之后，公司决定不予起诉，公司自我管理原则并未保护股东权利，股东是否可以申请召开股东大会，由股东自己决定为保护公司的利益而行事？

美国法律研究院所著的《公司治理原则》第7.11部分规定：一旦股东

---

〔1〕 Ibid.

〔2〕 See “Stagnation of Judgment Executing 2010” 93, available at <http://vietnamlawmagazine.vn/law-on-enforcement-of-civil-judgments-4096.html>，最后访问日期：2018年12月26日。

会批准以公司最大利益为由要求驳回代表诉讼的议案，法院就应当在该法规定的有关认定基础上驳回起诉任何被告的代表诉讼。[1]美国将公司权力机关对股东代表诉讼的意思权（诉前的程序审查权）设计成诉后的实体否决权。盛行实用主义法律哲学的美国人让我们误以为他们对代表诉讼中的“股东会意思”不重视，其实，对投资者权益极为重视的美国人虚晃了一枪。[2]公司权力机关的意思表示历来有其重要地位，不论是前置审查程序还是后置否决程序，均对股东代表诉讼这一制度的发展具有重要意义。而在面对特定政治经济环境下的越南公司治理结构时，不禁产生疑问，将公司权力机关作为前置程序的决策机构，难道真能够激起股东对权利的渴望，进而使代表诉讼呈欣欣向荣之势？

（二）替代措施

1. 公司内部监管机构

股东代表诉讼是一种事后救济措施，但也不乏能够替代其行事的事前机制——由公司内部监管机构甄别出可能对公司利益造成损失的不法行为，同时节省诉讼成本。公司内部监管机构是完善公司治理结构法律框架的重要拼图，大多数国家规定由监事会或者独立董事担此重任，对公司利益起到强有力的保护作用。

基于“代理理论”，现代公司法为董事、监事和高级管理人员制定了颇为严格的受信义务，加之市场竞争日益激烈，事实上管理者为自己利益而行事的机会已经日渐减少，公司内部监管机构的作用主要在于观察，而非过多干涉。给予公共机构更多的权力只会制造一些机会成本，同时带来官僚主义或者腐败。不可不提的是，使用公司资金创设一个有着充足的人手和资金的监管机构的成本是显著低于司法制度改革所需要的资金的。认真负责的公司内部监管机构可能会确保更好的强制披露，从而减少欺诈或者

---

〔1〕 参见美国法律研究院：《公司治理原则：分析与建议》（下卷），楼建波等译，法律出版社2006年版，第716页。

〔2〕 参见蒋大兴：《股东代表诉讼中的“公司意思”——关于股东会哲学生成哲学的展开》，载《公司法律评论》2008年卷。

内幕交易等机会主义行为。[1]

2. 仲裁

在商业纠纷中，仲裁和诉讼是可以相互替代的。[2]在美国，仲裁被视为一剂治愈不当、无意义、高律师费用和高社交成本诉讼之弊端的良药。[3]仲裁是否为代替越南股东代表诉讼的方案是一个值得探讨的问题。这种替代不是一种完美的机制，特别是对上市公司的中小股东与公司高层而言。在大多数情形下，管理者对中小股东的受信义务通常是由成文法规定的，因此在中小股东与管理层之间很难签订一个仲裁协议。即使有关仲裁的条款可以包含于公司章程之中，但中小股东在加入公司之前，能否认真审查公司章程，并对这一条款有充分的了解和期待仍然无法判断。在立法完善的前提下，股东可能更喜欢到能够获得"补贴"的法院那里去起诉，而非需要自己掏钱的仲裁庭解决问题。[4]考虑到种种限制，仲裁可以替代越南股东代表诉讼，并非因为它具备更高的效力，而是由于仲裁机构实现了由"国家资助"向"机构自助"的行业转变，具有营利性的仲裁机构能够依靠自有资金满足机构运作的需求。因此，由仲裁解决公司与股东之间的争议不需要国家大手笔投资。

法律是正义的，在这一命题的基础上，可以认为正义是法律给予投资者的一种保护。各国证券法对资本市场进行规制时，首先提及的便是对投资者的保护。证券法上的公开原则也是其核心原则。如果股东代表诉讼的"正义"仅是剥夺违法者的收益，使利益遭受侵犯的公司获得赔偿，那么程式复杂的代表诉讼将被置于边缘地带，没有提起的必要。越南特殊的政治

---

〔1〕 Robert A. Prentice, 'The Inevitability of A Strong SEC' (2006) 91 *Cornell Law Review* 775.

〔2〕 Christopher R.Drahozal & Stephen J. Ware, 'Why Do Business Use (or Not Use) Arbitration Clauses' (2010) 25 *Ohio State Journal on Dispute Resolution* 433.

〔3〕 Steven A.Ramirez, 'Arbitration and Reform in Private Securities Litigation: Dealing with the Meritorious As Well As the Frivolous' (1999) 40 *William & Mary Law Review* 1055.

〔4〕 See "Arbitration and Corporate Governance: Publicly Held Companies", available at <https://www1.oecd.org/daf/ca/corporategovernanceprinciples/14894780.pdf>, 最后访问日期：2018 年 12 月 26 日。

经济背景下，股东代表诉讼的替代方案不失为被压迫股东寻求公正待遇的一条路径，也是最大化保护股东利益的方法之一。但是这些机制能否比英美法系国家有着数十年经验的代表诉讼更为有效，仍需进一步研究。暂且按下越南股东代表诉讼不表，实为越南国情之必要。

五、结语

股东代表诉讼是反击董事、监事、高级管理人员以及第三人不法行为的有力武器，即使对历史上没有这一机制的国家来说也不例外。越南引入股东代表诉讼是一场自上而下的改良运动。据推测，越南采纳股东代表诉讼制度的原动力来自于《世界银行营商报告》给出的“越南股东没有得到保护”这一结论。弱势股东亟待国家伸以援手。股东代表诉讼制度实际植入越南公司法律治理框架一年后，中小股东的境遇并未有所改善，令人反思越南之“土壤”是否能够完美契合这一制度？正所谓“橘生淮南则为橘，生于淮北则为枳，叶徒相似，其实味不同”。事实也恰恰证明，自上而下的改良运动不大可能成功。股东代表诉讼是股东积极主义的一种表现形式，但越南股东更偏好家长式的公司治理模式，在这种模式中，股东往往处于被动的地位，人微言轻。当本国的治理规则与现实国情之间产生“碰撞”，加上股东代表诉讼并不常被提起，越南引入股东代表诉讼前后的很长一段时间内，无论是学术环境还是司法实践均呈现出“冷漠”之势。只有填补这一空白，越南股东代表诉讼方得枝繁叶茂。

对越南股东代表诉讼制度的怀疑必然激起探索这一制度背后法理的欲求。越南第 102 号法令允许股东对负有受信义务的董事、经理（总经理）提起诉讼便反映出法律发展的进化过程。但是从观点到观点，再到实践的过程总是让人觉得遥不可及。要实现这一点，在成文法国家中改进法律文本是不可或缺的一步。本章对越南成文法中代表诉讼的不足之处进行些许探讨，有关程序瑕疵、诉讼成本等问题均须通过法律的修订来完善。将源自英美法系的法律机制移植到一个完全不同的国家需要专业人士数年的努力，绝非一朝一夕就能马到功成。时下越南股东代表诉讼之可行性或许处于狂风暴雨之中，待到未来诉讼机制不断完善、司法实践部门认可和律师专业素养提高后，或可再言说。

第十章　中国台湾地区股东代表诉讼：源自“衡平”，何以平衡？

一、问题的提出

公司作为一个承载着多方利益的独立主体，在有限责任的保护之下，可以说是现代社会最伟大的发明之一。早期公司治理以股东会为中心，股东对公司经营活动进行直接管理。伴随经济发展和公司规模的扩大，投资主体越来越复杂多样，公司经营模式也逐渐呈现多元化。特别是公众公司出现后，股东数量急剧增加，股权呈分散化，再由股东直接经营管理公司已不现实，也不可能，以董事会为中心的公司治理模式遂自然诞生。在此种模式下，公司所有权和经营权相分离，由专业人士组成的董事会成为了公司治理核心，除控股股东之外的大多数小股东对公司决策很难产生影响。有鉴于此，在董事等公司高级管理人员侵害中小股东利益时，如何维护中小股东合法权益、平衡双方矛盾便成了亟待解决的问题。当利益冲突发生并导致公司内部矛盾难以调和解决时，公司治理就会出现僵局，公司自治也难以实现，此时需要司法的介入。“法律的基本作用乃是约束和限制权力，而不论这种权力是私人权力还是政府权力。”〔1〕股东代表诉讼制度便应运而生，一方面，可以维护公司中小股东的合法权益，间接维持公司正常经营；另一方面，有利于改进公司治理结构，平衡公司内部复杂主体的利益关系。

〔1〕［美］埃德加·博登海默：《法理学法哲学与法律方法》，邓正来译，中国政法大学出版社1999年版，第358页。

我国台湾地区的股东代表诉讼制度的确立较内地更早，然该制度在公司实务中并没有彰显其作用。对于该制度的保护对象——中小股东而言，其严格的制度设计，反而让他们望而却步。基于此，本章以我国台湾地区的股东代表诉讼制度为基础，通过梳理其历史演变以透析该制度的现行规定，以期该制度能在我国台湾地区实现“衡平”之目标。

二、台湾地区股东代表诉讼的历史演变

股东代表诉讼制度起源于英国的衡平法，并在美国得到发展和完善，随着经济全球化，公司治理问题越发凸显，股东代表诉讼制度也为各主要法域所重视和引入。

我国台湾地区的股东代表诉讼制度最早出现在1929年国民政府初次颁布的《公司法》中，该法第150条规定：“有股份总数十分之一以上之股东，得为公司对董事提起诉讼。前项情形，法院因监察人之申请，得命起诉之股东提供相当之担保。如因败诉致公司受损害时，起诉之股东对于公司负赔偿之责。”但由于这一条文规定过于简单，缺乏操作可能，加之旧中国经济低迷，没有完善公司制度的土壤，该项制度在很大程度形同虚设。

台湾地区真正意义上的股东代表诉讼制度是仿效美国、日本设立的，即1966年修订的所谓“公司法”第214条和215条对股东代表诉讼制度作了更加详尽的规定。相比于1929年，此次修订主要有两大变化：一是放宽了对原告持股比例资格的限制，由“有股份总数十分之一以上之股东”变为“须继续一年持有已发行股份总数百分之五以上少数股东”，但增加了“须持有一年以上”的持股时间的要求；二是该项制度更加细化具体，规定了股东代表诉讼的当事人范围、前置程序、诉讼费用担保制度以及代表诉讼之损害赔偿制度，这使得该项制度具有较强的实务操作性，进而可发挥其应有的作用。2001年修订的所谓“公司法”中，第214条第1款变更为“继续一年以上，持有已发行股份总数3%以上股东，得以书面请求监察人为公司对董事提起诉讼”，进一步放宽了对原告的限制，降低了诉讼门槛。“其立法理由系借由少数股东发动诉讼，以避免公司怠于追诉而有害于公司

及股东利益之情形。”[1]至此，我国台湾地区的股东代表诉讼制度基本形成。

三、台湾地区股东代表诉讼现行制度

我国台湾地区股东代表诉讼的现行制度，可分为实体规定和程序规定两大部分。实体性规定部分体现在台湾地区现行“公司法”中第214条、215条；程序性规定由于在“公司法”中没有做出明确规定，而是适用诸如“民事诉讼法”等程序性法律法规的相关规定。具体涉及诉讼管辖、诉讼时效、诉讼费用、和解、撤诉以及再审相关规定。下面详细论述以上具体规定。

（一）实体性规定

关于该制度的实体性规定，尽现于台湾地区现行“公司法”的第214条：“继续一年以上，持有已发行股份总数3%以上之股东，得以书面请求监察人为公司对董事提起诉讼。监察人自有前项之请求日起，三十日内不提起诉讼时，前项之股东，得为公司提起诉讼；股东提起诉讼时，法院因被告之申请，得命起诉之股东，提供相当之担保；如因败诉，致公司受有损害，起诉之股东，对于公司负赔偿之责。”此外，第215条规定：“提起前条第二项诉讼所依据之事实，显属虚构，经终局判决确定时，提起此项诉讼之股东，对于被诉之董事，因此诉讼所受之损害，负赔偿责任。提起前条第二项诉讼所依据之事实，显属实在，经终局判决确定时，被诉之董事，对于起诉之股东，因此诉讼所受之损害，负赔偿责任。”对上述法条进行拆分理解，可以看出该制度的实体规定分为当事人规定、前置程序、诉讼费用担保机制以及代表诉讼之损害赔偿制度。

1. 当事人规定

（1）原告。台湾地区著名公司法学者廖大颖先生认为按照现行社会一般观念，股东代表诉讼制度创设的立法目的在于保护公司及公司内部少数

---

〔1〕王文宇：《公司法论》，中国政法大学出版社2004年版，第297页。

股东权利。[1]故，我国台湾地区将股东代表诉讼权视为少数股东权，不同于美、日的单独股东权，规定"继续一年以上"且"持有已发行股份总数百分之三以上之股东"得以提起股东代表诉讼，对股东代表诉讼原告资格进行了双重限制。一是持股份额限制，要求持有一定比例。但没有要求是单独股东持有，故合计持有已发行股票份额的3%的数个股东也可以共同行使该诉权。又，此之持股要件为"已发行股份总数百分之三以上"，而非"已发行'有表决权'股份总数百分之三以上"，故并未排除无表决权特别股股东为本项请求权之主体。[2]二是持股时间限制，采取"持续持有原则"必须"继续一年以上"。关于实务中如何认定，一般以股东名册记载为依据。但若是以继承或合并等方式概括承受权利义务的情形下而取得股票者，解释上应合并计算前后持股期间。[3]

相对于其他国家和地区，台湾地区对股东代表诉讼原告规定得更为严格。由于台湾地区所谓"公司法"欠缺对股东诉讼动力的考虑，股东代表诉讼门槛规定过高，导致其实效不显。[4]为解决这个问题，台湾地区在2009年修订所谓"证券投资人及期货交易人保护法"时增订了第10-1条。该条文规定：当财团法人证券投资人及期货交易人保护中心在办理相关业务时，发现上市或者上柜公司的董事或者监事在执行业务时有违反法律或者公司章程的行为，并因此而使公司受到重大损害，公司监察人或者董事会均不在法定期限内起诉以维护公司权益；则其有权以自己名义起诉，并可不受所谓"公司法"第214条规定的起诉原告之资格限制。[5]作为所谓"公司法"第214条的特殊情形，旨在通过投保中心这一带有公益色彩的非

〔1〕参见廖大颖：《论公司治理核心涉及与股东权之保护——分析股东代表诉讼制度之法理》，载《骆永家教授七十华诞祝寿论文集》，元照出版社2005年版，第399页。

〔2〕参见林国全：《股份有限公司董事民事赔偿责任之追究》，载《月旦民商法杂志》2003年第1期。

〔3〕参见王惠光：《公司法中代表诉讼制度的缺失与改进之道》，载《商法导论——赖英照教授祝贺论文》，元照出版社1995年版，第130页。

〔4〕参见陶立早：《台湾投保中心之股东代表诉讼制度镜鉴》，载《西安电子科技大学学报（社会科学版）》2014年第4期。

〔5〕参见我国台湾地区所谓"证券投资人及期货交易人保护法"第10-1条。

营利组织的介入，处理传统股东代表诉讼的起诉门槛高和股东诉讼动力不足这两大难题，为求打开股东代表诉讼的新局面。

（2）被告。与之相对应的是股东代表诉讼的被告，我国台湾地区采取的也是限制式的立法模式。原则上，根据台湾地区所谓“公司法”的规定，股东代表诉讼的被告仅限于董事，台湾著名法学家王文宇先生在其论著《公司法论》中，也将股东代表诉讼制度表述为“董事责任之追究”中“少数股东为公司追诉”的情形。作为例外的是，在所谓“证券投资人及期货交易人保护法”第10-1条规定的法定情形下，除公司董事外，监察人也可作为股东代表诉讼的被告。

（3）公司和其他股东。股东代表诉讼既然是拥有诉权的少数股东作为股东代表代位公司提起诉讼，那么该诉讼必然与公司和其他股东密切相关。而关于该制度中公司和其他未提起诉讼的股东的法律地位，台湾地区所谓“公司法”并未对此进行明确规定，但可见于所谓“民事诉讼法”中。按其规定，少数股东代位提起诉讼后，公司或其他股东均得为诉讼参加。就公司而言，少数股东代位公司起诉，乃行使公司对于董事或监察人之权利，公司就该诉讼之诉讼标的系有法律上之利害关系之人，应无疑义。因之，公司自得依所谓“民事诉讼法”第58条为诉讼参加，代位起诉之少数股东，亦得依同法第65条对公司为诉讼告知。[1]由此观之，在我国台湾地区，少数股东代位公司起诉时，公司为独立的诉讼参加又称共同诉讼参加，此种参加人实质上与当事人地位无异。

2. 前置程序

股东代表诉讼制度的立法初衷是通过诉讼途径保护其合法权益，但在另一方面公司是具有独立法律人格的主体，要保证其自主治理，防止股东利用该制度滥诉，进而影响公司正常经营。因此，在股东代表诉讼制度中设置前置程序，便是平衡两者关系的必要手段。前置程序是指在股东代表诉讼中设置必要的限制，拥有诉权的少数股东必须履行前置程序并满足一

〔1〕 参见杨建华：《问题研析：民事诉讼法（三）》，三民书局1998年版，第208—209页。

定的法定情形，才能向司法机关提起代表诉讼。股东代表诉讼前置程序作为代表诉讼的第一道门槛，该程序的设置直接影响到代表诉讼的运行。同样，如何把握好上述两者关系的一个“平衡点”，取决于前置程序的具体设定。美、日、英以及我国大陆因股东代表诉讼产生的历史背景和价值标准不一，故而各国和地区关于前置程序的设定也不尽相同。而我国台湾地区相对于上述国家和地区，股东代表诉讼的前置程序规定得更为严格。

此严格体现在方方面面。一是对前置程序申请人和被申请人的限制，这与上文中股东代表诉讼原、被告规定相同，不再赘述。二是申请形式要求必须“书面请求”，当然，书面不仅仅包括狭义的合同书、信件，还应包括数据电文（包括电报、电传、传真、电子数据交换和电子邮件）等可以有形地表现所载内容的形式。三是接受申请机关，不同于我国大陆股东代表诉讼前置程序的“交叉请求规则”，接受申请机关根据被申请人不同而相应变化（比如当不法行为人是董事时，接受申请的机关是监事会）。由于台湾地区股东代表诉讼前置程序的被申请人只有董事，故其接受申请机关也只有公司之法定、必备、常设之监督机关——监察人。但同样在所谓“证券投资人及期货交易人保护法”第10-1条规定的特殊情况下，适用“交叉请求规则”，得以“请求公司之监察人为公司对董事提起诉讼，或请求公司之董事会为公司对监察人提起诉讼”。这时，接受申请机关包括董事会和监察人。四是审查期限，台湾地区所谓“公司法”规定的审查期限是30日，短于日本的60日和美国的90日。五是书面申请之内容，法无明文规定。在解释上，书面申请应包括请求起诉之对象和起诉之理由，以此方便监察人考量是否起诉。[1]六是没有规定前置程序的豁免情形，即无论情况何等紧急特殊，提起代表诉讼的少数股东都必须履行前置程序而无例外。七是否认公司治理机关阻却代表诉讼的提起，即无论监察人出于何种理由不为公司提起诉讼追究董事之责任，都不能妨碍股东提起代表诉讼。八是监察人是否需要将审查理由告之起诉股东，法无明文。“解释上，监察人无此义

〔1〕参见柯芳枝：《公司法论》（下），三民出版社2003年版，第313页。

务，又监察人在裁量是否依少数股东之请求，对董事提起诉讼时，自当尽其忠实义务和善良管理人义务。”[1]

3. 诉讼费用担保机制

诉讼费用担保，是指在原告股东提起代表诉讼时，法院有权根据被告的申请责令具备一定条件的原告向被告提供一定金额的担保，以便在原告股东败诉时，被告人能从原告所提供担保的金额中获得诉讼费用补偿的制度。[2]股东代表诉讼费用担保制度并不是一种普遍适用的制度，其是为了限制小股东的代表诉讼提起权或是为了限制恶意代表诉讼而规定的。[3]美、日公司立法中皆设立了此制度，而我国台湾地区股东代表诉讼制度因借鉴美、日，自然也规定了此制度，但又不尽相同。

按照我国台湾地区所谓“公司法”第214条第2款规定，在被告向法院提出申请，继而经由法院命令，原告即有提供诉讼费用担保的义务。“惟现行法将裁量权限完全委诸法院，对于被告之申请，并未课以任何释明义务。”[4]

4. 代表诉讼之损害赔偿制度

在台湾地区，有学者将股东代表诉讼损害赔偿制度分为原告股东胜诉时与原告股东败诉时，如戴铭晟先生。此说法固然存在其合理之处，但也有明显的不足，依台湾地区所谓“公司法”第215条，当原告股东提起代表诉讼所依据的事实“显属虚构”或者“显属实在”时，负损害赔偿责任的主体不同。然而，“显属虚构”与“显属实在”并不当然等于“败诉”“胜诉”，就连戴铭晟先生本人也在其文章中补充道：“虽本文将本项规定置于

---

〔1〕林国全：《股份有限公司董事民事赔偿责任之追究》，载《月旦民商法学杂志》2003年第1期。

〔2〕参见刘俊海：《股东诸权利如何保护与行使》，人民法院出版社1995年版，第177页。

〔3〕参见王茂林：《论我国股东代表诉讼制度的构建》，载《甘肃政法学院学报》2003年第5期。

〔4〕林国全：《股份有限公司董事民事责任之追究》，载《月旦民商法学杂志》2003年第1期。

股东胜诉情况下讨论，惟本项规定之适用前提是否限于‘股东胜诉’之情形，其实并未明定。若限于‘股东胜诉’始能适用本项，则本项规定对股东未免苛刻。”[1]因此，笔者赞同王文宇先生将其分为原告方面与被告方面的做法。

（1）原告方面。原告股东的损害赔偿也分为两项，一是根据台湾地区所谓“公司法”第214条第2款，当原告股东败诉且因败诉致使公司受到损害，则起诉之股东，需对公司负赔偿责任。有学者认为此系台湾地区所谓“民法”规定之过失责任。[2]二是第215条第1款规定，原告提起代表诉讼所依据的事实“显属虚构”，经终局判决确定时，若被起诉的董事因此而受到损害，起诉之股东需对其负赔偿责任。因在实际中，并不是所有股东都为公司利益而谋划，不排除部分股东利用代表诉讼敲诈公司及董事。同时，若规定过重责任，也不合理，“考其用意，盖顾及股东因怕败诉负赔偿之责致多不愿起诉，有违公司法欲借此强化股东权利，以防董事擅权之立法旨趣”[3]。这也是该制度平衡无理滥诉和正当诉讼的体现。

（2）被告方面。台湾地区所谓“公司法”215条第2款规定，原告提起代表诉讼所依据的事实“显属实在”，经终局判决确定时，若被告董事的侵害行为给原告股东造成损害，被告需对此损害负赔偿责任。“此规定旨在激励股东行使代表诉讼权，盖提起代表诉讼所据事实，既显属实在，足见董事对公司应负责任，而此责任则系因少数股东提起此诉讼始得获得赔偿，故自无令少数股东自行负担该诉讼所受损害之理。”[4]但原告之损害，是仅局限于因董事侵害行为所受实际损害，还是包括诉讼费用、律师费等，并未明定。

---

〔1〕戴铭晟：《台湾股东代表诉讼制度之现在与未来——以日本法为借鉴》，载《台湾法学杂志》2015年第8期。

〔2〕参见刘连煜：《现代公司法》，中国政法大学出版社2014年版，第492页。

〔3〕柯芳枝：《公司法要义》，三民书局2005年版，第152页。

〔4〕柯芳枝：《公司法论》（下），三民出版社2003年版，第294页

（二）程序性规定

股东代表诉讼的程序性规定，我国台湾地区所谓“公司法”并未在其中另做安排，故按通常解释，股东代表诉讼案件的程序性规定也应适用台湾地区所谓“民事诉讼法”及相关法律的规定。如诉讼费用，依所谓“民事诉讼法”第78条规定，诉讼费用由败诉当事人承担。[1]由于所谓“公司法”中并未规定股东代表诉讼案件的诉讼费用性质，便按民事诉讼法规定其为财产性诉讼，按财产性诉讼缴纳裁判费[2]。但根据所谓“证券投资人及期货交易人保护法”第35条规定，若诉讼是由财团法人证券投资人及期货交易人保护中心提出，只需缴纳部分裁判费。[3]另，就股东代表诉讼管辖而言，有台湾学者主张适用所谓“民事诉讼法”第9条第1项：“公司或其他团体或其债权人，对于社员或社员对于社员，于其社员之资格有所请求而涉讼者，得由该团体主事务所或主营业所所在地之法院管辖”之规定，由本公司所在地之地方法院管辖。[4]

本章只以诉讼费用和诉讼管辖为例证明其程序性规定散见于台湾地区所谓“民事诉讼法”及相关规定，其余如诉讼和解、再审等规定不再赘述。

四、台湾地区股东代表诉讼的利与弊

公司治理的核心问题在现代公司制度下表现为如何划分股东和公司管理层的权利和责任。[5]而股东代表诉讼制度作为一项重要的公司治理法律制度，其核心问题也在于如何平衡公司内部各方利益主体的关系，划分股东和董事各自的权利与责任。但在实际操作中，怎样才能准确掌握好这个平衡度，无疑十分困难。因此，各国和地区在股东代表诉讼制度产生后，会根据自身实际情况进行不断修正，力求兼顾法律的稳定性与灵活性，发

---

〔1〕参见我国台湾地区所谓“民事诉讼法”第78条。

〔2〕在我国台湾地区，诉讼费用也叫“裁判费”。

〔3〕参见我国台湾地区所谓“证券投资人与期货交易人保护法”第35条。

〔4〕参见柯芳枝：《公司法论》（下），三民出版社2003年版，第315页。

〔5〕参见张巍：《资本的规则》，中国法制出版社2017年版，第214页。

挥该制度应有之价值与功效。我国台湾地区的股东代表诉讼制度，既有该制度的共性，又因其制度设计不同于其他各国和地区，故也有自身的特性。对于台湾地区的股东代表诉讼制度，应辩证看待其利弊。

（一）台湾地区股东代表诉讼制度的优势

1. 能有效地对公司和股东利益进行事后救济

股东代表诉讼是当公司利益因董事会没有合法履行义务而受损害时，股东代表公司向董事提起诉讼，其诉讼结果也归于公司。股东的利益虽然没有直接受到损害，但股东对公司具有无比亲密之利害关系，并且股东以自身出资为限承担公司债务，因此，公司利益受到损害后也必然会反射到公司股东的利益。而所有权和经营权相分离已成为现代化企业普遍现象，公司董事掌握着公司管理权，中小股东则因持有股票份额小，无法对公司决策经营产生重大实际性影响，这对于中小股东来说十分没有安全感。而股东代表诉讼可扩张股东的诉权，实际上是通过立法确认对公司利益以及中小股东利益的司法救济。一方面，它为中小股东提供了一种可靠的事后救济途径，可以有效克服公司董事控制公司管理而使中小股东无法对董事问责的困境；另一方面，根据台湾地区所谓“公司法”规定，在原告股东提起代表诉讼所依据事实“显属实在”时，被诉董事还需向原告股东所受损害进行赔偿，可让股东所受损失得以直接恢复。此外，被诉董事的侵害行为也会受到法律的纠正和制裁，使公司经营管理走上正轨，进而捍卫公司利益。“股东代表诉讼以股东作为公司内部监督一环之具体表现，强化股东所得发挥之监督功能，亦颇符合股东积极主义之精神，而有重大意义。”〔1〕

2. 有助于震慑内部人员权利滥用的事前预制功能

在现代公司治理结构中，股东会的影响可谓不断被弱化，而董事会日益成为公司的权力中心。我国台湾地区所谓“公司法”第 81 条也规定董事

---

〔1〕 王文宇：《从公司治理论董监事法制之改革》，载《台湾本土法学杂志》2002 年第 34 期。

为公司负责人。[1]那么在公司治理失灵的情况下，这种“董事会中心”的治理结构往往会造成董事权利的滥用，或为私利，或为其他，都很可能产生侵害公司利益的不当行为。“按董事应对公司负赔偿责任却不对公司赔偿时，应由公司对之加以追诉，并且由公司之最高决策机构——股东会，表示追诉之意。但若与董事共谋或身兼董事之大股东把持股东会时，股东会必无法为追诉董事会之意思表示。”[2]是故，在这种情况下是不可能期望公司自身进行救济的，倘若又没有股东代表诉讼制度的存在，可以说台湾地区所谓“公司法”中对董事规定的注意义务和忠实义务，也会因为没有相关惩罚性措施的保障而使其作用大打折扣。而股东代表诉讼的存在，就像高悬在董事头上的“达摩克利斯之剑”，时刻提醒其履行应尽之注意和忠实义务，以为股东谋求最大利益为根本。此外，这也加大了董事等公司管理人员滥用权力的违法成本，董事实施侵害行为时，不得不考虑潜在的股东代表诉讼风险。事前预制作用给董事的权力套上了制度的枷锁，使其在心中的道德天平上更加倾向于做一个善良管理人。故此，股东代表诉讼是防止董事、监察人（或监事）滥用权力的一项重要制度设计。

3. 能防止股东无理滥诉以维护公司自主权

公司的目的是盈利，让股东投资有所回报。但现代上市公司股东人数众多，更多的中小股东是作为公司财务投资人，往往缺乏经营企业的专业知识和信息。因此，将决定日常经营的权利交给专业性更强、决策能力更强的董事会来行使，而股东则主要通过对董事的选任权来实施间接控制。[3]简言之，就是股东把自己的钱交给擅长经营管理的董事会打理，两者各司其职、各展所长。但实际上，全体股东也并非铁板一块，由于部分股东的特定性质，不能避免部分股东为了自身利益作出损害其他股东和公司利益的行为，而利用股东代表诉讼制度盲目干预董事会的经营决策。我国台湾地区的股东代表诉讼制度，在防止股东无理滥诉和鼓励正当诉讼这个天平

〔1〕参见我国台湾地区所谓“公司法”第81条。

〔2〕王文宇：《公司法论》，中国政法大学出版社2004年版，第296页。

〔3〕参见张巍：《资本的规则》，中国法制出版社2017年版，第262页。

上，似乎更向防止无理滥诉倾斜。纵观该制度对当事人的严格限制以及在被告要求下，原告股东需无条件提供诉讼费用担保的机制，都是对这一点的明显体现。毫无疑问，这些制度设计有利于防止股东无理滥诉进而影响董事会的正常经营决策。

（二）台湾地区股东代表诉讼制度的弊端

在大多数台湾学者看来，台湾地区的股东代表诉讼是弊大于利的，他们对于抨击该制度的弊端也是毫不吝啬的。王文宇先生特地在其论著《公司法论》中对该制度作了“检讨”：“观察本法所规定之代表诉讼制度，可以发现相关规范有诸多缺失，似无法发挥代表诉讼制度之立意。”〔1〕戴铭晟先生在对台湾地区和日本的股东代表诉讼制度进行对比研究后发现：“台湾之规定不仅过于简单，且就股东权益之保护面观之，台湾法制完败，无一胜过日本法制。”〔2〕此说法虽有偏激之处，但也不无道理。但我国台湾地区的股东代表诉讼究竟有何弊端？

1. 对当事人限制太严且规定不明

首先，对当事人的规定过于严格。原告方面，依台湾地区所谓“公司法”规定，“必须持有已发行股份总数百分之三以上”且“继续一年以上”持有该股份。然而现代股份公司体量庞大，股东尤其是中小股东数量巨大且股份流转频繁，持有3%股份的股东实属大股东，持股份额在3%以下的股东数量占绝大多数且因持股比例少，其更容易成为大股东和管理层谋求自身利益的牺牲品。换而言之，台湾地区股东代表诉讼制度对原告持股比例和持股时间的双重限制，将大多数需要受到司法保护的中小股东排除在外。公司治理，为谁而治理？当然是为公众投资者，而该规定显然与此背道而驰。在被告方面，台湾地区所谓“公司法”规定股东代表诉讼的被告仅限于公司董事，只有在“证券投资人及期货交易人保护法”第10-1条

---

〔1〕王文宇：《公司法论》，中国政法大学出版社2004年版，第299页。

〔2〕戴铭晟：《台湾股东代表诉讼制度之现在与未来——以日本法为借鉴》，载《台湾法学杂志》2015年第8期。

规定的特殊法定情形下，监察人才可充当被告。诚然，董事是公司的负责人和直接经营者，但公司之行为从决议形成到具体执行，并不只经公司董事之手，监察人、其他高级管理人员甚至外部的利益相关者，都可能在其中扮演各种角色，他们当中的每个行为都可能因自身私利而不顾全体股东利益，进而对公司造成消极影响。故台湾地区之仅规定董事为被告，未免太过狭隘。试想，一项诉讼制度，当事人不能做原告，无权提起诉讼，又找不到被告，不知可以向谁追诉，谈何诉讼？何谈保障？

其次，对当事人的规定不周全。第一，对于持股时间“持续持股一年”没有深入阐述。“持续持股一年”持续到何时？是持续到提起诉讼之时还是侵害行为发生时？若侵害行为为持续性行为且持续时间长又该如何？这些问题在台湾地区现行所谓“公司法”中都得不到解答，也没有相关司法解释加以说明。第二，起诉主观要件缺失，即原告股东在起诉时，不考量其主观意图是否正当。造成的结果是：只要当原告股东满足起诉时所持有股份的比例以及持股时间，即使其主观不是为了全体股东利益，或为个人私利，或为干扰公司经营，但法院依据现有法律也无法阻碍其诉讼，这就是典型的“无理滥诉”。说来奇怪，我国台湾地区在股东代表诉讼制度中多处设计侧重于防止滥诉，这里反倒成了一个缺口。第三，没有规定持股比例和持股时间的例外。现实生活中情况复杂多样，一味要求持股比例和持股时间，太过僵化和不切实际。举一简单例子，一个成立不足一年的股份有限公司，其股东持股时间无论如何都不能满足条件，那么当公司董事违反所谓“公司法”中规定的义务而损害公司权益时，股东又该如何维权？恐怕只能望“法”兴叹了。

2. 前置程序设置不严密

其一，审查期限 30 日过短，表面上看，规定时间越短似乎越利于原告，其实不然。一是因为监察人并非都是法律专家；二是在大型公司中往往利益关系错综复杂，董事是否有承担责任的事由必须留有足够的时间调查清楚，30日未必足够。[1]其二，未规定前置程序之豁免事由，不妨设想，若经过监察人30日审查之后，已因董事之行为对公司造成无法补救之损失，就算顺利起诉并胜诉又有何意义？足够的审查期限加上豁免情形，才能既满足审查所需又能考虑到特殊情形。

3. 令原告提供担保之规定不够周全

诉讼费用担保制度本身便是为了预防原告无理诉讼损害被告利益，然而根据台湾地区所谓“公司法”第214条规定：“股东提起诉讼时，法院因被告之申请，得命起诉之股东，提供相当之担保。”虽是否要求原告提供担保，以及何种程度为“相当”仍由法院裁量，但不要求被告证明原告是否恶意诉讼、被告申请理由是否正当，相当于把原告是否需要提供担保的主动权交予被告，可见此制度丝毫不考虑原被告之间的平衡。再加上，对于担保费用之范围并没有规定，按照一般担保制度规定，担保费用一般按照诉讼标的之比例缴纳。而股东代表诉讼涉及公司，诉讼标的多数金额庞大，其担保费用也必定不少，怕是不少中小股东会因此对法院大门望而却步。

4. 损害赔偿规定不当

代表诉讼之损害赔偿制度是最为台湾地区大多数学者所诟病的一项制度，主要有以下几个因素：第一，在原告提起诉讼所依据之事由“显属实在”时，其能要求董事赔偿的范围没有明确规定，字面上仅限于“因此诉讼所受之损失”。第二，台湾地区所谓“公司法”第215条规定的赔偿前提为诉讼事实“显属虚构”或“显属实在”，此标准不好判断、不易操作。若股东是因程序上的事由而败诉，但是所依据之事实属实，这时便出现胜诉方向败诉方赔偿的情况；而且，若原告已胜诉，为何还要多此一举证明“显属实在”才能向被告求偿？会出现司法裁判与事实不符的情况，有损司法权威。第三，股东对公司和董事所负赔偿责任过重且缺少对其主观意图的评价。根据台湾地区所谓“公司法”的规定，股东败诉时，不问其主观是否恶意都需要向公司赔偿损失。同样，在股东起诉所依据事实“显属虚构”

---

〔1〕参见戴铭晟：《台湾股东代表诉讼制度之现在与未来——以日本法为借鉴》，载《台湾法学杂志》2015年第8期。

时，应由股东个人向董事赔偿。然股东代表诉讼之原告股东，其一方面是代表公司提起诉讼，另一方面是为了全体股东和公司利益而起诉，此时，让其承担赔偿责任，相当于股东为了公司利益自费起诉又要自担双重赔偿的高风险。

在如此不合理的损害赔偿制度之下，即便一个理性的小股东自愿花费高昂的时间成本和收集信息的成本，证明了公司董事的行为违反法定义务而侵害股东权利，最后艰难地胜诉了，他收获的也只是其因为侵害行为所受损失的补偿而已，这远远不及其付出的代价，而其余“用脚投票”的股东反而什么都不用做就能维护自身利益。这无疑会加剧股东“集体行动困境”，理性的股东也会变得冷漠。

5. 诉讼费用过高

我国台湾地区现行法律并未对股东代表诉讼的诉讼费用缴纳进行特殊规定。有台湾地区学者主张按财产权之诉讼缴纳裁判费，“而民诉法规定，原告应先缴纳裁判费，而裁判费之征收，于财产权之诉讼”[1]。根据台湾地区所谓“民事诉讼法”第77-13条规定，因财产权而起诉，依据诉讼标的不同而缴纳比例不同，在0.6%和1%之间征收诉讼费用。[2]股东代表诉讼之标的一般较为庞大，其诉讼费用实在不是中小股东所能承受的，且付出与收获相差巨大，股东也不愿意支付这笔费用，实属中小股东提起本诉之一大障碍。[3]

五、台湾地区股东代表诉讼的发展趋势

法律的艺术和科学在于平衡。“代表诉讼的基本观点一直是在保护小股东权益和防止滥诉二个相反的方向取得一个平衡点。”[4]上文说过，股东代

〔1〕林国全：《股份有限公司董事民事责任之追究》，载《月旦民商法学杂志》2003年第1期。

〔2〕参见我国台湾地区所谓“民事诉讼法”第77-13条。

〔3〕参见王文宇：《公司法论》，中国政法大学出版社2004年版，第300页。

〔4〕林国全：《股份有限公司董事民事责任之追究》，载《月旦民商法学杂志》2003年第1期。

表诉讼制度设立的初衷是保护中小股东利益，虽具体制度设计在各个方面可有所侧重，但该制度的立法及其改进总体上应以此为宗旨。观台湾地区的股东代表诉讼制度，却过分强调防止滥诉，也难怪有台湾学者如此评价：“台湾的公司法根本就是一部专为打压‘股东代表诉讼之法律’，急需全面改进！”[1]扬长避短，以彰显该制度之实效，实乃不可阻挡之趋势，然如何取舍，实属微妙。多数台湾地区本土学者主张借鉴日本，一是台湾地区股东代表诉讼本就是借鉴美、日而设计，日本可以说是台湾地区的立法源头；二是日本的股东代表诉讼更为完善与成熟，通过对两者的比较研究，以改善此制在台湾地区鲜有使用的现象。[2]

（一）起诉条件之问题

1. 修改持股比例与持股期间规定

制度本身并不具有威慑力，还须有人利用，才能发挥制度之威（魅）力。而台湾地区关于原告股东持股比例和持股期间的双重严格限制，是阻却原告行使该诉权的首要原因，也使该制度本身失去意义。故应该降低甚至废除持股比例和持股期间要求，以使更多的股东享有诉权。为达致平衡，可在其他方面加强防止滥诉的机制。建议参考《日本商法》第267条及美国法之精神，放弃持股比例限制并放宽持股期间要求，明定“继续持股6个月以上持有股份之股东”即有资格提起本诉。[3]如此一来，既降低了起诉门槛，又留有“持股6个月以上”为限制。具体解释上，则不问违法行为发生在何时，只要在起诉时满足继续持股6个月以上即符合条件；如发生股份继承、公司合并等股份概括承受的情形，则前、后手合并计算满足即可；至于如公司成立未满6个月，则解释上只需公司成立后仍继续持有股票者，便可提起，无须等待6个月期间的经过才能提起，否则极可能丧

---

〔1〕 戴铭晟：《台湾股东代表诉讼制度之现在与未来——以日本法为借鉴》，载《台湾法学杂志》2015年第8期。

〔2〕 参见戴铭晟：《台湾股东代表诉讼制度之现在与未来——以日本法为借鉴》，载《台湾法学杂志》2015年第8期。

〔3〕 参见刘连煜：《股东代表诉讼》，载《台湾本土法学杂志》2004年第11期。

失本诉之实效性。[1]

2. 增加起诉时的主观要件

美国很多州的公司法均规定了对原告资格限制的“净手原则”，即代表公司提起诉讼的股东，必须没有批准、追认董事会所执行的对公司造成损害之行为，否则不能取得代表诉权。[2]并且要求原告股东确是为公司利益而起诉。在台湾地区，可能制定法规者自觉现行立法对原告限制过严，便不再从主观上加以限制，但如若按上文建议放宽了起诉的客观要件，就有必要增加对主观意图的考察。因此台湾地区可效仿日本在原告资格方面增加一个“但书”，即如有证据表明原告提起诉讼的目的是追求该股东个人或者第三人的不正当利益，或给公司造成损害，则该股东不得提起诉讼。符合公司利益和其他股东的利益应是股东代表诉讼原告资格界定前提，故要求制定原告股东主、客观两个层面的具体认定标准，可以使原告资格的认定能够在一定程度上可以量化实施。

（二）前置程序之问题

一是应延长监察人的审查期限，避免监察人因法律知识的欠缺而导致其裁量斟酌不周全，《日本商法》规定的60日较为稳妥；二是应该制定前置程序的豁免情形，在30天的审查期间之内，公司和中小股东的合法权益可能会因为董事的违法行为造成不可挽回的损失，董事亦可能会在此期间转移或隐匿财产，以逃避后续的赔偿。因此，有学者提出，“建议《公司法》第二一四条应增订第三项：‘因前项期间之遵守，致公司受有不能回复之损害之虞者，不受前两项规定之限制，第一项之股东得径行为公司提起前项之诉。’”[3]但对于何种情况为“公司受有不能回复之损害”法院应当严格审查，豁免情形即为例外，自应谨慎适用。

---

〔1〕 参见王惠光：《公司法中代表诉讼制度的缺失与改进之道》，载《商法导论——赖英照教授祝贺论文》，元照出版社1995年版，第130页。

〔2〕 参见张民安：《公司少数股东的法律救济》，载《法制与社会发展》1995年第3期。

〔3〕 刘连煜：《股东代表诉讼》，载《台湾本土法学杂志》2004年第11期，第159页。

（三）诉讼费用担保之问题

我国台湾地区股东代表诉讼的诉讼费用担保制度的弊端在于要求原告提供担保的条件过于简略且毫无限制，只需依被告之申请，法官在自由裁量后即可要求原告提供诉讼担保费用。但因为没有法律明文规定，不能强制性要求法官在自由裁量时考虑原告提起诉讼的主观意图是否为恶意。因此，需要在原有法律规定的基础上，明确增加法院在自由裁量时必须考量的情形，为担保设下严格且可以量化实施的前提条件，比如原告起诉时是否为恶意，被告是否因原告之起诉行为而受损。既要将决定权交与法院，又要对法院判断的标准做出完善的规定，有台湾地区学者建议参考日本商法之规定，修改现行法中不设任何限制之担保理由，增订“股东提起本诉讼时，法院因被告之申请及释明原告之起诉为不当之目的者，得命起诉之股东，提供相当之担保”〔1〕。换言之，为担保增加了“原告之起诉为不当目的”这一限制条件，从原告角度考虑是否需要提供担保，缓解了原告沉重的担保费用负担。

（四）损害赔偿之问题

关于损害赔偿制度，我们先需要明确一个问题，即原告提起股东代表诉讼是基于共益权，具有公益性质，不论胜诉还是败诉，判决效力及于公司和包括原告在内的所有股东。而台湾地区现行所谓“公司法”向我们传递的一个信息却是：股东提起的代表诉讼利益归公司和全体股东共享，责任和义务由股东个人承担，这导致原告权利和义务严重失衡。因此，我们对该制度的修正构想也是以使原告股东享有的权利和履行的义务达到平衡为目的，并以日本商法相关规定为借鉴蓝本。

首先，关于承担损害赔偿责任的前提条件须明定为“胜诉”与“败诉”。而在台湾现地区行所谓“公司法”中，既在 214 条规定了股东“败诉”时的赔偿责任，又在 215 条规定了原告起诉事由“显属虚构”和“显属实在”时的赔偿责任，两个条文中规定的标准不一，易混淆，须明定以免争议。

---

〔1〕 刘连煜：《股东代表诉讼》，载《台湾本土法学杂志》2004 年第 11 期，第 159 页。

其次，在原告胜诉、败诉之时，由谁承担责任、如何承担责任的规定亦应改进。股东胜诉时，第一，赔偿股东之损失与支付相关费用者应为公司而非董事，主要考量有两点：一是代表诉讼胜诉的利益是由股东全体享有，那么，提起诉讼所支出之费用也应由全体股东之集合体——公司来负担。[1]二是为防止董事无可赔偿之财产，公司负赔偿责任更为保险，但公司承担赔偿责任之后可向相关董事追偿。第二，可请求公司赔偿和支付的费用范围须明定，可比照日本法，明确赔偿范围包括律师费、交通费等合理范围。股东败诉时，其败诉结果亦应由全体股东和公司共同承担，自不待言。第一，在因股东败诉而使公司受损时，借鉴日本法，明确规定股东仅在有“恶意”时才须对公司负损害赔偿责任。如有学者提出，“建议增订《公司法》第215条第三项：‘终局判决确定败诉之股东，如非起诉系为不当目的者，对公司和董事不负赔偿责任。’”[2]第二，在因股东败诉而使董事受损害且非恶意时，应由公司对该董事负损害赔偿责任，而非股东本人，只有在股东恶意起诉并且败诉，才由股东对受损害之董事负赔偿责任。通过此制度修正，让原告的归原告，公司的归公司，两者利益和风险负担均衡。

（五）诉讼费用缴纳问题

按照上文分析，股东代表诉讼的诉讼费用在实务中一般以财产权诉讼案件来计算，这样会让原告承担过高的费用。故多数台湾地区学者主张建议参考日本商法，明定代表诉讼属非财产权之诉讼，其诉讼费用依据所谓“民事诉讼法”之规定。[3]而按照该法规定，非因财产权而起诉，只征收裁判费新台币3000元。[4]也就是说，对于通常诉讼标的巨大的股东代表诉讼来说，采取固定收取新台币3000元的方法。另王文杰教授在2018年9月于中国政法大学召开的台湾地区所谓“公司法”修正评析讲座中提出了

---

〔1〕参见戴铭晟：《台湾股东代表诉讼制度之现在与未来——以日本法为借鉴》，载《台湾法学杂志》2015年第8期。

〔2〕刘连煜：《股东代表诉讼》，载《台湾本土法学杂志》2004年第11期。

〔3〕参见刘连煜：《股东代表诉讼》，载《台湾本土法学杂志》2004年第11期。

〔4〕参见我国台湾地区所谓“民事诉讼法”第77—14条。

新的修改建议：台湾地区所谓“公司法”应以专条明定裁判费超过 60 万元部分免征收，即对股东代表诉讼的诉讼费用实行分段征收，裁判费 60 万元以下按财产权诉讼案件征收，但超过 60 万元部分则免于征收。相对于“一刀切”地将其以非财产权案件征收，这种分两段征收且最高不超过 60 万元的征收方法无疑更为合理，也为股东提起代表诉讼扫清了一大障碍。

（六）其他诉讼程序保障之问题

如同前文所述，我国台湾地区所谓“公司法”中，并没有为股东代表诉讼制定专门适用的程序性规定，而是适用所谓“民事诉讼法”之相关规定。但股东代表诉讼不同于一般民事诉讼，仅适用所谓“民事诉讼法”并不能照顾到其特殊性，故建议在所谓“公司法”中增订股东代表诉讼程序性规定。

首先，建议增加原告股东与被诉董事之间的诉讼和解制度。“由于股东代表诉讼及公司和全体股东之集团利益，因此必须缓和原告股东之处分权，并借由法院裁量权之行使，以保护其他利害关系人之利益。”〔1〕但原被告之间的诉讼和解必须经法院审查和批准，这可以避免原告股东和被告串通以损害公司利益情形的发生。另外，在原被告向法院提出和解意图后，法院需将其告知有利害关系的第三人，并将其意见作为审查批准的参考。

其次，赋予公司和其他股东在一定条件下可推翻原判决的救济权利。由于股东代表诉讼的既判力及于公司和全体股东，现实中难免会出现起诉股东与被诉董事恶意串通的情况，利用诉讼谋求一己私利而损害公司及其他股东合法权益。为了使公司和其他股东有事后救济的机会，应该准许其依据所谓“民事诉讼法”第 501 条提起第三人撤销之诉。换言之，在法定条件下，赋予受判决效力影响之公司和其他股东推翻原判决之机会。〔2〕

---

〔1〕刘连煜：《股东代表诉讼》，载《台湾本土法学杂志》2004 年第 11 期。

〔2〕参见刘连煜：《股东代表诉讼》，载《台湾本土法学杂志》2004 年第 11 期。

六、结语

股东之于公司，人格已被公司所吸收，公司以其独立的法人人格对外进行活动。而股东代表诉讼作为一项能让股东从幕后走向台前的制度，其重要性不言而喻，其必须要让股东能够顺利走向台前、安然行使权利并怡然退回幕后。实现这些制度要求，无疑需要高超的立法智慧，而观之我国台湾地区的现行立法，与发达国家和地区相比可谓相距甚远。无救济则无权利，本章力求让制度本身说话，在台湾地区公司法律中建立长效稳定的中小股东权益救济机制。基于此，本章将之与日本股东代表诉讼制度进行对照，并在起诉条件、前置程序、诉讼担保、损害赔偿、诉讼费用以及其他程序性问题上提出了针对性建议，期许台湾地区的股东代表诉讼制度这一“空中楼阁”能够屹立在现实的土壤中，让源自“衡平”的制度，真正实现平衡之功效。

第三部分　英美法系

第十一章　美国股东代表诉讼：公司效率与股东保护之间

一、美国股东代表诉讼的历史演变

（一）“野蛮生长”的独立发展阶段

论及股东代表诉讼，尽管1843年英国Foss v. Harbottle一案极为经典[1]，该案所确立的福斯规则也深入人心，但究其起源，美国股东代表诉讼的萌芽甚至可能早于英国Foss v. Harbottle一案。美国股东代表诉讼起源于判例法，该制度是随着时间的推移慢慢发展而来的。最早广为人知的案件是1832年的Robinson v. Smith一案。[2]在该案中，美国衡平法院在个别小股东能否针对公司不当行为起诉的问题上表示支持。[3]法院认为尽管公司财产受到损害应当以公司的名义提起诉讼，但“任何过错不能仅因为形式上的要求而得不到纠正”[4]。直至1855年，美国联邦最高法院在Dodge v. Woolsey[5]一案中承认了允许个别小股东代表公司提起诉讼的重要性。[6]

---

〔1〕 (1843) 2 Hare 461; 67 E.R.

〔2〕 3 Paige 222 (N.Y.Ch.1832), 1832 WL 2663(1832).

〔3〕 A. J. Boyle, ‘The Minority Shareholders in the Nineteenth Century: A Study in Anglo-American Legal History’ (1965) 28 *Modern Law Review* 317, 322.

〔4〕 3 Paige 222 (N.Y.Ch.1832), 1832 WL 2663(1832).

〔5〕 59 U.S. (18 How.) 331 (1885).

〔6〕 See Coffee & Schwartz, ‘The Survival of the Derivative Suit: An Evaluation and a Proposal for Legislative Reform’ (1981) 81 *Columbia Law Review* 261.

在这一阶段，虽然美国股东代表诉讼的发展与英国广受关注的 Foss v. Harbottle 一案有着时间上的交叠，但该制度在两个国家的发展却遵循各自的轨迹，并未形成相互影响的局面。众所周知，英国的股东代表诉讼最初是作为 Foss v. Harbottle 一案的例外情形演变而来的。英国传统公司法理念认为，针对损害公司利益的不当行为，公司才是唯一的适格原告。这一规则的理论基础在于公司具有独立的法律人格，影响公司利益的一切事项应由多数股东共同决定，个别小股东无权自主决定。[1]然而，多数股东无权批准的不当行为以及公司实际控制人所为的不当行为构成了该规则的例外，随后也成为股东代表诉讼产生的理由。[2]可以说，英国股东代表诉讼的发展是从严格限制股东代表公司起诉的权利开始的一条保守之路，这是由其特殊的历史背景决定的。[3]而同期的美国则不同，个别小股东代表公司对损害公司利益的不当行为起诉的权利从一开始就未受到严格限制。尽管美国法律制度采用“必要当事人规则”，即要求所有参与诉讼的人成为英国普通法规定的诉讼当事人。[4]但在层出不穷的股东诉讼案件中，美国法院从“任何过错不能仅因为形式上的要求而得不到纠正”这一规则出发，越过福斯规则直接承认股东可以代表公司提起诉讼。总体而言，在这一时期，美国法院对股东代表诉讼的态度可谓十分宽松，整个制度发展呈现出一种“野蛮生长”的繁荣之景。

（二）逐步限制的后期发展

1.“提起请求”程序的限制

19 世纪 70 年代之前，美国公司法案件中援引福斯规则的情形几乎不存

〔1〕 Brenda Hannigan, *Company Law* (3rd edn., Oxford University Press 2012) 417.

〔2〕 Ann Scarlett, ‘Shareholder Derivative Action Litigation’s Historical and Normative Foundations’ (2013) 61 *Buffalo Law Review* 887.

〔3〕 参见李小宁：《公司法视角下的股东代表诉讼——对英国、美国、德国和中国的比较研究》，法律出版社，2009 年版，第 23 页。

〔4〕 *West v. Randall*, 2 Mason 181, 29 Fed. Cas. 718, 29 F. Cas. 718 – 1820.

在。[1]尽管 1855 年 Dodge v. Woolsey[2]一案法院已经提出原告股东在提起代表诉讼之前应当先向董事会提出请求[3]，竭尽公司内部救济的要求已经初露端倪，但这一要求直到 1970 年 Brewer v. Proprietors of Boston Theatre 一案中，马萨诸塞州最高法院才首次明确指出，原告股东必须证明不能通过公司诉讼寻求救济才能提出股东代表诉讼[4]，该案的判决奠定了美国股东代表诉讼制度的基石之一——"提起请求"原则。随后，1881 年 Hawes v. Oakland 案[5]更是明确建立了美国个别小股东提起股东代表诉讼的实体规则和程序规则。[6]这些由美国法院确立和遵循的规则随后进一步在《衡平法规则》中得以明文呈现，即我们今天所看到的衡平规则 94（Equity Rules 94）[7]，"提起请求"原则的源起也被视为美国股东代表诉讼对英国 1843 年福斯规则的有限继受和发展。[8]

2. 保证金条款的限制

发展至 1940 年左右，宽松的司法态度使得股东代表诉讼在美国出现了司法者所担忧的"滥诉"现象，甚至演变成个别小股东寻求救济的最主要方式。1940 年，由纽约州商会聘请的富兰克林 · 伍德（Franklin Wood）

---

〔1〕 A.J.Boyle, 'The Minority Shareholders in the Nineteenth Century: A Study in Anglo-American Legal History' (1965) 28 *Modern Law Review* 322, 323.

〔2〕 59 U.S. (18 How.) 331 (1885).

〔3〕 A.J.Boyle, 'The Minority Shareholders in the Nineteenth Century: A Study in Anglo-American Legal History' (1965) 28 *Modern Law Review* 322.

〔4〕 104 Mass. 378, 386(1870).

〔5〕 104 U.S (14 Otto) 450, 26*L. Ed.* 827 (1881).

〔6〕 参见朱芸阳：《全球化与本土化互动中的股东派生诉讼》，法律出版社 2015 年版，第 38 页。

〔7〕 衡平规则 94 主要包括三方面的内容：首先，股东提起代表诉讼之前，应向所有股东提出正式要求，请求解决有关争议事项；其次，股东必须对董事会提出同样的请求，以穷尽公司内部的救济渠道；最后，原告还需要表明当事人之间不存在意欲寻求联邦诉讼程序的串通共谋。See Paul L. Davie, *Gower's Principles of Modern Company Law* (Sweet & Maxwell, 1997) 571. 参见甘培忠：《论股东派生诉讼在中国的有效适用》，载《北京大学学报（哲学社会科学版）》2002 年第 5 期，第 18 页。

〔8〕 参见朱芸阳：《全球化与本土化互动中的股东派生诉讼》，法律出版社 2015 年版，第 38 页。

对股东代表诉讼进行了第一次重大研究。伍德先生审查了 1932 年至 1942 年在纽约州和联邦法院提起的代表诉讼。在 573 起涉及上市公司的诉讼中，他发现只有 46 起诉讼实现了原告的追偿。同时他还发现，典型的和解案件涉及的和解金额不足原告指控损失的 3%。他由此得出结论“大多数股东代表诉讼是失败的或者毫无根据的”[1]。伍德报告直接导致一些专门限制股东代表诉讼的程序规则出现。1944 年以后，许多州通过了保证金要求的法案，要求原告（或允许法院要求原告）向法院提交保证金，用以赔偿公司的一切费用（包括律师费），这一要求成功地阻止了部分股东代表诉讼的提起。此外，该规则主要目的是阻止在公司持有极少数股权的股东提起诉讼。因此，大多数州规定原告满足一定的条件如持股超过 5% 可以豁免该保证金要求。

这些法规最初被视为股东代表诉讼的“丧钟”[2]。然而，正如美国学者所指出的，这些法规对股东代表诉讼“滥诉”现象的抑制作用并不大，原告股东们可以通过以联邦诉讼理由辩护或者获得司法豁免从而轻松规避这一规则。[3]

3. 特别诉讼委员会的限制

保证金条款在防止或减少滥诉现象方面的乏力促使美国法院进一步寻求抑制股东代表诉讼的新制度。20 世纪 70 年代美国经济的快速发展也将公司经营效率和中小股东保护之间的平衡关系问题重新摆在美国司法者的面前[4]，他们开始授权公司董事会或者委员会控制股东代表诉讼。1976 年，纽约地区法院首次在 Gall v. Exxon Corp 一案中采用了特别诉讼委员会制

---

〔1〕 Franklin Wood, Survey and Report Regarding Derivative Suits (1944)； 转引自 ALI(Ⅱ)，Part Ⅶ , Chapter 1，Introductory Note, Reporter' s Note 1, P.9.

〔2〕 Ralph C. Ferrara, Laura Leedy Gansler, *Shareholder Derivative Litigation: Besieging The Board* (Law Journal Seminars-Press 2013).

〔3〕 William Lucius Cary and Cary Eisenberg, *Cases and Materials on Corporations* (Foundation Pr 1980).

〔4〕 参见李小宁：《公司法视角下的股东代表诉讼——对英国、美国、德国和中国的比较研究》，法律出版社 2009 年版，第 95 页。

度[1]，该制度随后在 1981 年特拉华州最高法院 Zapata Corp. v. Maldonado 一案中再次被强调[2]，并因此于 20 世纪 80 年代初在各州法院被广泛采纳。根据该制度，公司有权任命一个由独立董事组成的特别诉讼委员会，该委员会负责审查代表诉讼的指控，并确定该诉讼是否符合公司的最佳利益，如果委员会认定该诉讼不符合公司的最佳利益，它将建议法院终止或驳回该诉讼。[3]

尽管不同法院在对公司委员会终止诉讼或者驳回诉讼的请求是否拥有二次审查权的问题上态度不一，但这并不妨碍特别诉讼委员会这一程序规则在排除无价值股东代表诉讼上具有一定的实质作用。如果诉讼有可取之处，则可能导致公司获得经济补偿，委员会应希望案件继续进行，反之如果指控没有法律依据，则委员会应采取行动予以驳回。

二、美国股东代表诉讼的现代特点

（一）美国股东代表诉讼的现行规定

多年来，美国股东代表诉讼被视为个别小股东代表全体股东对损害公司利益的不当行为提起的诉讼，但后来于 1946 年被确认为代表公司提起的诉讼。[4]这一立场已被纳入美国律师协会于 1950 年颁布并于 2002 年修订的《美国模范商业公司法》（The Model Business Corporation Act，简称 MBCA）。[5]该法案虽然不具有约束力，但由于其被 30 多个州所采纳，无疑对美国公司法的发展产生了极大的指导作用。特拉华州地区的相关法律，即 2013 年《特拉华州普通公司法》和 2013 年《特拉华州有限责任公司法》也采取了这一立场，但与《美国模范商业公司法》有细微的差别。美国的

---

〔1〕 418 F Supp 508 (United States District Court, SDNY, D.C.N.Y. 1976).

〔2〕 430 A.2d 779（Del.1981）.

〔3〕 See *Zapata Corp. v. Maldonado*, 430 A.2d 779,788 (Del. 1981).

〔4〕 *Meyer v. Fleming*, 327 US 161 - Supreme Court 1946.

〔5〕 Jeffrey Gorris, 'Delaware Corporate Law & the MBCA: A Study in Symbiosis' (2011) *Law and Contemporary Problems* 109.

大多数公司都是在特拉华州注册成立，该州的公司制度在美国具有巨大的意义。因此可以说，《美国模范商业公司法》《特拉华州普通公司法》和《特拉华州有限责任公司法》是关于美国股东代表诉讼主要的现行法律。这些法案揭示了美国股东代表诉讼的含义和主要内容[1]，比如未登记股东提起股东代表诉讼的权利[2]、同期所有权规则[3]、费用担保规则[4]，以及股东代表诉讼的程序要求——“提起请求”和“请求豁免”规则等。[5]

（二）程序性限制

如前所述，美国董事会在个别小股东是否提起代表诉讼的问题上拥有极大的控制权，只有当原告股东对董事会终止其起诉的决定提出质疑或者董事会就原告股东未经请求而起诉的行为提出质疑时，法院才会进行干预。由于董事会才是公司事务的决定者这一基本共识[6]，法院在代表诉讼起诉阶段的作用微乎其微。尽管如此，美国的程序性要件仍为公司个别小股东权益提供了一定的保护。

1.“提起请求”要求

“提起请求”这一程序规则是指原告股东起诉之前必须先请求公司对损害公司利益的不当行为采取措施，是否提起股东代表诉讼的决定应由独立董事作出。在特拉华州，原告股东所指控的不当行为董事本身不是独立董

〔1〕 MBCA 2002, s7.40(1); Federal Rules of Civil Procedure 2016, r.23.1 (a); Delaware Limited

Liability Companies Act, s 18-1001.

〔2〕 MBCA 2002, s7.40(2); Delaware Limited Liability Companies Act, s18-1001.

〔3〕 MBCA 2002, s.7.41(1); Federal Rules of Civil Procedure 2016, r. 23.1(b) (1); Delaware General Corporation Law, s327.

〔4〕 MBCA 2002, s7.46; Delaware Limited Liability Companies Act, s18-1004.

〔5〕 MBCA 2002, ss. 7.42 & 7.44; Federal Rules of Civil Procedure 2016, r. 23.1(3); Delaware Limited Liability Companies Act, s18-1003.

〔6〕 Re American International Group Inc. 965 A.2d 763- Del: Court of Chancery 2009; *Splegel v. Buntrock* 571 A. 2d 767, 773; MBCA 20 - Del: Supreme Court 1990 02, s 8.01(b); Delaware General corporation Law, s141(a).

事。[1]而根据 MBCA 的规定，董事不因以下原因被视为非独立董事：第一，董事由被告提名；第二，董事本身为被告；第三，董事批准了受指控的不当行为。[2]MBCA 的这一规定看似颇具争议，其违背“任何人不得既当运动员又当裁判员”这一自然正义法则，允许被指控董事就是否起诉做决定，但在大多数决策者是被指控对象时，法院并不会采纳董事会所作的决定。[3]因此可以说，MBCA 的规定在保护个别小股东方面与特拉华州公司法有异曲同工之效。

原告股东未遵循此程序直接提起诉讼或者无正当理由无视董事会决定执意提起的诉讼将被法院驳回。[4]然而，这一程序在保护个别小股东方面仍有很大帮助，因为其使得董事会认识到一个需要他们审视的严重问题。同时，如果他们拒绝采取进一步措施或拒绝要求，股东仍然被赋予起诉不当行为的权利。

2.“提起请求”的豁免

“提起请求”是美国股东代表诉讼的前置程序，也是最重要的一项程序性要件。但这一要求并非没有例外。在特定情况下，原告股东向法院说明免于提起请求的理由，经过法院审查理由成立则可以免于先向董事会提起请求而直接起诉。

（1）董事会缺乏独立性。个别小股东可以大多数董事会成员不独立为由，提出向董事会提起请求是徒劳的从而豁免请求。特拉华州法院在 Delaware County Employees Retirement Fund v. Sanchez 一案中确立了这一规则。[5]在该案中，法官认为原告提出“请求徒劳”理由充分合理。案涉董事会由五名成员组成，其中两名是被告，剩余中立的三人中有一个与其中

---

〔1〕 *Delaware County Employees Retirement Fund v. Sanchez*, Del: Supreme Court 2015; *Harbor Finance Partner v. Huizenga* 751 A.2d 879 – Del: Court of Chancery 1999.

〔2〕 Op. Cit., MBCA 2002, s7.44(c).

〔3〕 Op. Cit., MBCA 2002, s7.44 (b).

〔4〕 Op. Cit., MBCA 2002, s7.44(a); *Harrod Grill v. Chenevert*, Civil Action No. 7999-CS - Del: Court of Chancery 2013.

〔5〕 *Delaware County Employees Retirement Fund v. Sanchez.*

一名被告有经济上的牵连关系。因为他是一家公司的高管，被告作为大股东和董事长对该公司具有很大的影响力。[1]同样，2012 年 Central Labourers Pension Funds v. News Corporation 一案涉及公司以不合理价格收购另一家公司，而被收购公司的创始人的父亲正是收购公司的董事会成员。在这种情况下，原告股东提出的“请求徒劳”也得到法院的支持。[2]

同时，根据特拉华州法律，原告股东一旦向董事会提出请求，则事后不得以董事会不独立为由主张请求徒劳而豁免请求。[3]也就是说，向董事会提出请求本身意味着原告股东认可董事会的独立性，此后不得更改立场主张董事会不独立。这一规则导致股东总是倾向于不提起请求而主张请求徒劳。[4]

（2）未履行适当的商业判断。除了主张董事会不独立之外，董事会成员未在所争议的交易中履行适当的商业判断义务也是豁免请求的原因之一。众所周知，根据美国的商业判断规则，只要董事在不违反受信义务的情况下善意行事，其行为的责任将不被追究。[5]商业判断规则的法理基础在于，如果董事必须对其代表公司行事的一切不利后果负责任，出于对担责风险的担忧，董事决策时将不愿承担一切风险，即使该风险在合理范围内且能够使公司受益。[6]商业判断规则在股东代表诉讼程序中的运用实际上是关注董事会在所争议交易中受信义务的履行，如果董事会履行了受信义务，则将受到商业判断规则的保护。[7]正如在 Re Walt Disney Company Derivative Litigation 一案中，法院认可了商业判断规则作为董事的盾牌可以为其提供保护。[8]

---

〔1〕 *Delaware County Employees Retirement Fund v. Sanchez.*

〔2〕 45A. 3d 139-Del: Supreme Court 2012.

〔3〕 919 A. 2d 563 - Del: Court of Chancery 2007.

〔4〕 Hamilton (2000) 551.

〔5〕 *Zapata Corporation v. Maldonado*, 430 A. 2d 779 - Del: Supreme Court 1981.

〔6〕 Hamilton (2000) 449. 亦见 Smith D. Van Gorkom, 488 A. 2d 858 (Delaware 1985) 一案。

〔7〕 参见施天涛:《公司法论》，法律出版社 2018 年版，第 466 页。

〔8〕 906 A. 2d 27 - Del: Supreme Court 2006.

但是，如果董事会恶意作出决定，即公司作出终止诉讼的决定不符合商业判断规则，法院将不认可公司的决定，同时，提起请求程序将被视为徒劳而得到豁免。对于是否满足商业判断规则需要由法院在考量董事会独立性、诚信度以及其他事实的基础上进行综合判断。在 Geer v. Cox 一案中，董事未经股东同意，无视其他高出 40% 的出价，直接把公司资产以不合理低价出售，法院拒绝适用商业判断规则，并以请求徒劳为由支持原告股东豁免提起请求。[1]同样，在 Re Abbots Laboratories 一案中，董事无视食品和药品监督管理局的警告作出决定导致公司被处以罚款，此举也被认为超出良好的商业判断范围。[2]

（3）经过一定期限以及无法弥补的损害。原告股东在提起请求之后一定期限没有收到答复时也可以直接提起代表诉讼，MBCA 将这个期限确定为 90 天。[3]在 Mills v. Esmark Incorporation 一案中，法官认为，股东有权在董事会三个月内未作出答复时提起诉讼。[4]但这一期限并非固定不变。司法实践表明，在某些有正当原因的情况下法院会考虑给予公司更长的期限。比如，由于委员会的调查结果取决于未决法律程序的结果时，委员会无法如期答复，此时，此种答复上的延误被视为合理，股东无权以期限届满为由直接起诉。[5]

此外，在原告能证明如果经过一定期限届满再提起诉讼可能会给公司造成无法弥补的损害时，也可以免除提起请求程序。[6]比如重要证人病危，等到期限届满时重要证人可能已经去世，在这种情况下，提起请求的程序可以得到豁免。

上述四种例外情况均为股东提起请求的豁免事由，只要个别小股东有

---

〔1〕 242 F. Supp. 2d 1009 - Dist. Court, D. Kansas 2003.

〔2〕 51 F. 3d 524 - Court of Appeals, 5th Circuit 1995.

〔3〕 MBCA 2002, s7.42.

〔4〕 544 F. Supp. 1275 - Dist. Court, ND Illinois 1982.

〔5〕 *Piven v. Ryan*, No. 05 CV 4619, Dist. Court, ND Illinois 2006; Mozes exrel. *General Electric Company v. Welch*, 638 F.Supp. 215, 221 (D. Conn. 1986).

〔6〕 Op. Cit., MBCA 2002, s7.42(2).

证据证明情况之一，均得以免除提起请求的程序限制，直接提起股东代表诉讼。

3. 特别诉讼委员会决定的审查

如前所述，在原告提起股东代表诉讼后，公司内部可以成立由独立董事组成的特别诉讼委员会专门负责调查争议事项，并有权以诉讼不符合公司最佳利益为由终止股东代表诉讼。但由特别诉讼委员会作出的决定仍然可能受到法院的审查，法院可基于特定的理由对终止诉讼的决定提出异议。特拉华州的法院赋予自己对特别诉讼委员会提出的驳回或者终止诉讼的建议进行评估的权力。[1]根据特拉华州司法实践，特别诉讼委员会成员不独立即是法院审查其终止诉讼决定的正当理由之一。[2]因此，在 Biondi v. Scrushy 一案中，由于特别诉讼委员会的成员是被指控的不当行为人的朋友，而特别诉讼委员会甚至在调查完全结束前就宣布了他们没有不当行为，法院最终认定该委员会缺乏独立性并驳回其决定。[3]MBCA 在对待特别诉讼委员会决定是否需要经过司法审查这一问题上采用与特拉华州同样的立场。同时，MBCA 还详细规定不同的机构所作的决定须满足的不同条件以及法院审查的标准，如善意标准、合理调查标准以及公司最佳利益标准。[4]此外，在特别诉讼委员会不受信任时，原告股东的权利不受该委员会基于不充分调查得出的结果的影响，这为原告股东提供了进一步保护。[5]

（三）实质性要件

1. 适格原告

（1）股东身份。毋庸置疑，所诉不当行为针对的公司股东是股东代表诉讼的适格原告。这是因为，股东代表诉讼是针对公司诉讼不能而设置由

〔1〕 参见施天涛：《公司法论》，法律出版社 2018 年版，第 473 页。

〔2〕 *Klien v. FPL Group Inc.*, Case No. 02-20170-CIV-GOLD/SIMONTON- Dist. Court, SD Florida 2004.

〔3〕 820 A. 2d 1148, 1150 – Del: Court of Chancery 2003.

〔4〕 See, MBCA s7.44.

〔5〕 *Janssen v. Best & Flanagan*, 662 NW 2d 876 - Minn: Supreme Court 2003.

个别股东代为起诉的替代性救济措施。当然，公司的股东可以代表公司起诉。[1]因此，在 2011 年 CML VLCC v. Bax 一案中债权人针对董事违反义务提起的代表诉讼被驳回。[2]同时法院认为，债权人未来可能成为股东并不构成起诉的充分条件。因此，可转换债券的持有人并不具备原告资格。[3]

另外，美国还赋予股东对公司的全资子公司利益受损的事实提起代表诉讼的权利，这项在美国和英国均得到认可的制度被称为双重股东代表诉讼。[4]这是因为，针对子公司的不当行为会间接影响母公司的利益，从而股东的经济利益也会受到一定的影响。同时，一般而言，管理母公司事务的董事同时也参与管理子公司的事务，一旦董事不当行为损害子公司利益，由于母公司是全资子公司的唯一股东，而决策者正是不当行为者本身，子公司基本不可能自己提起诉讼。此时，赋予母公司个别股东代表公司起诉的权利是维护公司合法利益的不二选择。在 Reid v. Siniscalchi 一案中，公司股东就合资公司另一方挪用子公司资产和篡夺子公司商业机会的行为提起股东代表诉讼得到法院的支持。[5]

（2）持续所有权规则。原告身份所涉及的另一个问题是，前任股东是否拥有提起代表诉讼的权利。在美国公司法律制度中，前股东不能提起股东代表诉讼，这可以说是持续所有权规则的基础。[6]由于前任股东与公司之间已经不存在利益关系，股东代表诉讼的胜诉结果也无法使前股东从中受益，允许其起诉会引致较高的滥诉风险。[7]然而，为了保护个别小股东的利益，这一规则在发生公司合并事项时有两个例外：其一，如果原告股

〔1〕参见施天涛：《公司法论》，法律出版社 2018 年版，第 459 页。

〔2〕28 A. 3d 1037 Del: Supreme Court 2011.

〔3〕*Harff v. Kerkorian*, 347 A. 2d 133- Del: Supreme Court 1975.

〔4〕*Universal Project Management Services Ltd v. Fort Gilkicker Ltd & Others* [2013] EWHC 348 (Ch.); *Sneed v. Webre*, 465 SW 3d 169 - Tex: Supreme Court 2015 ; *YL Sheffield LLC v. Wells Fargo Bank*, 2013 NY Slip Op 67290 - NY: Appellate Div., 1st Dept. 2013.

〔5〕C.A. No. 2874-VCN, Del: Court of Chancery 2014.

〔6〕See, MBCA s7.41; Rule23.1 of the Federal Rules of Civil Procedure.

〔7〕参见李小宁：《公司法视角下的股东代表诉讼——对英国、美国、德国和中国的比较研究》，法律出版社 2009 年版，第 162 页。

东能够证明公司合并的目的在于排除其股东身份从而剥夺其适格原告资格，达到恶意终止诉讼程序的目的，此时股东资格的丧失非出于原告自身的意志，该诉讼程序不因此而终止。[1]其二，股东资格的丧失是公司合并的自然结果。[2]简而言之，由于公司合并，原告股东丧失原有公司的股份，同时获得新公司的股份，新公司概括继承了原有公司的权利义务，对原有公司的有利害关系的原告股东应该有权继续寻求补救，从而得到间接的经济利益。

（3）同期所有权规则（contemporaneous ownership rule）。在美国，股东代表诉讼提起的前提之一，即原告在其指控的不当行为发生时必须是股东，被称为同期所有权规则。因此，在特拉华州 Desimone v. Barrows 一案中，由于原告在不当行为发生时不是股东，其对一些非法行使股票期权的董事提起的诉讼被驳回。[3]在美国许多州，股东不得对发生在原告取得股东身份之前同时持续到原告成为股东之后的不当行为提起股东代表诉讼。[4]这一规则被认为主要是出于防止不当得利和购买诉讼（buying of a lawsuit）的目的。[5]因为不怀好意者可能通过临时购买少量股份取得股东身份从而提起股东代表诉讼，这在一定程度上可能增加“恶讼”的比例。但这一规则也饱受争议，有人认为防止不当得利只是表面的理由。[6]同期所有权规则在抑制无价值诉讼的同时也把部分有意义的股东代表诉讼拒之门外。比如，在不当行为发生之后购进股份的股东可能由于当时未知的不当行为支付了比股份实际价值过高的股份转让价款，此时，由于同期所有

---

〔1〕 *Lewis v. Anderson*, 477 A. 2d 1040-Del: Supreme Court 1984; *Kramer v. Western Pac.* Industry, 546 A. 2d 348, 354-Del: Supreme Court 1988.

〔2〕 *Lewis v. Anderson*, 477 A. 2d 1040-Del: Supreme Court 1984.

〔3〕 924 A. 2d 908-Del: Court of Chancery 2007.

〔4〕 *Conard v. Black*, 940 A. 2d 28, 41- Del: Court of Chancery 2007; *Pullman- Peabody Co. V. Joy Mfg.Co.*, 662 F. Supp. 32-Dist. Court; D. New Jersey 1986.

〔5〕 参见李小宁：《公司法视角下的股东代表诉讼——对英国、美国、德国和中国的比较研究》，法律出版社 2009 年版，第 159 页。

〔6〕 James D. Cox, ‘The Social Meaning of Shareholder Suits’ (1999) 65 *Brooklyn Law Review* 55.

权规则的阻碍，股东显然对这一不公待遇求助无门。有鉴于此，一些立法对同期所有权规则采取灵活的态度或允许这一规则有一定的例外。[1]

2. 适格被告

（1）董事。从股东代表诉讼的产生背景和制度建立的根本目的来看，公司的董事无疑是股东代表诉讼的主要适格被告。现任董事是公司经营事务的执行人，股东代表诉讼作为董事受信义务落实的执行措施和股东监督管理的主要途径适用于现任董事违反受信义务的情形自无疑问。从股东代表诉讼的补偿和威慑功能出发，前任董事违反受信义务使公司遭受损害的行为也同样适用于股东代表诉讼，此举要求前任董事对公司进行补偿，同时对其他董事今后的违法行为起到威慑作用。在 Scrushy v. Tucker 一案中[2]，法院支持了股东对一名前任董事的股东代表诉讼，该董事以低价购入股票并高价转售给公司的方式从事内幕交易损及公司利益。将前任董事纳入股东代表诉讼的起诉范围有助于将从事不当行为并企图通过退休或跳槽规避责任的不法董事绳之以法，公司利益的追偿也能使股东间接受益。

（2）第三人。根据美国法律，原则上任何人违反对公司的义务（包括第三人违反对公司的诚信义务之外的义务）都可能成为股东代表诉讼的案由[3]，如控股股东和一些专业人员。这一观点也存有争议，一般而言，第三人只有在参与了董事不当行为的情形下才能成为股东代表诉讼的被诉对象，因为如果他们损害公司的行为完全独立于董事会，适格的原告应该是由董事会代表的公司本身。特拉华州 Americas Mining Corporation v. Theriault 一案涉及公司高价收购另一家由多数股东控制的公司的交易，法院支持了针对批准该交易的多数股东、财务顾问和董事会的指控。[4]同样的，在 ltrust Financial Services Inc. v. Adams 一案中，一家会计师事务所被证明在提交给股东的财务报告中虚假地指控了公司虚假陈述，在股东提起的股东代表诉

[1] ALI (Ⅱ) s7.02, C o mm e nt C 38.

[2] 70 So. 3d 289-Ala: Supreme Court 2011.

[3] DeMott (2003). S1 . 1, 1-2.

[4] 51 A. 3d 1213-Del: Supreme Court 2012.

讼中，法院判决会计师事务所对该行为负责。[1]

3. 起诉理由

（1）违反忠实义务。我们知道，董事是公司事务的执行者或者实际支配者，若董事在其位而不谋其政，利用职位之便损害公司利益谋求私利，则构成股东代表诉讼的当然起诉理由。董事受信义务若要得到执行，就离不开将这些违反义务的行为诉诸法院的机制。[2]股东代表诉讼首先适用于董事对忠实义务的违反，如自我交易、转移公司资产、将公司交易机会据为己有、内幕交易、高额管理报酬、与公司利益无关的不合理巨额捐赠、劫掠或者欺诈等。

（2）违反注意义务。根据美国法律，董事对注意义务的违反同样受到股东代表诉讼的规制。注意义务的含义是，当董事发挥自身专长并尽到处于相似位置的理性谨慎人在类似情况下所应尽到的义务代表公司进行决策时，董事即被认为尽到注意义务。

然而，在美国，由于受到商业判断规则的保护，董事只有在违反注意义务构成严重疏忽的情况下，才可能被追究责任。这一立场从 Re Walt Disney Company Derivative Litigation 一案可见一斑。在该案中，董事会在一名薪酬专家反对的情况下以及薪酬委员会调查结束之前坚持任命一名薪酬与职责不相称的董事，涉嫌违反注意义务。尽管法院认为该行为构成疏忽，但基于商业判断规则，其认定董事之所以作出该决定完全出于考虑公司的利益，并没有构成重大过失，从而拒绝追究董事的责任。[3]

除了商业判断规则，在美国，违反注意义务的责任追究还受到不当行为董事是否从中受益的影响，美国法律允许在董事未受益的情况下免除对公司的经济赔偿责任。[4]这一规则极大地抑制了股东提起股东代表诉讼的动力，有效控制了滥诉现象。

---

〔1〕 76 So. 3d 228-Ala: Supreme Court 2011.

〔2〕 施天涛：《公司法论》，法律出版社 2018 年版，第 459 页。

〔3〕 906 A. 2d 27 - Del: Supreme Court 2006.

〔4〕 Delaware General Corporation Law, s 102(b) (7).

（3）未来的行动。根据美国判例法，尚未完成的交易不构成股东代表诉讼的起诉理由。换而言之，董事即将采取的行动即使可能损害公司或者小股东利益，也不能作为提起股东代表诉讼的理由。事实上，先例表明，美国的董事甚至得以从法院获得一纸禁令，以限制针对拟议的疏忽行为或者不作为提起的股东代表诉讼。[1]在 Emerald Partners v. Berlin 一案中[2]，董事拟收购一些由多数股东控制的公司，在股东会批准该交易之前，多数股东已经将其从拟议的合并行为中增加的股份份额转让给其子女。部分股东提起股东代表诉讼以期阻止该项交易，然而法院根据商业判断规则发出禁令阻止该诉讼继续进行。显然，美国法院在这一问题上的立场在公司的效率与公司及中小股东利益保护的平衡上倾向于前者，在公司及中小股东利益的保护上略显不足。

三、美国股东代表诉讼的评价

（一）股东代表诉讼的本质

股东代表诉讼实际上是两个诉讼合二为一：其一是股东要求公司行使其起诉的权利；其二则是公司针对损害其利益的不当行为者提起诉讼。[3]尽管董事会拒绝以其名义起诉，但通过个别原告股东的起诉，公司仍作为一方主体参与到诉讼中。但是，股东代表诉讼的这种双重性质并未改变该诉讼的真正主体。无论如何，公司都是诉讼利益的最终所有人。

股东代表诉讼不同于股东直接诉讼，当股东个人利益直接遭受侵害时，股东可以直接提起诉讼。比较而言，只有当股东确信由于公司利益遭受损害间接危及自身利益时，股东才可以启动代表诉讼程序。在认定股东提起诉讼的性质时，美国法院并不拘泥于原告股东诉状的提法，而是适用一定

〔1〕 *Malpiede v. Townson*, 780 A. 2d 1075 - Del: Supreme Court 2001.

〔2〕 787 A. 2d 85 - Del: Supreme Court 2001.

〔3〕 *Aronson v. Lewis*, 473 A.2d 805, 81l (Del. 1984); 13 FLETCHER, supra note 2, s.5941.10.

的标准来确定诉讼性质。[1]最常用的方法是上述的损害标准。当遭受损害的是公司整体的利益时，诉讼被视为股东代表诉讼，而当不当行为侵害的是股东个人的利益时，法院则认定为股东个人诉讼。[2]但并非所有案件都能清楚认定损害的对象，有时某一过错行为同时损害公司利益和股东个人利益，有时确定利益的损害几乎成为整个案件的核心问题。因此，在损害标准之外，美国法院还会考虑一些其他的方法来确定案件性质。比如直接规定涉及某些情况的诉讼会被直接确定为股东直接诉讼或者股东代表诉讼，ALI 就列举了一些通常会被认定为直接诉讼的情况。[3]但这种方式的弊端在于判断标准的不确定性，同一个案件在不同的司法辖区被认定的性质可能取决于该司法辖区的先例。[4]最后一种判断标准是权利标准，该标准关注股东权利的性质而非损害事实所造成的经济上的影响。若股东提起诉讼有明确的个人权利基础，则诉讼被认定为股东直接诉讼，反之为股东代表诉讼。[5]无论法院采取何种标准确定股东诉讼的性质，股东代表诉讼和股东直接诉讼之间并非总是泾渭分明，法官在这一复杂问题上拥有广泛的自由裁量权，有时甚至要考虑政策基础、各方利益甚至于诉讼导致的结果等多种因素。[6]

（二）美国股东代表诉讼的价值

股东代表诉讼具有一系列重要的功能，其中最为显著的当属威慑和补

---

〔1〕 *Rubinstein v. Skyeller*, Inc. , 48 F. Supp.2d315, 323 (S. D.N. Y. 1999); Ferraraet al. (2005), s1.02, text accompanying Footnotes 13-18.

〔2〕 John W. Welch, ‘Shareholder Individual and Derivative Actions: UnderlyingRationales and the Closely Held Corporation’ (1984) *Journal of Corporation Law* 147, 154.

〔3〕 ALI (Ⅱ) s7.01, Comment C 18.

〔4〕 John W. Welch, ‘Shareholder Individual and Derivative Actions: UnderlyingRationales and the Closely Held Corporation’ (1984) 9 *Journal of Corporation Law* 147, 158-159.

〔5〕 John W. Welch, ‘Shareholder Individual and Derivative Actions: UnderlyingRationales and the Closely Held Corporation’ (1984) 9 *Journal of Corporation Law* 147, 160-165.

〔6〕 参见李小宁:《公司法视角下的股东代表诉讼——对英国、美国、德国和中国的比较研究》，法律出版社 2009 年版，第 130 页。

偿功能。〔1〕一方面，股东代表诉讼的胜诉结果可以对公司内部人的不当行为起到威慑作用，抑制董事的投机行为；另一方面，公司遭受的损害可以通过股东代表诉讼得到实际的赔偿，有利于维护公司的利益并间接保护中小股东的权利。

1. 股东代表诉讼的威慑作用

尽管如前所述，股东代表诉讼可以针对公司外部第三人提起，但不可否认的事实是，美国绝大多数股东代表诉讼都是针对公司内部人的损害而启动的救济措施。〔2〕在这些案件中，董事和高管必然不可能针对其自身的不当行为提起诉讼要求救济。若股东无法对其不当行为追究责任，则董事的受信义务无疑成为束之高阁的规则。美国最高法院表示："股东代表诉讼的意义在于，赋予个别股东一把利剑以对抗失职董事和高管之不当行为。"〔3〕股东代表诉讼正如一把悬在董事和高管头上的利剑，通过对不当行为的追责和惩罚时刻警醒董事尽心尽职地为公司利益服务。在这个意义上，股东代表诉讼作为受信义务的救济程序对董事和高管等实际掌握公司经营的内部人形成威慑，有效地抑制其不当行为。

2. 股东代表诉讼的补偿作用

股东代表诉讼的另一重要价值在于对公司受损的利益进行补偿，通过追究责任索取赔偿，股东代表诉讼可以使公司利益恢复未受损害的状态。如前所述，不当行为者通常为公司内部人，如果没有代表诉讼这一诉讼机制，董事不可能自觉纠正错误并赔偿公司损失，在董事会控制之下的公司面对损害只能保持沉默，个别小股东也没有途径寻求救济。赋予个别股东直接提起诉讼的权利，有助于公司就遭受的损害寻求救济。

---

〔1〕 See generally James D. Cox, 'Compensation, Deterence, and the Market as Boundaries for Derivative Suit Procedures' (1984) 52 *The George Washington International Law Review* 745.

〔2〕 Glenn G. Moris, 'Shareholder Derivative Suits: Louisiana Law' (1996) 6 *Loyola of Los Angeles Law Review* 583, 585.（实践中，股东代表诉讼几乎是作为股东监督董事和高管的一种手段而存在，被用于指控董事和高管违反其对公司的受信义务。）

〔3〕 Glenn G. Moris, 'Shareholder Derivative Suits: Louisiana Law' (1996) 6 *Loyola of Los Angeles Law Review* 583, 584.

3. 解决特定类型的不当行为

股东代表诉讼在解决特定类型的公司不当行为方面也发挥了不容小觑的作用，比如股票期权回溯的问题。在2000年代中期，股东代表诉讼的案例显示，许多公司追溯了股票期权的日期，导致内部人能够自己操纵股票期权的价值。在一系列的股东代表诉讼披露这一问题之后，股东代表诉讼的裁决结果比传统的股东代表诉讼对公司有利很多。例如，一项研究表明，40%的股票期权相关诉讼以原告股东获得有价值的经济赔偿告终，而基于其他事由提起的诉讼一般只有2%能够获得赔偿。[1]其他研究发现，与证券集体诉讼等其他诉讼机制相比而言，股东代表诉讼在解决这些特定类型的公司治理问题上有着不可比拟的天然优势。[2]

（三）对美国股东代表诉讼的质疑

股东代表诉讼无疑是改善公司治理环境，保护公司及中小股东利益的一大利器，但同时，质疑之声也历来有之，主要集中在无益于增加公司价值、较高的诉讼代理成本以及“侵夺”董事会权力等几个方面。

1. 无助于增加公司价值

（1）极少获得经济赔偿。大多数诉讼的最终目的是追求经济利益，原告希望获得经济赔偿，被告希望规避经济赔偿。然而，70多年来，研究人员发现美国的股东代表诉讼只有少量以对公司的经济赔偿告终。如前所述，1940年伍德报告就已经得出结论，只有不到10%的股东代表诉讼最终获得赔偿，而且赔偿金额也远低于原告最初诉求。[3]大约45年后，罗伯塔·罗玛诺教授（Roberta Romano）得出了相似的结论，他认为：“股东代表诉讼在法庭上的结果并不尽如人意，在诉讼中向股东支付现金赔偿的比例远远

〔1〕 Erickson and Jessica, ‘Corporate Governance in the Courtroom: An Empirical Analysis’ (2010)51 *William & Mary Law Review*, 1749, 1831.

〔2〕 Fuerman and Ross, ‘Securities Class Actions Compared to Derivative Lawsuits: Evidence from the Stock Option Backdating Litigation on Their Relative Disciplining of Fraudster Executives’ (2016) 8 *Journal of Forensic and Investigative Accounting* 198, 217.

〔3〕 Wood, *Survey and Report Regarding Stockholders' Derivative Suits* (The Wood Reword 1944).

低于集体诉讼中的赔偿比例。”[1]在研究1960年至1987年美国股东代表诉讼的情况时，其发现在总共128起终结的股东代表诉讼中只有12起诉讼以原告股东或者公司获得经济赔偿告终。对股东代表诉讼最新的实证研究是美国学者埃里克森（Erickson）对联邦法院2000年代中期股东代表诉讼的研究，其发现在141起代表上市公司提起的股东代表诉讼中，只有22起争议中的原告股东或者公司最终获得经济利益。[2]由此可见，极少案件以经济赔偿方式结案是美国股东代表诉讼发展中无可争议的事实，绝大多数的原告股东并未得到满意的诉讼结果。

（2）大多以非货币方式和解。美国的股东代表诉讼结果的另一个特点是，大多数案件以非货币方式和解，即原告与公司达成一致，最终双方以公司适当改变自己某些治理方式结束争议。这种现象到20世纪90年代成为美国股东代表诉讼的典型做法，罗玛诺教授在其研究中发现，非货币方式和解案件的数量是货币方式和解的两倍以上。而且，这些所谓的改革措施对公司而言往往显得微不足道且毫无价值。例如，有些和解方式涉及对董事会组成的改革，这听起来是一项事关重大的措施，但实际上董事会表面的改变对公司治理环境的改善只是隔靴搔痒。[3]罗玛诺教授认为，非货币方式和解主要是律师为证明其收费合理性而推动达成的。[4]20多年后，学者埃里克森的研究结果与罗玛诺教授的发现基本一致，以非货币方式和解告终的股东代表诉讼占很大比例，且和解措施对公司而言无关紧要。其深入研究还显示，许多改革措施与原告股东最初诉求大相径庭，无论股东指控的不当行为属于何种类型，不同案件的改革措施实际上相当统一，这

---

〔1〕 Robert Romano, ‘The Shareholder Suit: Litigation Without Foundation? ’ (1991) 7 *Journal of Law Economics & Organization* 55, 87.

〔2〕 Erickson and Jessica, ‘Corporate Governance in the Courtroom: An Empirical Analysis’ (2010) 51 *William & Mary Law Review* 1749, 1831.

〔3〕 Robert Romano, ‘The Shareholder Suit: Litigation Without Foundation? ’ (1991) 7 *Journal of Law Economics & Organization* 55, 87.

〔4〕 Robert Romano, ‘The Shareholder Suit: Litigation Without Foundation? ’ (1991) 7 *Journal of Law Economics & Organization* 55, 87.

些大同小异的改革措施并未给公司带来实质的价值。[1]总体而言，公司治理改革这种和解方式无异于被告以低廉的成本解决股东代表诉讼的一种捷径，其同时为原告律师索取代理费用提供有力的依据。但不可否认的是，这种和解方式对促进公司价值以及发挥股东代表诉讼机制的威慑与补偿作用的意义仍值得进一步商榷。

2. 高昂的诉讼代理成本

如前所述，股东代表诉讼的真正主体是公司，任何追偿最终都归于公司。但是，由于董事会是公司的决策者，同时往往与受诉不当行为有牵连，这种身份上的矛盾可能影响其作出公正的裁决。有鉴于此，公司作为诉讼利益的最终所有人实际上往往并不控制诉讼进程。相反，股东代表诉讼大多由原告股东及其律师控制。这种关系长期以来受到一些学者的批评。[2]富兰克林·伍德就曾基于对原告股东持股数量的研究数据指出，这种股东与客户之间的职业关系相当滑稽。[3]尽管原告股东通常无须向法院披露其持股数量，但坊间证据显示原告在公司持有的股份相对较少，甚至有些原告股东在胜诉的情况下只能获得几美元到几十美元的间接利益。[4]与之相对，原告律师却能从股东代表诉讼中获得巨大的收益，罗玛诺教授发现，律师在以货币方式和解告终的案件中平均收到 145 万美元，而在非货币方式和解的案件中平均代理费为 28 万美元。[5]股东代表诉讼中这种原告股

〔1〕 Erickson and Jessica, ‘Corporate Governance in the Courtroom: An Empirical Analysis’ (2010) 51 *William & Mary Law Review*, 1749, 1831.

〔2〕 John C. Coffee, ‘Understanding the Plaintiff's Attorney: The Implication of Economic Theory for Private Enforcement of Law Through Class and Derivative Actions’ (1986) 86 *Columbia Law Review* 669, 727; Jonathan R. Macey and Geoffrey P. Miller ‘The Plaintiffs' Attorney's Role in Class Action and Derivative Litigation: Economic Analysis and Recommendations for Reform’ (1991) 58 *University of Chicago Law Review* 1, 117.

〔3〕 Wood, *Survey and Report Regarding Stockholders' Derivative Suits* (The Wood Reword 1944).

〔4〕 Wood, *Survey and Report Regarding Stockholders' Derivative Suits* (The Wood Reword 1944).

〔5〕 Robert Romano, ‘ The Shareholder Suit: Litigation Without Foundation? ’ (1991) 7 , *Journal of Law Economics & Organization,* 55, 87.

东和律师之间的收益差距可谓匪夷所思，案件无论以何种方式告终，对律师而言都有利可图。高昂的代理费用对律师形成巨大的激励机制，以至于有人担心股东代表诉讼沦为一种律师“骗钱”的手段，即律师纯粹为了律师费鼓动公司小股东提起诉讼。[1]这种“恶讼”不但对公司价值的提升和不当行为的发现没有帮助，甚至于对原告股东的利益也无所贡献。

3.“侵夺”董事会固有权力

在20世纪的大部分时间，公司治理的主导范式是伯利和米恩斯在他们1932年的经典著作中提出的，他们认为美国的大公司是由管理层主导的，而股东在控制和管理公司方面只有极小的权力。[2]由于真正控制公司的董事有时可能陷入利益冲突，股东代表诉讼最初是董事管理不善的主要制约机制，其目的是确保传统的公司代理问题不会妨碍公司从损害其利益的不当行为者处获得赔偿。1949年最高法院在Cohen v. Beneficial Industrial Loan Corp一案中指出：“股东代表诉讼长期以来充当公司管理的监管机制。”[3]然而，美国公司法的宽大导致股东代表诉讼在很长一段时间内几乎不受限制，指控董事不当行为案件数量的井喷式增长引发了对股东代表诉讼的质疑——这种最初只是作为公司诉讼不能时的替代救济措施的诉讼机制是否实际上侵夺公司管理者的固有权力？毫无疑问，是否针对不当行为提起诉讼也是公司决策的一种，将该权力以例外的方式赋予股东在一定程度上削弱了董事会的职权。出于对承担责任的顾虑，在职董事在决策时也倾向于自保而很难优先考量公司最大利益，这在一定程度上干扰了公司的经营管理，破坏了传统的公司治理架构。

同时，为鼓励在职董事在履行管理职责时真正负起责任，维护公司效率，公司不得不做出一些努力以限制董事可能遭受的经济损失，包括为董

---

〔1〕 Randall S. Thompson and Robert B. Thomas, ‘A Theory of Representative Shareholder Suits and Its Application to Multijurisdictional Litigation’ (2012) 106 *Social Science Electronic Publishing* 1753, 1819.

〔2〕 Adolf Berle and Gardiner Means, *The Modern Corporation and Private Property* (Transaction Publishers 1932).

〔3〕 337 U.S. 541, 548 (1949).

事购买董事责任保险和强制（或允许）公司对董事进行补偿等。此外，在董事雇佣市场，为鼓励更多有能力的人担任董事，公司不得不付出更多的成本以消除潜在股东代表诉讼的影响。上述成本的增加最终承担者仍为公司及其股东，这使得股东代表诉讼的作用进一步受到质疑。

四、美国股东代表诉讼的发展趋势

美国股东代表诉讼的发展长期以来遵循着一个重要的规律，法院不断地在保护公司与小股东利益和维护公司效率之间寻求平衡[1]，力图在促进和限制之间找到一个发挥股东代表诉讼最大价值的平衡点。与其他国家相比，美国公司法的宽松态度允许单个股东更容易提起股东代表诉讼，但除了上述在股东代表诉讼的程序和实体方面的限制之外，公司法针对股东代表诉讼的弊端还从其他很多方面建立了一系列相关制度。为防止公司与律师联合起来无视公司利益达成无价值的和解，公司法规定所有股东代表诉讼的和解协议必须经法院同意。为了遏制可能无端浪费公司管理者大量时间和精力的“滥诉”现象，美国公司法逐渐形成完善的原告费用担保规则。近几年机构投资者在参与股东代表诉讼、维护公司利益方面的热情也一定程度上改变了律师操纵股东代表诉讼牟利的现象。

从立法政策和实际效果上整体评价，尽管长期以来对股东代表诉讼的实效不无担忧，但众多研究仍表明这一诉讼机制可以为公司带来真正的价值，甚至在很长一段时间内充当“公司管理的主要调节器”[2]，这也是美国股东代表诉讼在70多年发展的波折起伏中屹立不倒的原因。

近些年由于其他形式的诉讼机制逐渐成熟并发挥巨大的作用，股东代表诉讼的作用呈减弱趋势。联邦法院允许股东提起证券欺诈的集体诉讼，这一诉讼机制在解决董事违反义务的纠纷方面发挥了越来越重要的作

〔1〕参见李小宁：《公司法视角下的股东代表诉讼——对英国、美国、德国和中国的比较研究》，法律出版社2009年版，第193页。

〔2〕*Cohen v. Beneficial Indus. Loan Corp.*, 337 U.S. 541, 548 (1949). Coffee & Schwartz (1981) 261.

用。[1]同时，州法院关于受信义务的集体诉讼也逐渐成为公司收购过程中管理者不当行为争议的主要解决途径。[2]而对大型公众公司而言，证券交易所要求其董事会由更多的独立董事组成，这一变化使得股东在满足股东代表诉讼的程序性限制方面愈发困难。尽管面临这些困境，股东代表诉讼仍然发挥着重要作用，尤其是在封闭公司中，其仍然是利益冲突交易与违反董事义务行为的主要监督方式。[3]

公司法领域没有任何一个治理机制像股东代表诉讼一样引起长期持久的争论。[4]时至今日，从积极的视角来审视美国股东代表诉讼，在肯定其于公司治理结构中的地位同时，其历经 70 年发展仍存在的问题尚有待解决。法律制度应全面重新审视股东代表诉讼，摒弃目前这种将诉讼完全交给原告律师与公司董事会处理的方式。相反，法官、股东以及立法机构都应该采取必要的行动，制定更好的事前程序规则，以期控制无价值的诉讼并引导股东代表诉讼在公司治理中发挥更大的作用。具体而言，首先，法官在审查和解协议时应采纳更为严格的标准。其次，公司及其股东可以在其管理文件中纳入限制诉讼的规定以防止特定类型的诉讼损害公司管理效率。最后，立法机构可以通过新的法规或者规则对股东代表诉讼执行新的强化程序，以便更好地控制股东代表诉讼，消除其负面影响。

当然，股东代表诉讼的问题没有一个单一的解决办法，其需要美国法律制度全方位的缓慢改革与各机构的共同努力。此外，有效的公司治理机制也是各种不同规则制度相互配合共同作用的结果，绝不依赖于单一制度。

---

〔1〕 Robert B. Thompson & Hillary A. Sale, ‘Securities Fraud as Corporate Governance: Reflections upon Federalism’ (2003) 56 *Vanderbilt Law Review* 859, 860-61.

〔2〕 Robert B. Thompson & Randall S. Thomas, ‘The New Look of Shareholder Litigation: Acquisition-Oriented Class Actions’ (2004) *57 Vanderbilt Law Review* 133, 168.

〔3〕 与公众公司不同的是，封闭公司没有公开的股票交易市场，也没有针对管理者不当行为的具体限制。

〔4〕 参见朱芸阳：《全球化与本土化互动中的股东派生诉讼》，法律出版社 2015 年版，第 58 页。

美国近年在金融监管以及信息披露方面的改革也对公司治理环境产生了重要影响，股东代表诉讼作为公司治理机制之一，其作用不应被夸大，将其置于公司治理的整个系统工程中通盘考量才是最有效的。

第十二章 英国股东代表诉讼：普通法的回归

一、普通法上的股东代表诉讼

英国普通法的代表诉讼源于福斯规则。在 Foss v. Harbottle 一案中，法官认为，股东代表公司起诉董事的请求不应当被支持。换言之，福斯规则是对代表诉讼的否定。此时读者可能会疑惑，既然福斯规则对代表诉讼持反对态度，缘何代表诉讼源于福斯规则？这是因为，福斯规则虽确定了股东不能代表公司起诉不法行为者的原则，但同时也规定存有例外情况。而正是这些例外情况，衍生出代表诉讼。

福斯规则在英国学界备受争议，有学者称之为公司法最为神秘之处[1]，也有学者认为该规则的适用，给英国甚至整个英联邦的公司法蒙上阴影[2]，甚至有学者在大学里放弃讲授该规则。为何福斯规则会引发如此大的争议？

（一）福斯规则的正当性

福斯规则虽备受学界批评，但其产生与确立并非没有根据，而是具有一定的正当性依据。

---

〔1〕 Stephen Girvin, Sandra Frisby and Alastair Hudson, *Charlesworth Company Law* (Sweet & Maxwell, 2010) 509.

〔2〕 Derek French, *Mayson, French and Ryan on Company Law* (Oxford University Press, 2018) 546.

1. 原告适格

福斯规则的首要根据是原告适格，即提起诉讼之人须具备符合提起诉讼的资格，否则丧失提起诉讼的权利。威格拉姆（Wigram）法官在福斯一案中认为，当公司受到侵害时，公司应当以自己的名义，凭借公司的身份提起诉讼，或者以法律规定的代表人名义起诉。除非自身权利受到侵害，否则股东没有资格代表公司提起诉讼。[1]原告适格源于公司乃独立法律主体之理论，即公司作为法律人，享有法律权利和承担法律义务，当其合法权益受到侵犯时，当然享有据此提起诉讼的权利。此外，普通法的无间接损害原则也可从另一面证实原告适格理论。无间接损害原则认为股东只能就其独立于且不同于公司损害的直接损害要求赔偿。如股东个人遭受的损失仅仅是基于公司损失带来的股份贬值，则该股东不能以此损失提起诉讼，因为此种情况下，受损害的是公司，股东虽也有受损，但其所受之损并非直接损害，其所遭受的仅仅是公司损失的反映。[2]

2. 多数决原则

多数决原则是指当公司多数股东赞成某项行为时，即便该行为可能或已经造成公司利益受损，法院也不应评价该行为，无论是责难抑或赞赏。多数决原则源于公司内部管理的民主化，当公司股东人数众多而众口难调时，如总强调决策的一致同意，无疑会影响公司效率。因此，参照民主政治的运行模式，按照股份持有量进行投票，当持有多数以上股份的股东同意某项决策时，即可不理会其他少数股东的意愿而径行实施该决策。有学者认为，公司这一罔顾其他股东意志的民主化管理模式实质上源于合伙制度，早期的公司与私人合伙差别不大，在这种类似合伙的公司组织中，股东之间的关系如同合伙人一样，具有相互信任的特点，因此，少数股东的意志屈从于大股东，也不被认为不公平。[3]

---

〔1〕 *Foss v. Harbottle* [1843] 2 Hare 361.

〔2〕 *Prudential Assurance Co. Ltd v. Newman Industries Ltd* (No. 2) [1982] Ch. 204.

〔3〕 参见李小宁:《公司法视角下的股东代表诉讼——对英国、美国、德国和中国的比较研究》，法律出版社2009年版，第23页。

多数决原则实质上赋予公司追认自身不当行为的机会。詹金斯（Jenkins）法官指出，如果一个公司或团体的简单多数成员赞成某项行为时，毫无疑问，任何成员个人都不允许就该行为提起诉讼。[1]当然，多数决原则的适用前提是该行为具有可追认性，即造成公司利益受损的行为可以被追认，如该行为不具有可追认性，则另当别论。

3. 不干预公司内部事务传统

英国法院保守的司法传统，在公司法体现为法院不愿意干涉公司内部管理事务。这一传统认为，公司内部事务由公司管理，如法院可任意干预，则意味着公司管理权的转换，即公司管理权由公司董事或股东转向法官。事实上，术业有专攻，即使能力很强的法官也不可能代替董事的作用。在 Shuttleworth v. Cox Brothers and Co (Maidenhead) Ltd 一案中，斯克鲁顿（Scrutton）法官认为，如果法院可以恣意干预公司管理，则法院将代替股东成为公司日常琐事的管理者，但这无疑是错误和不可取的。[2]

4. 水闸作用（floodgate）

福斯规则对代表诉讼的否定也具有水闸的功效。在公司大量存在的今天，董事在日常管理中难免会出现失误或错误，导致公司利益受损。如任由公司股东提起代表诉讼，则如同打开水闸，案件将如同洪水般涌入法院，令法官无从分身。实践中，公司董事很难做到十全十美，一些琐碎的违规行为也并不少见，如不对代表诉讼作出限制，则此类案卷将在法院堆积如山。因此，如同梅丽斯（Mellish）法官所言，要求原告适格，以公司名义提起诉讼可以有效阻止这种现象。[3]

（二）福斯规则的例外情形

福斯规则的确立虽具有一定正当性，但其理论依据也遭受不少质疑。比如，依据多数决原则，少数股东可能永远也无提起代表诉讼以保护公司

〔1〕 *Edwards v. Halliwell* [1950]2 All E.R. 1064.

〔2〕 *Shuttleworth v. Cox Brothers and Co (Maidenhead) Ltd* [1927] 2 KB 9.

〔3〕 *MacDougall v. Gardiner* [1875] 1 Ch D 13.

利益的机会。因为在某一特定公司中，侵害公司利益的董事很可能持有公司半数以上股份，其可因此操纵公司通过有利于自己的决议。如任由控制股东或董事玩弄公司，罔顾公司和少数股东的利益，则法律也失去其应有之义。[1]普通法也认识到福斯规则这一缺陷，因此发展出福斯规则的例外情形，允许股东在例外情况下提起代表诉讼。威格拉姆法官在福斯一案中也提到，代表诉讼可在服务于正义的条件下产生，以确保正义不受技术性规则的阻碍。也正是从此意义上而言，福斯规则衍生了代表诉讼。

1. 欺诈少数股东[2]

欺诈少数股东被誉为唯一一个真正的福斯规则例外情形。[3]这一例外在福斯一案中有所隐现，但法官并没有对之进行明确阐述。之后的 Edwards v. Halliwell 一案中，法官确认这一原则，并对其必要性进行了解释。但直至 Prudential Assurance Co. Ltd v. Newman Industries Ltd (No.2) 一案，法官才对欺诈少数股东进行详细阐述：当不当行为构成欺诈且该不当行为人自身控制公司时，福斯规则应当有所松绑，允许少数股东代表自己和其他股东提起诉讼。放宽该规则的原因在于：如少数股东丧失提起诉讼的权利，则他们的委屈与无奈将永远不能向法庭倾诉，因为控制公司的不当行为人绝不会允许公司起诉其自己。[4]

按以上的解读，欺诈少数股东这一例外原则，必须符合两个要素：一是欺诈，二是不当行为人控制。

（1）欺诈。欺诈在代表诉讼背景下具有非常广泛的内涵。它不仅仅指一般意义上的欺骗或不诚实，还包括其他各种损公肥私的行为，如董事或控制股东与公司自我交易，必高于市场的价格销售产品给公司或者低价受

---

〔1〕 *Wallersteiner v. Moir* (No. 2) [1975] QB 373 at 390-391 per Lord Dinning MR.

〔2〕 欺诈小股东这一词翻译自英语 fraud on the minority。欺诈小股东按其汉语意思可能以为是董事对小股东权利的侵犯。其实不然，欺诈小股东的例外原则是董事对公司的侵犯，但在董事又是公司大股东或者大股东的代表的情况下，最终承担该损失的也是小股东。如果小股东自身权利受到侵犯，则其根本不需要借助代表诉讼而可直接提起诉讼。

〔3〕 *Prudential Assurance Co Ltd v. Newman Industries Ltd* (No. 2) [1981] Ch 257, 323.

〔4〕 *Prudential Assurance Co Ltd v. Newman Industries Ltd* (No. 2) [1981] Ch 211.

让公司的产品[1]，违反信托义务窃取本应属于公司的商业机会。[2]如同法官在 Burland v. Earle 一案中所说的“当控制股东试图直接或间接地挪用公司金钱、财产或其他本属于公司的机会时”[3]，欺诈即有适用空间。

但值得注意的是，主观上故意为之并非欺诈的必要要求。侵害人即使非出于故意，而是疏忽，如果该行为使自己受益，也同样构成欺诈。[4]如果不当行为人没有从其行为获得利益，则不能构成欺诈。[5]换言之，如果公司董事因其管理不当而导致公司产生损失，而该董事并未从中受益，即使其对公司拥有控制之权，股东也无提起代表诉讼之权。

（2）不当行为人控制公司。福斯规则认为，如不当行为可由公司追认，则股东丧失提起代表诉讼之根据。原因在于：如公司自身能够处理内部不当行为，则法院不应干预。但如公司由不当行为人控制，则该公司显然会做出有利于不法行为人之决议。此时，如依然严格遵循福斯规则，不允许股东提起代表诉讼，无疑有损股东及公司的整体利益，正义也无从伸张。因此，如果股东能够证明不当行为人同时控制公司，则其可向法院提起代表诉讼。[6]

问题在于如何证明不当行为人控制公司。对于私人公司而言，因股东人数较少，股份也相对集中，证明不当行为人是否控制公司较为容易。但对于公众公司而言，因股东人数多，股权结构也非常松散，证明不当行为人是否控制公司的难度较高。一般而言，证明不当行为人是否控制公司，最为简单直接的办法是，证明其持有公司股份超过 50%。在 Pavlides v. Jensen 一案中，法官即采此观点，认为小股东如想证明不当行为人控制公司，须证明其直接或通过指定代理人持有公司超过 50% 的股份。[7]显

〔1〕 *Atwool v. Merryweather* (1867) LR 5 Eq 464n.

〔2〕 *Cook v. Deeks* [1916] 1 AC 554 (PC).

〔3〕 *Burland v. Earle* [1902] AC 83,93 (PC) 83,93 (PC) per Lord Davey.

〔4〕 *Daniels v. Daniels* [1978] Ch406.

〔5〕 *Pavlides v. Jensen* [1956] Ch 565.

〔6〕 *Burland v. Earle* [1902] AC 83, 93(PC) 93.

〔7〕 *Pavlides v. Jensen* [1956] Ch 565.

然，在股权结构极为广散的英国公司中，证明某股东直接或间接持有超过50%的股份难度很大，会击退诸多想要提起代表诉讼的小股东。这一过于严格的要求，后被其他案例推翻。在 Prudential Assurance Co Ltd v. Newman Industries Ltd (No.2) 案中，上诉法院认为不当行为控制公司之“控制”含义广泛，既可以包括控制投票权的绝对多数，也包括连同不当行为者自己的投票权以及那些受其影响或因冷漠而与不法行为者共同投票而达到多数的投票权。[1]换言之，法官对控制的要求有所放宽，不再强行要求不当行为人直接或间接拥有超过 50% 的股份，只要其所能影响的股份达到可以控制公司的数量，即可认定其控制公司。但此时问题产生，“影响”如同“控制”一词一样，概念模糊，含义不清晰。如何判断不当行为人对其他股东有“影响”，无论是实践，抑或理论，均难以有效证明。有学者提出，可根据并购法的规定，只要不当行为人达到持有公司股份的 20% 或 30%，即可证明其控制公司的事实。[2]

2. 越权行为

福斯规则的另一个例外情形是公司的越权行为，即公司超过自身经营范围与他人缔结合同的交易行为。越权行为在 Edwards v. Halliwell 一案中已露尖角，在 Prudential Assurance Co Ltd v. Newman Industries Ltd (No.2) 一案中，法官重申这一例外，强调如果被指控的行为超出公司经营范围，则该不当行为不受福斯规则约束，因为此种情况下不适用多数决原则。[3]越权行为也包括公司超出公司法授予的权力而进行的行为。比如公司未经公司法的授权而擅自偿还资本，则该行为会被认为是违法的减少资本行为，因而被认定为越权行为。在普通法中，公司股东不能事先批准越权行为，也不能在事后追认越权行为。如越权行为尚未发生，而股东又对可能发生的越权行为持反对意见，则该股东可提起个人权利救济，申请临时禁止令，

---

〔1〕 *Prudential Assurance Co Ltd v. Newman Industries Ltd* (No 2) [1982] Ch 219.

〔2〕 Arad Reisberg, *Derivative Actions and Corporate Governance* (Oxford University Press, 2009) 93.

〔3〕 *Prudential Assurance Co Ltd v. Newman Industries Ltd* (No. 2) [1982] Ch 210.

以防止越权行为的发生。但《1985年公司法》对此有所修正，《1985年公司法》第35（2）条规定，公司可通过特殊决议的方式，追认该越权行为。但该追认行为仅仅是承认该行为被公司接受认可，并不意味着实施该行为之人可免承担责任。《1985年公司法》第35（3）条接着规定，公司可进一步通过特殊决议免除该董事的责任。但该特殊决议受到普通法关于须善意为公司利益考虑原则约束。即免除董事责任的特殊决议并非绝对有效，该决议的通过必须是善意地为了公司利益，而非出于控制股东的利益，否则可能构成欺诈少数股东，从而赋予少数股东提起代表诉讼之权。〔1〕

越权行为这一例外情形在现代公司法中已无多大意义。根据英国《2006年公司法》的规定，公司并不需要设定特定的目标或经营范围。除非公司自身愿意设定具体的经营范围，否则其可以从事任何合法的商业行为而不受经营目的或范围的限制。〔2〕可以想象，越权行为在这一规定面前已无用武之地。

3. 正义的例外

英国曾有案例指出，为实现正义，可不遵守福斯规则。〔3〕但这一案例并没有形成真正意义上的例外原则。纵览英国上百年案例，可看到，除非万不得已，否则很多法官尽量避免借助这一例外情形，允许股东提起代表诉讼。〔4〕事实上，正义的例外恰恰源自福斯一案。威格拉姆法官在福斯一案中曾提及，公司遭受损害时，如股东除却代表诉讼，而无其他救济措施，

---

〔1〕 *Smith v. Croft* (No. 2) [1988] Ch 114; *Re Halt Garage(1964) Ltd* [1982] 2 All ER 1016. 1036.

〔2〕 Companies Act 2006, s31.

〔3〕 *Edwards v. Halliwell* [1950] 2 All ER 1064.

〔4〕 与英国法院不愿意运用该例外相反，同属英联邦国家的澳大利亚法院却愿意运用正义的例外这一原则。根据西利（Sealy）教授的解释，英国法院与澳大利亚法院对正义的例外采取不同的做法源于他们“为什么要这样”和“为什么不可以”的态度。即对于英国法院而言，在适用正义的例外时，他们探寻的是为什么可以适用正义的例外，而澳大利亚法院则从反面出发，追问为什么不可以适用正义的例外。见 Len Sealy, ‘The Rule in *Foss v. Harbottle*: The Australian Experience’ (1989) 10 *Company Lawyer* 52。

则其他技术性规则在正义面前黯然失色。[1]换言之，当不提起代表诉讼不足以保证正义实现时，则代表诉讼成为必要。但英国诸多法官认为，正义的判断缺乏标准，其广泛适用容易引起更多的不确定性，因此正义的例外情形并不被主流认可。在20世纪八九十年代，英国法官甚至尽力避免阐述该例外。[2]很多法官认为，虽已有案例显明，为实现正义，福斯规则可有所放宽，但他们并不认为该例外是真正的例外，原因在于正义这一标准过于朦胧、模糊，不确定性因素过多，可能会因法官的恣意阐述而出现出人意料的后果。[3]更重要的是，正义例外原则的适用，因其本身具有的不确定性，很难为后来的案件提供依据，无法形成案例之“法”[4]。

二、股东代表诉讼的现代化改造

公司法审议指导小组指出，随着投资贸易日渐全球化，对公司治理的要求也日趋透明化[5]，传统普通法的代表诉讼因其过于晦涩和刚硬而越来越受到诟病，对其进行现代化改造也显得极为迫切。法律委员会在立法咨询文件中指出，普通法的代表诉讼存在以下四个缺点[6]：

第一，普通法的代表诉讼过时且过于刚硬。在150多年的案例演变中，代表诉讼的相关规则过于散乱，且诸多案例判决相互矛盾，没有形成一个具有较强指导性的普通法规则，难以适应现代社会的发展。再者，普通法对代表诉讼一直心怀戒意，虽偶有例外情形出现，但其根本原则是压制股东的代表诉讼。

第二，“控制”一词模糊不清。普通法历经百年发展的例外规则，似为

---

〔1〕 *Foss v. Harbottle* [1847] 2 Hare 461, 492.

〔2〕 Arad Reisberg, *Derivative Actions and Corporate Governance* (Oxford University Press, 2009) 99.

〔3〕 Oserheimen A. Osunbor, ‘A Critical Appraisal of the “Interests of Justice” as an Exception to the Rule in *Foss v. Harbottle*’ 1987) 36 *International and Comparative Law Quarterly* 1.

〔4〕 N. Russell, ‘Liberalising the Derivative Action’ (1982) *New Zealand Law Journal* 180.

〔5〕 Law Commission Shareholder Remedies (Law Com Report No. 246 1997).

〔6〕 Consultation Paper, para 14.1.

代表诉讼的发展提供空间，但很多情况下，如股东不能证明董事有“控制”公司的事实，则例外规则也失去效用。但如何证明董事有“控制”公司的事实则是一大难题，特别是在分散型的上市公司，个别中小股东根本难以提供证据，代表诉讼遂成海市蜃楼。

第三，股东很难证明董事受益的事实。在例外规则中，因董事疏忽大意而致公司受损，如股东能证明董事有因此而获益之事实，代表诉讼便成可能。但因受益之形式多样化、隐藏化，单靠股东一人之力，很难证明董事有收受利益之事实。

第四，代表诉讼耗时过长。股东在提起代表诉讼之初期，须证明其为何能代表公司提起诉讼，这是代表诉讼的前奏，只有法官认为原告之起诉合乎普通法规则，代表诉讼方得以继续进行。这无疑增加了诉讼的时间和金钱成本。

概括而言，普通法上的代表诉讼不仅复杂烦琐，且程序过于严格，标准不清，难以适应现代公司法的发展。因此，对其改造也就理所当然。恰逢英国《2006年公司法》修订，法律委员会提议以成文法的形式全面替代普通法的代表诉讼，以求诉讼程序的简化与清晰。[1]虽然学界有反对声音，担忧代表诉讼的法典化会限制其适用的范围和发展，但最终，代表诉讼得以以全新的面貌替代普通法，出现在英国《2006年公司法》的第11部分。[2]这次全新立法，基本上改写了普通法规则：第一，股东不再需要证明董事有控制公司的事实；第二，董事如因疏忽大意而致公司利益受损，即使本人没有受益事实，股东亦可提起代表诉讼；第三，为免公司受诉讼之累，将代表诉讼分为两阶段，公司无须涉入第一阶段；第四，明确要求起诉者即股东须有干净之手。

具体而言，英国《2006年公司法》将代表诉讼一分为二。在第一阶段中，股东须提出相关证据，证明其有提起代表诉讼之资格，这是制定法中

〔1〕 Company Law Review, Completing the Structure para 5.84.

〔2〕 Company Acts 2006, Part11.

全新的规定，即要求有表面证据。[1]在这一阶段中，公司无须提供证据进行反驳，更无须应诉，仿如一个毫无利益关系的旁观者。如法院在第一阶段，赞成股东请求，则代表诉讼进入第二阶段，即真正意义上的代表诉讼。如法院认为股东提起代表诉讼之请求不合理，则代表诉讼此时消灭，公司分毫不损，完全不受影响。这种制度设计初衷是保护公司，避免公司因诸多诉讼而影响正常的商业经营。如股东在第一阶段的请求成功，则顺利进入第二阶段，此时，法官须发函要求公司提供相关的证据进行答辩，这也是传统意义上的代表诉讼。在第二阶段中，制定法明确规定了法官在以下条件下，必须拒绝代表诉讼的请求：第一，如行为人是根据《公司法》第172条规定而作为（即《公司法》第172条规定的董事有义务促进公司的成功）；第二，行为人被诉之行为发生之前已被授权；第三，行为人被诉之行为虽已发生，但事后被公司批准认可。[2]凡符合以上三个条件，法官无任何的自由裁量权，必须拒绝代表诉讼的请求。此外，立法者也列出一些供法官必须考虑的因素：第一，原告股东是否出于善意；第二，代表诉讼的继续对公司的影响；第三，如行为人所为之行为尚未发生或已发生，是否或多大程度上会被事先授权或事后追认；第四，公司是否已经做出不予索赔的决定；第五，原告股东是否有其他的替代救济方式；第六，无直接或间接个人利害关系的其他股东意见。

传统普通法对代表诉讼可谓持敌视态度，福斯案例确立了不能提起代表诉讼的基本原则，虽然之后演变出几大例外规则，允许股东在某种例外情况下提起代表诉讼，但这些规则的设置不但过于严格生硬、不成体系，且标准模糊，规则不清。除非有专门从事代表诉讼的律师，否则很难理清诉讼中的相关规则。[3]然在现代跨国投资贸易迅猛发展的背景下，公司法的规制也日益现代化，传统普通法因其过于强调先例而自绑其身，难以适

---

〔1〕 Companies Act 2006, s261(2).

〔2〕 Companies Act 2006, s263(2).

〔3〕 Arad Reisberg, *Derivative Actions and Corporate Governance* (Oxford University Press, 2009) 126.

应现代经济的发展。英国《2006年公司法》的修订将代表诉讼成文法化即是对此时代巨变作出的回应。此次立法赋予了法官极大的自由裁量权，除了依据法律规定必须拒绝代表诉讼请求的几个条件外，法官基本上垄断了代表诉讼的主宰地位，无论是第一阶段的听证会，还是第二阶段的裁判，法官均可依据自身的理解准予或拒绝代表诉讼请求。这种主宰角色的转变，实质上是出于对无利害关系独立第三人的信任。法官一方面不肯深度介入公司内部经营管理，另一方面也对少数股东可能受到压迫而心存怜悯，由法官主宰代表诉讼，虽然是无奈之举，但也是公正之法。此外，这次全新规定，拓宽了代表诉讼的起诉范围，如董事出于疏忽大意，即使没有因此获益，也可能处于受诉地位。[1]董事的职业风险因此增加不少，但这是突破传统普通法的一大亮点，只有给予弱者（即中小股东）更多的保护，才能保持弱强两者之间的平衡。然而这次全新的立法，是否能达到“为解决少数股东与公司管理者之间的矛盾提供高效、公平、划算的模式”？[2]成文化的代表诉讼是否丢弃普通法的负担而轻装上阵?

三、股东代表诉讼的实施情况及发展趋势

成文法化的代表诉讼于2007年10月1日起开始生效，其对实践产生的影响如何，是否比传统的普通法要简便优越许多，在许多学者看来，仍然是个谜。英国公司法权威专家戴维斯教授指出，理论上，新的代表诉讼跟普通法有所区别，但它对实践的影响程度仍不清晰。[3]而英国伦敦大学学院赖斯贝格教授也指出现在对制定法的代表诉讼作出判断或结论为时尚早。[4]然而，代表诉讼生效到现在已有十年时间，当中也出现了相关案

---

〔1〕 Companies Act 2006, s260(3).

〔2〕 Consultation Paper, para 1.9.

〔3〕 Gower and Davies, *Principles of Modern Company Law* (Sweet & Maxwell, 2012) 626.

〔4〕 Arad Reisberg, *Derivative Actions and Corporate Governance* (Oxford University Press, 2009) 159.

例[1]，对这些最新案例进行细致分析，无疑有助于把握代表诉讼的实施情况及发展趋势。本部分根据制定法的两个阶段，抽取最新几个案例，逐一剖析法官如何理解全新规定的代表诉讼制度。

（一）第一阶段

根据英国《2006 年公司法》的最新规定，股东如欲提起代表诉讼，须在第一阶段满足相关要求，经法官允许后才能顺利进入代表诉讼的第二阶段（即真正意义上的代表诉讼）。而具体要求为何，制定法只给出一个模糊的标准，即须有表面证据促使法官相信并允许继续代表诉讼。[2]有学者提出，此阶段相当于传统普通法上的临时禁制令的申请[3]，即第一阶段可以书面方式提出，如遭到拒绝，可申请口头听证。[4]但尽管程序较为明确，但法官根据何种条件或内容作出判断则依然不清。有学者提出，法官在此阶段的裁量应以第二阶段中原告是否具有胜算作出判决[5]，如同法官在临时禁制令的裁量中，如申请人有超过 50% 的成功率，则准予继续进行。[6]但具体到代表诉讼的第一阶段，法官是否依然以原告最后的胜算来进行判

---

〔1〕比如：*Re Singh Brothers Contractors (North West) Ltd* [2013] EWHC 2138 (Ch); *Fort Gilkicker Ltd, Re* [2013] Ch 551; *Hughes v. Weiss* [2012] EWHC 2363 (Ch); *Phillips v. Fryer* [2013] BCC 176 (Ch D); *Certain Ltd Partners in Henderson PFI Secondary Fund II LLP v. Henderson PFI Secondary Fund II LP* [2013] QB 934; *Bamford v. Harvey* [2013] Bus LR 589*Kleanthous v. Paphitis* [2012] BCC 676; *Re Seven Holdings Ltd* [2011] EWHC 1893 (Ch); *Parry v. Bartlett* [2012] BCC 700; *Ritchie v. Union of Construction, Allied Trades and Technicians* [2011] EWHC 3613 (Ch); *Stainer v. Lee* [2011] BCC 134; *Kiani v. Cooper* [2010] BCC 463; *Cinematic Finance Ltd v. Ryder* [2012] BCC 797 (Ch D); *Wishart, Petitioner* 2010 SC 16; *Stimpson v. Southern Landlords Association* [2010] BCC 387 (Ch D); *Iesini v. Westrip Holdings Ltd* [2010] BCC 420; *Franbar Holdings Ltd v. Patel* [2008] BCC 885; *Fanmailuk.com Ltd v. Cooper* [2008] BCC 877; *Mission Capital Plc v. Sinclair* [2008] BCC 866。

〔2〕Companies Act 2006, s261.

〔3〕Andrew Keay, ‘Derivative Proceedings in a brave new world for company management and shareholders’ (2010) 3 *Journal of Business law*.

〔4〕Civil Procedure Rules 1988 r.19.9A (4) (a).

〔5〕Heydon and Loughlan, *Cases and Materials on Equity and Trusts* (Butterworths Law, 1997) 978.

〔6〕*American Cyanamid Co v. Ethicon* [1975] A.C. 396 at 405-407.

决呢？

有学者提出法官在第一阶段应当要求申请人提供证据证明这是一个可信的、可裁判的、重大的或值得诉讼的案子。[1]然而法官如何判定这是一个可靠、可信的案子依然不清。在2009年发生的Wishart一案中，法官似乎降低第一阶段的门槛，指出第一阶段的问题不在于申请人是否能够证明其有赢得代表诉讼的表面证据，而在于如果没有表面证据支撑，法官倾向于拒绝代表诉讼的继续。[2]在此案中，法官强调申请人不必背负太重的负担，只要有表面证据支撑其诉讼，即可顺利进入第二阶段。同时，法官也特别指出必须考虑的因素，包括申请人须是公司的股东，申请人必须清楚写明行为人的行为事实及造成的损害。[3]行文至此，对第一阶段的要求似乎非常明确，但吊诡之处在于，法官在判决的最后提到，在第一阶段中法官也应该考虑《公司法》第263条（2）（3）款的相关规定。[4]而按照公司法的规定，只有在顺利进入第二阶段后，法官在最后判决中才考虑第263条（2）（3）款的规定。如果法官在第一阶段即以第二阶段的标准进行衡量判定，则无疑增加申请人的诉讼成本和难度，也与立法的初衷相违背。事实上，这不是一个孤立的案例。在2009年发生的Stimpson一案中，佩林法官也持相同的观点，即《公司法》第263条（2）（3）款应当在第一阶段中予以考虑。[5]

奇怪的是，也有将第一阶段与第二阶段合二为一进行审理的判例。在Franbar Holdings Ltd一案中，并没有区分第一阶段与第二阶段。主审法官特罗尔（Trower）指出，申请者并没有试图建立表面证据以寻求代表诉讼

---

〔1〕 Keay and Loughrey, 'Something old, Something new, Something Borrowed: An Analysis of the New Derivative Action under the Companies Act 2006' (2008) 124 *Law Quarterly Review* 469.

〔2〕 *Wishart* [2009] CSIH 65;2009 S.L.T 812 at [31].

〔3〕 *Wishart* [2009] CSIH 65;2009 S.L.T 812 at [31].

〔4〕 *Wishart* [2009] CSIH 65;2009 S.L.T 812 at [31].

〔5〕 *Stimpson v. Southern Landlords Association* [2009] EWHC 2072(Ch).

的继续。[1]然而这与之前的 Wishart 一案似有矛盾，法官在 Wishart 一案中曾表明，申请者不必背负提出表面证据的压力。此外，在 Iesini 一案中，法官对申请者提起诉讼的讼因采取更严格的态度，路易森（Lewison）法官要求申请人须证明公司有合理的诉因，且此诉因须源于董事义务的违反。[2]在解释为何有此严格要求时，路易森法官直截了当地指出，这与传统普通法的要求一致。[3]可见，普通法的影子依然笼罩着成文法的代表诉讼。

可见，在最新的案例中，法官并没有为第一阶段的表面证据提供明确的标准，有法官主张降低门槛，申请者不必背负过多负担，从而轻易进入代表诉讼第二阶段。也有法官混淆两阶段的程序，直接合二为一。有采取压制态度，将第二阶段的标准要求提前到第一阶段的。更有法官主张遵循普通法要求，对第一阶段的诉因采取严厉立场。依笔者之见，将两阶段合二为一不但不合法，也不合理。第一，法律委员会在设置代表诉讼时，有意分开两阶段，即是为了防止股东滥用诉权，影响公司的正常运作。将两个诉讼阶段合二为一，不但违反制定法的规定，而且也不利于商业经济和投资环境。第二，无论是降低或提高第一阶段的门槛，都是法官对第一阶段要求的不同理解。笔者以为，法官在判断申请者提出表面证据时，须以制定法的目的出发，通过探寻立法者的真意而做出判断。第一阶段的设置，除了上述所说的防止股东滥用诉权外，也有为了防止诉讼程序耗时过长、耗费过大的目的。因此，法官应在这二者之间取得平衡，既不刻意减低标准，也不能人为提高门槛。在目前标准混乱，难以统一的情况下，普通法的规制经验尤显宝贵，即通过要求申请者有合理正当的诉因来审核第一阶段。可见，虽然制定法取代了普通法，但普通法的魅力犹在。

（二）第二阶段

代表诉讼如得到法官允许，则进入第二阶段，即真正意义上的代表诉

---

〔1〕 *Franbar Holdings Ltd v. Patel* [2008] EWHC 1534(Ch).

〔2〕 *Iesini v. Westrip Holdings Ltd* [2009] EWHC 2526(Ch).

〔3〕 即与 *Prudential Assurance Co Ltd v. Newman Industries Ltd* [1982] Ch.204 一致。

讼。此阶段中，被告须出庭申辩。根据英国《2006 年公司法》规定，法官在第二阶段中享有一定的自由裁量权，如第 263 条（3）款。但也受到一定的限制，如在符合第 263 条（2）款的条件时法官必须作出拒绝请求的判决。本部分将结合最新案例的判词，深入分析法官如何解释法律及行使自由裁量权。

1. 善意

制定法将申请人善意独立出来，作为法官考量的一个重要因素。[1]如申请人本人具有恶意，或是不怀好意甚至涉及或参与所诉之行为，法官可依此驳回申请人的要求。善意标准源于普通法上的“净手”（clean hands）原则，即要求起诉不法行为人之人本身清白，否则无资格提起代表诉讼。[2]然而这一普通法原则因其“不确定和不切实际”而备受抨击。[3]但即使如此，新公司法依然采纳善意原则。

代表诉讼生效至今，只有一个案例没有涉及善意原则，其他案例均有被告提出申请人不怀好意或动机不纯。[4]而在这所有提出善意问题的案例中，只有一个案例因欠缺善意条件而被拒绝诉讼请求。[5]可见，被告为自己辩护时偏好于攻击对方欠缺善意。因为善意问题，实为动机，而动机为虚，被告可轻易提出而无须承担过多负担，但法官却侧重于将动机客观化，通过一些客观的标准探寻申请人是为了公司的利益提起诉讼，还是不怀好意，别有目的。动机客观化是法官作为中立裁判者的明智之举，但在探寻何为善意尤为困难的情况下，通过揭示何谓“不善意”也可反证善意的存在标准。在 Wishart 一案中，法官提出两个缺乏善意的标准：一是申请人不能诚实相信诉因的存在或对诉讼没有合理的胜算；二是申请人滥用诉讼程

---

〔1〕 Companies Act 2006, s263(3)(a).

〔2〕 Jennifer Payne, ‘Clean Hands in Derivative Actions’ (2002) 61 *Cambridge Law Journal* 76.

〔3〕 Arab Reisberg, ‘Theoretical Reflections on Derivative Actions in English Law: The Representative Problem’ (2006) 3 *European Company and Financial Law Review* 69.

〔4〕 只有 *Fanmailuk.com v. Cooper* [2008] EWHC 2198(Ch) 一案没有涉及善意 .

〔5〕 *Stimpson v. Southern Landlords Association* [2009] EWHC 2072(Ch).

序。[1]换言之，如果申请人不能诚实相信诉讼有利于公司利益，则欠缺善意要件。至于申请人是否滥用诉讼程序，则关乎申请人提出诉讼的目的是否有私益。具体而言，如果申请人提起代表诉讼时含有个人目的，但主要动机是为公司利益，则不构成滥用诉讼。反之，如申请人以个人私益为主要目的，公司利益为辅，则构成滥用诉讼，欠缺善意要件。在唯一一个因善意要件欠缺而被拒绝诉讼要求的 Stimpson 一案中，申请人为了防止因公司合并而失去对公司的控制提起代表诉讼，法官对此作出因申请人欠缺善意要件而拒绝其诉讼请求的裁判。[2]但可惜的是，法官并未指出申请人这一目的是其诉讼的主要目的还是辅助目的。根据普通法的规定，只要申请人的主要动机是为了保护公司利益，即使有个人私益，也不妨碍其行使代表诉讼的权利。[3]在可预见的将来，法官对善意的判断仍将不区分（或故意模糊）主要目的与附属目的，但由于善意的举证责任由被告承担，因此，因善意要件而被拒绝诉讼请求的案例不会大量出现。

2. 批准或认可

如不当行为人（董事）的侵害行为已经得到公司的批准或认可，法官须作出拒绝代表诉讼请求的裁判。[4]如不当行为人的侵害行为尚未得到公司的批准或认可，则法官须把公司多大程度上会追认或批准其行为作为裁判的考量因素。[5]公司如已认可董事行为，则归属公司内部管理行为，法官一般不宜介入，除非中小股东的个人私益受到侵害。如公司尚未认可，法官在进行裁判时，理应考虑到公司对不当行为人的态度并以此为考量因素作出裁判。但问题在于是不是所有的不法行为公司都可批准或认可？批准或认可需要何种程序？批准或认可的效力源于普通法，但普通法承认某些侵害行为不能被认可，即并不是所有的侵害行为都可因公司的批准或认

〔1〕 *Wishart* [2009]CSOH20; 2009 S.L.T.376.

〔2〕 *Stimpson v. Southern Landlords Association* [2009] EWHC 2072(Ch).

〔3〕 *Konamaneni v. Rolls-Royce Industrial Power(India) Ltd* [2002] 1 W.L.R.1269 Ch D.

〔4〕 Companies Act 2006, s263(2) (c).

〔5〕 Companies Act 2006, s263(3) (c).

可而获得起诉豁免，这种立场也被最新的 Franbar Holdings 一案所确认。[1]既然不当行为有可批准不当行为和不可批准不当行为之分，那何种条件构成可批准不当行为，何种情况属于不可批准不当行为？普通法和制定法均没有做出明确回答。有学者甚至指出，如果代表诉讼拘泥于此，则不但代表诉讼的目的可能无法达致，且会延长诉讼时间，增加诉讼成本，与改革的目的相悖。[2]至于如何实施批准或认可的程序，普通法认为就算是不当行为人本身，也有在股东大会对此事项是否批准或认可进行投票表决的权利。[3]而制定法推翻这一规则，明确规定不当行为人不能对其所涉事项进行投票表决。[4]但令人迷惑的是，Franbar 一案的主审法官指出普通法的规则仍然适用，即如果投票表决“没有采取不公平或不正当的方式，且没有对异议股东进行非法、欺诈或者压迫行为”，则表决有效。[5]事实上，按照制定法的规定，有利害关系或不当行为本人不能参与投票表决在实践中可能被歪曲。因为在上市公司中，股票信托方式多种，也有部分股权受不当行为人所控制。就算在封闭性公司，也会出现股东出于各种利益衡量而受不当行为人影响而作出违心选择的情况。因此，对批准或认可的效力的研究，不应强调程序的运行，而应侧重研究何种情形构成不可批准行为。普通法的规则在此殊显借鉴价值，即凡对公司财产的征收、挪用、转移（含公司商业机会的损失）和涉及不诚信的错误行为均不可纠正或认可。[6]Franbar Holdings 一案正是因为非法行为涉及公司财产的挪用转移而被法官判定为不可纠正之错。

---

〔1〕 *Franbar Holdings* [2008] EWHC1534(Ch)，这也是代表诉讼制定法生效以来唯一一个涉及批准或认可效力的案例。

〔2〕 A. J. Boyle, ‘The New Derivative Action’ (1997) 18 *Company Lawyer* 256.

〔3〕 *North West Transportation Co Ltd v. Beatty* (1887) L. R.12; *Regal(Hastings) Ltd v. Gulliver* [1967]2 A.C.134 Hl.

〔4〕 Companies Act 2006, s239.

〔5〕 这句源于 *North West Transportation v. Beattle* (1887) L, R.12 App.Cas.589 后被 *Franbar Holdings*[2008] EWHC1534(Ch) 的主审法官 William Trower Q.C. 所确认。

〔6〕 *Cook v. Deeks* (1916)1 A.C.554(PC) (Canada).

3. 董事义务：英国《2006 年公司法》第 172 条[1]

法官在判决是否允许代表诉讼时，须假设某个行为人所为之行为是否有悖或遵循《公司法》第 172 条的规定。如行为人所为之行为完全依据《公司法》第 172 条，则代表诉讼不适宜继续进行，法官必须拒绝该代表诉讼的继续。[2] 如法官不能得出绝对的结论，仅仅认为假想中的行为人可能不违反公司法第 172 条规定，则法官将此作为裁判考虑因素。此规定源于普通法的独立董事规则，即公司的独立董事如有合理的理由认为代表诉讼不符公司利益，应予拒绝，则法官一般也会参考独立董事会的意见，作出否定的裁判[3]。如在 Airey 一案中，沃伦（Warren）法官指出"董事会可以采取诸多措施，但如果董事会没有采取合理措施允许代表诉讼，则法院会拒绝代表诉讼请求。如股东提起代表诉讼之行为，也是一个通情达理的董事会所欲为的，则法官会允许代表诉讼的继续"[4]。这种依借独立第三者的做法，反映了英国司法不情愿干涉公司内部经营的传统。但随着新公司法的修订，董事义务的全面化和成文法化，第 172 条的规定也产生争议，即如何理解公司的"成功"。[5] 有学者提出，所谓公司的"成功"，应从"商业"的角度来理解，即公司获取最大的利润。[6] 笔者认为，公司是否成功，不

---

〔1〕 即 Companies Act 2006, s172 中规定的董事有促进公司成功的义务。

〔2〕 Companies Act 2006, s263(2)(a).

〔3〕 *Mumbray v. Lapper* [2005]EWHC 1152(Ch); *Airey v. Cordell* [2005]EWHC 2728 (Ch).

〔4〕 *Airey v. Cordell* [2005]EWHC 2728 (Ch) at[69].

〔5〕 在《公司法》修改过程中以及颁发施行后，一直存在着如何理解第 172 条规定的争议。相关争论，可参见：Andrew Keay, 'Enlightened Shareholder Value, the Reform of the Duties of Company Directors and the Corporate Objective' (2006) 1 *Lloyds Maritime and Commercial Law Quarterly* 335; Sarah Kiarie, 'At Crossroads: Shareholder Value, Stakeholder Value and Enlightened Shareholder Value: Which Road Should the United Kingdom Take?' (2006) 17 *International Company and Commercial Law Review* 329; Deryn Fisher, 'The Enlightened Shareholder Leaving Stakeholders in the Dark: Will Section 172(1) of the Companies Act 2006 Make Directors Consider the Impact of Their Decisions on Third Parties?' (2009) 20 *International Company and Commercial Law Review* 10; Alistair Alcock, 'An Accidental Change to Directors' Duties' (2009) 30 *Company Lawyer* 362.

〔6〕 Gower and Davies, *Principles of Modern Company Law* (Sweet & Maxwell, 2012) 511.

能仅仅从经济意义上出发，而应根据公司成立时的目的（一般记载于公司章程中）进行判断，达到或实现公司的目的，即是促进公司的成功。新公司法生效以后，法官在 Franbar Holdings 一案中，对涉及《公司法》第 172 条的规定进行了一定的解释，提出了以下几点考虑因素：本次诉讼胜诉的前景；公司是否能够得到有效赔偿；公司因本次诉讼而丧失的可能的发展机会；诉讼成本；对公司声誉的影响。[1]这些考虑因素被后来的 Wishart 一案所接受。但有学者提出，法官不应干涉或过多干涉董事因公司经营行为所作的决定。[2]诚然，法官不是管理公司的专家，但这并不影响其对董事经营行为所作的判决。法官完全可以在听取双方意见，审核相关证据等基础上判断董事管理行为是否恰当。如贸然否定法官这一能力，代表诉讼程序及《公司法》第 172 条的董事义务规定无疑成为镜中之月。

4. 替代救济方式

替代救济方式作为法官考量允许或拒绝代表诉讼请求的一个因素[3]，在普通法即已存在。[4]即股东在提起代表诉讼时，法官如认为股东有其他救济方式，则可拒绝其请求。在 Franbar Holdings 一案中，法官认为如股东已根据《公司法》第 944 条关于不公平歧视提起相关诉讼，且公司已经作出向其购买股份的邀约，则代表诉讼并无提起的必要。[5]在路易森法官看来，替代救济方式是拒绝代表诉讼请求的一个令人信服的理由。[6]但并非所有法官均认同这一观点，Wishart 案的上诉法官表明，代表诉讼的替代救济方式的存在（如不公平歧视）并不是拒绝代表诉讼的信服理由，因为这些替代救济方式仅仅是达到代表诉讼目的的间接方式。[7]在最新发生的

---

〔1〕 *Franbar Holdings* [2008]EWHC 1534(Ch).

〔2〕 Michael Whincop, 'Overcoming Corporate Law: Instrumentalism, Pragmatism and the Separate Legal Entity Concept' (1997) 15 *Company & Securities Law Journal* 411.

〔3〕 Companies Act 2006, s263(3) (f).

〔4〕 *Barrett v. Duckett* [1955] 1 B.C.L.C.243 and *Fargo v. Godfroy* [1986]3 All E.R.279Ch d.

〔5〕 *Franbar Holdings* [2008] EWHC 1534(Ch).

〔6〕 *Iesini* [2009] EWHC 2526.

〔7〕 *Wishart* [2009]CSIH 65.

Kiani 一案中，法官也指出，替代救济方式的存在仅仅是法官考量的一个因素，并不必然导致作出拒绝的判决。[1]

显然，法官对替代救济方式的作用仍有不同理解，在普通法的判例中，法官一般将股东是否善意一并考虑在内。如股东提起代表诉讼时，不怀好意，且存在其他救济方式，法官一般予以拒绝。[2]但新的制定法将善意条件独立出来，法官只能根据自己的理解进行裁量，这无疑为代表诉讼增添变数。

5. 独立股东意见

法官在裁量代表诉讼时，独立股东的意见也是其考虑的因素之一。[3]如果独立股东的意见不赞成代表诉讼，则法官会倾向于拒绝代表诉讼请求，反之亦然。然何谓“独立”股东？一般认为，所谓股东的独立是指与诉讼当事人无利害关系。但问题在于，在代表诉讼中，根本没有真正意义上的“独立”股东，因为他们的利益与代表诉讼的结果紧密相关，无论是赢是输。在 Iesini 一案中，路易森法官指出很难明确股东是否真的独立于诉讼当事人之外，但他提出一个标准可做参考，即“公司的股东与所诉之行为毫无干系且除了以股东身份外，个人并不因代表诉讼的结果而受益或受害”[4]。此标准虽然有助于对股东独立性的理解，但在实践中，却很难证明股东是否会因个人身份（而非股东身份）受益或损失。事实上，对独立股东意见的考量源于普通法规则。在 Smith 一案中，因大多数独立的中小股东不愿意代表诉讼的进行，法官最终拒绝代表诉讼的请求。[5]而在法律委员会的报告中，也无对此规定进行详细解释，只是提到即使在普通法规制中，独立股东的真正含义依然不清晰。[6]

---

〔1〕 *Kiani v. Cooper* (February 4,2010) Ch.D.

〔2〕 *Barrett v. Duckett* [1955] 1 B.C.L.C.243; *Portfolios of Distinction Ltd v. Laird* [2004] EWHC 2071(Ch).

〔3〕 Companies Act 2006, s263(4).

〔4〕 *Iesini* [2009]EWHC 2526 (Ch) at9129.

〔5〕 *Smith v. Croft*(No. 2) [1988] Ch.114 Ch D.

〔6〕 Law Commission Shareholder Remedies (Law Com Report No. 246) para. 6.89.

四、结语

英国股东代表诉讼历经普通法的百年洗涤，历经艰辛，虽然受到法院的严格限制，并因其本身标准的模糊不清和程序的烦冗耗时而受人诟病，但其仍风雨无阻，一路走来，直至2006年新公司法的修订，才被完全废弃，代之以制定法的形式。新的股东代表诉讼制定法试图克服传统普通法不稳定、不灵活、程序过于烦冗的缺点，以全新的一分为二的诉讼程序，意欲在少数股东的利益保护与公司的高效管理经营中取得平衡，但新公司法实施生效以后的三年中发生的案例，反映了法院在解释代表诉讼制定法时的尴尬位置：即在依据全新的制定法程序时，出现了法官解释不统一，甚至矛盾的现象。另一方面，法官在进行具体解释时，不得不借助于传统普通法的规则。普通法并没有完全被取缔。相反，在某种程度上讲，英国《2006年公司法》对股东代表诉讼的规定，实质上是对传统普通法的一种成文法确认，是传统普通法的另一种回归。

第十三章　澳大利亚股东代表诉讼：他山之石，不可攻其玉？

澳大利亚股东代表诉讼制度有其独特的演变过程与制度设计的精妙之处，是世界范围内股东代表诉讼制度不可或缺的一部分。鉴于此，本章拟梳理澳大利亚股东代表诉讼的历史演进，并通过对现行制度的评析，以期在此基础上对我国的股东代表诉讼制度有所启发。

澳大利亚股东代表诉讼源于英国的福斯规则，以移植英国之制度而解决本国之股东代表诉讼实际。但福斯规则这一“他山之石”是否可攻澳大利亚股东代表诉讼之玉？本章经过梳理，发现英国福斯规则这一舶来品在澳大利亚的施行过程中确有水土不服之处，但其对澳大利亚股东代表诉讼制度的开启又确有不可磨灭的作用。本章拟对此进行剖析，探知“他山之石”与“今日之玉”的前世今生，从而窥见两者之间的因缘，以更好地解读该制度。

一、澳大利亚股东代表诉讼的历史演进

澳大利亚股东代表诉讼经历了由普通法调整到由成文法规制的演进过程，2000 年 3 月颁布的《2001 年公司法》(the Corporations Act 2001) 便是这一历史演变过程中至关重要的转折点。因为该法的颁布使股东代表诉讼由普通法转变为成文法，并成为澳大利亚沿用至今的法律形式。

（一）普通法下的股东代表诉讼

在澳大利亚有一句众所周知的法谚，即任何人都不能在他人遭受损害

时代其提起诉讼以获得救济。[1]但有原则必有例外，股东代表诉讼便是这一原则的典型例外。所谓股东代表诉讼，是指股东代表公司提起的诉讼，表面上这属于股东权利，但实际上该权利并非股东的固有权利，而是“衍生”自公司，其在本质上属于“衍生物”。同时，众所周知的是，一般的股东对公司经营不享有控制权，公司董事才拥有对公司的经营管理权，正如格里尔（Greer）法官所言：“如果说管理权属于董事，那么就只有董事才能行使这些权力。”[2]因此，在通常情况下，股东不能篡夺法律赋予董事管理上的权力。但这种所有者与管理者相分离的现代公司治理模式不得不面临这样一个问题，即权力过大的董事可能会利用其职权侵占或损害不参与管理的股东的利益。故此，法律在给予董事充足空间高效管理公司的同时，也加强董事的受信责任。如此一来，如何在两者之间达致适当平衡便是立法所面临的严峻问题之一。1843 年 Foss v. Harbottle 一案所产生的福斯规则及其例外，便为这一严峻问题提出了一个在当时背景下相对较为合适的解决办法。

1. 福斯规则及其例外

福斯规则诞生之后，在世界范围内影响甚大，英美法系的诸多国家借鉴英国的股东代表诉讼之路。澳大利亚也不例外，积极引入这一普通法下的股东代表诉讼制度。当然，此等新兴规则自然免不了争议，其中，关于福斯规则究竟是“两条腿走路”的一个规则抑或两个独立的规则，理论界一直存在着此起彼伏的争议，通说认为该规则是独立的单一规则，其不过包括了两个“关联组件”，即该规则的两个基本原则。一是原告适格原则，其法理基础为法人独立人格原则，即公司在法律上具有独立的法人人格，与股东相分离。[3]换言之，对公司实施的侵害行为不能等同于针对股东的

---

〔1〕 See Dr Robert Austin and Ian M. Ramsay, *Ford's Principles of Corporations Law* (LexisNexis, 2002) 239.

〔2〕 *John Shaw & 875 Sons (Salford) Limited v. Shaw* [1935] 2 KB 113, 134.

〔3〕 See *Salomon v. Salomon & Co* [1897] AC 22, 29.

侵害行为，对此只能由公司以自己的名义提起诉讼以寻求救济[1]，而公司董事会本来就被法律赋予该项权力，因而公司亦有能力以诉讼保护自身权益。二是内部管理原则，即当董事在职权范围内对公司进行内部管理时，法院不便运用司法权对公司经营管理伸出“干预之手”，避免干预公司的高效管理与运行。这两个原则共同作用，限制了股东提起代表诉讼的原告资格。

但不止一位学者曾表示，法院不允许股东代为提起诉讼的原因可能是源于维护当代所有权与经营权相分离的公司治理模式的强烈愿望。[2]董事拥有公司的管理运营权限，若允许股东作出实质性的管理决策，则必定与通行公司治理结构背道而驰。或许有人认为，这对于作为投资者的股东而言显失公平，但事实上这对股东而言并不必然导致不公，因为股东在决定加入公司时即默示接受此种安排，也当然知悉该制度安排所产生的后果。[3]

在 Foss v. Harbottle 一案中，法院当时的做法倾向于遵循“公司最大利益”原则，即董事或多数股东认可的利益应优先于少数股东的利益。[4]正如一位法官所说，即使少数股东有充足理由认为公司不起诉的决定是错误的，但少数派毕竟是少数而不是多数。[5]

但考虑到 Foss v. Harbottle 一案的社会背景，其判决理由还算勉强令人信服，因为现代形式的公司与有限责任的概念在当时尚不明确。同时，也有学者认为，根据私法建立起来的公司，实际上与私人合伙关系颇为类

---

〔1〕 See Robert M. Dick, ‘A Reconsideration of the ‘Justice’ Exception to the Rule in *Foss v. Harbottle*’ (1964) 2 *University of British Columbia Law Review* 547-9.

〔2〕 See Patrick M. Maloney, ‘Whither the Statutory Derivative Action?’ (1986) 64 *Canadian Bar Review* 309, 312-3.

〔3〕 See Maloney, ‘Derivative Action in Australia and New Zealand: Will the Statutory Provisions Improve Shareholders' Enforcement Rights?’ (1998) 10 *Bond Law Review* 74, 78.

〔4〕 See Stephen Bottomley, ‘Shareholders' Derivative Actions and Public Interest Suits: Two Versions of the Same Story?’ (1992) 15 *University of New South Wales Law Journal* 127, 137; Ian Ramsay, ‘Corporate Governance, Shareholder Litigation and the Prospects for a Statutory Derivative Action’ (1992)15 *University of New South Wales Law Journal* 149, 158.

〔5〕 See *Eastmanco (Kilner House) Ltd v. Greater London Council* [1982] 1 All ER 437, 443.

似[1]，故此，公司跟合伙一样重视成员之间的相互信任与诚信，同时也重视协商在公司管理中的作用。有鉴于此，为促进投资与创业，有必要为董事提供充足的保护，以防止股东的不当干预。既然股东在知情的情况下选择加入公司，那么承认公司治理结构并接受相应后果则是应有之义。

尽管福斯规则有其合理之处，但严格遵循这一规则却有可能导致明显不公。集团式大型企业的发展日新月异，其在经济社会中的作用越来越显著，且逐渐成为商业运营的主要形式，如司法对此类公司不加以适当干预，股东可能会越来越难以对董事的不正当行为进行控制。鉴于此，法律对股东补救措施的限制获得缓和。或许正是因为意识到这一事实，即集团式企业已经成为了公司进行商业活动的典型模式，法律遂逐渐将对董事责任的关注从私人领域转移到公共领域，即大型企业需要更多的司法监督，以确保股东权利获得适当的保护。因此，在福斯规则产生以来，逐步形成了违法行为或越权行为、特别多数决、欺诈以及正义等例外情形，即如存在这些例外情形，则股东有权提起代表诉讼。

2. 对普通法下股东代表诉讼的评析

不可否认，普通法下的股东代表诉讼制度有其合理之处，因为福斯规则本身的规束，股东提起代表诉讼存在多重障碍。此外，重大决策权亦交给有资格作出管理决策的董事和管理层，并使其免受股东的干预，这在很大程度上减少了股东滥诉。但该规则也饱受诟病，主要的原因在于该规则适用范围过于狭窄，可能使不当行为的董事最终免于承担责任。Foss v. Harbottle 一案所演变出来的规则被描述为“复杂又神秘”和“140 年程序乱象的积累后果”[2]，福斯规则的两个基本原则为股东或利益相关者寻求提起股东代表诉讼的理由设置了在某种程度上可谓是不可逾越的障碍[3]，并

---

〔1〕 See *Foss v. Harbottle* [1843] 2 Hare 461.

〔2〕 See Len Sealy, ‘*Foss v. Harbottle.* A Marathon Where Nobody Wins’ (1981) 40 *Cambridge Law Journal* 31.

〔3〕 See John Kluver, ‘Derivative Action and the Rule in *Foss v. Harbottle*: Do We Need a Statutory Remedy?’ (19993) 11 *Company and Securities Law Journal* 7-8.

因此对股东代表诉讼产生了重大影响。

简而言之，无论从理论还是从法律程序上来看，普通法下的股东代表诉讼制度复杂烦冗。股东们不仅“受困于”福斯规则令人难以捉摸的例外情形，还面临着门槛测试、罢工申请、诉讼结果不确定、诉讼费用的资金来源不确定、法院倾向于尊重公司意志等障碍。[1]大致而言，学者对普通法的股东代表诉讼的批判主要集中在以下几个方面：

（1）诉讼费用。在 Wallersteiner v. Moir 一案中，丹宁（Denning）法官认为，法院应责令公司向提起代表诉讼的股东支付因提起诉讼而产生的所有费用，理由在于若取得胜诉判决，公司将成为最大的受益者。[2]可能有人认为，诉讼费用问题因此最终得到了解决，但实际上，该案所发挥的效用甚微。譬如，在 Smith v. Croft 一案中，霍顿（Horton）法官认为，只有在确定有胜诉可能且真正需要时，才能发出临时支付令。[3]在澳大利亚，诉讼费用问题也呈现类似的状况。而这所导致的结果是，少数派股东因提起诉讼而支出的费用并不能得到偿付。虽然一部分案件判决公司支付诉讼费用，这当然很让人欣慰，但不可否认的是，全面的赔偿规则仍未被确立。

除了支出的诉讼费用得不到保障，原告股东所面临的另一难题是任何通过诉讼所得之收益都将归属于公司，提起诉讼的股东只能通过该诉讼获得一小部分按比例分配的利益。这些因素糅合在一起，抑制着潜在原告股东提起代表诉讼。有学者指出，对于那些本想提起代表诉讼的股东而言，主要障碍在于缺乏提起诉讼的内在动力。而这是多种因素造成的结果，一是诉讼费用的支出，二是即使胜诉，任何追回的利益都将归属于公司而并非原告股东。[4]澳大利亚的政府报告也强调了费用问题的重要性，并称费用问题可能是阻碍股东提起代表诉讼的最大障碍，该报告同时指出诉讼费

〔1〕 See William Kaplan and Bruce Elwood, ‘The Derivative Action: A Shareholder’s ‘Bleak House’?’ (2003) 36 *University of British Columbia Law Review* 450.

〔2〕 See [1975] QB 373.

〔3〕 See [1986] 2 All ER 551.

〔4〕 See Ian Ramsay, ‘Corporate Governance, Shareholder Litigation and the Prospects for a Statutory Derivative Action’ (1992) 15 *University of New South Wales Law Journal* 150.

用“有效”地阻止股东通过向其开放的法律救济途径寻求救济。[1]

（2）原告资格要求的限制。限制性原告资格要求也是潜在原告股东所面临的一个重大障碍。在 Prudential Assurance Co Ltd v. Newman Industries Ltd 一案中，法官认为必须把是否具有原告资格问题作为一个初步问题加以考虑。如前所述，证明“欺诈”和“控制”是一个困难的过程，同样地，为证明原告资格将导致一系列耗时长、成本高的审理程序。

然而，在澳大利亚，法官对此采取了不同的态度。在 Hurley v. BGH Nominees Pty Ltd 一案中，金（King）法官认为，不应在所有的案件中对原告资格问题都一味遵循限制性原则。随后，不少案件也采纳了金法官的观点。[2]与英国法院不同的是，澳大利亚法院通常认为，将原告资格问题作为初步问题进行裁判并不合适，[3]其对原告资格问题采取了一种温和且务实的态度。从澳大利亚的诸多判决中可以得出这样的结论：法院愿意克服普通法下股东代表诉讼的程序性障碍，从而尽量减少福斯规则的限制性影响。

史蒂文斯（Stevens）教授认为，澳大利亚最终采用成文法规范股东代表诉讼的主要动力在于，普通法中对于原告资格的要求具有很强的限制

---

〔1〕 See the Explanatory Memorandum to CLERP Bill at [6.11]-[6.13]. 包括以下文件：Companies and Securities Law Review Committee, *Enforcement of the Duties of Directors and Officers of a Company by Means of a Statutoy Derivative Action* (Discussion Paper 11, July 1990); Companies and Securities Law Review Committee, *Enforcement of the Duties of Directors and Officers of a Company by Means of a Statutoy Derivative Action* (Report No. 12, November 1990); Report of the House of Representatives Standing Committee on Legal and Constitutional Affairs, *Corporate Practices and the Rights of Shareholders* (November 1991); Companies and Securities Advisory Committee, *Report on a Statutoy Derivative Action* (July 1993); CLERP Proposals for Reform, *Directors' Duties and Corporate Governance: Facilitating Innovation and Protecting Investors* (Paper No. 3, 1997). 这些文件在文中统称为“政府报告”。

〔2〕 See *Cf Aloridge Pty Ltd (prov liq apptd) v. Western Austrialian Gem Explorer Pty Ltd* , 127 ALR 410 (1995); *Dempster v. Mallina Holdings Ltd*, 15 ACSR 1 (1994).

〔3〕 See Elizabeth J. Boros, *Minority Shareholders' Remedies* (Oxford, Clarendon Press, 1995) 190.

性[1]，政府报告中的一些陈述似乎也支持这一观点。然而，事实证明，原告资格在澳大利亚并没有像在英格兰那样存在着严重问题，因而，史蒂文斯教授这一论断的正确性实际上有待商榷。

（3）追认。与追认有关的法律被称为“无疑是现行股东代表诉讼制度中最大的法律难题”。众所周知，只有在董事实施了违反职责的行为，且该行为未经公司追认时，股东才可提起代表诉讼。事实上，仅仅是公司对违反职责的行为进行追认的可能性，就足以剥夺股东提起代表诉讼的权利。[2]同时，与追认有关的法律彼此之间存在着前后矛盾，很难辨别哪些行为可以得到追认，哪些行为不能得到追认。在某种程度上，这被称为“迷宫式的判例法”和“法律沼泽”，这种“未被清除的雷区”往往会导致不公正的结果。

（4）规则和例外的不确定性。虽然有人认为福斯规则是一项不需人们多加思考的简单规则[3]，但该规则的简单只停留于表面。事实上，福斯规则比其他规则都要令人困惑和容易产生误解。该规则复杂而模糊，对该规则的例外范围认定存在着明显的冲突，这使得准确界定并阐明该规则变得困难，政府报告也承认普通法下股东代表诉讼所固有的不确定性使得该领域迄需改革。[4]

（5）替代补救措施的不足。一个极具争议的观点是，诸如压迫救济等现有补救措施并未能为股东提供充分的保护，而这是公司及证券咨询委员会在其 1993 年报告中所持的观点。在英联邦国家的公司法中，压迫救济是

---

〔1〕 See Kristina de Vere Stevens, 'Should We Toss Foss?: Toward an Australian Statutory Derivative Action' (1997) 25 *Australian Business Law Review* 135.

〔2〕 See Saul Fridman, 'Ratification and the Statutory Derivative Action in the Companies Act 1993' (1998) 16 *Company and Securities Law Journal* 221, 223. See also BH McPherson, 'Duties of Directors and the Powers of Shareholders' (1977) 51 *Austrilian Law Journal* 460, 468-9.

〔3〕 See Dan D. Prentice, 'Another Exception to the Rule in Rule in *Foss v. Harbottle*' (1972) 35 *Modern Law Review* 318.

〔4〕 See Companies and Securities Advisory Committee, *Report on a Statutoy Derivative Action* (July 1993) 6; Report of the House of Representatives Standing Committee on Legal and Constitutional Affairs, *Corporate Practices and the Rights of Shareholders* (November 1991) 193.

指受压迫股东可以享有的法定权利，即当公司的行为具有压迫性、不公平的偏见或不公平地无视股东利益时，授权股东对其持有股份的公司提起诉讼。压迫救济是为克服福斯规则的不足而提出的，有学者认为，作为对福斯规则的应对措施，压迫救济并没有取得巨大成功。[1]但也有学者认为，通过目前使用自由主义方法来解释压迫救济，使其已经成为少数派股东所拥有的有效救济工具。[2]另一学者也支持该观点，认为由于法院采取宽泛的解释，压迫救济已经被法院用来有效地“对抗”福斯规则。[3]虽然学界目前尚未就该问题达成一致，但对压迫救济运用情况的实证研究发现，至少压迫救济的运用频率确实在显著增加。

（二）从普通法到成文法的股东代表诉讼

如前所述，普通法股东代表诉讼在为公司提供救济之时存在着诸多不足之处。不仅政府报告呼吁对该领域进行改革，而且公司法和证券法审查委员会在其 1990 年的讨论文件中也说：“本报告的焦点是，福斯规则得到了普遍一致的评价，即因其具有局限性，所以当公司在无正当理由拒绝提起诉讼，或因客观原因未能对董事或高管提起诉讼时，现行法律并没有为此提供足够的救济手段。”[4]公司法和证券咨询委员会也认为，尽管福斯规则存在着例外情形，但该例外情况的范围过于狭窄并因此妨碍股东提起代表诉讼[5]，故其一直主张对这一法律领域进行改革。在公司法经济改革计划提案当中存在着一个类似的声明，即现有法律对于股东提起诉讼的原

〔1〕 See Stephen Bottomley, ‘Shareholder Derivative Actions and Public Interest Suits: Two Versions of the Same Story?’ (1992) 15 *University of New South Wales Law Journal* 142.

〔2〕 See Matthew Berkahn, ‘The Derivative Action in Australia and New Zealand: Will the Statutory Provisions Improve Shareholders' Enforcement Rights?’ (1998) 10 *Bond Law Review* 89.

〔3〕 See Anil Hargovan, ‘Under Judicial and Legislative Attack: The Rule in *Foss v. Harbottle*’ (1996) 113 *South Afican Law Journal* 637.

〔4〕 Companies and Securities Law Review Committee, Discussion Paper 11, *supra* p 7 n 1, at [9] (citations omitted). See also Companies and Securities Law Review Committee, Report No. 12, *supra* p 7 n 1, at [6].

〔5〕 See Companies and Securities Advisory Committee, *Report on a Statutoy Derivative Action* (July 1993) 2.

告资格的限制及可能产生的潜在成本等程序问题导致股东无法启动诉讼程序，这是非常令人不满意的。该报告建议制定股东代表诉讼的相关成文法律，以克服普通法的不足。该报告称，想要提高股东通过代表诉讼程序保障合法权利的能力，最值得建议的一种举措就是实施股东代表诉讼的成文法化。[1]成文法化的股东代表诉讼制度将是比以前更为有效的实现权利的途径，且程序的进步将会使其比普通法更为实际可行。

成文法股东代表诉讼制度是为了克服在普通法下股东所面临的追认、诉讼成本过高、限制性原告资格要求等问题，1999 年公司法经济改革计划条例草案的解释性备忘录（以下简称解释性备忘录）指出，普通法股东代表诉讼所面临的主要困难集中在三个方面：一是股东会可以对不当行为进行追认；二是股东无法获得公司的资金来资助诉讼的进行；三是在法院批准许可前，需要建立起严格的许可标准。在诸多案件中，法官也以类似的方法阐明了成文法股东代表诉讼的基本原理，即立法目的是为了克服普通法股东代表诉讼在法律上和实践中的困难，同时保持适当的制衡。但与此同时，成文法股东代表诉讼是在福斯规则例外的基础上建立起来的，旨在克服普通法股东代表诉讼所存在的问题，并增加股东可获得的有效救济。成文法股东代表诉讼并不是为了保护旧法，相反，它是一种旨在改进的改革措施，并不是为了给股东代表诉讼设置新的障碍。

二、澳大利亚股东代表诉讼的现行制度

2000 年 3 月，股东代表诉讼制度以《2001 年公司法》第 2F.1A 部分的形式在澳大利亚生效。该法取代了普通法而对提起股东代表诉讼的权利进行规定，并允许公司的现任及前任股东和高管代表公司提起诉讼。由于该部分被认为是由于普通法存在不足而产生的，其区别于其前身的显著特点是对普通法下的股东代表诉讼缺陷进行了显著的改良。

---

〔1〕 See Report of the House of Representatives Standing Committee on Legal and Constitutional Affairs, *Corporate Practices and the Rights of Shareholders* (November 1991) 194.

（一）第 2F.1A 部分概述

《2001 年公司法》的 2F.1A 部分对股东代表诉讼进行了较为详明的规定，该部分对提起诉讼的主体资格进行了规定，即股东、前股东或有权登记为公司股东或相关法人团体成员的人；或公司高管或前任高管有权申请提起股东代表诉讼。该申请可以是：代表公司提起诉讼；或介入公司作为当事方的任何诉讼程序，以代表公司为这些程序或为这些程序中的某些特定程序履行义务。代表公司提起的诉讼必须以公司的名义，根据普通法提起股东代表诉讼的权利被废除。

当然，仅满足上述主体资格要求尚不足，只有在提起诉讼的申请得到法院许可时，诉讼程序才能继续进行。根据《2001 年公司法》第 237（2）条的规定，只要同时满足以下条件，法院就必须对该申请授予许可：公司可能不能自行提起诉讼，或不能对诉讼程序或诉讼程序中的某些程序履行义务；申请人的行为是善意的；申请人获得许可符合公司最大利益；如果申请人正在申请提起诉讼——则有一个重大的问题需要被审理；在提出申请前最少 14 天，申请人以书面形式通知公司其拟向法院申请许可的意向及申请理由（即使此项条件未获满足，法院也可能给予许可）。所有这些标准必须得到满足才能获得许可，与此同时，如果满足上述标准，法院也须授予许可。

对于是否符合公司最大利益，第 237（3）条确立了一个推定，即如果确定存在以下情况之一，则推定授予许可不符合公司的最大利益，除非另有事实将其推翻：公司针对第三人或第三人针对本公司的诉讼；公司决定不提起诉讼或不为诉讼进行辩论，或中止、解决或和解诉讼。该推定适用的前提是，所有参与该决定的董事：为适当的目的而善意行事；对该决定没有重大个人利益；在他们合理认为适当的程度上，知悉关于该决定的主题事项；理性地认为该决定符合公司的最大利益。当然，“董事认为该决定符合公司的最大利益”指的是董事在一种理性的状态下，认为该决定符合公司的最大利益。当任何处于其位置的理性人都不会持有这种想法时，则不能认定该董事为理性。与此同时，第 237（4）条给出了对第三人的定义，即在下列情况下，该主体是第三人：当公司为上市公司时，该人不是公司的关联方；当公司不是上市公司时，若公司成为上市公司，该人不会成为公司的关联方。

《2001 年公司法》第 2F.1A 部分也对公司的追认行为作出了限制，即公司对股东行为的追认：不得限制任何人根据第 237 条向法院申请提起诉讼的许可。如申请人得到许可，该追认不得阻止该申请人提起诉讼或介入有关的法律程序。不得实质上造成以下后果：根据第 237 条提起或介入的诉讼最终以有利于被告的方式作出裁决；导致根据第 237 条提起或介入诉讼的申请被拒绝。

法院在实际诉讼中作出判决或决定是否授予许可时，可将公司的追认行为纳入参考范围。同时，该法规定根据许可而提起或介入的诉讼，未经法院许可，不得中止、和解或解决。法院可就根据许可提起或介入的诉讼或许可申请本身作出其认为适当的任何指示、任何命令。法院亦可在任何时候就下列人员产生的诉讼费用发出其认为适当的命令：申请许可或获准许可的人；公司；诉讼或申请的任何其他各方当事人。

（二）许可标准

根据《2001 年公司法》的规定，在提起股东代表诉讼之前，申请人必须获得法院许可，同时该法也规定了法院授予许可必须满足的五项标准。解释性备忘录强调了在第 2F.1A 部分中适当运用许可标准的至关重要性，即这些标准力求在以下两个方面取得平衡：一方面是需要提供一个切实可行的途径，让申请人能够代表公司寻求救济；二是需要防止很可能取得败诉结果的诉讼程序继续进行。[1]

成文法股东代表诉讼已经取代了福斯规则的例外情形。因此，现在除了根据第 2F.1A 部分获得法院许可外，任何股东代表诉讼都不能径直开始。法院在成文法股东代表诉讼的实施中起着关键作用，巴雷特（Barrett）法官在 Carpenter v. Pioneer 案中陈述了法院的作用，即法院的功能本质上是

---

〔1〕 See Explanatory Memorandum to the CLERP Bill at [6.33].

一种筛选功能。对于申请人为公司提出的诉讼请求，法院必须按照规定的标准对该请求进行评估。如果法院裁定该项请求符合标准，则须授予申请人代表公司提起诉讼的许可。[1]在起诉前获准法院许可这一要求便有其存在的坚实基础，即如果公司的现任或前任股东或高管在提出申请之后获准许可之前使得公司自行提起诉讼，则有可能出现多重诉讼的问题。此外，若无法院的筛选功能，股东或高管则很可能会扰乱公司的正常职能，因为一般而言，公司有权自行决定是否起诉、应诉、介入已经进行的法律程序。如果公司本身不提起诉讼，不进行应诉或介入诉讼，则有必要设置一些过滤系统，例如在允许股东以公司名义提起诉讼前要求获得法院许可。[2]

而许可标准的建立，是为了在以下两个目标之间保持谨慎的平衡：一是促进股东代表诉讼的引入，而原有的福斯早期规则及其例外对该种诉讼造成了本不应有的困难；二是保护公司的内部管理免受无根据的干预。[3]因此，法院在决定是否准予许可时，应采取一种务实又切合实际的做法。如前述，当五项标准均获满足，则法院必须向申请人授予许可，如有标准未得到满足，则法院必须拒绝授予许可，法院不得自行通过行使自由裁量权来授予许可[4]，而申请人则对这些标准的证明承担着举证责任。下面将对各项标准进行详明阐释。

1. 公司不作为

为满足此项标准，申请人必须提供证据证明公司不作为的情形存在，且法院必须能够据此认定公司很可能不会自行提起诉讼，或对诉讼适当承担义务，或对其中的部分程序履行义务。虽然此标准被称为“关键的障碍”，但相对而言这一标准似乎门槛比较低。例如，在 Charlton v. Baber 一案中，

〔1〕 See *Carpenter v. Pioneer Park Ply Ltd (in liq)*, 211 ALR 457 (2004); 51 ACSR 299 (2004); 23 ACLC 93 (2004).

〔2〕 See *RTP Holdings Py Ltd v. Roberts*, 36 ACSR 170 (2000).

〔3〕 See *Swansson v. R A Pratt Properties Pty Ltd* (2002) 42 ACSR 313; (2002) 20 ACLC 1594; [2002] NSWSC 583 at [22].

〔4〕 See *Charlton v. Baber* (2003) 47 ACSR 31; (2003) 21 ACLC 1671; [2003] NSWSC 745 at [31]; *Chapman v. E-Sports Club Worldwide Ltd* (2000) 35 ACSR 462; [2000] VSC 403 at [5].

巴雷特法官认为，只需要证明该公司有可能不会提起诉讼，即达到了这一标准的证明标准。[1]在大多数情况下，很容易看出这一标准是否得到了满足，所需要的只是一些证明公司有可能不会提起诉讼的证据。如果公司没有明确拒绝提起诉讼，申请人有责任证明公司的拒绝是可以根据现有事实被推断出来的。譬如，在以下情况下，法院将认定公司不会提起诉讼：董事否认指控；董事会无法作出有效决议，陷入僵局；被控实施不法行为的人对董事会有控制权或足够大的影响力；公司是被家庭控制的公司并且其家庭成员不希望公司提起诉讼；公司缺乏资金来启动诉讼；公司充斥着内部管理问题。

2. 申请人善意

申请人必须使法院确信其是出于善意而提出诉讼申请，而善意与否又关系到申请人申请许可时的主观动机。事实上一般而言，法院会推定申请人为善意，除非某些事实足以证明或者推断出申请人为非善意。例如，在 BL & GY International Co Ltd v. Hypec Electronics Pty Ltd 一案中，爱因斯坦（Einstein）法官认为“没有证据表明 Mead 先生的行为不是善意的”[2]。在对善意进行认定的过程中，实践中得到广泛采用并引起诸多讨论的是帕尔默（Palmer）法官的做法，在 Swansson v. Pratt 一案中，帕尔默法官在认定善意时，主要考虑了两个问题：第一，申请人是否虔诚地相信存在一项合理的诉讼原因，并理性地认为该诉讼将取得胜诉判决。当然，申请人是否诚实地持有这种信念，并不仅仅是一个简单的声明就能证明的，如果在该股东所处的情况下一个理性的人不会持有这种信念，那么申请人可能就会被认定为非善意。第二，申请人在提起诉讼时是否具有不可告人的目的，其别有用心地提起诉讼是否是为了滥用诉讼程序以达到其不正当目的。[3]

---

〔1〕 See *Charlton v. Baber* (2003) 47 ACSR 31; (2003) 21 ACLC 1671; [2003] NSWSC 745 at [39].

〔2〕 See (2001) 164 FLR 268; (2001) 19 ACLC 1622; [2001] NSWSC 705 at [89]. See similar statements in *Braga v. Braga Consolidated Pty Ltd* [2002] NSWSC 603 at [6].

〔3〕 See *Swansson v. R A Pratt Properties Pty Ltd* (2002) 42 ACSR 313; (2002) 20 ACLC 1594; [2002] NSWSC 583 at [36].

例如，当申请人利用股东代表诉讼对公司的利益相关者施加压力时，则应认定申请人为非善意。关于该认定方法，存在着以下两个问题需要被进一步阐释：

（1）申请人虔诚的信念。虽然只有申请人的声明不足以证明申请人具有虔诚的信念，但想要得到法院的认定，申请人只需满足极低的证据要求。甚至，在 Lakshman v. Law Image Pty Ltd 一案中，尽管申请人承认自己并没有证据证明自己存在虔诚的信念，但法官认为，即使申请人的行为并不符合公司的最大利益，并实际上违背了公司的利益，但经审理查明，现有的证据表明申请人具有虔诚的信念。然而，其他案例的判决结果表明，如果申请人无法对其存在虔诚的信念提供相应证据，则法院将推定其不具有虔诚的信念。值得一提的是，当律师依据现有的事实和证据提出法律意见时，可以将此作为证明申请人具有虔诚信念的证据。

（2）不正当目的。如前所述，为达到不正当目的而提起诉讼的申请人将被直接认定为非善意。那么，认定不正当目的则成为一个重要的问题。通过 Williams v. Spautz 一案中所涉及的滥用程序原则，这一问题可以得到解决。在该案中，当申请人提起诉讼的目的不是通过诉讼获得判决结果，而是为了利用该诉讼获取某些不正当优势，而这些优势原本又并不属于他们，或这些附带优势超出法律规定的范围的，即可认定申请人提起诉讼属于滥用诉讼程序。

而善意标准中的善意，指的是申请许可的行为完全是基于公司利益的善意。善意的概念与诚实行事的义务不可分割并且否定了不可告人目的的存在，法院进行审查过程中发现，那些为实现不正当目的而提出的申请，往往是为了追求公司以外的利益。法院在确定申请人是否出于不正当目的而提起诉讼时，可以根据现有的证据来对申请人的动机进行推断。譬如，在 Swansson 一案中，法院认为申请人在下列情况下比较容易被认定为善意：申请人是公司的现任股东，且其所持有的股份并非象征性持股，该股东提起股东代表诉讼旨在为公司追讨财产，以使其所持有的股份得以增值；或申请人是公司的现任董事或现任高管，且申请人对公司的稳定运行和良好管理拥有关联的合法利益。[1]这将保证申请人提起股东代表诉讼是为了收回公司财产，同时也保证了多数派股东和董事会不会非法行事以损害公司整体利益。

善意标准、提起诉讼符合公司最大利益标准和有重大问题需要被审理标准之间存在一定程度的重叠。这是因为，从表面上看，案件的胜诉可能将直接影响诉讼的进行是否符合公司的最大利益，而这将反过来反映出善意标准相关的动机和目的问题。[2]如果申请人未能满足其中一个许可标准，通常其他的许可标准也得不到满足，这也揭示了许可标准之间的密切关系。

3. 公司最大利益

法院在授予许可时，必须确信申请人获准许可符合公司的最大利益。这一标准也使得法院在认定过程中遇到较大困难。因为在审查过程中，法院可能会发现，一家公司可能会出于商业原因而在其能寻求救济时选择不提起诉讼，管理层也将合理地认为不提起诉讼将有利于公司的最大利益。[3]据推测，这个标准考虑到了公司的财务状况和福利状况。一般而言，继续经营有利可图时，会被认定为符合公司的最大利益，但在公司资不抵债的情况下，最大利益则主要体现为债权人的利益。[4]

如前所述，善意标准涉及申请人的主观动机，是一种主观标准，公司最大利益标准却是一种客观标准。该标准要求申请人提起股东代表诉讼并不仅仅“或许是”“似乎是”或“可能是”为了公司的最大利益，而是法院必须确信该诉讼的提起“确实是”为了公司的最大利益。

法院在审查的过程中，不是为了获得有满足标准的可能性或是潜在可

---

〔1〕 See *Swansson v. R. A. Pratt Properties Pty Ltd* (2002) 42 ACSR 313; (2002) 20 ACLC 1594; [2002] NSWSC 583 at [38].

〔2〕 See *Carpenter v. Pioneer Park Pty Ltd (in liq)* (2004) 211 ALR 457; (2004) 51 ACSR 299; (2004) 23 ACLC 93; [2004] NSWSC 1007 at [10]; *Talisman Technologies Inc v. Queensland Electronic Switching Pty Ltd* [2001] QSC 324 at [31]; *Saltwater Studios Pty Ltd v. Hathaway* [2004] QSC 435 at [7].

〔3〕 See Explanatory Memorandum to the CLERP Bill at [6.38].

〔4〕 See *Swansson v. R. A. Pratt Properties Pty Ltd* (2002) 42 ACSR 313; (2002) 20 ACLC 1594; [2002] NSWSC 583 at [55].

能性，而是必须确信提起股东代表诉讼将积极地服务于公司最大利益。[1]这是一个比加拿大、新西兰和新加坡更高的立法门槛，这几个国家只要求诉讼符合公司的利益即可。那么，法院如何认定"最大利益"这一概念呢？在 Swansson 一案中，法院在考虑公司的最大利益时，要求申请人就以下事项提供证据：公司所处行业的特点；公司的营业状况；公司是否可以通过其他途径获得救济；被告是否有能力履行判决(即提起诉讼的实际利益)。[2]此外，关于最大利益的认定，有以下几个问题尚需注意：

一是如果除了股东代表诉讼之外，有另外可供选择的救济程序或者已经启动了这些程序，且这些程序具有现实的恢复公司财产状态的可能，那么，根据第 2F.1A 部分提起诉讼则不符合公司的最大利益。在 Goozee 一案中，当允许申请人提起股东代表诉讼时，则意味着公司即将清算，但事实上，该公司正在进行的交易是盈利的，此时，法院不得认定提起诉讼符合公司的最大利益。[3]

二是当申请人就个人债权向公司提出索赔请求时，提出申请的资格并不会被自动取消——不能仅仅因为申请人也可能对公司提出个人索赔请求，就认定授予许可不符合公司的最大利益。[4]

三是在确定公司最大利益之前，是否需要先解决内部纠纷则存在争议。或许有的法官会认为，在确定公司的最大利益之前，应先解决内部纠纷。然而，麦克弗森（Mc Pherson）法官则认为，在准许申请人代表公司提起诉讼之前，要求先解决好股东之间的纠纷，这本身就违背了法定条款旨在达到的目的。他认为，《2001 年公司法》第 236 条和第 237 条是为这样的一种情况所设立的：公司中存在着两个相互冲突的股东群体，其中一方是

〔1〕 See *Carpenter v. Pioneer Park Pty Ltd (in liq)* (2004) 211 ALR 457; (2004) 51 ACSR 299; (2004) 23 ACLC 93; [2004] NSWSC 1007 at [19].

〔2〕 See *Swansson v. R A Pratt Properties Pty Ltd* (2002) 42 ACSR 313; (2002) 20 ACLC 1594; [2002] NSWSC 583 at [56]-[60].

〔3〕 See *Goose v. Graphic World Group Holdings Pty Ltd* (2002) 170 FLR 451; (2002) 42 ACSR 534; (2002) 20 ACLC 1502; [2002] NSWSC 640 at [73].

〔4〕 See *Saltwater Studios Pty Ltd v. Hathaway* [2004] QSC 435 at [10].

少数派股东，其无法让公司提起诉讼以实现权利，因为违法行为的多数派股东反对公司提起诉讼。此时，天然存在着内部纠纷，正是由于内部纠纷无法解决股东才诉诸股东代表诉讼，若要求在授予许可前解决内部纠纷，则会使得股东代表诉讼形同虚设。

四是在确定公司的最大利益时，本来并不涉及成本效益问题的分析。《2001 年公司法》第 237（2）（c）条所考虑的并不是对诉讼可能结果进行成本效益分析，这种分析几乎不可能产生任何具有信服力或准确性的评估。[1]但事实上，案件的胜诉可能与公司的最大利益问题直接相关。从表面上看，案件的胜诉可能将直接影响到是否符合公司的最大利益。如果案件的胜诉可能性很小，那么显然不符合公司的最大利益。此外，解释性备忘录也要求法院在审理案件过程中权衡诉讼给公司带来的利益与潜在损害。一家公司很可能基于充分的商业理由而不去提起诉讼寻求救济。譬如，尽管董事已经明显违及职责，但对公司造成的损失并非是实质性损失。在这种情形下，提起诉讼所带来的成本可能会超过给公司带来的利益，此时，法院便可以拒绝授予提起诉讼的许可。[2]

4. 有重大问题需要被审理

法院必须确信，若申请人提起诉讼，则有重大问题需要被审理。解释性备忘录规定，若申请人不享有通常原告才享有的在裁判前质询的权利，那么申请人申请许可的过程也不应变成法院对实质问题的审理过程。申请人只需证明有关程序应该进行。另一方面，这一标准也将防止诉讼程序被滥用。[3]

对此，立法机关采取了严格地待审问题标准，根据既定原则，申请人必须证明公司有足够的、明显的依据来获得救济。虽然《2001 年公司法》第 237（2）（d）条要求对案件的效益进行考虑，但法院却希望避免将其变

〔1〕 See *Meyor Inc (formery Talisman Technologies Inc) v. Queensland Electronic Switching Pty Ltd* [2002] QCA 269; [2003] 1 Qd R 186; (2002) 42 ACSR 398; (2002) 20 ACLC 1517 at [19].

〔2〕 See Explanatory Memorandum to the CLERP Bill at [6.38].

〔3〕 See Explanatory Memorandum to the CLERP Bill at [6.46].

成对案件的小型审判，法院通常不会在很大程度上对拟提诉讼的是非曲直作出判断。申请人在满足该项标准时通常有较低的门槛，一般与获得非正审诉讼中的强制令难度等同。通常只有在法庭允许且在有限范围内，才可对拟提股东代表诉讼的是非曲直进行质证。[1]尽管如此，申请人仍需提供必要的证据证明有重大问题待审理，以满足法院的认定标准。

5. 向公司发出诉讼通知

在提出申请前至少 14 天，申请人需向公司发出书面申请，说明其提出许可申请的意向及申请理由，或即使申请人并未发出通知，法院认为授予许可并无不当的，也视为满足该标准。[2]巴雷特法官对这一规定进行了深刻的解读，他指出坚持形式是没有意义的，法律赋予法院的自由裁量权必须符合立法上的善意目的。[3]考虑到这些目标，便要求公司了解申请人根据该规定申请许可时的意图及申请理由。一般来说只有在法院确认公司已知悉相关事宜时，才可授予许可。但有时尽管公司没有获得通知，但法院认为仍有充分理由允许申请人代表公司提起诉讼时，法院根据其自由裁量权来豁免此项要求授予许可的决定也是正当有效的。

（三）成文法股东代表诉讼的目的

如前所述，除了纠正普通法股东代表诉讼中固有的缺陷外，成文法下股东代表诉讼还有如下几个重要目的。

1. 管理责任

在现代公司管理体制下，股东面临着一个关键的问题，即所有权与经营权分离下可能导致董事为自己的利益而滥用公司资源[4]，这种治理模式可能在董事违反职责的情况下对股东寻求救济提起诉讼造成重大障碍。如

〔1〕 See *Swansson v. R. A. Pratt Properties Pty Ltd* (2002) 42 ACSR 313; (2002) 20 ACLC 1594; [2002] NSWSC 583 at [25].

〔2〕 See Section 237(2)(e).

〔3〕 See *Isak Constructions (Aust) Pty Ltd v. Faress* (2003) 47 ACSR 224; [2003] NSWSC 784 at [21].

〔4〕 See CLERP Proposals for Reform, Paper No. 3, *supra* p 7 n 1, at 9.

果说保持良好的公司治理对投资者的信心至关重要，那么就必须通过有效的途径来阻止管理上的不当行为。股东代表诉讼的主要目的是通过其威慑作用来预防不法行为从而加强管理责任，即通过赋予股东和其他人权利，施加责任威胁，进而震慑或阻遏管理层潜在的不当行为。[1]

澳大利亚政府报告也表明，实现管理责任是股东代表诉讼的一个关键目标，成文法化的股东代表诉讼能够鼓励管理人员对股东更加负责[2]，Stevens 认为，人们希望获得一种更有效、更容易获取的武器来预防和惩罚管理层的不当行为，普通法股东代表诉讼便是在这样的呼声之下产生的。另外有学者也提到，当董事会不作为时，股东代表诉讼允许股东以特定形式作为公司的监督机构，对不法者提起诉讼。[3]但值得注意的是，股东代表诉讼的目的并不是为了篡夺董事会的正常职权，而是在董事行为不当时提供补救措施。

2. 公司获得赔偿

有学者提出这样一个问题，即股东代表诉讼实现了何种目的？是阻止了管理层的渎职行为，抑或是提供了某种形式的赔偿？公司法经济改革计划建议书曾指出，股东代表诉讼并非旨在成为监管性措施，而是为了促使公司实现现有权利。[4]希南（Heenan）法官也表达了同样的观点，他认为，股东代表诉讼是一种补救措施，用以维护公司的整体利益，从而使所有现有股东或成员受益。[5]

笔者认为，比较恰当的观点是将上述观点进行融合，即通过实现公司权利的方式来达到威慑管理层正确履职的目的，通过股东诉讼来实现私人权利可能优于公权力执法。从这一层面而言，股东代表诉讼将服务于两个

---

〔1〕 See Pearlie Koh Ming Choo, ‘The Statutory Derivative Action in Singapore: A Critical and Comparative Examination’ (2001) 13 *Bond Law Review* 61, 69.

〔2〕 See CLERP Proposals for Reform, Paper No. 3, *supra* p 7 n 1, at 40.

〔3〕 See Lynden Griggs, ‘The Statutory Derivative Action: Lessons that May be Learnt from its Past!’ (2002) 6 *Universiy of Western Sydney Law Review* 63-4.

〔4〕 See CLERP Proposals for Reform, Paper No. 3, *supra* p 7 n 1, at 35.

〔5〕 See *Westgold Resources NL v. Precious Metals Australia Ltd* [2002] WASC 221 at [21].

目的：一是它力图在一定程度上制止管理层对管理权、指导权的滥用；二是在董事会不提起诉讼的情况下，它提供了一种途径，使公司能够获得损害赔偿或原本就属于公司的财产。

3. 为内部纠纷提供法律救济

澳大利亚政府报告认为，保护公司董事和高管，使他们对公司日常事务的管理不受无理干预可谓毋庸置疑[1]，法院往往也热衷于排除对公司内部管理的无理干涉。然而，在特定情形下，司法干预无可避免，譬如为公司管理人员无法解决的内部纠纷提供法律救济等。通过内部程序，公司可以作出与启动和继续法律程序有关的决定。而股东代表诉讼的设定目的在于，当那些通常有权作出决定的人不采取行动时，削弱因此而带来的负面影响。因此，股东代表诉讼涉及公司内部决策过程，以确保成员不会因其他股东和董事的自利行为而处于不利地位，并确保他们能够采取行动维护自身合法权利。麦克弗森法官认为，背后原因在于，有部分股东控制着公司的管理或具体事务，且拒绝让公司提起诉讼，因而在这些控制股东与非控制股东之间存在着某种可能不可调和的冲突。只有允许股东代表公司进行诉讼，才能解决这一冲突和矛盾，否则，大股东完全可以逍遥自在地以公司之名来阻塞少数派股东获得救济的路径。[2]

三、对成文法股东代表诉讼的评价

对成文法下股东代表诉讼的评价需建立在与普通法股东代表诉讼的对比之上，且需建立在实证研究的基础之上，方能对成文法股东代表诉讼进行初步评价并揭示其可能面临的问题。

（一）总体评价

对成文法股东代表诉讼的评价需建立在与普通法股东代表诉讼的对比

---

〔1〕 See *Cf Chapman v. E-Sports Club Worldwide Ltd* (2000) 35 ACSR 462; [2000] VSC 403 at [10].

〔2〕 See *Meyor Inc (formery Talisman Technologies Inc) v. Queensland Electronic Switching Pty Ltd* [2002] QCA 269; [2003] 1 Qd R 186; (2002) 42 ACSR 398; (2002) 20 ACLC 1517 at [11].

之上，虽然成文法是为了弥补普通法的不足而产生的，许多学者亦对普通法股东代表诉讼进行赤裸裸的强烈批判，但这并非是唯一的声音，特别是在澳大利亚，法官们虽依据普通法下的福斯规则进行裁判，但在具体应用过程中却最大限度地减少福斯规则所引发的障碍，特别是在诉讼地位和程序性问题上，法官在适用福斯规则时，通常会搁置这些问题。[1]

譬如，在引入成文法股东代表诉讼之前，澳大利亚法院对于原告资格问题的处理方式较为宽松，这与英国所采取的限制性方式形成鲜明对比。此外，澳大利亚也对福斯规则中的正义利益例外作出了广泛解释，并扩大个人权利例外的范围。所以，福斯规则的限制性在澳大利亚并没有想象中那么严重。甚至，有学者指出，在公司法经济改革计划提出之前就已经有足够的救济措施，因为股东除了提起股东代表诉讼，还可以申请法院对违反公司法的行为发出禁令或寻求压迫救济。[2]因此，部分学者认为，成文法股东代表诉讼的产生几乎不会产生什么影响，因为这不过是以制定法的形式重新对普通法进行规定而已。[3]菲茨西蒙斯（Fitzsimons）认为，成文法股东代表诉讼未能在加拿大产生重大影响，澳大利亚也将与加拿大相似。[4]

克莱因（Clyne）则认为，成文法股东代表诉讼为少数派股东寻求救济设置了重大障碍，而并不是为其提供更具可操作性的救济。[5]普林斯（Prince）认为，澳大利亚引入的成文法股东代表诉讼比新西兰版更难用，

---

〔1〕 See Len Sealy, 'The Rule in *Foss v. Harbottle*: The Australian Experience' (1989) 10 *Company Lawyer* 52.

〔2〕 See James McConvill, 'Part 2F. 1A of the Corporations Act: Insert a New Section 242(2) or Give it the Boot?' (2002) 30 *Australian Business Law Review* 310.

〔3〕 See Lang Thai, 'How Popular are Statutory Derivative Actions in Australia? Comparisons with United States, Canada and New Zealand' (2002) 30 *Australian Business Law Review* 118, 135-6.

〔4〕 See Peter Fitzsimons, 'Statutory Derivative Actions in New Zealand' (1996) 14 *Company and Securities Law Journal* 184.

〔5〕 See Shaun Clyne, 'Modern Corporate Governance' (2000) 11 *Australian Journal of Corporate Law* 276, 301.

因而从股东的角度而言，最终结果将比普通法股东代表诉讼更加糟糕。[1]与此相呼应的是，弗莱彻（Fletcher）也认为，成文法股东代表诉讼的产生削弱了少数派股东的法律地位，立法的发展对股东的影响甚为微弱。[2]当然，也有学者认为成文法化的股东代表诉讼带来积极的影响，认为这项立法改革是对普通法股东代表诉讼的巨大改进，且将扩大少数派股东可获得救济的范围。[3]

澳大利亚有学者对成文法股东代表诉讼进行实证研究和数据分析，以便得出更可靠的结论。其研究方法是，在使用若干数据库的情况下[4]，找到根据第 2F.1A 部分判决的案例并进行分析，同时也对相关的法律规定进行术语检索。该研究选取了成文法股东代表诉讼产生以来 5 年内所发生的案件，每个案例的研究过程围绕以下问题进行，即案件的发生时间、审理时间、原告身份、被告身份、指控内容和判决结果等。通过对以上问题及相关数据的研究，对成文法股东代表诉讼判决的实证研究的主要结论如下[5]：

在 2000 年 3 月至 2005 年 8 月，法院只作出了 31 项判决，这个数字不算多，但亦不算少，可谓是一个适当的数量。相比之下，1995 至 1999 年（在引入成文法股东代表诉讼之前的 5 年）有 30 项判决参考了 Foss v. Harbottle 规则的例外情形。这表明，在审查类似的年份时，成文法股东代表诉讼的

---

〔1〕 See Peter Prince, 'Australia's Statutory Derivative Action: Using the New Zealand Experience' (2000) 18 *Company and Securities Law Journal* 493, 510-1.

〔2〕 See Keith Fletcher, 'CLERP and Minority Shareholder Rights' (2001) 13 *Australian Journal of Corporate Law* 290, 295, 300. 文件表明，后来该学者认为由于以前根据福斯诉哈伯特规则例外提起的诉讼现在可能会被压迫救济所取代，因此，很难说公司法经济改革计划彻底地改变了少数派股东的处境。

〔3〕 See Griggs and Lowry, 'Minority Shareholder Remedies: A Comparative View' (1994)5 *Journal of Business Law* 463, 474.

〔4〕 See The LexisNexis AU, Austlii and Centre for Corporate Law and Securities Regulation databases were searched.

〔5〕 See Ian M. Ramsay and Benjamin B. Saunders, 'Litigation by Shareholders and Directors: An Empirical Study of the Australian Statutory Derivative Action' (2006) 6 *Journal of Corporate Law Study* 445.

判决数量并不比被它取代的普通法股东代表诉讼多。虽然第 2F.1A 部分允许股东或高管（或前股东或高管）提起诉讼，但几乎所有的申请者都是股东。在 31 件案例中，有 16 件案例的被告是现任或前任董事，余下 15 例的被告是股东。87% 案件的涉案公司为私人公司，32% 的案件中的公司处于以某种形式的外部管理之下。就所提出的指控内容而言，最常见的是违反董事职责 (52% 的案件)。61% 的案件中，法庭授予许可，77% 的许可申请则涉及两天或更短的审判时长。在 19 例成功获得许可的案件中，有 4 例 (21%) 获得与许可申请有关的费用，另有 11 宗案件保留了或不讨论费用问题。在这 19 例案件中，法院都没有判决公司在实体诉讼中为申请人提供费用。

（二）成文法股东代表诉讼可能面临的障碍

1. 诉讼费用问题

《2001 年公司法》第 242 条涉及与股东代表诉讼有关的费用问题，该条赋予法院广泛的自由裁量权，即法院有权就申请人、公司或与诉讼、申请有关的其他当事人的费用，作出其认为适当的命令。法院可以自由处理该条所规定的事项，这些事项不受法定规定的限制，当然，法官也可以参考在一般程序中用于决定费用申请的酌情处理方法。[1] 解释性备忘录阐释了赋予法官广泛自由裁量权的目的："赋予法院在分配费用方面的自由裁量权是旨在为公司资金的使用提供额外保障，特别是，法院将能保护真正的股东免于承担公司资金损失的责任，同时允许法院进一步阻止无理诉讼的产生"[2]。

如前所述，诉讼费用问题是普通法股东代表诉讼的主要抑制因素，因此考察第 242 条是否解决了这一问题便显得尤为重要。新西兰《1993 年公司法》第 166 条规定，在提出许可申请时，法院必须命令公司支付诉讼费

[1] See *Foyster v. Foyster Holdings Pty Ltd* (2003) 44 ACSR 705; [2003] NSWSC 135 at [12].

[2] See Explanatory Memorandum at [6.69]; CLERP Proposals for Reform, Paper No. 3, *supra* p 7 n 1, at 39.

用。相反，澳大利亚公司法使得成功的申请人无法保证自己所付出的合理费用最后能得到法院的支持。有学者认为，澳大利亚关于成本的规定是有缺陷且令人失望的，对少数派股东而言，这些货币激励措施仍只是遥远的前景而已，他们将受到司法裁量权行使过程中所固有的不确定性的影响。[1]也有观点认为，成功的申请人不应承担代表诉讼的费用，譬如，Barret 法官就认为，通常情况下，为确保公司股东和高管能够提起代表诉讼，以保证公司有诉讼程序参与者，他们理应获得相应保障，至于费用问题，则应由公司或其他当事人承担，因为此时股东或高管只是公司决策者的代理人罢了。[2]

当然，法院也可能出于某些理由要求申请人承担诉讼费用。首先，法院不能否认这样一种情况的发生，即当公司必须承担诉讼费用时，可能意味着公司要出售其部分资产，以便为胜诉前景不明确的诉讼提供资金。[3]

其次，存在着公司利益最大化的问题。在一些案件中，法院考虑到，如果败诉，该公司将不会遭受任何损失，那么提起诉讼就符合公司的最大利益，因此，申请人必须承担诉讼费用才符合公司的最大利益。譬如，在 Mryor 一案中有这样的一种观点：当由申请人承担诉讼费用时，如果胜诉，公司将在不承担任何费用的情况下获益；如果败诉，将由原告承担败诉的名声及诉讼产生的成本，而只有在这种情况下，法院才会认为提起诉讼符合公司的最大利益。[4]

最后，可能存在所谓的额外保障问题，如上所述，《2001 年公司法》第 242 条旨在提供使用公司资金的额外保障。虽然法院有权以公司资金向

---

〔1〕 See Anil Hargovan, ‘Under Judicial and Legislative Attack: The Rule in *Foss v. Harbottle*’ (1996) 113 *South Afican Law Journal* 648.

〔2〕 See *Foyster v. Toyster Holdings Pty Ltd* (2003) 44 ACSR 705; [2003] NSWSC 135 at [13].

〔3〕 See *Swansson v. R. A. Pratt Properties Pty Ltd* (2002) 42 ACSR 313; (2002) 20 ACLC 1594; [2002] NSWSC 583 at [77].

〔4〕 See *Meyor Inc (formery Talisman Technologies Inc) v. Queensland Electronic Switching Pty Ltd* [2002] QCA 269; [2003] 1 Qd R 186; (2002) 42 ACSR 398; (2002) 20 ACLC 1517 at [19].

申请人提供诉讼费用保障，但这一权限同时也是阻止无理诉讼的手段。例如，在 Charlton v. Baber 一案中，法院认为申请人达到了许可标准并授予许可，但在认定诉讼费用问题时认为，若诉讼只会实现毫无意义的资金回收，则对诉讼费用请求不予支持，当然，若股东代表诉讼索赔的金额足以使无担保债权人获得一些回报，那就是另外一回事了。〔1〕换言之，除非一般债权人能够获得一些明显的利益，否则公司资金不应用于支付诉讼费用。法院在审查之后，认为诉讼符合公司最大利益这一条件还不足以拨款，因为公司必须获得额外“显著”利益时，申请人才可从公司获得诉讼资金。第242条的方法对诉讼费用设置了更高的门槛，即高于符合公司最大利益这一门槛。

总体而言，不管是从法律规定，抑或是从法院的实践做法来看，对于诉讼费用的处理都没有很强的确定性，但可以确定的是，法院在支持诉讼费用这一问题上一直保持谨慎态度。可见，普通法股东代表诉讼所面临的诉讼费用问题并没有被成文法股东代表诉讼所解决。毕竟投资者只对投资回报感兴趣，当提起股东代表诉讼不能保证他们的诉讼费用得到偿付时，作为投资者的股东可能并不会热衷于提起代表诉讼，这符合一般理性投资者的正常习惯。有鉴于此，澳大利亚股东代表诉讼的成文法化，至少在诉讼费用问题上并不会使小股东救济境况比之前明显好转。

2. 股东激进主义问题

此处的“股东激进主义”，是指投资者通过股东代表诉讼来影响公司管理的行为，通过股东激进主义来干涉公司管理是一种与传统管理理念相悖的行为。股东代表诉讼试图在确保对股东的救济与允许董事自由管理公司之间取得平衡。而人们可能会担心，成文法化的股东代表诉讼在取消福斯规则的许多限制后，可能会导致过于积极的股东代表诉讼，并进而导致滥诉。

---

〔1〕 See *Charlton v. Baber* (2003) 47 ACSR 31; (2003) 21 ACLC 1671; [2003] NSWSC 745 at [72].

然而，有关研究数据表明，在引入成文法股东代表诉讼以来的 5 年里，就股东代表诉讼作出的判决只有 31 件，而在引入之前的 5 年里，就有 30 件。在 31 份申请中，只有 19 份获准许可。虽然成文法股东代表诉讼确实为股东提供了某种干预机制，但其自身的限制仍然有效减少了滥讼的可能。这些研究似乎表明，自成文法股东代表诉讼实施以来，股东代表诉讼案件并没有显著增加。因此，成文法化的股东代表诉讼似乎并没有像人们所担心的那样，为过分积极的股东激进主义打开闸门。

3. 公司股票问题

还有一个更实际的商业问题，可能也是成文法股东代表诉讼所面临的一个障碍。对发行股票的大型公司而言，股票的价格波动反映着该公司的经营业绩、资信水平等，并因此对公司的资金募集、业务经营起正相关作用。换言之，公司股票价格上涨时，即意味着该公司股票预期收益水平较高，公司具有蓬勃的生命力与可期的发展前景。此时，更多投资者愿意将闲置资金投入该公司，使其资金流通、运转高速。同时，交易方也倾向于与此类资信状况良好的公司达成大型交易，长此以往，公司得以愈渐稳定壮大。反之，股票价格呈下降趋势时，则与价格上涨时的光景呈天壤之别。公司不但损失潜在的投资者，原本固有的合作伙伴也有丧失之虞，长此循环往复，必定不利于公司的经营发展。

可见，股票不仅作为投资者选择投资对象的参考因素，也作为商事主体选择交易相对方的标尺之一，对公司的发展前景起不可忽视的作用。但如前所述，只有当“公司不作为”这一前提条件得到满足，法院才会许可提起股东代表诉讼。而“公司不作为”则可能意味出现董事会陷入僵局、董事不当行为、公司缺乏资金启动诉讼等问题。因而，逻辑上看，若股东代表诉讼被成功提起，就等于昭告天下该公司存在内部管理问题。如此一来，诉讼过程中，潜在的投资者与交易相对方将对该公司的资信水平和发展前景保持审慎谦抑的态度，诉讼和随之而来的负面宣传可能将不可避免地导致公司股票（在股票交易所上市的公司）的价格下降。另外，即使最后证明股东的指控毫无根据，公司也很难从诉讼对其声誉造成的负面影响中恢复过来，这可能影响到公司股票的未来业绩，并因而由影响股票甚至到恶化公司整体经营状况与资产状况的地步。

总之，成文法化的股东代表诉讼在脱离普通法下股东代表诉讼泥淖的同时，亦引致了新问题，其中，股票问题便是其中值得重视的一个。股东代表诉讼制度的目的本是以股东之手救济处于窘境中的公司，但成文化股东代表诉讼中“公司不作为”的认定标准，似乎有将脱离险境的公司再度推入深渊的风险。本书认为，即便有此风险，也不必因此而在成文化的康庄大道上半途而废，对澳大利亚现行股东代表诉讼进行升级优化，减轻其“副作用”，好过因噎废食。

四、结论

澳大利亚在引进福斯规则之后，虽存在一些水土不服之处，但在随后构建的更为完善的成文法股东代表诉讼，大体上能够撑起澳大利亚股东代表诉讼的一片天地。福斯规则的引入以及其在澳大利亚所呈现出的缺漏之处、限制之处，并不如在别国所体现的那样明显。英国之石，在一定程度上可以攻澳大利亚之玉，甚至可以说，开创了澳大利亚股东代表诉讼的先河，是其探路石，攻玉之石，那些极力吹捧股东代表诉讼成文法化，并完全摈弃、全然批判福斯规则的做法，无疑过于狭隘和片面。

另一方面，澳大利亚在“他山之石”的基础上打造下的玉器——成文法股东代表诉讼，不仅是对普通法股东代表诉讼进行的重新概括，也清除了普通法中混乱模糊的部分。毋庸置疑，其清理了普通法下诸多复杂而神秘、前后矛盾的判决，并给此前以复杂模糊著称的法律领域带来了更多的清晰性和确定性。此外，成文法股东代表诉讼在确保管理人员适时承担责任与拥有足够自由空间以有效管理公司而不受干涉之间取得了一定的平衡。但不容置疑的是，成文法化的股东代表诉讼仍面临着许多障碍与困难，比如，诉讼费用的问题仍然没有得到彻底解决，在适用方面也存在着诸多束缚。在保护股东权益方面，其仍有许多需要迈过的门槛和讫需完善之处。由此看来，澳大利亚股东代表诉讼的发展和完善，可谓任重道远。

第十四章　南非股东代表诉讼：意外而生，顺势而盛

一、南非股东代表诉讼的历史发展

（一）南非普通法中的股东代表诉讼

1. 南非股东代表诉讼雏形与福斯规则之相关性

南非股东代表诉讼的雏形萌发于南非普通法，作为福斯规则的例外，南非普通法中的股东代表诉讼允许股东可在以下条件全部满足时自行向法院提起诉讼：（a）行为是非法的；（b）行为违背了公司的意志；[1]（c）尽管行为是通过一个特殊的决议有效实施（如简单多数的决议）；（d）但控制公司的人承认此决定是对少数股东的欺骗。[2]

有些人鼓吹“对少数股东的欺诈”是唯一一个对福斯一案规则的正确例外。[3]一般而言，当一个不被允许的行为正在侵害公司，而公司却因为被违规者控制不能或不将采取行为，那么，股东代表诉讼就可以成立。在这种情况下，少数股东已经可以为维护公司合法利益提起诉讼。股东代表诉讼也被视为一个特别的救济方法，因为它将属于他人提起诉讼的权利转

---

〔1〕 Vuyani R. Ngalwana, ‘Majority Rule and Minority Protection in South African Company Law: A Reddish Herring’ (1996) 113 *South African Law Journal* 529.

〔2〕 *Edwards v. Halliwell,* 1950 2 All E..R. 1064 (CA).

〔3〕 Kenneth Wedderburn, ‘Shareholders’ Rights and The Rule in *Foss v. Harbottle*’ (1957) 2 *Combridge Law Journal* 204.

移到第三方身上。与此同时，公司由于不能成为原告，而只能被迫成为名义上的被告。这就导致公司成为此次诉讼的参与者，从而法院的命令就可以对公司发生效力。[1]

2. 普通法中股东代表诉讼的局限性

南非普通法中的股东代表诉讼应用的一个困难之处与主要弊端在于诉讼成本问题。根据普通法，公司股东不得不自掏腰包以提起代表诉讼。一方面，如果股东在此次诉讼中取得胜利，那么通过诉讼获得的利益全部归公司所有而不是归那个主动支付此次诉讼所产生费用的股东；另一方面，如果诉讼失败，则由提起诉讼的股东承担此次诉讼的所有费用。[2]

另外，即使有少数股东使用该制度，获取信息的有限途径也成为股东努力保护自己权益的又一大阻碍。也因此，即使侵害公司权益行为表现得很明显，但少数股东由于获取信息的途径有限，也很难承担起相关证明责任。更值得注意的是，在大多数情况下，控制公司的不法行为者也往往掌握着提起诉讼所必需的信息。[3]这就使得股东和董事合作利用所需信息变得不太可能。公司的董事可以凭借其在公司的地位，获得对自己有利的信息，增强自己的地位，从而实施损害公司利益的行为。因此，在公司治理中，存在一个很明显的问题，即由于信息不对称，有效平衡股东权利与董事会掌管公司事务权力之间的通道被堵塞。总而言之，信息获取的难度直接加重了意欲提起代表诉讼的股东责任。

因此，普通法中的股东代表诉讼规则的严格适用对少数股东来说极为苛刻和不公平。反过来，对公司亦是如此。可能正是由于这一原因，普通法这一规则在南非无法得以发挥效用，而新的制度亟须建立，以保护众多小股东的权益。

---

〔1〕 Hendrick Stephanus Cilliers et al. , *Corporate Law* (Butterworths, 2000) 303.

〔2〕 Hendrick Stephanus Cilliers et al. , *Corporate Law* (Butterworths, 2000) 305.

〔3〕 Vuyani R. Ngalwana, 'Majority Rule and Minority Protection in South African Company Law: A Reddish Herring' (1996) 113 *South African Law Journal* 531.

（二）1973年南非公司法中的股东代表诉讼

普通法中的股东代表诉讼实际操作起来十分困难，这给少数股东的权益保护带来重重阻碍。也正基于此，弥补此制度缺陷的措施应运而生。立法者开始意识到此种制度的无效之处以及它在实际操作中的困难之处。Van Wyk de Vries 委员会针对此制度提出建议，并体现在《1973年公司法》第266条。此条规定公司的任一成员皆可对损害公司利益的行为提出抗议，不论该违规行为是否得到批准。[1]如果第266条没有提出来，那就意味着在法律上，对于此种渎职行为缺乏有效的解决办法，从而使公司控制者可以肆无忌惮地将公司财产挪作私用。成文法中的股东代表诉讼的主要目的是克服普通法中股东代表诉讼的不足之处。而且，《1973年公司法》中的股东代表诉讼也可以阻止随意和无理取闹的诉讼行为。实际上，第266条所提出的程序暗含一个威慑目的，即当公司任一成员都可依据第266条提出诉讼时，这就给公司的董事或高管施加了一种潜在的责任威胁，从而阻止他们实施不法行为。在制定法典的过程中，立法机关面临的主要困境是如何平衡公司各方的权利。[2]具体表现为：一方面，公司的独立法人地位和多数人所做出的决定需要被尊重；另一方面，当公司董事出于某些非法动机侵犯公司权益而不愿为公司利益提起诉讼时，必须存在相应的救济措施。

1.《1973年公司法》中股东代表诉讼概况

依据第266条的规定，当公司因为过去或现任的董事或高管的不法行为而遭受损失或者失去本应获得的利益而公司却没有提起诉讼时，无论该不法行为是否经过多数股东的同意，公司的任一成员都可以依据此条款提起诉讼。[3]

然而，这一程序有一先决条件：公司任一成员在提起诉讼之前，必须

---

〔1〕 参见南非《1973年公司法》第266条。

〔2〕 Helena Stoop, 'The Derivative Action Provisions in The Companies Act 71 of 2008' (2012) 3 *The South African Law Journal* 530.

〔3〕 参见南非《1973年公司法》第266条第1款。

向公司发出书面通知，要求公司在 1 个月之内提起诉讼，以维护自己的合法权益。[1]虽然法律并没有详细规定通知中所应包括的内容，但法律已经暗示了通知内容必须足够明确，以使公司清楚应该启动何种程序。如果公司在法定期限内没有对此通知做出任何反应，则公司成员有权申请法院为公司指定一个临时诉讼人，以代公司提起诉讼对抗不法行为者。[2]此时，法院则需要对此慎重考量。同时，第 266 条规定只有符合以下条件，法院才可以为公司指定一位临时诉讼人代公司提起诉讼：（1）公司没有提起诉讼；（2）此诉讼的提出有初步根据；（3）目前有正当理由调查提起诉讼的理由和必要性。法院在做出决定之前应该确保是否满足上述所有条件。[3]

需要说明的是，法院的酌情裁量权实质上已经超出了第 266 条第 3 项的规定。法院可在之前就确定的返回日到来之时做出以下两个决定中的任一个：（a）解除临时命令；或（b）确定公司的最终诉讼人。并且，法院可以宣布公司所做出的任何宽恕或同意此种背弃信义的错误或过失行为都不具有任何法律效力。[4]

2.《1973 年公司法》中股东代表诉讼的局限性

某种程度上，《1973 年公司法》所规定的股东代表诉讼在程序上更为严格，而此条也因此成为众矢之的。首先，第 266 条规定的程序适用对象有限。该条仅仅是为了补救公司因过去或现在的董事或高管的不法行为对公司所造成的损失。[5]当然，如果公司受到损害的原因超出了第 266 条所规定的范围，那么股东就不得不选择更苛刻的普通法规则。此种情况下，股东实质上并无有效的途径来保护自己的合法权益。其次，第 266 条要求股东在提起诉讼前，必须向公司提交书面通知。该通知的目的就是想让公司自行提起诉讼，这其实也为股东增加了不必要的程序上的负担。最后，

[1] 参见南非《1973 年公司法》第 266 条第 2 款第 a 项。

[2] 参见南非《1973 年公司法》第 266 条第 2 款第 b 项。

[3] 参见南非《1973 年公司法》第 266 条第 3 款第 a 到第 c 项。

[4] 参见南非《1973 年公司法》第 266 条第 4 款。

[5] Jennifer Kunst et al. , *Henochsberg on The Companies Act* (Butterworths, 1994) 511.

第 266 条也面临一个潜在的问题——诉讼成本，而这也是股东所面临的最大阻碍。如果股东依据第 266 条提起诉讼，法院判决股东胜诉，那胜诉所获取的利益都将归公司所有而不是归提起诉讼的股东。公司的成员只有通过公司获利而间接受益。[1] 其潜在的目的只是补偿公司的损失而没有考虑到提起诉讼的股东所付出的代价。如果法院认为上述三项条件都已满足，并且决定为公司指定一名临时诉讼人，那么该股东就必须依据法律规定支付临时诉讼人的费用。即使法院为公司确定了最终诉讼人，但如果公司提出的拒绝提起诉讼的理由成立，那么此次程序的所有支出都将由提起诉讼的股东负担。

当然，任何制度都有两面性。第 266 条关于成本规定的最大好处是可以有效防止一些恶意或"无理取闹"的诉讼。而第 266 条形同虚设的原因也正是由于高昂的费用以及复杂冗长的程序。透过对法条的分析不难看出，《1973 年公司法》第 266 条的明智之处在于，任何声称已获得批准或宽恕的侵害行为都不能阻止心怀不满的股东为了公司利益而提起诉讼。而第 266 条的不完善之处也促使立法者对其进行修改，最终通过《2008 年公司法》第 165 条来寻求此领域更大的进步。

二、现行南非公司法中的股东代表诉讼

虽然普通法中有关股东代表诉讼的不足之处已被《1973 年公司法》中第 266 条的规定所改正，但碍于第 266 条的自身局限，如程序冗杂以及适用对象有限，故仅凭此条难以对之前的股东代表诉讼进行一次全面的查漏补缺。现行南非公司法中的股东代表诉讼，体现在《2008 年公司法》第 165 条，该条被视为是对之前的代表诉讼制度所进行的一次颠覆意义上的改革。第 165 条的宗旨就是"最大限度地平衡董事和股东在公司内部的权利与义务"。为实现此目的，其不仅在第 266 条的基础上增加了一些醒目条款，还明确废除了普通法股东代表诉讼制度。

---

〔1〕 *Brown and Others v. Nanco (Pty) Ltd*, 1977 (3) SA 761 (W).

（一）提起股东代表诉讼的主体

南非现行的股东代表诉讼制度规定，提起代表诉讼的主体，必须事先要求公司提起诉讼或者采取有关措施来维护公司的利益。[1]法律规定提起此类诉讼的主体身份包括：（1）公司或者相关公司的股东或者有权登记为股东的人；（2）公司或相关公司的董事或高级职员；（3）代表公司职员经注册的工会或者公司职员的其他代表。此外，经法院同意的任何人都可对公司提出这种要求，但只有法院在认为这样做有必要或有利于另一方的权利时，提出的请求才会被允许。[2]

（二）股东代表诉讼所必经的法律程序

公司在收到此种请求后，可以在 15 个工作日内向法院说明此种要求是无理或没有法律依据的，从而申请法院对此要求不予理会。[3]

如果公司没有向法院提出这一申请或者法院拒绝或忽视此要求，公司此时可以做出以下两种选择。一种选择是它必须任命一个独立公正的人或委员会来调查此种要求，并由该任命之人向董事会报告以下内容：（1）与此种要求所包括的诉讼或程序有关的任何事实或背景；（2）如果公司按照要求去做可能带来的支出；（3）按要求去做是否能够使公司获得最大利益。[4]

另一选择是公司也可在收到此种要求之后的 60 个工作日内，或在法院允许的更长时间之内，要么遵照申请人要求中的内容去行为，要么书面通知申请人其拒绝该要求。[5]

之后，提出该要求的申请人可以向法院申请允许自己代表公司的利益提起诉讼。法院如果发现满足下列条件，那么申请人将会得到允许：（1）公司没有采取上述的任一行动；（2）公司没有任命一个独立公正的人或委

---

〔1〕参见南非《2008 年公司法》第 165 条第 2 款。
〔2〕参见南非《2008 年公司法》第 165 条第 2 款第 a 项到第 d 项。
〔3〕参见南非《2008 年公司法》第 165 条第 3 款。
〔4〕参见南非《2008 年公司法》第 165 条第 4 款第 a 项。
〔5〕参见南非《2008 年公司法》第 165 条第 4 款第 b 项。

员会；（3）公司接受一份编写不充分的报告或者报告的结论是不合理或毫无逻辑可言的；（4）公司以一种与“独立公正的调查员或委员会所做的报告不一致”的方式行事；或者（5）公司已经发出书面通知拒绝此种要求。同时，申请人还需满足第165（b）条中所规定的全部要求：（1）申请人是善意的；（2）所申请的程序涉及公司重大问题的审理；（3）允许申请人提起此种程序符合公司的最佳利益。[1]

第165条也规定了一种例外情形，即允许申请人无须向公司发出书面通知而直接向法院提出申请要求法院允许其为了公司的利益提起诉讼。而法院也可以在下列条件都满足的情况下拒绝给予公司60个工作日或更长的时间让其考虑是否采取措施：（1）程序完成所需要的时间可能会对公司造成不可挽回的损害或对申请人和他人的利益造成巨大损害；（2）存在此种可能性——公司可能不会采取行动阻止此种损害或者不会保护申请人所要求保护的公司利益；（3）满足第165（b）条中的要求。

（三）诉讼程序的中止与结束

第165条解决了股东代表诉讼的中断、妥协以及停止的问题。此条确保了在没有法院的许可之下，此股东代表诉讼不能随意中断、妥协以及停止。[2]对于为何由法院来决定此项诉讼的进程，大致有两个理由：第一，这可以有效避免公司的董事或股东为了中止或停止协议或为了达成一个不对等的妥协而给申请人施加过分的影响；第二，如果此诉讼只是申请人为了一些琐屑之事而提出或申请人完全是无理取闹，那么申请人完全可以通过中止或终止或达成妥协来降低此次诉讼的成本，而有权控制诉讼进程的法院可以有效避免申请人的此种恶作剧。

（四）新增内容中的部分重要条款

1. 公司最佳利益判断标准

第165条规定，如果诉讼是建立在以下情况之内，则此诉讼并不是维

---

〔1〕参见南非《2008年公司法》第165条第5款第a项到第b项。

〔2〕参见南非《2008年公司法》第165条第15款。

护公司最佳利益的方式。首先，此诉讼的提出是通过公司反对第三方或第三方提出来反对公司。其次，公司已经决定拒绝提起诉讼或不在诉讼中辩护或已经决定停止、妥协且公司内部参与做出这种决定的董事符合下列要求:（1）所有董事均为善意;（2）做出此种决定是为了一个合理的目的;（3）所有董事均没有与此决定有关的个人经济利益或者与此决定有经济利益关系的人与所有董事都没有关系;（4）所有董事均被告知此决定涉及的相关事实，以此确保董事相信所做出的决定是合理的;（5）有理由相信此决定是为了公司的最佳利益。[1]

这一规定基本上与普通法中所坚守的内部管理规则实现了完美契合。其无疑传达出这样一个信息——与公司内部管理有关的决定最好由公司自己在经过慎重考量之后做出。法院不应广泛介入公司董事会的商业判断，也不应质疑公司成员是否履行了忠实勤勉的义务以及公司内部敏感性的职位是否由没有利益冲突的人员担任。

2. 法院关于诉讼成本承担者的决定权

第 165 条规定，法院在允许申请人提起诉讼的同时，还必须确定谁应当对此次诉讼的费用负责，而且法院可以在诉讼过程中任一阶段改变此决定。法院享有广泛的自由裁量权去决定由提起诉讼或程序的任何一方或公司自己为申请人的花费负责。并且，如果法院指定两个或两个以上的主体为此笔费用负责，法院还必须明确各方的责任范围。[2]

法院的此种权利以及法院有权要求某人为此费用提供担保的权利也给此程序中的各方造成了较大的风险。毕竟，诉讼程序中的任何一方都不想承担此笔巨额费用。

3. 诉讼提起者的可替换性

第 165 条另外规定了提起诉讼的主体可以由另一同样向公司提出要求的主体所代替，但这必须经过法院的同意。法院只有相信替代者是本着善

---

〔1〕 参见南非《2008 年公司法》第 165 条第 7 款第 a 项到第 c 项。

〔2〕 参见南非《2008 年公司法》第 165 条第 9 款第 a 项到第 e 项。

意行事并且此更换决定在当时情况下是合适的，其才会允许申请。[1]一旦原申请人被成功替换，新申请人就会被视为最初程序的启动者。[2]

此外，第 165 条第 16 款也即最后一款规定了委员会或专家组可以代替上文所述之人提起股东代表诉讼，但除此之外，其他任何主体均无此权利。[3]

4. 获得批准的违规行为的效力

第 165 条还涉及“获得批准的违规行为”问题。根据此条规定，即使公司股东通过合法程序举行股东大会，做出了批准或宽恕成员不法行为的决定，也不能阻止他人向公司提出要求以及向法院提出申请，继而在法院允许的情况下为了公司的利益代公司启动诉讼程序。此种决定同样也不会影响诉讼程序的后果。[4]换而言之，此种批准或宽恕的决定无法凌驾于诉讼程序之上，但法院在作出命令或裁判时可将此批准或宽恕的决定纳入考虑范围之内。[5]

5. 临时诉讼人角色的废除与替代

值得注意的是，《1973 年公司法》第 266 条规定，启动程序的股东仅仅有权向法院申请任命一名临时诉讼人，而现行《2008 年公司法》第 165 条却规定代表公司利益、替公司提起诉讼的人正是启动程序之人。第 266 条中规定的临时诉讼人的主要任务是对所指控的侵权行为做一份初步调查并且在事先确定的返回日到来之时向法院提交一份与此次调查有关的报告。然而第 165 条丝毫没有涉及此制度。在 1973 年的公司法中，法院在返回日收到临时诉讼人的报告之后必须决定是否任命一位最终诉讼人来代表公司利益提起诉讼。而在 2008 年的公司法中，则是启动此程序的人在获得法院批准之后实施最终诉讼人所应着手的行为。根据第 165 条规定，在向公司

〔1〕 参见南非《2008 年公司法》第 165 条第 12 款第 a 项到第 b 项。

〔2〕 参见南非《2008 年公司法》第 165 条第 13 款。

〔3〕 参见南非《2008 年公司法》第 165 条第 16 款。

〔4〕 参见南非《2008 年公司法》第 165 条第 14 款第 a 项。

〔5〕 参见南非《2008 年公司法》第 165 条第 14 款第 b 项。

送达合理的书面通知之后，被法院允许起诉之人有权利审查与此次诉讼有关的任何公司账簿。这就意味着，在股东提起诉讼时，之前其所面临的窘境——无法获取公司重要信息，已经基本解决，股东可以获得更多的公司内部信息，从而了解深层的情况，清楚违规者具体的侵权行为。

6. 对第 165 条的概要简析

可以看出，2008 年的新公司法对旧法中的股东代表诉讼所做改变十分明显。比如，《2008 年公司法》扩大了股东代表诉讼的适用范围。之前的法律规定当少数股东意识到公司权益受到侵犯却还没有采取措施时，股东可代表公司的利益提起诉讼。《2008 年公司法》第 165 条适用范围比这还要宽泛，其不仅允许少数股东有权提起诉讼，其他人也可以享有这种权利。另外，第 165 条还拓宽了侵权行为的范围，不仅包括由控制公司的内部人所实施的直接侵害公司利益的行为，而且还包括掌握公司控制权的人为了阻止他人或团体提起诉讼所实施的间接损害公司利益的行为。总之，无论是程序上，还是实质内容上，新公司法对股东代表诉讼都进行了较大幅度的调整与改变。

三、现行南非股东代表诉讼的司法适用

（一）Mouritzen 案的基本案情及简单评析

在 Mouritzen 一案中，[1] 恩德洛武（Ndlovu）法官根据南非《2008 年公司法》中所规定的新的代表诉讼作出了第一份判决。Mouritzen 案件事实如下：K Mouritzen 和 D Mouritzen 是兄弟，也是 Greystone Enterprises（Pty）Ltd（以下简称该公司）的董事。该公司有 198 股已发行股票，所有股票均享有同等权益。Mouritzen 家族信托基金（其受益人是 K 和 D Mouritzen 的家族）持有该公司股票 98 股，D Mouritzen 及其妻子各持有 49 股。K 和 D Mouritzen 作为公司的共同董事，由公司通过信用卡支付同样数量的月薪，同时他们信用卡上的所有交易都是从公司中扣除，由公司来支付。K

〔1〕 *Mouritzen v. Greystone Enterprises (Pty) Ltd*, 2012 ZAKZDHC 34, 8 June 2012.

Mouritzen 声称 D Mouritzen 滥用他自己的信用卡损害了公司和其他股东的利益。2011 年 5 月 23 日，K Mouritzen 通过律师向公司、公司的律师和 D Mouritzen 分别发了邮件（邮件内容包括第 165 条第 2 款内容）。他要求公司对 D Mouritzen 提起法律诉讼，迫使其出示信用卡交易记录和必要的证明文件，以使公司能够确定这些费用是否应当由公司支付。作为回应，D Mouritzen 向 K Mouritzen 的律师发送了一封电子邮件，质疑 K Mouritzen 对他的指控。K Mouritzen 随后向法院发出申请，请求法院准许他以公司的名义对 D Mouritzen 提起代表诉讼，由 D Mouritzen 向 K Mouritzen 详细说明他的借记卡支出，以及对这些支出是否应由公司负担进行评估。

D Mouritzen 在法庭上辩解道：（1）发送给公司的信件（包含第 165 条第 2 款内容）没有严格遵守法律规定，在邮件地址上存在问题，K Mouritzen 没有尽到充分通知的义务；（2）K Mouritzen 的起诉行为为恶意，其是受到 Mouritzen 兄弟之间的个人仇恨驱使而请求提起此诉讼。

恩德洛武法官观察到，第 165（2）条中使用“可以”这个词可能会掩盖立法意图，即他认为第 165（2）条要求的通知是提起代表诉讼的先决条件。以下是他在此案中的陈述：“我发现，向公司发出提起诉讼的要求是根据第 165（5）条向法院提出股东代表诉讼申请的必要先决条件，如果没有该通知，则禁止发出股东代表诉讼的申请。有鉴于此，在按照第 165（5）条的规定提出诉讼申请之前，潜在申请人必须遵守通知要求，这十分必要。在此基础上，我认为该部分应该在申请人‘必须’通知公司的情况下理解，向公司发出通知是一项强制性规定。”[1] 也有人指出，新法第 165（2）条必须始终与第 165（6）条一并阅读。第 165（6）条规定，在新法第 165（2）条中拟设想的申请人（即股东、董事、高级管理人员等），在特殊情况下，可以不向公司发出通知而立即向法院申请诉讼许可。

在“新法”开始生效之前，就有人提出了第 165（2）条要求是否具有

〔1〕 *Mouritzen v. Greystone Enterprises (Pty) Ltd,* 2012 ZAKZDHC 34, 8 June 2012.

强制性的问题。[1]恩德洛武法官没有强烈呼吁他人同意“通知是强制性的”这种观点。但是，他对第 165 条这一重要程序方面的澄清应当受到赞扬。

如上所述，D Mouritzen 认为其兄弟发出的通知并不符合法律规定，因为没有发送到公司的注册地址或主要营业地点。恩德洛武法官指出，新法第 165（2）条中没有任何内容表明，通知必须送达给公司的注册办事处，并且其认为，启动申请程序的文件只要以法律上可识别的服务方式送达都是合理的。[2]

虽然 Mouritzen 案件澄清了通知方式的问题，但对于发起代表诉讼的申请人来说，确保有足够的证据证明已向公司依法送达了通知，才是确保无误的做法。

关于个人恩怨是否影响到申请人提起诉讼的资格，恩德洛武法官认为，虽然法院在考虑申请人是否满足善意原则时应考虑到当事人之间的个人恩怨，但个人恩怨本身并不构成提起代表诉讼的人心怀恶意的证据。再者，申请人是 Mouritzen 家族信托的受托人，该信托拥有公司的大部分股权，因此 Mouritzen 家族信托与公司的成功和繁荣有着直接的利益关系。如果对 D Mouritzen 的指控得到证实，那将对 Mouritzen 家族信托在公司的股权价值产生直接的负面影响。因此，作为大股东的代表，申请人 K Mouritzen 有权对任何涉嫌违规行为和滥用公司资产的行为进行适当调查。[3]

Mouritzen 一案的判决对消除南非普通法中的股东代表诉讼所带来的阴影有着积极的意义。股东、董事、高级管理人员和工会能较易提起代表诉讼，这也可能会有利于公司的内部治理，并有效阻止掌握公司控制权的人试图实施渎职行为。

（二）Mbethe 一案的基本案情

Mbethe v. United Manganese of Kalahari（Pty）Ltd 是另一个有趣的案

---

〔1〕 Lindi Coutzee, 'A Comparative Analysis of the Derivative Litigation Proceedings under the Companies Act 61 of 1973 and Companies Act 71 of 2008' (2010) 1 Acta Juridica 290.

〔2〕 *Mouritzen v. Greystone Enterprises (Pty) Ltd,* 2012 ZAKZDHC 34, 8 June 2012.

〔3〕 *Mouritzen v. Greystone Enterprises (Pty) Ltd,* 2012 ZAKZDHC 34, 8 June 2012.

例，[1] 此案上诉至约翰内斯堡高等法院。本案事实相当简单：Zastrospace（Pty）Ltd 是一家承包商。上诉人（Mbethe）向 Zastrospace 介绍了被上诉人 United Manganese of Kalahari（Pty）Ltd 的董事会，其中，Mbethe 是被上诉人董事会的成员之一且是该公司董事会的主席。当时，全球对镁矿石的需求很大，被上诉人有意与 Zastrospace（Pty）Ltd 进行商业合作，以提高本公司的产量。对于被上诉人来说，这不仅可以提高销售额，而且可以通过筛选流程实现盈利，因为 Zastrospace 可以比较优惠的价格提供服务。随后，United Manganese of Kalahari（Pty）Ltd 与 Zastrospace 签订了开采镁矿石的合同。在 2013 年 5 月至 2014 年 5 月，被上诉人向 Zastrospace 支付了 3250 万兰特。[2]

需要说明的是，Zastrospace 的成立是为了使北开普省的库鲁曼社区受益，而被上诉人在那里开展采矿活动，因而被上诉人促进了 Zastrospace 的服务。然而，在 2014 年，被上诉人产品市场迅速恶化，服务需求减少。2014 年 11 月 19 日，被上诉人的董事会决定终止与 Zastrospace 的合同。[3] 这引发了 Mbethe 根据《2008 年公司法》第 165 条提出申请，要求法院准许其为了公司利益而提起股东代表诉讼。

（三）对 Mbethe 一案的简要评析

1. 申请人的证明责任

根据第 165（2）（a）至（c）条，公司董事是有权发起股东代表诉讼的若干人之一。上诉人 Mbethe 作为 United Manganese of Kalahari（Pty）Ltd 的董事会成员之一，自然有资格提起此诉讼。

就此案而言，最高上诉法院如何解释和适用第 165 条第 5 款来拒绝申请人的上诉即成为讨论的重点。从上述可以看出，法院只会在满足以下三个条件的情况下同意申请人的申请：（1）申请者善意；（2）计划提起或继

〔1〕 *Mbethe v. United Manganese of Kalahari (Pty) Ltd,* 2017 ZASCA 67, 30 May 2017.

〔2〕 *Mbethe v. United Manganese of Kalahari (Pty) Ltd,* 2017 ZASCA 67, 30 May 2017.

〔3〕 *Mbethe v. United Manganese of Kalahari (Pty)Ltd,* 2017 ZASCA 67, 30 May 2017.

续的程序将会对公司产生一系列实质性的影响；（3）在具体案情下，允许申请人提起诉讼或继续诉讼符合公司的最佳利益。[1]而申请人无疑承担了此三项条件的证明责任。

就此三项的证明责任而言，在有些案件中，申请人的证明责任较轻，而且法院仅要求表面证据即可允许申请人提出股东代表诉讼。也因此，有人抱怨申请人提起股东代表诉讼的门槛太低。而在另外一些案件中，有人认为申请人的证明责任过于沉重。[2]德尔波（Delport）针对 Lewis Group Ltd v. Woollam and Others 一案提出了一个观点，即对于诉讼的任何一方而言，证明责任都没有负担沉重一说。[3]前述三项要求必须通过概率平衡来证明。现最高上诉法院已经在 Mbethe 的案件中采纳这一点，并再次提出这是正确的做法。由于概率平衡论不允许做出任何推定，所以法官的自由裁量权一般不会被束缚，除非法律专门对此有特殊规定。最高上诉法院认为，如果法院的自由裁量权被第 165 条中的第 5 项所限制，那么法院在此情况下所作出的结论也是没有根据的。以下是最高法院对于此案的看法："虽然第 165 条规定的股东代表诉讼的范围比普通法和《1973 年公司法》中的股东代表诉讼的范围要广，但是法官仍旧需要在这些相同利益之间取得适当平衡。并且，有些问题的重要性仍旧丝毫未减弱，如确定申请人责任的性质和程度与法院所享有的自由裁量权的性质和程度方面。上诉人的律师声称第 165 条第 5 项对申请人所要求的证明标准要比概率平衡所要求的标准低，此声明毫无根据可言。"[4]可以看出，法院坚持采用一种较为实际的办法来维持申请人提起股东代表诉讼的权利和公司的独立法人资格之间的平衡。[5]

另外，申请人的证明责任以及法院享有批准或拒绝股东代表诉讼的自

---

〔1〕参见南非《公司法》第 165 条第 5 款第 b 项。

〔2〕Delport et al. , *Henochsberg on the Companies Act 71 of 2008*, (Butterworth, 2013) 590.

〔3〕Delport et al. , *Henochsberg on the Companies Act 71 of 2008*, (Butterworth, 2013) 590.

〔4〕*Mouritzen v. Greystone Enterprises (Pty) Ltd,* 2012 ZAKZDHC 34, 8 June 2012.

〔5〕*Mouritzen v. Greystone Enterprises (Pty) Ltd,* 2012 ZAKZDHC 34, 8 June 2012.

由裁量权，与立法的意图相一致，即防止以公司的名义进行毫无意义或无理取闹的诉讼。正如最高上诉法院的解释："对申请人施加证明责任以及由法院行使自由裁量权，其目的不仅是保护公司成员的权利，而且还有利于公司的管理，因为此规定可以阻止毫无意义或无理取闹的索赔等不符合公司利益的行为。"

2. 诚信要求以及善意的判断

就善意的判断标准而言，最高上诉法院采取的是与之前所述的 Mouritzen一案中类似的判断方法。二者都借鉴了澳洲的Swansson v. Pratt一案。[1] 在 Swansson 一案中，提出了两个相关因素来确定申请人的善意。第一，申请人必须诚实地相信存在提起股东代表诉讼的原因，并且此诉讼有获取法院支持的合理理由。第二，申请人还必须证明提起此诉讼没有任何附带目的。[2] 有人指出这两项要求是重叠的。[3] 在Mbethe一案中，上诉法庭根据 Swansson 一案中提出的第二项要求发表了自己关于申请者所承担的实质性证明责任的看法："立法者已经对想要提起股东代表诉讼的申请者提出了其实际所要承担的实质性证明责任，即满足 Swansson 一案中所提出的两项要求。"[4] 然而，最高上诉法院基于某种原因不同意此说法，仍坚持自己的观点，即根据南非法律，申请人必须证明"提起诉讼没有任何附带目的"，这确实是一项实质性的证明要求。但最高法院认为，与澳大利亚的有关条款相比，南非的公司法中增加了一条富含自己特色的条款，即申请者必须证明股东代表诉讼的提出会对公司有实质性的影响。以下是最高上诉法院在 Mbethe 一案中关于此点的具体看法："在证明申请者的善意时，引进澳大利亚法律中的实质性证明要求完全没有必要，因为南非法律中早已规定申请者的实质性证明责任，即必须证明此诉讼的提出会对公司造成实质性的

〔1〕 *Swansson v. Pratt*, 2002 NSWSC 583, 3 July 2002.

〔2〕 *Swansson v. Pratt*, 2002 NSWSC 583, 3 July 2002.

〔3〕 Delport et al. , *Henochsberg on the Companies Act 71 of 2008*, (Butterworth, 2013) 590.

〔4〕 *Mbethe v. United Manganese of Kalahari (Pty) Ltd*, 2017 ZASCA 67, 30 May 2017.

影响。”〔1〕

最高上诉法院在得出 Swansson 一案中的第二项要求与南非法律目的无关的结论之后，详细讨论了“真正的要求”。还是得再一次对 Swansson 一案进行讨论。在 Swansson 一案中，判断申请人是否满足“善意”的标准，法院必须对以下几方面进行认定：（1）申请人提起股东代表诉讼是否有合理的依据以及申请人是否有正当理由相信此诉讼将会取胜；（2）申请人拥有此种信念是否仅是一个胆大妄为的猜测——在相同的情况下，如果正常人都没有这种信念，那申请人的这种信念可能不会使法院相信。〔2〕

第二个方面深深植根于澳大利亚的法律之中，对澳大利亚的法律影响深远。事实上，它也成为了澳大利亚公司法商业判断规则的一部分。如果公司的董事在排除其他个人因素外，理智地相信自己所做出的商业决定符合公司的最佳利益，〔3〕那么澳洲的商业判断规则就会为董事的商业判断提供保护。随后澳洲法律就对“理智地相信”〔4〕作出了法律上的解释，即在董事或高级职员认为自己的判断符合公司的最佳利益时，没有一个与他们地位相当的人持有同样的看法。此时，董事或高级职员的判断就不是“理智地相信”。就澳洲的商业判断规则而言，董事若想满足这一判断要求并不难。只有当董事的信念非常荒谬，非常离谱或与商业现实脱节时，才有可能得出这种结论——理智的人不会持有与董事同样的信念。值得注意的是，将其他人的看法作为判断董事的商业判断是否理智这一方法并不是客观的标准。董事只需向法院证明存在某个人持有与其一样的看法，就可运用商业判断规则来进行自我保护。一旦他们取得了法院的信任，这将对原告（想通过法律对董事采取措施的人）说服法院相信“理智的人不会持有这一信念”造成巨大的阻碍。

澳大利亚《2001 年公司法》第 237（3）条规定了一项可以推翻的条件，

〔1〕 *Mbethe v. United Manganese of Kalahari (Pty) Ltd*, 2017 ZASCA 67, 30 May 2017.

〔2〕 *Swansson v. Pratt*, 2002 NSWSC 583, 3 July 2002.

〔3〕 参见澳大利亚《2001 年公司法》第 180 条第 2 款第 d 项。

〔4〕 参见澳大利亚《2001 年公司法》第 180 条第 2 款第 d 项。

即“如果法院允许申请人提起股东代表诉讼，这将不符合公司的最佳利益”。在此条规定具体适用之前，还需满足一些其他条件，包括董事“理智地相信”申请人不应提起股东代表诉讼。[1]至于董事如何证明自己的这一判断是理智的，就可以应用上文论述的商业判断规则中的“理智地相信”的判断标准。由于这一要求既不构成南非法定商业判断规则的一部分，也不必然构成被告辩护内容的一部分，最高上诉法院并没有采取这种方式来认定申请人是否善意，而是通过另外一种方式。以下是最高上诉法院关于如何认定申请人是否善意的看法：“在南非法律中，申请人满足法律规定的‘善意’要求并不仅仅属于一个‘声明’问题。”尽管“善意”的判断标准因为与申请人的心理状态相关，常常被认为是主观的。但是，它仍然受到客观的控制，申请人的心理状态必须通过证据揭示的客观事实加以确定。[2]

所以最高上诉法院在考虑了 Mbethe 一案的事实，并着重考虑了申请人提出诉讼申请的动机之后，得出了以下结论：此案证据所披露的任何事实都不能作为正当理由来支持申请人的陈述，即证据无法表明申请人是本着“善意”提起诉讼，试图恢复与 Zastrospace 的合约。[3]因此，最高上诉法院驳回了上诉。

四、对南非《2008 年公司法》中股东代表诉讼的评析

（一）通知是否为必要

第 165 条第 2 款规定了通知程序，以此谋求董事会的自治权和股东在必要时候寻求法院保护自己权利之间的平衡。该款对此作了如下规定：“诉讼当事人可以向公司发出请求，要求公司开始或持续此场诉讼，或采取相关的措施，来保护公司的利益”。[4]因此，公司的任何股东都可匿名向董事会做出此项申请。规定里的“可以”两个字是导致该条款备受责难的原

〔1〕参见澳大利亚《2001 年公司法》第 273 条第 3 款。

〔2〕*Mbethe v. United Manganese of Kalahari (Pty) Ltd*, 2017 ZASCA 67, 30 May 2017.

〔3〕*Mbethe v. United Manganese of Kalahari (Pty) Ltd*, 2017 ZASCA 67, 30 May 2017.

〔4〕南非《2006 年公司法》第 165 条第 2 款。

因之一。因为它并没有明确该通知程序是否是必须的。对此，有两种解释：一方面，用“可以”是为了让有权提起诉讼的人有选择是否向公司发出通知的权利；[1]另一方面，也有人认为，第165条是有效保护公司利益的唯一方法，因此，心怀不满的股东在提起股东代表诉讼时，有必要向公司发出此通知。Mouritzen案采取后一种解释，法院认为，“可以”在这种背景下应该解释为申请者必须向公司发此通知。与此案相反的是，第165条也规定了申请人不需要通知的几种情况。[2]所以，“可以”被理解为非强制性措施在法律规定上也能找到依据。但是，如果法律没有规定例外情形，“可以”被理解为“必须”是遵守正当当事人规则的表现，申请人必须发出通知是为了给公司一个机会，考虑是否行使自己的权利，提起诉讼。

（二）“善意”的评判标准

提起股东代表诉讼的人需要证明其为善意。善意的判断标准由于具有模糊性而备受争议。若想对第165条中所规定的善意标准作出解释，可以参考南非公司法中所公认的有关善意原则意义的规定。这些规定既源于之前普通法所规定的股东代表诉讼（现已废除），也源于董事为了公司最佳利益而诚信行事的信义义务。因此，依据第165条提起股东代表诉讼的申请人应当按照类似的诚信标准行事。在Mouritzen一案中，法官也采用了此种类似标准。在该案中，法官认为提起代表诉讼的申请人应承担公司内部董事所承担的信义义务，即申请人应善意行事且行为应符合公司最佳利益。根据现行普通法原则，第165条的诚信标准包括两个方面：第一，善意的检验标准是主观而非客观的，因其与申请人的心态息息相关，对善意的检测主要但不绝对取决于诚信。[3]第165条的精髓在于善意的检验标准虽然是主观的，但此主观标准须符合客观标准。主观方面在于申请人必须诚实地相信公司有提起诉讼的正当理由，客观方面则是当一个处于申请者相似

---

〔1〕 *Mouritzen v. Greystone Enterprises (Pty) Ltd,* 2012 ZAKZDHC 34, 8 June 2012.

〔2〕 参见南非《2006年公司法》第165条第6款。

〔3〕 Farouk Cassim et al. , *Contemporary Company Law* (*Juta*, 2012) 524.

位置的且足够理智的人在综合考虑当时条件之后，合理地相信公司有提起诉讼的正当理由。如果申请人不能证明其是“合理”地相信公司有起诉的正当理由，那么他就会被视为缺乏“善意”。从此意义上讲，此种善意的评价标准与第 165 条中所规定的“对公司产生一系列实质性的影响”有所重合。因此，如提起的股东代表诉讼不会对公司产生一系列实质性的影响，并且也没有明显的益处，那么申请者极有可能被认为缺乏善意。

第二，是否善意还取决于申请者的目的或动机。一般认为，股东代表诉讼的目的在于维持公司内部的权力制衡以及保护公司整体利益，这种目的并未直接涉及（中小）股东的个人利益。因此，善意的标准要求申请者提起代表诉讼的动机在于纯粹保护公司的合法利益，而不是附带追求私利或企图从诉讼中获取私利。然而，股东别有所图地提起代表诉讼的案例并不罕见。常见的如“罢工诉讼”和“绿色邮件”。在此类案件中，股东提起代表诉讼是为了勒索公司管理层，给予自己非法利益，如要求对方以高于市场价格购买其股份。如果申请人提起代表诉讼时附带其他目的或者别有用心，这无异于滥用代表诉讼，在此情况下，则可认定申请人为恶意。

有鉴于此，善意的第二个方面就与第 165 条中的“公司最佳利益”相重合。如果申请者提起的代表诉讼并不符合公司最佳利益原则，那么申请者的动机就会被怀疑，法官会认为申请者提起代表诉讼另有所图。

善意标准的考量不限于上述两个方面，随着各种情况的不断出现，法官无疑会在原有框架内添加越来越多的考量因素。总而言之，要求申请人善意，是为了让公司免受无理取闹或意义不大的诉讼所累，同时激励真正保护公司利益的举措。善意标准的要求也有利于阻止申请人滥用代表诉讼来追求自己的私人利益。

（三）公司最佳利益

股东代表诉讼是否符合公司最佳利益是法院考虑的关键因素。如果此诉讼不符合公司最佳利益，那么法院可能不会允许申请人采取此种补救措施。在探析“公司最佳利益原则”时，一般会涉及第 165 条第 7 款中所规定的可推翻条款。可推翻条款体现了一项公认的原则，即法院应该认真考虑公司董事做出商业决定时的正当理由。“对公司会造成一系列实质性的后果”的判断标准主要考虑索赔在法律上的可行性与案件涉及的广度和深度，“公司最佳利益”的判断标准在于索赔的商业可行性。尽管如此，案件的广度和深度与成功几率都与“公司的最佳利益”息息相关。如果此诉讼的成功几率并不高，那该诉讼可能并不符合公司最佳利益。但加拿大法院在判断公司最佳利益时，往往将案件所涉及的广度和深度作为重点参考对象。

当然，法院在对公司最佳利益进行判断时，不应对申请人个人的性格与其周遭的环境进行调查。比如调查申请人是否与该公司董事或股东有个人恩怨或者未解决的纠纷；申请人提起此诉讼是否能获得某种好处。这些都只应在判断申请人是否善意时进行考虑，而不能作为“公司的最佳利益”的判断标准因素。这两者的判断标准往往容易被混淆。如在 Mouritzen 一案中，法官就认为申请人所负之“符合公司的最佳利益”的证明责任会与证明申请人是善意的举证责任发生重叠。〔1〕而与此不同的是，凯西（Cassim）却认为“公司最佳利益”的证明标准与“对公司对造成一系列严重的影响”的证明标准之间的重合是非常明显的。〔2〕

公司最佳利益标准给公司造成的影响是两面性的。如何实现利大于弊，则需要法官慎重考虑此诉讼在商业上的可行性，而不是只要申请人有提起诉讼的正当理由，法官就允许其提起代表诉讼。〔3〕

（四）可推翻条款

在此条款之下，申请者无疑承担了更为沉重的证明责任。若想此推翻条款成立，申请者不仅要有证据证明之前所论述的需要证明的事情，而且

〔1〕 *Mouritzen v. Greystone Enterprises (Pty) Ltd,* 2012 ZAKZDHC 34, 8 June 2012.

〔2〕 Maleka Femida Cassim, ‘Judicial discretion in derivative actions under the Companies Acts of 2008’ (2013) 130 *The South African Law Journal* 785.

〔3〕 Maleka Femida Cassim, ‘Judicial Discretion in Derivative Actions under the Companies Acts of 2008’ (2013) 130 *The South African Law Journal* 792.

还要有充分的证据可以推翻第 165 条中所规定的假设。[1] 在凯西非常具有逻辑性的论述中，其曾简要说明过第 165 条所规定的可推翻的假设会让不享有公司控制权的董事受益。[2] 这也从另一侧面说明在董事控制公司的时候，公司和董事之间的代表诉讼可能会损害公司利益。令人感到遗憾的是，此观点并没有将股东代表诉讼的制定目的加以考虑。股东代表诉讼的主要目的是保护公司免遭董事不法行为的侵害，而且当公司内部董事做出有损公司利益之事时，代表诉讼更容易被法院允许。然而，《2008 年公司法》第 165 条所规定的可推翻条款的主要目的很明显是保护由公司董事所做出的决定而不是鼓励股东提起代表诉讼。因此，该原则与内部管理原则相互映照。换言之，当公司决策是由董事遵守诚信原则所作出，并且符合公司的最佳利益，则法院会拒绝干预公司内部事务。

（五）必要信息的获得及由此带来的局限性

第 165 条第 9 款授予申请人有权查看与此次所提起的代表诉讼有关的任何账簿。但在法院允许申请者提起诉讼之前，此条款并没有授予申请者任何获取信息的途径，对少数股东而言，这也是提起诉讼的一大阻碍。小股东由于缺少必要的信息，总是无法得到法院的许可。这也进一步表明，公司有关信息通常都掌握在董事以及对公司享有控制权的股东手里，而这些人往往就是不端行为肇事者，他们自然不愿意去提供申请者所需要的信息。凯西认为此条款是《2008 年公司法》令人沮丧之处。因此，凯西提出一个更为平等的方案，允许股东在有证据证明自己合法目的的前提下，可以向法院申请查询公司的有关信息。[3] 令人意外的是，《2008 年公司法》第 26 条给小股东获取公司的信息提供了一条有效的途径。第 26 条规

---

〔1〕 Maleka Femida Cassim, 'When Companies are Harmed by Their Own Directors: The Defects in the Statutory Derivative Action and the Cures (part 1)' (2013) 25 *The South African Mercantile Law Journal* 171.

〔2〕 Farouk Cassim et al, *Contemporary Company Law*, (Juta, 2012) 789.

〔3〕 Maleka Femida Cassim, 'Obstacles and Barriers to the Derivative Action: Cost Orders under Section 165 of the Companies Act of 2008 (part 2)' (2014) 26 *South African Mercantile Law Journal* 242.

定，任何对公司已发行证券利益有积极影响的人都可以获取公司信息和记录。[1]但此条款的适用主体被限定在对公司已发行债券有积极影响的人。对于其他不符合资格的股东即对公司已发行证券利益没有带来好处的股东而言，很难享有此种权利。而享有此种查询权的主体必然是少数，因此获取信息仍然是提起股东代表诉讼的一大难关。

（六）诉讼成本

对于满怀期待的申请人来讲，成本问题无疑是其保护公司权益的主要难题。根据现行法律规定，当诉讼取得胜利时，所得利益归公司所有。如败诉，申请人将承担此次诉讼的所有费用。这无疑再一次打击股东提起代表诉讼的信心与热情。当然，这也可以看作是一种阻止恶意诉讼的手段。基于诉讼成本与收益的考量，大部分申请人也不会贸然提出没有根据的诉讼。故此，一方面，有意愿提起诉讼的小股东却没有经济能力，而财力雄厚的大股东又不愿意行使权利，导致公司合法权益无法得到有效维护和保障。除此之外，第 165 条还规定了法院有权决定让与此诉讼有关的任何人承担此次诉讼的全部开支，并且法院可以在诉讼过程中的任一时刻改变此决定。然而，法院如何行使权力不可预期，成本承担责任的最终确定也全仰仗法院裁决。故此，小股东的命运仍旧掌握在法院手里。

五、结论

南非股东代表诉讼制度历经多次发展，立法者依据时势变化做出相应调整，从而使其更适应当时社会的发展，更符合此制度衍生之时立法者所希望达到之目的。由福斯规则所确立的适格原告与内部管理规则乃是南非股东代表诉讼制度的雏形。随着社会经济的不断发展，该制度在创立之初所具有的弊端遂逐一显现出来。比如，在不法行为得到大多数人同意的情况下，依据此规则，小股东的利益根本无法得到保护。社会运转过程中出现问题总要解决，若任其自由发展，则小问题也会酿成大祸。在问题愈演

---

〔1〕 南非《2008 年公司法》第 26 条。

愈烈的情况下，南非颁布《1973 年公司法》。此法一大亮点就是将普通法的股东代表诉讼成文法化，将之纳入成文法体系之内。相较于之前的福斯规则，《1973 年公司法》所确立的股东代表诉讼制度不管是在内容上还是在程序上都更具有体系性、稳定性及明确性。其在解决之前由于福斯规则弊端所导致的种种问题的同时，还进一步完善了与股东代表诉讼制度相关的其他制度。比如股东在提起代表诉讼之前，必须提前一个月通知公司。这实际也是为了减少因股东个人利益与公司整体利益之间的矛盾所引发的冲突。而该法第 266 条所规定的股东代表诉讼制度不可避免地具有一些局限性。此后，南非的社会经济发展显然迫切需要全新的公司法进行调整。在多方权衡之下，南非颁布《2008 年公司法》。与《1973 年公司法》相比，《2008 年公司法》做了大刀阔斧的改革，其中就包括股东代表诉讼制度。其进一步在内容上（如提起诉讼之人要证明自己是善意的以及符合公司利益）以及程序上（如将通知期限改为 60 日、任命公正的人或委员会等）对之前的股东代表诉讼制度作了充实与完善。然而，社会的发展无止境，特别是科技发展的日新月异，意味着法律的发展与变革也没有尽头，而且无论多么睿智的法学家或法官，都有其固有的知识局限与认知盲点。因此，不管南非《2008 年公司法》对股东代表诉讼制度规定得如何详细、具体和明确，其在将来也必然要面临种种无法解决的现实问题，从而遭遇更新换代的命运。当然，未来发展的不可预期性并不足以抹杀目前南非股东代表诉讼制度所显示出的优势与远见，也不能掩盖该制度一步步完善与精进的发展方向。历经多次改变，现今的南非股东代表诉讼制度已相对成熟，而其之后的发展态势无疑更令人期待。

第十五章　印度股东代表诉讼制度：山重水复疑无路？

引言

股东代表诉讼是公司治理中不可或缺的组成部分。虽然在一些国家，其被视为一些居心叵测的股东和商业律师向公司勒索钱财的手段，但在另一些国家，则认可其在保护少数股东利益和优化公司治理方面所做的贡献。即便对股东代表诉讼褒贬不一，但无可否认，其是公司治理发展成熟的产物，也是公司制度中的重要一环。印度股东代表诉讼制度与其整体法律体系一样，深受英国法律的影响，很多法律规范仍然沿袭英国相关制度与规则。现实中印度股东代表诉讼的适用状况并不太理想，一方面，存在规范制度不完善的因素，另一方面，实务中股东代表诉讼的案例也较为少见，股东代表诉讼在印度可谓前路迷茫。随着印度经济的迅猛发展以及股东利益保护需求的增加，相关法律制度亟待完善更新，选择何种路径激活股东代表诉讼让人困惑。印度作为新兴国家，既有成文法规定，也承认判例法规则，探寻印度在股东代表诉讼中的相关规范，无疑具有较强的理论价值和实践意义。

一、印度的公司法律结构

在探讨印度股东代表诉讼制度之前，有必要探寻印度公司法律制度的发展历程。印度公司法律制度的发展历程与其所处的社会环境和经济发展境况密不可分。1600 年 12 月 31 日，东印度公司（British East India Company）成立并从伊丽莎白女皇一世处获取皇家特许状（Royal Charter），从而享有对印度贸易的合法垄断权。此后，印度逐渐沦为英国的殖民地，英国对印度进行漫长的统治及法制灌输，虽然 1947 年印度独立，但这一影响仍在延续。印度独立后，受社会主义思潮的冲击，公司治理发生根本性的变化。[1]社会主义计划者在改革印度法律时制定了一套核心政策：通过限制资本流出和限制进口来实现自给自足，将资本大规模转入国有大型公司，歧视大型私营企业，支持小型企业，并通过投资教育促进发展。[2]然而社会主义时期的经济政策使印度经济萎靡不振，年平均经济增长率仅为 3%，[3]而在经济开放后的 20 世纪 80 年代中期，这一数据为 6%。[4]自 20 世纪 80 年代中期以来，印度放开经济政策，并不断更新优化相应法律制度，良好的营商环境使印度的资本市场变为全球投资的主要目的地，2017 年印度的 GDP 总量为 2.597 万亿美元，[5]一度超越法国，仅次于美国、中国、日本、德国与英国，位居世界第六，亚洲第三，国际货币基金组织此前预测，印度将于 2019 年超越英国成为全球第五大经济体，届时印度的经济总量将超过 3 万亿美元。[6]印度的发展潜力巨大，有着世界前列的 IT 和软件服务业，高科技人才众多，高新技术产业也很发达，势必会吸引更多的资金投入。而随着近年来外来投资者不断在印度获得可观的收益，境外资金将进

---

〔1〕 See Rajesh Chakrabarti, 'Corporate Governance in India-Evolution and Challenges' (2005) *SSRN Electronic Journal* 14, 15; See John Armour and Priya Lele, 'Law, Finance, and Politics: The Case of India' (2009) 43 *Law and Society Review* 499, 500.

〔2〕 See John Armour and Priya Lele, 'Law, Finance, and Politics: The Case of India' (2009) 43 *Law and Society Review* 496.

〔3〕 See Afra Afsharipour, 'Corporate Governance Convergence: Lessons from the Indian Experience' (2009) 29 *Northwestern Journal of International Law and Business* 341.

〔4〕 See John Armour and Priya Lele, 'Law, Finance, and Politics: The Case of India' (2009) 43 *Law and Society Review* 496.

〔5〕 参见"世界银行数据" available at <https://data.worldbank.org.cn/country/%E5%8D%B0%E5%BA%A6>。

〔6〕 参见《世行认可 印度 2017 年 GDP 超越法国排第六》available at <https://news.sina.cn/2018-07-11/detail-ihfefkqq5580812.d.html?pos=3andvt=4>。

一步推动印度公司治理结构向多元化发展，投资者保护问题也不断被推上风口浪尖。面对此种国内外形势，印度公司法律如何应对？

独立前，印度的公司法主要源于1850年的《合股公司法》（the Joint Stock Companies Act），该法与英国1844年《合股公司法》（the Joint Stock Companies Act）相似。独立后，印度继续借鉴英国法律体系，虽制定了大量成文法规定，但很多法律依然摆脱不了承继英国法的影子。作为普通法系国家，印度的大量公司法判例仍然遵循英国公司法的典型案例。

（一）印度社会主义时期的公司法律结构

在社会主义时期，印度中央政府通过各种法律法规严格控制公司治理，印度的经济发展模式接近于“政府计划经济”。政府通过1947年《资本问题控制法》（the Capital Issues Control Act）强制私营公司在获得政府许可后才能发行新股，同时股票价格也受政府控制。[1]政府通过1956年《证券合同监管法》（the Securities Contract Regulation Act）控制公司证券交易和股票上市条件，之后的法规甚至阻止印度私营企业合并或收购其他企业从而制止私营企业实现规模经济。[2]政府同时还通过1956年《公司法》（Companies Act）赋予中央政府和司法系统权力以监管公司，[3]通过1985年《病态工业公司法》（Sick Industrial Companies Act）成立了一个国家机构以控制公司负资产净值。[4]

在此期间，印度缺乏强大而发达的股票市场，印度政府成为当时市场上最主要的资本提供者。三家发展金融机构及国有金融公司成为公司长期信贷的主要来源。通过这些贷款，上述机构和公司收购借款公司的大量股份，成为它们的大股东并在董事会中占有一席之地，但它们并未履行股东

---

〔1〕 See John Armour and Priya Lele, ‘Law, Finance, and Politics: The Case of India’ (2009) 43 *Law and Society Review* 500.

〔2〕 参见1969年《垄断和限制交易法》（the Monopolies and Restrictive Trade Practices Act）；1956年《证券合同监管法》（Securities Contract Regulation Act）。

〔3〕 参见1956年《公司法》（Companies Act）。

〔4〕 参见1985年《病态工业公司法》（Sick Industrial Companies Act）。

义务，也不直接或间接参与公司任何经营管理活动。与此对比，公司的发起人在管理的企业中几乎没有自己的股份，所以发起人经常肆无忌惮地使公司资产流失，对于公司管理毫不上心。基于上述情形以及印度缓慢的破产程序和脆弱的债权人保护机制，除了蓝筹公司以外，银行经常拒绝放贷，而宁愿将资金用于购买政府债券。由于金融机构和金融公司对公司治理不管不顾，董事会在社会主义时期的监管基本上无效，小股东经常遭受欺诈，[1]中小股东的利益保护状况堪忧。

（二）印度现今的公司法律结构

在社会主义时期的尝试失败之后，印度在 20 世纪 80 年代中期开始实行经济自由化。[2]印度的经济开放被吹捧为印度历史上的一个重大事件，当时它摆脱了费边社会主义（Fabian Socialism）的束缚并拥抱自由市场。[3]1991 年货币危机导致印度政府国库收支不平衡，政府对印度经济实施戏剧性的重组，力图改变“政府计划经济”模式，促使部分产业开始向“私有化”方向转变。[4]印度政府的这一导向性改革使得长达 44 年之久的印度公司高度“国有化”且缺乏有效公司治理规则的状况开始逐渐好转。[5]改革主要是通过发挥私营部门重要作用、鼓励竞争、发展市场导向机制和限制政府干预的方式以使公司脱离国家控制。[6]公司治理的一些目标包括

---

〔1〕 See Ann M. Scarlett, ‘Investors Beware: Assessing Shareholder Derivative Litigation in India and China’ (2011) 33 *University of Pennsylvania Journal of International Law* 173.

〔2〕 See Afra Afsharipour, ‘Corporate Governance Convergence: Lessons from the Indian Experience’ (2009) 29 *Northwestern Journal of International Law and Business* 353.

〔3〕 See Amit Varma, ‘India’s Far from Free Markets’ (2005) June 16 *The Wall Street Journal Asia* A9.

〔4〕 参见陈文婧：《印度〈公司法〉的新进修改及印度公司治理制度评述》，载林燕萍、杜涛主编：《金砖国家法律问题研究（总第 2 卷 · 2017 年）》，法律出版社 2018 年版，第 38 页。

〔5〕 See Marcelle Colares Oliveria, Silvio Romero de Almeida, Rodrigo Stefe and Glauber Cunha, ‘Comparative Analysis of the Corporate Governance Codes of the Five BRICS Counties, Accounting’ (2014) 17 *Management and Governance* 59.

〔6〕 See John Armour and Priya Lele, ‘Law, Finance, and Politics: The Case of India’ (2009) 43 *Law and Society Review* 501.

增加投资者保护力度和提高外国投资数额，而实现以上目标需要废除社会主义时期的法律，并制定新的法律来吸引投资者。[1]因为在社会主义时期，外国投资者不被允许投资印度公司。[2]

其中一个最重要的发展是1992年4月《印度证券交易委员会法案》(the Act of Securities and Exchange Board of India, SEBI Act）正式生效，这意味着印度最主要的负责规范公司治理和投资者保护的监管机构——印度证券交易委员会（the Securities and Exchange Board of India, SEBI）开始对上市公司的市场行为进行监管，它取代了中央政府对证券交易所的控制。[3]印度证券交易委员会与美国证券交易委员会（the U.S. Securities and Exchange Commission）类似，它是一个独立的监管机构，可以对证券交易所发布具有约束力的规定。政府通过1992年建立国家证券交易所（the National Stock Exchange），1995年建立国家证券结算有限责任公司（the National Securities Clearing Corporation Limited）和1996年建立国家证券存管有限公司（the National Securities Depository Limited）来重构证券市场。新设且独立的机构为印度快速增长的股票市场提供必要的基础设施，并给外国投资者带来安全感，这是外国投资者在社会主义时期后首次被允许投资印度公司。[4]但是，印度公司目前面临着“支离破碎”的监管结构，印度证券交易委员会和公司事务部（Ministry of Corporate Affairs）共享规范公司的权力使得公司治理十分混乱。[5]

虽然印度在改革股权融资方面做了很多工作，但它没有对公司债务

〔1〕 See John Armour and Priya Lele, ‘Law, Finance, and Politics: The Case of India’ (2009) 43 *Law and Society Review* 501.

〔2〕 See John Armour and Priya Lele, ‘Law, Finance, and Politics: The Case of India’ (2009) 43 *Law and Society Review* 503.

〔3〕 See Rajesh Chakrabarti, ‘Corporate Governance in India-Evolution and Challenges’ (2005) *SSRN Electronic Journal* 18.

〔4〕 See John Armour and Priya Lele, ‘Law, Finance, and Politics: The Case of India’ (2009) 43 *Law and Society Review* 503.

〔5〕 See Afra Afsharipour, ‘Corporate Governance Convergence: Lessons from the Indian Experience’ (2009) 29 *Northwestern Journal of International Law and Business* 356.

方面进行重大改革，因此没有给予债权人足够的补救措施。[1]为了保护债权人，印度设立准合法的债务追偿法庭，并通过了2002年《金融资产重建和执法安全利益法》（the 2002 Reconstruction of Financial Assets and Enforcement of Security Interest Act）和2004年《执行安全利益和恢复债务法（修正案）法案》[the 2004 Enforcement of Security Interest and Recovery of Debts Laws(Amendment) Act]。但是，以上法庭和法律的有效性仍有待观察。

（三）《上市协议》第49条（Clause 49 of the listing agreement）

在20世纪90年代初期，印度经历了一系列金融丑闻，例如1992年的Harshad Mehta股票市场骗局。这些丑闻的发生是由于经纪人以极低的价格购买股票，随后价格高涨，然后经纪人以较高的价格抛售股票，从而导致股票市场崩溃。2001年类似的丑闻再次导致股市崩盘。经纪人之所以能够与金融机构安排这些交易，是因为在后社会主义时期，政府对股票交易和证券交易所的控制过于宽松，而宽松的监管无法避免此类事件发生。此外，20世纪90年代发生的"消失的公司骗局"（vanishing companies scam）事件，有超过4000家公司从投资者那里共筹集54000亿卢比，然后消失不见。在这些丑闻之后，印度工业通过公司治理的改变，开始努力向公司和证券市场灌输公众信心。[2]1998年，印度工业联合会制定一项自愿性准则，名为《理想公司治理准则》（the Desirable Corporate Governance Code），以保护中小投资者，提高透明度，并采取措施实现国际披露标准。在制定《理想的公司治理准则》后的两年内，有25家公司自愿采用该准则。[3]

虽然有许多改变公司治理的提案，但值得一提的是印度证券交易委员会以印度工业联合会的"理想公司治理准则"为基础制定的一项新法律。

---

〔1〕 See John Armour and Priya Lele, 'Law, Finance, and Politics: The Case of India' (2009) 43 *Law and Society Review* 505.

〔2〕 See Tania Mazumdar, 'Where the Traditional and Modern Collide: Indian Corporate Governance Law' (2008) 16 *Tulane Journal of International and Comparative Law* 243, 252.

〔3〕 See Tania Mazumdar, 'Where the Traditional and Modern Collide: Indian Corporate Governance Law' (2008) 16 *Tulane Journal of International and Comparative Law* 253.

2003 年 3 月，印度证券交易委员会通过《上市协议》第 49 条（以下简称《第 49 条》），该协议主要涉及与公司治理相关的法律规则，内容主要是企业与印度股票交易所缔结上市协议时在公司治理方面所需满足的条件，《第 49 条》于 2005 年 12 月 31 日正式生效。虽然《第 49 条》仅适用于发行股票时资本超过 3 亿卢比的公司，但研究人员将《第 49 条》描述为“印度公司治理中的分水岭事件”。[1]《第 49 条》对董事的独立性施加了更严苛的标准，要求披露董事薪酬，并且首次在印度实施对不遵守其规定的上市公司进行严厉罚款和退市威胁。[2]虽然《第 49 条》可能受到美国和英国的改革努力方面的启发，但英美公司治理模式与印度公司治理模式的融合存在很大差异。[3]《第 49 条》总体来说加强了对于投资者利益的保护。

（四）印度 2013 年《公司法》

进入千禧年之后，高速增长的经济以及新的产业倒逼印度对 1956 年《公司法》进行修改，虽然之前也进行过多次修改，但是其基本原则和制度并未发生根本性变化，现今其结构性缺陷已经无法适应新时代的要求。同时在历次修改后，1956 年《公司法》变得伤痕累累，体系混乱，于是亟须新公司法来改变这一现状，2013 年《公司法》应运而生。2013 年《公司法》引入大量新时代的概念和符合现实要求的制度框架和安排，例如公司社会责任（Corporate Social Responsibility）条款、一人公司（One Person Company）条款、[4]关键管理人员（Key Managerial Personnel）条款、[5]独

〔1〕 Bernard S. Black and Vikramaditya S. Khanna, ‘Can Corporate Governance Reforms Increase Firms Market Values? Event Study Evidence from India’ (2007) 4 *Journal of Empirical Legal Studies* 749,757.

〔2〕 See Tania Mazumdar, ‘Where the Traditional and Modern Collide: Indian Corporate Governance Law’ (2008) 16 *Tulane Journal of International and Comparative Law* 253.

〔3〕 See Afra Afsharipour, ‘Corporate Governance Convergence: Lessons from the Indian Experience’ (2009) 29 *Northwestern Journal of International Law and Business* 343.

〔4〕 参见 2013 年印度《公司法》第 2 条第 68 款。

〔5〕 参见 2013 年印度《公司法》第 2 条第 51 款。

立董事（Independent Director）条款[1]和轮替审计师（Rotational Auditors）条款[2]等。并且印度公司事务部推出统一的在线申报平台，大大削减各种繁文缛节，提高经济效益并降低合规成本。

2013 年《公司法》是印度目前关于公司治理最主要的法律，值得一提的是，1956 年《公司法》尚未完全失效，仍有部分条款继续适用，另外还要遵循一些实施细则（Rules）、通告（Circulars and Notifications）和行政法令（Orders）, 由于印度是普通法系国家，还要适用公司法相关的判例（Precedent），所以在适用印度公司法时需要结合上述配套法律法规以及司法判例。2013 年《公司法》包含 29 章，共 493 条，可归纳为以下六个部分：公司注册成立、股本及配股、公司成员、公司借贷及担保的登记、公司的管理和运行、公司清算。

回顾印度公司法的历史沿革，可以发现英国公司法深深的烙印。虽然在第二次世界大战后，随着大英帝国衰弱而美利坚合众国崛起，就全球范围而言，公司法的大量理论创新和实践深受美国公司法的影响，但不可否认的是英国公司法对印度公司法的深远影响，印度公司法的内容和理论都脱胎于英国公司法，并且印度作为普通法系国家，大量的判例仍沿袭英国公司法的经典案例。根据世界银行集团（the World Bank Group）2018 年最新发布的权威研究报告[3]显示，印度在考察的 189 个国家中“投资者保护”指数排名第 4，是该指数排名前 10 位中唯一的发展中国家。印度公司法采用成文法与普通法相结合的体例，成文法中的公司治理主要规定在 2013 年《公司法》和《第 49 条》[4]中，2013 年印度《公司法》是综合世界上最新的公司法和商事领域实践的成果，在当前印度高速发展的时代背景下，其必将在印度商事法律关系中起到关键性作用。虽然印度公司治理在投资人

---

〔1〕 参见 2013 年印度《公司法》第 2 条第 47 款及第 149 条第 6 款。

〔2〕 参见 2013 年印度《公司法》第 139 条。

〔3〕 参见《营商指数 2018》（Doing Business 2018）。

〔4〕 为了与 2013 年《公司法》保持一致，《第 49 条》也进行修订，并于 2014 年 10 月 1 日起正式实施。

保护方面可圈可点，但是在股东代表诉讼制度方面仍然存在不足之处。

二、印度股东代表诉讼的现行制度

股东诉讼分为股东直接诉讼和股东代表诉讼。[1]当股东个人权利受到侵犯，可以通过直接诉讼主张权利。但当公司利益受到侵害，股东原则上并不具有代表公司向加害人起诉的原告资格，此时公司是一个独立的主体，应当由其机构代表公司主张权利，但是当加害人是公司的董事，且此董事足以控制公司的行为时，我们便不能指望董事会代表公司大义灭亲，即便此董事不具有控制公司的能力，但是董事会考虑到公司声誉及整体稳定，一般会私下解决问题，以求息事宁人。而此时如果法律不采取相应措施，那么正义将缺席。[2]股东代表诉讼又称股东派生诉讼，派生是指股东的诉权是从公司的诉权中派生出来的，[3]此时法律特别允许股东穿越原告适格原则，直接代表公司成为原告，向相应侵害者提起诉讼，主张正义。[4]从利益关系上看，公司应该是股东代表诉讼中的原告，但是公司处于董事会的控制之下，而董事会一般会反对诉讼，公司此时的立场往往与股东原告背道而驰，所以实际代表诉讼中总是将公司列为被告，因此，股东代表诉讼的主体一般为股东原告、公司被告（实际利益上的原告）、个人被告（掌握公司权力的董事或官员）。[5]由此股东代表诉讼是指公司的合法权益受到他人侵害，董事、高管怠于行使诉权时，符合法定条件的股东以自己的名义起诉侵权人，此时公司则作为共同被告，若胜诉，公司被授予强制执行权利的诉讼。

（一）印度股东代表诉讼的法律要件

2013 年印度《公司法》缺乏股东代表诉讼的成文法规定，印度关于股

〔1〕参见朱锦清：《公司法学（下）》，清华大学出版社 2017 年版，第 233 页。
〔2〕参见林少伟：《英国现代公司法》，中国法制出版社 2015 年版，第 289 页。
〔3〕参见朱锦清：《公司法学（下）》，清华大学出版社 2017 年版，第 233 页。
〔4〕参见林少伟：《英国现代公司法》，中国法制出版社 2015 年版，第 290 页。
〔5〕参见朱锦清：《公司法学（下）》，清华大学出版社 2017 年版，第 234 页。

东代表诉讼的法律基础主要来源于英国普通法的相关规定。近年来印度营商环境良好，公司数量与日俱增，而且印度人民的维权意识很强，每年法院需要处理很多案件，但股东代表诉讼的相关案件却很少，成功的案例更是少之又少。[1]为什么印度会缺乏股东代表诉讼？我们首先来探讨下印度股东代表诉讼提起的条件及程序。

1. 实体要件——福斯规则（Foss v. Harbottle）及其例外情形

按照福斯规则，当公司利益受损时，只有公司才有资格提起诉讼，个人股东是没有原告主体资格的。然而一味遵循此规则，可能会造成公司利益受损而无从救济。一般情况下，侵害公司利益的董事很可能持有公司半数以上股份，因此便可操纵公司以通过有利于自己的决议，而公司想主张权利也一般会被董事会打压，即使上述董事没有操控公司的能力，但公司一般不会与之针锋相对。当出现上述情形时，便需要适用福斯规则的例外情形，允许股东代表公司提起诉讼。威格拉姆法官在福斯一案中也曾提及，股东代表诉讼可以在服务于正义的条件中产生，以确保正义不受技术性规则的阻碍。[2]但是需要注意的是，福斯规则的例外情形只在欺诈少数股东（Fraud on the Minority）、越权行为或违法行为 (Ultra Vires Transactions or Illegality) 和正义的例外 (Matters Requiring Special Resolution) 等少数情况下才适用。

（1）欺诈少数股东。欺诈少数股东被视为是唯一真正的福斯规则例外情形。[3]这一例外在福斯一案中隐现，但是法官并没有对之作明确阐述，其被确认是在 Edward v. Halliwell 一案中，但直至 Prudential Assurance Co Ltd v. Newman Industries Ltd (No.2) 一案，法官才对欺诈少数股东进行详细阐述。[4]欺诈少数股东的行为是指该不检行为构成欺诈，且不检行为人控

---

〔1〕 See Dan W. Puchniak, Harald Baum and Michael Ewing-Chow (eds.), *The Derivative Action in Asia: A Comparative and Functional Approach* (Cambridge University Press 2012).

〔2〕 参见林少伟：《英国现代公司法》，中国法制出版社 2015 年版，第 301—302 页。

〔3〕 See *Prudential Assurance Co Ltd v. Newman Industries Ltd* (No. 2) [1981] Ch 257, 323.

〔4〕 参见林少伟：《英国现代公司法》，中国法制出版社 2015 年版，第 302 页。

制着公司，从而对少数股东进行欺诈的行为。构成欺诈少数股东需要满足两个条件，一是不检行为构成欺诈，二是不检行为人控制着公司。

①不检行为构成欺诈。此处的欺诈在代表诉讼中具有更广泛的外延。它既包括一般意义上的欺骗或不诚实，也包括不检行为人损害少数股东利益〔1〕或公司利益而使己受益，例如董事或者管理者与公司自我交易、〔2〕违反受信义务窃取本属于公司的商业机会的行为〔3〕等。同时，在 Burland v. Earle 一案中确立“当控制股东试图直接或间接地挪用公司金钱、其他财产或者本属于公司的机会”时，也构成欺诈。而在 Needle Industries (India) Ltd v. Needle Industries Newey (India) Holding Ltd〔4〕一案中，印度最高法院指出当董事偶然从另一股票中获益，而这一行为同样符合公司利益，那么这种附带性的受益将被忽略。〔5〕也就是说，未使少数股东利益或公司利益受损则不一定构成欺诈。

但需要注意的是，不检行为人的主观心态不是构成欺诈的必要条件，也就是说，即使不检行为人并非故意，而是出于疏忽大意而使公司利益受损，只要能够证明其从中受益，则一样可能构成欺诈。〔6〕如果行为人没有从其行为中获益，则不构成欺诈。〔7〕判定是否构成欺诈很重要的标准在于是否损害股东或公司的利益且从中受益。

②不检行为人控制公司。不检行为人控制公司是欺诈少数股东的第二个构成要件。如果不检行为人没有控制公司，那么公司可以向不检行为人起诉，用不着股东代表公司诉讼。那么如何证明不检行为人控制公司呢？

当公司为私人公司时，股东人数较少，股权相对集中，证明不检行为

〔1〕 See Chew and Margaret, *Minority Shareholders' Right and Remedies* (2nd Singapore: LexisNexis 2017) 90.

〔2〕 See *Atwool v. Merryweather* (1867) LR 5 Eq 464n.

〔3〕 See *Cook v. Deeks* [1916] 1 AC 554 (PC).

〔4〕 See AIR 1981 SC 1298.

〔5〕 See Dan W. Puchniak, Harald Baum and Michael Ewing-Chow (eds.), *The Derivative Action in Asia: A Comparative and Functional Approach* (Cambridge University Press 2012) 383 .

〔6〕 See *Daniels v. Daniels* [1978] Ch 406.

〔7〕 See *Pavlides v. Jensen* [1956] Ch 565.

人控制公司较为容易。而对于公众公司，人数众多，股权结构复杂分散，证明不检行为人控制公司相对困难。此时，在 Pavlides v. Jensen 一案中，法官认为不检行为人控制公司的标准为其直接或通过指定代理人持有超过 50% 的公司股份。[1]但是这一标准太过严苛，后续在 Prudential Assurance Co Ltd v. Newman Industries Ltd (No.2) 一案中，上诉法院认为不检行为人控制公司之控制的内涵应拓宽，既包括控制投票权的绝对多数，也包括不检行为人自身的投票权加上那些受其影响的或因冷漠而与不检行为者共同投票而达到多数的投票权。[2]进而不检行为人控制公司的标准发展为不再硬性要求不检行为人直接或间接拥有 50% 的股份，而是只要其所能影响的股份达到足以控制公司的数量时，就认为其控制着公司。[3]后续有学者甚至提出，不检行为人控制公司的标准，可参照并购法的规定，只要不检行为人达到持有 20% 或 30% 的公司股份，即可认定其控制公司。[4]具体判断行为人是否控制公司需要在个案中甄别。

（2）越权行为或违法行为。福斯规则的另一例外是公司的越权行为或违法行为，即公司超越自身经营范围与他人进行交易的行为或公司违反法律规定所为的行为。[5]此时，需要注意的是，这里的违反法律规定应该限定为违反公司法的规定，因为如果公司违反相关公法的规定，则必定有相应机构追究公司的行政或刑事责任。当公司有上述行为时，股东代表诉讼就可能被触发。这里股东能够提起代表诉讼的原因在于上述行为如果公司不提起诉讼，那么公司及相应股东的利益将无从保障，所以允许股东提起股东代表诉讼。[6]

---

〔1〕 See *Pavlides v. Jensen* [1956] Ch 565.

〔2〕 See *Prudential Assurance Co Ltd v. Newman Industries Ltd* (No. 2) [1981] Ch 257, 323.

〔3〕 参见林少伟:《英国现代公司法》，中国法制出版社 2015 年版，第 304 页。

〔4〕 See Arad Reisberg, *Derivative Actions and Corporate Governance* (Oxford University Press 2009) 93.

〔5〕 See *Prudential Assurance Co Ltd v. Newman Industries Ltd* (No. 1) [1981] Ch 204 (CA); See *Bharat Insurance Co. Ltd v. Kanhaya Lal*, AIR 1935 Lah 792.

〔6〕 See Dan W. Puchniak, Harald Baum and Michael Ewing-Chow (eds.), *The Derivative Action in Asia: A Comparative and Functional Approach* (Cambridge University Press 2012) 382 .

（3）正义的例外。英国曾有案例指出，为实现公平正义，一定情况下可以不遵守福斯规则从而赋予股东提起代表诉讼的权利。[1]这一原则适用的合理性在于，如果公司受到损害，通过其他途径救济不能或救济不完全，那么其他技术性规则将导致正义的缺席，为了不使正义随之缺席，赋予股东代表诉讼的权利便是正义的体现。但是这一原则的适用却被很多法官尽可能地避免，因为这一原则的适用具有很多不确定性，正义的判断标准缺乏尺度，过于笼统模糊，仅凭法官的自由裁量将出现很多出人意料的结果，从而有损法律的权威，同时在普通法系国家，不同的标准也很难为后案提供判例依据。[2]

总之，印度法院将福斯规则奉为圭臬，只允许在上述有限的情况下存在例外，从而削弱股东对公司违法者提起代表诉讼的可行性，这在一定程度上是抑制股东代表诉讼的体现。从以上论述可以看出，印度法律在实施代表诉讼时并未对普通法立场作出重大改变。

2. 程序要件

在符合股东代表诉讼的实体要件时，要启动股东代表诉讼，还需要遵循一定的程序性要件，以下主要阐述干净的手原则（The Clean Hands Doctrine）。

干净的手原则要求起诉不检行为人之主体本身清白，否则无资格提起股东代表诉讼，即只有当诉讼是为了公司利益而不是别有用心或出于个人利益考虑时，原告股东才可以代表公司提起股东代表诉讼。[3]印度法院也接受普通法上这一原则。[4]然而，这一原则在实践当中很难适用，其不确定性和模糊的标准让人无所适从。虽然干净的手原则要求的“范围远非明确”，但也有人认为该理论是错误的，因为股东的正当性在代表诉讼中并不

〔1〕 See *Edward v. Halliwell* [1950] 2 All ER 1064。

〔2〕 参见林少伟：《英国现代公司法》，中国法制出版社 2015 年版，第 306—307 页。

〔3〕 See *Barrett v. Duckett* [1995] B.C.C. 362; See *Nurcombe v. Nurcombe* [1985] 1 WLR 370.

〔4〕 See *M. Sreenivasulu Reddy v. Kishore R. Chhabria* [2002] 109 Comp. Cas. 18 (Bom).

重要，因为代表诉讼直接的诉讼利益将归属于公司而不是个人股东。[1]

3. 其他法律规定

（1）董事义务：2013 年《公司法》第 166 条。2013 年《公司法》颁布之前，印度并没有董事义务的相关成文法规定，在没有成文法规定的情况下，判断董事义务需要参照相关普通法案例，而印度关于董事义务的司法指导匮乏且不成体系，判断董事义务仍然需要严格参照英国的相关判例。但是 2013 年《公司法》第 166 条明确规定董事的义务，内容主要为：在符合本法规定的前提下，公司董事应按照公司章程行事；公司董事履行职责需善意，应以促进公司的整体利益及所有成员，包括员工、股东、机构和公司的最佳利益为目标，同时保护环境；公司董事应具有适当和合理的注意、勤勉义务和技能，并具有独立判断的义务；公司董事不得涉及其可能具有与公司利益相冲突或可能发生冲突的直接或间接利益的情形；公司董事不得向其本人或其亲属、合伙人或同事取得或企图取得任何不正当的收益或利益，而如果该董事被发现取得任何不正当利益，则他必须承担相应法律责任，并向公司支付相当于该收益的金额；公司董事不得转让其职位；如该公司的董事违反本条的规定，该董事可能被处以罚款，罚款不得少于 10 万卢比，甚至不得少于 50 万卢比。当董事的行为不违反董事义务，那么就不存在股东代表诉讼适用的可能，也就是说董事行为符合董事义务就排除代表诉讼的进行。

（2）1908 年《民事诉讼法》第 1 章第 8 条（Order I Rule 8, Civil Procedure Code, 1908）。由于某些未知的原因，人们常常认为股东代表诉讼是按照 1908 年《民事诉讼法》第 1 章第 8 条（以下简称第 1 章第 8 条）的规定进行的，该法条规定一个人可以代表所有人以相同的利益起诉或辩护。如果根据这一规定提起诉讼，则诉讼必须得到法院的许可后才能继续进行。一旦获得此类许可，原告必须支付费用向诉讼机构的所有相关方发出通知，

[1] See Payne and Jennifer, ‘Clean Hands’ in Derivative Actions’ (2002) 61 *Cambridge Law Journal* 76 .

并且这些当事人可以向法院请求将其作为诉讼当事人加入到诉讼中来。[1]在这种情况下，公司在诉讼中作为形式上的被告，针对公司没有什么实际的指控。[2]相反，尽管公司是被告，但最终的诉讼利益将流向公司。这貌似与代表诉讼有一些相似之处，公司在两个诉讼中都是被告，最终利益都属于公司，但这是一种尴尬的巧合。通常，第1章第8条所规定的诉讼被称为代表人诉讼（representative suits），而不是代表诉讼。

尽管这些诉讼具有表面相似性，但是将一个诉讼的相关规定适用于另一诉讼则在某种程度上属于概念不清晰和适法错误。第1章第8条类似于联合某些具有相似情形合而为一之诉讼，这样做的目的是为了避免多重诉讼，即诉讼过多的问题。而代表诉讼设计的主要目的不是避免诉讼的多重性，而是提供一种途径来执行可能无法执行的事项，以维护公司的利益。[3]例如，在代表人诉讼中，原告代表同等地位的其他股东的利益，集体的诉讼行为对其所代表的当事人发生效力，诉讼结果对所有原告均有约束力。但是，在股东代表诉讼中，唯一的利益主体是公司，原告股东的利益并不直接受到影响，只是由于公司内部人员没有采取行动，股东有权根据前面讨论的情形代表公司提起诉讼。

在相当长的一段时间里，印度法院并没有严格区分对股东造成损害的代表人诉讼和对公司造成损害的代表诉讼之间的差异，而是将其视为同一情形。虽然其他司法管辖区（英国）也有类似的情况，但法院很快就澄清基本的区别。[4]在印度，直至2009年加尔各答高等法院才阐述代表人诉讼与股东代表诉讼之间的差异所在。[5]因此，需要澄清的是第1章第8条

---

〔1〕 See *Nirad Amilal Mehta v. Genelec Ltd* [2008] 146 Comp. Cas. 481.

〔2〕 See *Jaideep Halwasiya v. Rasoi Ltd* [2009] 150 Comp. Cas. 1.

〔3〕 See Dan W. Puchniak, Harald Baum and Michael Ewing-Chow (eds.), *The Derivative Action in Asia: A Comparative and Functional Approach* (Cambridge University Press 2012) 384-385.

〔4〕 See Payne and Jennifer, 'Clean Hands' in Derivative Actions' (2002) 61 *Cambridge Law Journal* 78, 79.

〔5〕 See *Jaideep Halwasiya v. Rasoi Ltd*, [2009] 150 Comp. Cas. 1.

并不适用于股东代表诉讼，而印度股东代表诉讼制度的发展停滞不前可能与此有一定关联。

（二）其他有效的救济途径

虽然其他有效的救济途径并不会排除股东代表诉讼在普通法下的适用，但是在保护公司及股东权益时我们应当注意其他途径如股东直接诉讼相对于股东代表诉讼的优势。下面我们主要将替代性的救济方式分为三类：一是压迫与不当管理（oppression and mismanagement）所引起的诉讼，主要适用于非上市公司；二是向证券监督管理机构，即印度证券交易委员会寻求帮助，主要针对上市公司；三是集体诉讼，其适用范围十分广泛。

1. 压迫与不当管理的救济

压迫与不当管理的救济规定在2013年《公司法》第16章。该章规定了压迫与不当管理的救济，国家公司法庭（National Company Law Tribunal, NCLT）[1]的权力，提起诉讼的条件，集体诉讼等。

如果股东可以证明公司的事务已经或正在以不利于公众利益的方式或以对他或任何其他成员有偏见或压迫的方式或以不利于公司利益的方式进行，那么该股东可以请求针对压迫的救济方式。[2]这类似于其他英联邦司法管辖区向股东提供的压迫补救措施，在“不公平的偏见”的情况下，少数股东可获得补救。根据印度法律，大多数股东只有滥用行为是不充分的，还必须持续采取行为，即在持续的压迫下才能为少数股东提供补救。[3]

如果公司的事务以不利于公共利益的方式或以不利于公司利益的方式进行，并且在管理或控制公司的过程中发生重大变化，则可以采用不当管理的补救措施。[4]这种补救措施没有借鉴英国公司法，是印度公司法所独有的救济，因为在英国普通法的传统中，法院一般不愿意介入公司管理不

〔1〕国家公司法庭为印度2013年《公司法》新创设的机构，于2016年6月1日正式设立。该机构专门处理与公司相关的纠纷。

〔2〕参见2013年印度《公司法》第241条。

〔3〕See *Shanti Prasad Jain v. Kalinga Tubes Ltd*, AIR 1965 SC 1535.

〔4〕参见2013年印度《公司法》第241条。

善的纠纷。[1]不当管理救济可以说比压迫救济更广泛，因为它可以被用以救济违反信义义务、[2]违反公司组织章程大纲[3]以及管理过程中的违规行为所导致的公司基础损失[4]等情形。

根据2013年《公司法》第244条的规定，发起压迫或不当管理诉讼的股东需要满足下列条件：在有股份划分的公司，发起诉讼的股东人数不少于100人或不少于其股东人数总数的十分之一（以较少者为阈），或股东个人或者合计持有不少于公司已发行股份的十分之一，需要注意的是，上述股东必须履行相应出资义务才享有该诉讼权利；在没有股份划分的公司，发起诉讼的股东人数则不少于其股东人数总数的五分之一。[5]在符合诉讼的基本条件后，股东可以向国家公司法庭请求救济，后者下达清盘令（winding-up order）。

国家公司法庭拥有广泛的权力，其权力如下：规范公司未来的行为；命令其他股东或公司购买该公司任何股东的股份；限制转让或配发公司股份；在公司与总经理、任何其他董事或经理之间，根据法庭认为可能的条款和条件，并且在案件公平的情况下终止、撤销或修改任何协议；终止、撤销或修改公司与前述者以外的任何人之间的任何协议，但需在适当通知并经有关方面同意后，才能终止、撤销或修改该协议；撤销任何转让、交付货物、付款、执行或在根据本条提出申请之日前三个月内，与公司作出与财产有关的其他行为；撤销公司的董事、高管的职位，委任新的董事、高管；收回任何董事、高管在任期间所产生的不当收益并决定回收的方式，包括转移至投资者教育及保障基金或偿还给可识别的受害人；征收法庭认为合适的费用；法庭认为应该作出规定的公正和公平的任何其他事项等。[6]虽然国家公司法庭拥有广泛的权力，但压迫和不当管理诉讼中最常见的命令

〔1〕参见林少伟：《英国现代公司法》，中国法制出版社2015年版，第269—270页。

〔2〕See *Hemant D. Vakil v. RDI Print and Publishing Pvt. Ltd* [1995] 84 Comp. Cas. 838.

〔3〕See *S.M. Ramakrishna Rao v. Bangalore Race Club Ltd* [1970] 40 Comp. Cas. 1154.

〔4〕See *Thomas George v. KCG Verghese* [1996] 86 Comp. Cas. 213.

〔5〕参见2013年印度《公司法》第244条。

〔6〕参见2013年印度《公司法》第242条。

无非是管理层的替代与对少数股东的持股收购。尽管上述救济没有提供直接的货币补偿，但由于可以利用其他补救措施以及程序本身的高效性，故上述救济越来越受欢迎。

2. 印度证券交易委员会 (SEBI) 的救济

除了压迫救济和不当管理救济之外，上市公司的股东也可以向印度证券交易委员会请求救济。印度证券交易委员会的权力范围十分广泛，其权力不仅涉及证券监管，有时甚至扩展到与公司治理相关的事项。公司治理需要解决管理者或控股股东与少数股东之间的代理冲突。因此，印度证券交易委员会的任务范围包括确保特定法律规定不侵害少数股东（机构投资者和个人股东）的利益。

印度证券交易委员会的救济权力广泛。根据 1956 年《证券合同（监管）法》[the Securities Contracts (Regulation) Act] 和 1991 年《印度证券交易委员会法》（the Securities and Exchange Board of India Act），印度证券交易委员会有权对违反这些法规的行为进行处罚，提起刑事诉讼以及给予其他补救措施，如暂停交易和使公司除名。印度证券交易委员会可以对上市公司或其董事、高管或控股股东（发起人）提起诉讼。印度证券交易委员会的权力之一就是"为了证券和证券市场的投资者利益作出适当命令"，其中包括禁止违约者进入资本市场甚至剥夺因不法行为而获得的收益或利润的命令。在执行此类法令时，印度证券交易委员会必须考虑"投资者的利益或证券市场的有序发展"。[1]

虽然少数股东考虑到相对效率后可能会诉诸印度证券交易委员会，但我们需要注意证券交易委员会的救济与股东代表诉讼救济的目的之不同。印度证券交易委员会救济的规制重点在投资者保护上，而不是纠正内部人对公司所犯的错误。即使印度证券交易委员会可能会下令撤销相应行为或赔偿受损害股东，但这可能会直接影响原告股东的利益，而不是公司的利益。与此同时，印度证券交易委员会有权在普通民事法庭之外诉讼。那是

〔1〕 Securities and Exchange Board of India Act 1992, s11B.

因为印度证券交易委员会法的第 15Y 条和第 20A 条规定，对印度证券交易委员会有权采取诉讼或法令的领域（如收购、公司治理），民事法庭不具有诉讼管辖权。这种民事司法管辖权的排除，给予了印度证券交易委员会极大的权力。当然，如果证券交易委员会无权在某一事项中提起诉讼，那么民事法庭就有相应的管辖权。另外，印度证券交易委员会在 Satyam 欺诈案中决定利用投资者保护和教育基金中的资金来帮助其认可的投资者协会进行法律诉讼，以保护投资者的利益。这些诉讼是违反证券监管的诉讼，属于直接诉讼范畴，而不涉及股东代表诉讼。需要注意的是，它不适用于非上市公司，而且资助机制受到印度证券交易委员会的严格控制，申请人必须证明他们具有表面证据足以启动案件并且该诉讼符合股东的最大利益，这样才有可能受到资助。[1]另外，基金将提供不超过 75%的费用，这笔款项只是报销的费用，而不涉及诉讼之前的支出。印度证券交易委员会的这一举动类似于股东代表诉讼的费用补偿，一定程度上将影响股东寻求救济时的选择。

鉴于上述情形，少数股东在上市公司中不太可能采取股东代表诉讼可能归于以下原因：由于通过印度证券交易委员会寻求救济更加迅速且费用较少，小股东可能更倾向于通过印度证券交易委员会来弥补损失；近年来为了制定各种补救措施而提高印度证券交易委员会的权力使得这种方法更具吸引力；印度证券交易委员会法的相关规定排除民事法庭的管辖权。

3. 集体诉讼（class action）：2013 年《公司法》第 245 条

集体诉讼是 Satyam 案的产物，可以说该欺诈案对印度股东利益的保护重重地敲了一次警钟。[2]2013 年《公司法》第 245 条篇幅较长，规定集体诉讼产生的实体要件与程序要件、集体诉讼的实质效果、集体诉讼的适用范围以及违反诉讼判决和恶意诉讼的相应惩罚等，内容十分详尽。值得注意的是，集体诉讼中的权利人可以代表其他具有相同利益的人进行诉讼，

---

〔1〕 See SEBI（Aid for Legal Proceedings）Guidelines 2009.

〔2〕 See Arjya B. Majumdar and Sneha Bhawnani, ‘Class Action Suits - Genesis, Analysis and Comparison’ (2016) *Corporate Law and Corporate Affairs* 23.

其程序性规定较第一章第 8 条更全面；集体诉讼对于压迫和不当管理也有相应的救济途径，可以说是压迫与不当管理的补充完善；关于权利人起诉之主观，要求其善意（good faith），但是却保留了没有直接或间接个人利益这一规定；另外，集体诉讼所产生的诉讼费用与相关开支，由公司或相关责任人承担，这与代表诉讼有相近之处。

因此，有学者指出集体诉讼的立法规定既是代表人诉讼的程序性延伸，又是压迫与不当管理救济的实质性扩展，还是代表诉讼的普通法遗产。〔1〕前两项内容可以从法条中直接体现，至于集体诉讼是代表诉讼的普通法遗产的说法着实让人费解。不可否认的是集体诉讼在保护中小股东利益方面确实迈出了很大一步，它对股东利益的保护十分全面具体，采取成文法的方式弥补了普通法之不足，是普通法与成文法结合的范例。在这一程度上，集体诉讼作为一个伟大的尝试为代表诉讼铺路，虽然两者还是有区别的，但是值得肯定的是两者还有很多相通之处。集体诉讼立法化的尝试可以让我们看到代表诉讼的未来，一是立法化，将代表诉讼适用的条件成文化，将更加具体；二是“干净的手”向“善意”转变，之后必定会有许多更加具体的规则可以参照遵循。从这一角度便可解释，为什么说集体诉讼是代表诉讼的普通法遗产。

从上述内容可看出印度股东代表诉讼制度规则之匮乏与陈旧，加上现实中有许多替代的救济措施可供少数股东选择，对于股东代表诉讼的生存发展可谓雪上加霜，此时，是否印度股东代表诉讼制度的发展已经穷途末路？接下来我们将具体评析现行股东代表诉讼。

三、现行印度股东代表诉讼制度评析

印度股东代表诉讼制度很特别，是在英国普通法基础上继承并不断发展而来的产物。虽然，印度的股东代表诉讼适用并不普遍，但是我们还是需要肯定其在中小股东利益保护方面所做的努力，并在此基础上分析现有

〔1〕 See Param Pandya, ‘The Fate of Class Action Suits in India:Then and Now?’ (2014) 4*Company Law Journal* 25.

制度之不足，望加以改进以期其发挥更大作用。

（一）印度股东代表诉讼制度存在的原因

在经济全球化的浪潮下，任何一个国家都不可能脱离其他国家而独立生存。在不断变化的全球经济中，一方面，企业必须竞争从投资者那里筹集资金，另一方面，许多投资者希望将资金投资给公司。事实上，在不断增长的全球经济中，发达国家的投资者倾向于投资国际市场和新兴市场并正向新兴经济体投入大量资金。而印度无疑是全球资金的重要聚集地，如何保护投资者利益，如何营造良好的营商环境，股东代表诉讼制度具有不可取代的重要作用。

1. 代表诉讼是私力救济的重要组成部分

上文已经论述到，当公司被董事或管理者控制时，公司权益受到损害，由于种种原因公司不会也不能向加害人起诉，此时便有股东代表诉讼适用的空间。作为私力救济的股东代表诉讼具有公力救济所不具有的优势。[1]一般情况下，股东作为原告对于公司受损害的事实更加了解，获取信息和证据更加便捷且成本更低。另外，为了让不法行为人受到法律的制裁，也为了自身利益得以维护，原告股东对诉讼的推动往往更加积极主动，同时也更有利于股东权益的保护。

股东诉讼分为股东直接诉讼和股东代表诉讼，在同为私力救济的股东直接诉讼中，股东是直接受害人，其具有适格的原告地位。而代表诉讼中适格的原告应当是公司，只是由于特殊的原因，为了正义才赋予股东原告资格。与直接诉讼不同，股东代表诉讼胜诉最终的费用将由公司承担，这也是代表诉讼较直接诉讼的优势；加之股东代表诉讼解决了股东直接诉讼所不能逾越的主体资格问题，使股东权益保护更加全面。综上，较之公力救济和股东直接诉讼，股东代表诉讼这一制度有其存在的基础且不可替代。

---

〔1〕 See Dan W. Puchniak, Harald Baum and Michael Ewing-Chow (eds.), *The Derivative Action in Asia: A Comparative and Functional Approach* (Cambridge University Press, 2012) 372.

2. 代表诉讼的功能性价值

股东代表诉讼作为少数股东对抗董事的有力武器，其价值不仅仅只是保护少数股东的利益那么简单，其功能性价值同样举足轻重。根据英国伦敦大学赖斯贝格教授的总结，代表诉讼有四个功能：赔偿、阻吓、补充和执行董事义务。[1]这些功能对于印度代表诉讼同样适用。

股东提起代表诉讼后，若能胜诉，不法行为人将对公司遭受的损失承担赔偿责任，由此，公司因此受到的损失将得到一定程度的弥补，这是股东代表诉讼的赔偿功能，也是最直接的功能；当不法行为人受到法律制裁，承担责任后，必定会给该公司或者其他公司的董事及高管带来一定的威慑，这种震慑作用让董事及高管能够勤勉尽责，此为阻吓功能；公司董事、高管任职前需要与公司签订合同，合同约定的义务责任不可能完美无缺，当董事、高管在符合合同约定的情况下损害公司利益时，通过司法解决这一漏洞是股东代表诉讼的填补空缺功能；而执行董事义务功能是学界最为传统的观点，由于代表诉讼的原告主体理应是公司，当公司不能起诉时，股东可代表公司起诉，而原本代表公司起诉的应当是公司的董事，此时股东代行了董事义务，即执行董事义务。[2]股东代表诉讼的以上功能性价值对于公司治理和保护中小股东利益十分重要，也是其存在的重要原因。

（二）印度股东代表诉讼制度适用的缺陷与障碍

印度股东代表诉讼制度有其存在的必要性与重要性，但是实践中我们看到其适用状况堪忧，究竟是怎样的缺陷与障碍使其止步不前？下文将进行一些探析。

1. 规则设置过于僵硬、模糊不清

印度的股东代表诉讼并没有成文法的规定，遵从的规则是普通法的判例，由于在股东代表诉讼的判例演变过程中，并没有形成一个具有较强指导性的普通法规则，代表诉讼的相关规则过于散乱、模糊不清，甚至有很

〔1〕参见林少伟：《英国现代公司法》，中国法制出版社2015年版，第290页。

〔2〕参见林少伟：《英国现代公司法》，中国法制出版社2015年版，第290-295页。

多案例相互矛盾。具体而言，法律并未规定控股股东与实际控制人的义务，“控制”一词模糊不清，股东很难证明董事受益的事实等。随着现代跨国投资迅猛发展，公司法的规制也日益现代化，传统普通法已难以适应现代经济发展的需求。

2. 司法不愿干预公司治理

股东代表诉讼可以说是无可奈何之举，其适用之规则也只是福斯规则之例外，代表诉讼的规则散乱僵硬、模糊不清也反映了司法的态度。如何处理股东私力救济与法官限制该股东权利之间的关系是整个代表诉讼的关键，若不赋予股东代表诉讼的权利，则不利于公司和股东利益的保护，但是如果不对此权利进行限制将影响公司的日常经营活动，引发一系列烦琐的诉讼。司法实践中，法官除非万不得已，否则是不愿介入公司经营管理的，这在一定程度上限制了股东代表诉讼的司法适用。

3. 股东提起代表诉讼动力迟滞

提起股东代表诉讼的一般是公司的中小股东，他们持股较少且股份分散，而欲提起股东代表诉讼必须集合相应的股份或者人数，这是一个很烦琐的过程。另外，中小股东一般会选择理智的冷漠或者产生搭便车心理，不愿将过多精力投入到公司治理中。就算股东代表诉讼最终胜诉，胜诉利益也将归于公司，而中小股东所得利益也十分有限，烦琐的程序与极大的付出相对于微弱的收益，股东提起代表诉讼的动力显然迟滞。且一旦败诉，股东就要自己承担律师费用、诉讼费用与印花税，甚至还需要承担对方的相应费用，[1] 可谓“赔了夫人又折兵”。同时，现实中还有许多其他救济途径可供股东选择，股东在选择代表诉讼前定会再三考虑。

4. 胜诉未必有利于公司

如果股东代表诉讼能够胜诉且带来利益，这对公司是最好的结果，一切艰辛都是值得的，但现实总是事与愿违。股东代表诉讼可能使公司被善

〔1〕 See Dan W. Puchniak, Harald Baum and Michael Ewing-Chow (eds.), *The Derivative Action in Asia: A Comparative and Functional Approach* (Cambridge University Press, 2012) 378-379.

意地摧毁，若公司陷入长时间的诉讼，必定会给公司带来金钱和时间上的消耗，影响公司的日常经营活动。甚至可能在长时间的诉讼后，被告无力赔偿公司，导致公司赢了官司却赔了钱。诉讼同时可能会使公司的声誉受损，破坏公司形象，使原本属于公司的商业机会丧失，给公司的融资带来阻碍等。[1]既然胜诉并不能带来利益，那么从经济的视角来看诉讼将毫无意义。

5. 对公司治理的负面影响

除上述诉讼中及诉讼结果可能给公司带来的影响外，股东代表诉讼还有可能带来代理成本的增加以及公司决策的风险偏向的转变。股东代表诉讼本身会产生代理成本，因为当董事或者高管成为股东代表诉讼的被告时，败诉其将承担赔偿责任，胜诉其名誉也会受到一定的影响，无论如何，公司为了引进人才将付出更高的代理成本。由于董事和高管正承担越来越高的风险，其在公司战略和决策中将战战兢兢、谨小慎微，并不会选择那些高风险、高收益的项目，公司治理将缺乏活力，这将对公司的长足发展不利。[2]

6. 股东代表诉讼制度的成长受限

股东代表诉讼多发生在股权结构分散的公司，而印度的公司，由于历史原因及现实发展，多为被家族和国家控制的公司，股权结构集中，无论是家族企业还是国有企业，我们很难去质疑控制者的权威，因此并没有股东代表诉讼成长所需之肥沃土壤。另外，就算提起了股东代表诉讼，印度司法制度的迟延在一定程度上将阻碍股东选择这一诉讼途径，[3]虽然近期印度通过立法以期减少法院拖延从而快速处理商事纠纷，[4]但是立法后的实施效果还有待实践检验。

---

〔1〕参见林少伟：《英国现代公司法》，中国法制出版社 2015 年版，第 295—296 页。

〔2〕参见林少伟：《英国现代公司法》，中国法制出版社 2015 年版，第 296—297 页。

〔3〕印度司法系统人员不足、效力低下一直受到诟病。

〔4〕2018 年 4 月 5 日，印度中央政府内阁批准了《2018 年商事法院、高等法院商事庭和商事上诉庭（修正案）法案》《the Commercial Courts, Commercial Division and Commercial Appellate Division of High Courts (Amendment) Bill, 2018》。

四、结语

印度由于受到英国长时间的殖民统治，法律体系深受其影响，公司法领域也是一样。虽然印度在独立之后其法治进程发展迅速且逐渐脱离英国，但是股东代表诉讼制度却没有成文法的规定，所遵循的依旧是英国传统的经典判例，而司法实践中对于股东代表诉讼的案例数量也十分有限。可以毫不夸张地说，尽管印度的营商环境和股东保护可圈可点，但是股东代表诉讼制度是一个漏洞，亟待填补，印度股东代表诉讼制度貌似已经山重水复，之后是否会拨开云雾？本书篇幅有限，对于漏洞填补的问题并未展开，只在此抛出自己的一些拙见。印度公司法可以向英国《2006 年公司法》一样，将该制度成文化，以弥补其普通法之不适，融合成文法与普通法之优势，完善印度股东利益保护之制度，同时在司法适用中给予裁判者更多的指导并给少数股东更多的激励。

第十六章 尼日利亚股东代表诉讼：初离桎梏，难寻前路？

引 言

发源于英国的股东代表诉讼制度，系一项旨在保护中小股东权益的有力法律制度。在各国纷纷将代表诉讼制度纳入立法范畴的背景之下，尼日利亚也不例外，遵循此立法趋势，并在其于 1990 年颁布的《公司和相关事务法》中对此予以规定，[1]从而跳脱出对于英国普通法的完全依赖，开始逐渐形成自身的初步制度框架。本章通过简要梳理股东代表诉讼在尼日利亚的发展历程和现状，着重针对其现行法律制度的优劣之处进行评析，并试图提出修改建议。

一、股东代表诉讼在尼日利亚的发展

尼日利亚作为英国曾经的殖民地，其法律体系深受英国影响。虽然在尼日利亚早期，本地商品贸易一直存在，但其公司形式本身亦是殖民时代的产物。因此，多年来尼日利亚法律严格效仿英国普通法及其公司法案，尼日利亚法官也对英国判例中的法官之观点保持密切关注并进行适当引用。在 Edokpolo v. Sem-Edo Wire Industries Ltd 一案中，[2]尼日利亚法官对福斯规则在本国的运用进行了重申，指出法院不会干涉公司的内部管理，若公

〔1〕 Companies and Allied Matters Act 2004.

〔2〕 *Edokpolo v. Sem-Edo Wire Industries Ltd* (1984) 7 S. C. 119.

司受到任何不法侵害，则必须由公司来寻求救济。[1]

但受制于他国法律制度之束缚终究不是长远解决之道。因此，经过恰当参照引用和逐渐演变发展，尼日利亚于 1990 年颁布《公司和相关事务法》(Companies and Allies Matters Act)(以下简称 CAMA)，并将股东代表诉讼规定于其中。该规则制定目的是为股东行使自身和公司权利提供一个“更为广阔的范围”。尼日利亚法律改革委员会也认为有必要对股东代表诉讼程序进行适当控制和审查，以确保该诉讼“不被用以敲诈勒索多数股东获取钱财或者对多数股东进行威胁”。[2]故而尼日利亚的股东代表诉讼制度系一项旨在增加诉讼提起机会，同时防止无良者滥用的制度。股东代表诉讼制度在该法中的规定主要体现在第 299 条、第 303 条至 309 条。

CAMA 第 299 条首先再次重申福斯规则，规定若在公司日常运营中有任何违规行为或有任何针对公司的不当行为，仅公司有权对该不当行为提起诉讼以寻求救济，或对该行为进行追认。这是对公司具有独立法律人格原则的严格遵循，这也表明，在尼日利亚，公司具有独立法律人格原则仍然是公司法首要原则，其神圣地位不容侵犯。

紧随其后的第 303 条至 309 条则详细规定了股东提起代表诉讼的若干规则。其中至关重要的第 303 条规定了在尼日利亚股东代表诉讼的具体构成要件，包括不当行为人控制、合理通知、原告股东主观善意及诉讼符合公司最佳利益。[3]

在继续介绍分析其他相关法条之前，必须指出，尼日利亚股东代表诉讼制度如同英国一样，其被编纂入成文法中并非是为重述早已确立的普通法规则，更重要目的是为更好地保护股东自身及公司合法权益，然而在实践中，这似乎未能如愿。尽管自 1990 年以来股东提起代表诉讼数量的准确

〔1〕 *Sparks Electronics Nig. Ltd v. Ponmile* (1986) 2 N.W.L.R. (Pt 23) 516; *Mbene v Ofili* (1968) N.C.L.R. 293; *Yalaju Amaye v. AREC Ltd* (1990) N.W.L.R. (Pt 145) 422; *Omisade v Akande* (1987) 2 N.W.L.R. (Pt 55); 在这些案例中尼日利亚法官均支持福斯规则。

〔2〕 Nigerian Law Reform Commission, Working Papers on the Reform of Nigerian Company Law: Volume 1 (1987) 239.

〔3〕 See CAMA 2004 s303.

数据无法完全掌握，但从现今能搜寻到的有效材料来看，自1990年以来，代表诉讼在尼日利亚几乎被束之高阁，甚少有人使用。[1]不得不说，与初时挣脱英国所设桎梏的雄心相比，其目前处境可谓窘迫。

有鉴于此，尼日利亚的股东代表诉讼制度的有效性早应成公司法学者予以重视的主题之一。但奇怪之处在于，自上述法律颁布以来，在尼日利亚并无任何改革措施迈入实际进程，立法机关甚至对此制度的前进方向也一头雾水。当下困境表明，现在正是重新审视该制度的恰当时机。

二、股东代表诉讼进步之处

根据CAMA第305条规定，法院在股东提起代表诉讼的许可申请批准程序中，可自由裁量是否将股东批准纳入其考虑范围之内，同时并不绝对排除许可之授予。在此意义上，多数股东事实上不具有决定何种不当行为将被否决或宽恕的权利，而这与英国的做法截然不同。根据英国《2006年公司法》，若存在有效的股东批准，则该条件是强制性条款，法院必须无条件地拒绝对该诉讼继续进行的许可申请。[2]事实上，英国这一规定不难理解，公司作为独立的法人个体，若其能够通过内部多数股东决议对某项不当行为表明态度，那法院本着不干涉原则，无疑应当尊重其自身决定，这也与公司法基本原则相一致。但尼日利亚却另辟蹊径，并未完全遵循这一原则，仅将该因素作为可参考之事项。这一规定在很大程度上赋予了法律适用以灵活性，因为法院可根据案件具体情况进行相应判断，进而将有助于提升法院审判之公平性。此项规定之进步性再无须赘言。但若换一角度思考，从理论层面来看，股东对于公司诉讼程序是否进行之决定权是否具有应然性？

---

〔1〕 笔者通过尼日利亚法律报告数据库查阅了所有的股东代表诉讼，除仅有的两个案例由于程序问题被法院驳回外，无任何成功案例。参见 *Agip (Nigeria) Ltd v. Agip Petrol International* (2010) 5 N. W. L. R. (Pt 1187) 348。同时参见 *Ozueh v Ezeweputa* (2005) 4 N. W. L. R. (Pt 915) 221。必须指出，尼日利亚法律报告数据库并非无任何疏漏，但这是尼日利亚内现行最为可靠的数据库。

〔2〕 See Companies Act 2006 s263(2).

对于持股东有权决定该程序进行与否论点的学者，存在两种看似有理可循的主要观点。但不无遗憾的是，若对这两种观点进行深入研究就会发现，其论述均无法令人信服。具体而言，其第一个观点是，将股东批准作为强制性条款有助于保证法律适用的确定性；若将股东批准仅作为一个可酌情参考之条件，则会对该条款的适用产生巨大的不确定性。无论是股东还是法院都无法得知到底在何种情况下应当考虑该条件从而决定许可是否被批准。诚然，将股东批准规定为排除代表诉讼的强制性条款，可在操作层面更具确定性。其让股东和法官均得以知晓股东批准的实在后果，也让法官得以明确对股东批准之态度，从而大大减轻其工作复杂程度。但深究之，如此规定极易造成事实上的不公平，因为实际上并非所有的股东批准都应当产生这样的效力。比如不当行为人控制股东会所作出的股东批准，其明显由于不法操控使得股东意思表示并不真实，也并未真正代表公司态度。同理，当投票的多数股东因与不当行为人关系密切从而作出决议时，这样的决议真实性也无法令人信服。即使并不存在不当行为人控制股东会，或其密切关系股东作出决议的情况，也必须考虑到不当行为人可以采取其他更为微妙、隐蔽但却同样有效的方式来对多数股东决议施加影响。这在大型公司中尤其如此。大型公司股权相对分散，小股东对于公司日常运营甚少参与和知晓，其掌握的公司信息很大程度上均依赖于董事等的例行告知。在这样严重的信息不对称之下，很难想象不当行为董事不会向其无形渗透有关投票的倾向性建议。

因此，即使是那些将股东批准作为强制性条款的国家，也必须对这一规定进行补充，以确定如何能被认为是有效的股东批准。英国即是如此。虽然如此一来，上述提到的问题可以得到很大程度的解决。但从另一方面而言，更多的补充性解释规定也加剧了该法律规则适用的复杂性和不确定性。在英国相关规定中可明显发现，这项本来旨在规范法律规则的确定性规定，却反而被其解释性规定破坏了此种确定性。不得不说这与立法初衷已经相去甚远。

上述论点支持者第二个观点是，一旦股东的集体多数观点被认定为独立或者未受诱导的，就应当受到尊重和认可。法官若忽视此种股东批准，则相当于忽视那些拥有公司直接实权股东的集体智慧；同时，投票权作为股东的基本权利之一，既然作为独立法人的公司可以自行决定是否起诉外部侵权行为人，那么股东当然也应有权利决定是否起诉对公司作出不法侵害的董事等人员。因此，若在多数股东已对不当行为进行批准或认可的情况下仍允许代表诉讼进行，这无疑是对股东决策权所作出的不恰当限制。所以更为恰当的应是对“有效股东批准（valid shareholder approval）”的明确规定，相较之下这才更为可取。[1]

毋庸置疑，该观点有其可取之处。但对“有效股东批准”的明确规定并不能完整归纳并罗列出所有可能导致投票不真实的情况（实际上，任何法律都无法做到这点）。其中一种典型情况即不当行为人通过贿赂或以其他方式强制股东追认其不当行为。即使从股东角度来看，也有理由允许法官作为“看门人（gatekeeper）”来对那些符合有效性标准的股东批准进行审查，以确定该批准是否能够真正完全阻止代表诉讼的进行。这其实相当于对股东批准认定的“第二道防线”，目的是为了切实保护股东和公司利益。

综上，尼日利亚法律对于股东批准之灵活态度值得称赞，其赋予法官以自由裁量权也是从实际出发的考虑，这使得法官在判定每个具体案例时都能根据实际案情进行公平考量。但略有遗憾之处在于，法条中并未明确规定法官在对股东批准进行自由裁量时应当遵循的具体标准。虽然自由裁量不需要如此明显的确定性及可预测性，但由于在整个代表诉讼制度中仍然存在其他诸多的不确定性规定。这些规定对于该制度的实际适用无疑会造成很大阻碍。对此，后文将予以详细阐述。

三、股东代表诉讼的可能缺陷

在讨论完上述先进之处后，本部分将把目光转向更为重要和棘手的领域——尼日利亚股东代表诉讼制度的可能缺陷。只有在承认并了解病灶的

〔1〕 Oludara Awolalu, ‘Derivative actions in Nigeria: a case for reform’ (2017) 1 *International Company and Commercial Law Review* 28.

前提下，才可能让制度改革的前进之路明晰。

（一）“不当行为”之定义范围模糊

根据英国普通法，代表诉讼只能针对那些对少数股东进行欺诈的行为提起。显然，尼日利亚公司法长期适用该规则，严格限制了可提起代表诉讼的不当行为范围。而此论断之前提，是基于法院在CAMA颁布前对代表诉讼所作相关决定中，经常引用普通法案件（例如Burland案[1]和Halliwell案）[2]来对此进行说明。但矛盾之处在于，尼日利亚最高法院在Yalaju-Amaye v. A.R.E.C. Ltd一案中阐述道：“尽管认识到‘欺诈’是一个如此广泛的术语，以至于试图对其进行定义是徒劳无功的。但至少可以明确的是，任何可能构成违反公平交易或滥用信任的行为，或者受托人与其股东之间在公司管理方面的不合理行为或滥用权利行为系属欺诈行为。”[3]

然而在CAMA颁布之后，尼日利亚对于上述定义限制的态度却令人不无疑惑。CAMA中对于可引起代表诉讼的不当行为范围无任何具体表述。其第303条仅规定申请人可以提起代表诉讼的标准，却对最基础前提——不当行为之定义，只字不提。这样规定的结果，只能让代表股东所提的原始诉求到底为何显得扑朔迷离。这样本末倒置的做法，可谓不甚妥当。与此同时，尼日利亚法院对此也并未提供任何帮助，在该国判例中很难找到可以对该问题略有指导作用的裁判话语。[4]

从许多方面来看，尼日利亚与加拿大的代表诉讼制度具有很大的相似性。但在此问题上，加拿大对于不当行为之定义并未严格限制，而是采取

---

〔1〕 *Burland v. Earle* [1902] A.C. 83 PC (Canada).

〔2〕 *Halliwell* [1950] 2 All E.R. 1064 CA. *Omisade* (1987) 2 N.W.L.R. (Pt 55) 158 at 158; *Elufioye v. Halilu* (1990) 2N. W. L. R. 130.

〔3〕 *Yalaju-Amaye v. A.R.E.C. Ltd* [1990] 4 NWLR (pt. 145) 422.

〔4〕 在尼日利亚法律报告数据库中并未发现有任何案例提及关于“不当行为”的范围问题。

了扩大定义范围的做法。[1]而尼日利亚似乎并不认同该做法。对于加拿大、法国和加纳等国允许股东就董事任何违反义务的行为提起代表诉讼的做法，尼日利亚法律委员会明确表示："我们不赞成在公司应该是适当原告的情况下赋予个人起诉的全部权利。"[2]因此尼日利亚法律显然不会将任何违反义务的行为均视为不当行为。但对于其认为的不当行为应具有范围边界又无任何解释。面对这一空白领域，可能需要参照《1990年尼日利亚解释法》(Nigeria's Interpretation Act 1990)第32条第(1)款的规定。[3]根据该规定，在立法机关并未对其职权范围内某一事项进行具体规定的情况下，除非明确否决，否则英国普通法继续适用。继而可以推定，尼日利亚股东代表诉讼只能依照英国之规定——仅可针对少数股东的欺诈行为提起。但由此也引发了两个基本问题：一是申请人完全无法判断欺诈的真正定义——何种行为可以视为欺诈，而何种行为不得被视为欺诈；二是将不当行为严格限定为欺诈，这实际上显著缩小了公司可通过代表诉讼进行监管的不当行为范围，在此情形下董事可以为所欲为，只要不进行欺诈便可逍遥法外，不会受到代表诉讼的潜在警告。这已然违背了立法之本意。

考虑到可能产生的不良后果，英国《2006年公司法》第260条第4款对可诱发代表诉讼的不当行为进行了较为全面的规定。根据该规定，董事的"疏忽"行为、"失责"行为、"违反义务或违反信义"等行为均可能导致代表诉讼。[4]根据英国贸工委(DTI)的解释，可将其概括为董事违反"一般义务"的行为，而该"一般义务"包括："履行合理注意、技巧和勤勉

---

〔1〕加拿大法院对于很多类型的不当行为均授予允许诉讼的许可，包括违反信托义务、欺诈、自我交易、利益冲突、占用公司机会、疏忽大意等行为。参见 *Appotive v. Computrex Centres Ltd* (1981) 16 B.L.R. 133 (BCSC); *Bellman v. Western Approaches Ltd* (1981) 33 B.C.L.R. 45; 130 D.L.R. (3d) 193 (CA); *Armstrong v. Arbour* (5 July 1994), Vancouver Registry No. A933861; [1994] B.C.J. No.2562 (QL) (SC)。

〔2〕Nigerian Law Reform Commission, Working Papers on the Reform of Nigerian Company Law: Volume 1 (1987) 239.

〔3〕同样，与公司机构的合并和管理有关的事项属于联邦立法机构特有权力。参见于1999年颁布的《尼日利亚宪法》(the Constitution of the Federal Republic of Nigeria 1999)。

〔4〕See Companies Act 2006 s260.

义务。”[1]

（二）对不当行为人控制（wrongdoers control）的不当保留

仅有欺诈行为不能赋予股东代表诉讼提起权，不当行为人还需有控制公司的实力。“不当行为人控制”是英国普通法下提起代表诉讼的一个基本必需条件，旨在遵循适格原告原则，并防止股东滥用代表诉讼救济措施。尼日利亚在其公司法早期发展中显然延续了曾经的普通法传统并对该条件加以保留。[2]前述 CAMA 第 303 条第（2）款中已表明，申请人若欲提起代表诉讼，必须满足的首要条件即为，不当行为人是控制公司的董事且不会采取任何必要诉讼。

对于尼日利亚而言，其保留这一条件最主要的问题是：“不当行为人控制”这一概念本身就语义模糊。在早期英国，法院采取了一种非常保守的方法，要求不当行为人具有法律上的控制权（de jure control），即享有公司大部分股权，[3]并且不顾原告的明确反对而利用该多数股份优势来确保某种行动方案的执行。[4]当大型公司的股权比较分散时，此规定之缺陷十分明显；而在相对较封闭的传统小型公司内，要想证明这种控制显然较为容易。在大型公司中，各股东之间的联系几乎不会特别密切，董事单独或共同拥有公司大部分股份的情况十分罕见，因此严格意义的“法律上的控制”几乎没有存在的可能性。更为复杂的情况是，在大型公司内存在普遍的股份代持等情况，这对于公司的个体小股东来说，要想证明董事持有公司大

---

〔1〕关于董事“一般义务”，新《公司法》首次以成文法形式作出概括性规定，包括五个积极义务和两个消极义务。积极义务包括“行为受权限约束之义务”（简称权限义务）和“促进公司成功之义务”（简称兴业义务），“独立的判断义务”（简称独立判断义务），“合理的注意、技巧及勤勉之义务”（简称注意义务）以及“计划交易或安排中董事个人利益的声明义务”（简称声明义务）；两个消极义务是“利益冲突的避免义务”（简称避免义务）和“不得接受第三方好处的义务”（简称禁止义务）。参见 Explanatory Notes of CA 2006, para 494, p67。

〔2〕*Omisade v. Akande* (1987) 2 N.W.L.R. (Pt 55) 158.

〔3〕Kenneth Wedderburn, ‘Derivative actions and *Foss v. Harbottle*’ (1981) 44 *Modern Law Review* 202.

〔4〕Sarah Watkins, ‘The Common Law Derivative Action: An Outmoded Relic’ (1999) 30 *Cambrian Law Review* 40.

部分股份，或者享有表决权股东与不当行为人关系密切，甚至仅仅是受其影响投票，都太困难。[1]因为其作为公司的边缘股东，对于公司信息可谓知之甚少。此外，还有些上市公司内部总有相当一部分股东并不参与投票表决，这就导致很多情况下只需要有公司全部股权 20% 或 30% 的投票即可对公司施行完全控制。[2]

在 Prudential Assurance Co. Ltd v. Newman Industries Ltd (No.2) 一案中，[3]法官认为“控制”的含义广泛，“既包括控制投票权的多数，也包括控制连同违法者自己的投票权和那些受其影响或由于漠不关心而与违法者共同投票而达到多数的投票权”[4]。

然而，法院将“控制”这一概念从法律上的控制转化为事实上的控制，反而增加了更多的不确定性。因为“影响”这一词语本身即模棱两可，在这样的基础之上人们如何能证明此种“影响性”便成为一个重要的问题。而难点在于对这种本身语义不清的词进行解释证明。不当行为人可以通过隐晦地强迫、施压和诱使股东投票支持某项特别决议；同时由于董事和股东之间往往容易出现“信息不对称”的情况，[5]故而董事也经常利用其信息优势来说服股东进行投票。[6]在尼日利亚，上至政府部门下至社会大众群体内，贪污受贿的腐败现象早已屡见不鲜。在这样一个国家中，法律若存在上述那样的巨大不确定性，情况只会愈加糟糕。董事们完全可以通过

---

〔1〕 Arad Reisberg, *Derivative Actions and Corporate Governance* (Oxford University Press, 2007) 92.

〔2〕 Arad Reisberg, *Derivative Actions and Corporate Governance* (Oxford University Press, 2007) 93.

〔3〕 *Prudential Assurance Co Ltd v. Newman Industries Ltd* (No. 2) [1982] Ch. 204 at 219; [1982] 2 W.L.R. 31 CA (Civ Div).

〔4〕 李小宁：《公司法视角下的股东代表诉讼》，法律出版社，2009 年，第 28 页。

〔5〕 William W. Bratton & Michael L. Wachter, ‘The Case against Shareholder Empowerment’ (2010) 3 *University of Pennsylvania Law Review* 653-728.

〔6〕 Sarah Watkins, ‘The Common Law Derivative Action’ (1999) 30 *Cambrian Law Review* 40.

贿赂足够数量的股东来确保能够获得他们希望的结果。[1]不当行为人同样可以通过依靠那些对公司漠不关心的股东缺席会议来有效增加其投票所占权重。[2]在这些情况下，要证明不当行为人控制的可能性几乎为零。因此，哪怕将“不当行为人控制”的含义扩延为“事实上的控制”，这一要求在实际上的适用也会使尼日利亚的少数派股东处于一个举步维艰的不利地位。

同样，虽然 CAMA 在第 303 条提到“不当行为人控制”，但它本身并未对该概念进行更深层次的说明，也没有任何能够帮助解决上述不确定因素的指导。尼日利亚法院在此问题上依然没能提供任何帮助。[3]前文已经提到过股东代表诉讼自在尼日利亚正式明文规定以来，鲜有实际案例在本国内发生，这恐怕有很大一部分是由上述法条的不确定性所致。无论如何，这一规定如同空中楼阁，必定会使一部分少数派股东对提起诉讼望而却步。

（三）许可申请之程序不明

如前所述，CAMA 规定股东提起代表诉讼必须先向法院申请许可。[4]这也是大多数实行法定代表诉讼制度的国家共同采用的一项先决条件。

然而，尼日利亚公司法仅规定，应当由法院对申请人提起诉讼授予许可，却并未说明在申请中所应适用的具体程序。这对申请人和法官的实际操作来说，无疑产生了巨大的困难，也容易造成诸多的误解与质疑。在此情形下，尼日利亚最高法院也并未在恰当的时机对此给出一个合理解释。在 Agip Nig. Ltd v. Agip Petroli International and others 一案中，[5]第一被告在

---

〔1〕 事实上，尼日利亚曾发生过数次董事贿赂股东要求其保持沉默的情况。参见 Emmanuel Adegbite, Kenneth Amaeshi and Olufemi Amao, ‘The Politics of Shareholder Activism in Nigeria’ (2012) 105 *Journal of Business Ethics* 389-402。

〔2〕 Sarah Watkins, ‘The Common Law Derivative Action’ (1999) 30 *Cambrian Law Review* 40.

〔3〕 尽管法院对于“不当行为人”控制多次强调，但却并未超出普通法下的概念范围。参见 *Omisade* (1987) 2 N.W.L.R. (Pt 55) 158; *Yalaju-Amaye* (1990) N.W.L.R. (Pt 145) 422。

〔4〕 See CAMA 2004 s303(2) (a).

〔5〕 See New Zealand Companies Act 1993 s165(1), Singaporean Companies Act s216A, Companies Act 2006 U.K s260(1).

阿姆斯特丹注册的公司持有上诉人 60% 的股份，而剩余的 40% 股份由尼日利亚人持有。根据国际竞标，第一被告将其持有的申请人全部股份出售给第二被告（Unipetrol Nigeria Plc），申请人公司董事对此交易知晓并且同意，尼日利亚证券交易所和证券交易委员会也对该股权转让予以批准。但有少数股东认为该交易是对他们进行的欺诈并要求撤回该转让。此后他们通过提交传令状（Writ of Summons）在联邦高等法院提起诉讼，同时以公司的名义单方面提出代表诉讼的许可申请。被告据此上诉，上诉法院裁定传令状无效。而后申请人再度向最高法院上诉，最高法院维持了上诉法院的裁决并认为："（a）申请人欲提起代表诉讼必须先行向法院申请许可；（b）获得代表诉讼许可的程序并未体现在 2000 年《联邦高等法院（民事诉讼）规则》[Federal High Court (Civil Procedure) Rules 2000] 中；（c）相关程序规则载于《1992 年公司程序规则》（Companies Proceedings Rules 1992）第 2 条规定，除《1992 年公司程序规则》第 5 条及第 6 条所述的申请，以及在与清算有关的法律程序中提出的申请外，任何根据 CAMA 提出的申请，均应按照规则附表中的表格 1 所示的原诉传票进行；（d）原诉传票必须送达被告以便其对此进行回应，在举行许可申请听证会时必须听取董事意见，如若不然，则会违反宪法中关于公平听证的规定。"[1]

对此，《1992 年公司诉讼程序规则》第 2 条仅提及应当采用原诉传票，而对原诉传票是单方送达还是必须同时通知董事只字不提。因此，最高法院不能认定必须通知董事。因为这需要对许可申请的性质进行客观理解，并且与其他国家的相关规定进行比较。

实际上，规定申请许可的主要目的是使法院能够首先对该申请进行审查，对所有申请人提交的文件进行筛选，对其提出申请的理由进行详尽了解，并确保在通知公司董事之前，对该案已经形成表面证据确凿的判断。这是一项旨在保护公司董事的制度，避免其被卷入无实际证据的无聊诉讼中。尼日利亚最高法院坚持要求公司董事从一开始就获取原诉传票，这明

---

〔1〕 *Chief Geofrey Ozuh v. Chief Anthony Ezeweputa* (2005) 4NWLR (pt. 915) 221.

显与立法机关的真实意图相违，也与其他国家的标准完全不同。英国《公司法》第261条规定，[1]一旦提起代表诉讼，该成员必须向法院申请继续许可。法院首先进行书面听证，法院对申请人提交的所有文件和证据进行审查，申请人必须提交确凿的证据。如果未能提供，该申请将被驳回。且在此阶段，公司董事不会被通知。申请人可以要求法院在口头听证会上重新考虑其决定，但不被允许提交新证据。《程序指引规则》(The Practice Direction)关于代表诉讼的第19C规定，[2]法院应在未向董事提交申请的情况下作出决定。如果法院判定案件的表面证据确凿，那么它将继续举行完整的听证会，此时法院可要求董事针对该申请进行辩护。继续诉讼的许可类似于在尼日利亚公司法规定下的申请代表诉讼许可。因此，尼日利亚最高法院在上述案件中的立场实属异常。

(四)其他不明确之规定

1. 适格原告范围不确定

CAMA第309条规定了可以提起代表诉讼的原告范围，具体包括：(a)公司注册股东、实际股东及前注册股东、前实际股东；(b)公司现任和前任董事、高级管理人员；(c)法律委员会；(d)由法院酌情指定的其他任何人。然而，尼日利亚法院却并非这样认为。其在司法实践中对原告资格的要求非常严格。在Chief Akintola Williams & ors v. Edu一案中，[3]尼日利亚上诉法院认为非公司内部成员无权提起代表诉讼(尽管根据法律规定法院可以指定任何人)；同时其还拒绝了公司前股东[4]和前任董事[5]提起代表诉讼的请求。其拒绝理由为，虽然法条给予许可，但他们对该代表诉讼的结果

---

〔1〕 Matthew Berkahn, 'The Derivative Action in Australia and New Zealand: Will the statutory provisions improve shareholders' enforcement rights?' (1998) 10 *Bond Law Review* 74.

〔2〕 Dickerson Committee, Proposals for a new Business Corporation Law of Canada, (1971).

〔3〕 (2002) 3 NWLR (Pt 754) 400.

〔4〕 *Jacobs Farms Ltd v. Jacobs* (1992) OJ No. 813 (ont. gen. dev).

〔5〕 *Schafer v. International Capital Corporation* (1997) 4 WWR 99 (Sask. QB).

实际上缺乏充分的利益相关性。而在 Jacobs Farm Ltd v. Jacobs 一案中，[1]法院提到立法机关制定该法条的本意并非是让所有前任董事均有权提起代表诉讼。布雷敦（Brayton）法官认为充分利益规则是法院审查申请代表诉讼许可之原告资格的必要条件。但在实践中有许多申请人在公司并未面临权益受损危机的情况下，仅仅为达到其个人的不合理目的而非出于对公司利益的考虑，就向法院提起代表诉讼。例如在另一类似案中，[2]前任董事提起代表诉讼，但由于提起诉讼是因与现任董事的私人恩怨，所以该申请被法院所拒绝。尼日利亚法院在诸多案件中都强调了适格原告对于代表诉讼的提起至关重要。在 Adenuga v. Odumeru 一案中，[3]法院详细地对充分利益规则进行了解释："上诉人是第八被告的财务人员这一事实并未赋予其适格原告的权利，因为仅凭这一点无法证明他们对于该诉讼具有充分利益；并且在请求书中上诉人也并未披露其对于该诉讼具有充分的利益。一方当事人必须在其请求书中提供足够的事实来表明其与诉讼的利益相关性以及若不提起诉讼，其利益将如何受到威胁；仅仅陈述其具有利益相关性是不够的，当事人还必须表明其利益受到威胁。"[4]

尼日利亚法院这一主张过于严苛，会极大限制意欲提起代表诉讼的申请人。公司法对适格原告的种类进行明确规定，就是为了扩大可以提起代表诉讼的原告范围，从而让更多人可以此为途径来寻求救济。而对此相关法条中又并无任何相反规定。法院这一做法显然十分不恰当，其应当在尊重法律规定的基础上力求做到准确适用，而非任意对法律规定进行扩大或缩小解释。

2. 诉前通知规定不明

根据 CAMA 第 303 条第（2）款（b）项规定，提起代表诉讼的申请人

---

〔1〕(1992) OJ No. 813 (Ont. Gen. Div).

〔2〕*Schafer v. International Capital Corporation* (1997) 5 NWR 99 (Sask QB).

〔3〕*Adenuga v. Odumeru* (2002) FNWDR (pt 821) 163.

〔4〕*Adenuga v. Odumeru* (2002) FNWDR (pt 821) 163, *Central Bank of Nigeria v. Kotoye* (1994) 3NWLR (pt 338) 66, *Gombe v. P.W. (Nigeria) Ltd* (1995) 6WWLR (pt. 402) 402.

必须先行向公司董事发出合理通知，表明其欲根据第 303 条第（1）款向法院提起诉讼，并且必须在董事未采取进一步的行动后才允许申请人提起诉讼。该法条明确了诉前通知对于申请人来说是强制性义务，这为公司首先自行救济提供了很好的机会，若其之前并未考虑到诉讼这一方式，则在接到通知后，可以公司自己的名义提起诉讼。但另一方面，该条文明显存在一些问题。

最显而易见的问题，即条文中并未提及构成合理通知的具体期限，这与其他许多国家的规定都不一致（比如新加坡的公司法明确规定了 14 天的通知期限）。[1] 同时，尼日利亚公司法也并未规定该合理通知应当包括的具体内容以及通知形式。对于公司来说，了解通知的具体内容十分重要，若公司在获悉通知后能够自行提起诉讼寻求救济，那么代表诉讼实际上没有任何必要。在加拿大，其法律明确规定向董事发出的代表诉讼通知中应当包括股东即将提起代表诉讼的内容以及相关请求和充分理由。[2]

另外，尼日利亚法律规定中对于诉前通知并不存在任何例外情形，即可不必先行通知便可申请诉讼的情形，这与大多数国家的规定也明显不同。例如，根据加拿大《2001 年公司法》(Corporation Act 2001）第 237 条第（2）条（e）款规定，即使未先行通知公司，在必要时法院可以酌情授予许可；新加坡《公司法》(Singapore Companies Act）第 216 条第 A（4）款则允许法院在其认为适当时，即根据申请人诉求并不必须进行诉前通知时，可以作出临时裁定；在美国，股东必须在提起代表诉讼前向董事会提出要求，但当董事会不可能作出合理且公正的决定时（例如董事本身行为即受到质疑的情况），那么这种要求则不必要。[3] 很显然，如果不当行为人本身就处于控制公司的地位时，他们当然不可能提起针对自身的诉讼，这时的诉

[1] Singapore Companies Act.

[2] Griggs Lynden, 'A Statutory Derivative Action: Lessons that may be Learnt from its Past!' (2002) 6 *University of Western Sydney Law Review* 1.

[3] Bruce Welling, *Corporate Law in Canada: The Governing Principles* (Butterworths, 1992) 527.

前通知本就徒劳且浪费时间，还有可能给予不当行为人一定的时间去采取措施以掩盖其行为。因此，尼日利亚公司法应当对该部分条文进行修订，以便法院根据紧急或特殊情况决定是否需要放弃该要求。

3. 申请人善意难以证明

CAMA 第 303 条第（2）款（c）项规定申请人要提起代表诉讼必须是出于善意。证明申请人善意是为了防止个人恶意诉讼或者缠讼问题的发生，该规定的立法本意明确无误，且在英国和其他国家地区也有类似的规定。[1] 但申请人欲证明其主观意图的善意，除了单纯地宣称其提起代表诉讼是基于善意外，唯一能够对此进行证明的方法就是该诉讼是有益且可得到支持的。但这样的规定也存在一定问题，即对于申请人来说，证明过于困难。由于是否提起诉讼的权利本身属于公司，若公司董事已经决定不提起诉讼，那么其他任何人的起诉都极易被视为恶意的私人行为。同时，这样的法律规定还赋予法官极大的自由裁量权，其可以简单的理由拒绝申请人提起原本非常具有实际价值的代表诉讼，即申请人提起诉讼非基于善意的主观意图。鉴于这样的规定可能会造成法院利用法律漏洞进行恶意操作，从而阻止有益代表诉讼的提起，尼日利亚立法机关应当对此重新进行考虑，以避免不必要之问题发生。

4. 诉讼符合公司利益规范不足

根据 CAMA 第 303 条第（2）款第（d）项规定，申请人欲提起代表诉讼，要想获得法院的许可，必须使法院确信该诉讼的提起符合公司利益。当然，从本质上来说，代表诉讼的目的就是为了纠正不当行为人对公司所做的错误行为，因此要求诉讼必须符合公司最佳利益也属恰当，有利于阻止不必要诉讼的发生以及不因此浪费公司及司法资源。但这样的规定也存在问题。

第一，如同前文提到的诸多缺陷一样，该规定中的“公司利益”一词

〔1〕 Bruce Welling, *Corporate Law in Canada: The Governing Principles* (Butterworths, 1992) 528.

也存在语义不明的问题。这样的规定具有极大矛盾性。如果公司仅仅是一种人造实体存在，那么在何种意义上其存在自身利益？此外，假设公司的代表诉讼需要付出巨大的成本，但却能对其他公司乃至社会产生极大的威慑作用，那此种代表诉讼是符合公司利益的吗？即使仅考虑公司自身经济利益，问题依旧难以解决。公司利益到底是指长期利益还是短期利益？假如诉讼在短期内将花费甚多，但会在若干年后带来巨大的收益，那么追求这种长期利益，或者反之避免投入短期成本的做法是否符合公司利益？无论采取何种时间尺度，与公司利益相关的因素都复杂且繁多，需要考虑的因素包括诉讼成功可能性、诉讼成本的支出、诉讼所耗费的时间长短、诉讼对公司内部员工以及公司对外形象的影响等。然而，CAMA 中并未规定任何可以指导法官参考之因素，由此导致不同法院对此存在不同甚至截然相反观点的情况似乎在所难免。例如，很可能会出现有些法官认为对于公司利益仅应当讨论公司的经济利益，但其他法官则认为应当采取一种更加历史的观点，即通过拉长时间维度来从多个方面判定什么才属于符合公司利益。这种由于法律规定不明所导致的在司法实践中产生的巨大不确定性，很可能造成潜在代表诉讼难以成功提起。此外，对法官来说判断事实的难度也会大大提升，从而可能导致法官任意使用自由裁量权。

第二，由法官来判定代表诉讼的继续是否符合公司的最佳利益，这本身就不甚科学。公司拒绝提起诉讼，可能是出于对诉讼成本和诉讼结果的对比考量之下得出的最符合大多数成员想法的决定，但法官可以仅凭自己及申请人提供的一部分材料而作出判断，这对于公司来说，实际上相当于否决其决议。法院在此明显对公司的经营管理进行了不当干涉。因此在许可代表诉讼前，法院应该考虑公司董事的意见，判定符合公司最佳利益的资格主体将是公司董事本身。但需注意，其中不应包括涉嫌欺诈的董事。

5. 股东批准之审查标准模糊

前文中已经提到 CAMA 第 305 条规定的优势之处，但同时其也存在着一定的缺陷。其中有两个问题尤为突出。第一，第 305 条仅有“股东批准”的表述。通常情况下，在讨论股东批准时，人们习惯将其区分为事前批准和事后追认。值得注意的是，英国法律采用了略有区别的规则来处理这两种类型的批准。[1]故而尼日利亚法律或许至少应当明确这两种不同类型的批准在处理方式上是否存在区别。第二，法条中未明确法官在衡量考虑对不当行为的股东批准时，有哪些因素可用以指导法院作出决定。此种空白容易导致法官滥用其自由裁量权，增加司法操作的随意性。

四、改进之建议

股东代表诉讼作为各国公司法中的一项重要制度，为少数股东提供了纠正公司错误的宝贵机会，其从实践中转化而来，从诞生之初便存在种种困难与阻碍。所幸之处是其发展进程虽有波折但仍处于前进之中。尼日利亚作为曾经的普通法系殖民国家，通过沿袭英国判例法和成文法也成功建立了本国的代表诉讼制度。然而，虽有改进成功之处，尼日利亚公司法规定的具体内容中仍然存在诸多缺陷，这也许是导致代表诉讼制度虽然建立，但鲜有实际案件发生的主要原因。对此，本书认为，以下几点可供资鉴：

第一，对于“不当行为”的定义模糊问题，当前首先应当明确的是不当行为所涵盖的具体范围。重点是不应当将该范围仅仅局限于违反义务的欺诈性行为，因为“欺诈”的含义过于狭窄又存有巨大的不确定性。尼日利亚应当效仿英国《2006年公司法》的规定，将董事违反一般义务的行为一起纳入“不当行为”之范畴。具体来说，包括疏忽行为、失责行为、违反义务或违反信托行为等。当公司董事对公司作出上述所列任何一种不当行为时，少数股东均可因此而提起代表诉讼。

第二，对于“不当行为人控制”的保留问题，这是尼日利亚法定代表诉讼制度中的历史遗留问题。令人惊喜的是，英国在其代表诉讼制度改革中，似乎已经放弃对“不当行为人控制”这一传统要求。[2]因此在英国，

〔1〕英国《2006年公司法》第239条排除了不当行为人和与其密切相关之人的投票权利，但没有对授权的要求进行规定。

〔2〕See Companies Act 2006 Pt 11.

股东向法院申请代表诉讼许可时，不再需要证明该条件，[1]这大大降低了提起诉讼的门槛，使得股东对代表诉讼不再犹豫不前。在此问题上，尼日利亚有必要效仿英国之做法，放弃将该条件作为前置要求。

第三，对于许可申请程序不明的问题。如前所述，在英国《2006 年公司法》中，设置了明确的前置审判程序，并且分成两个阶段。在第一阶段的审查中，公司董事并不会被法院通知，这种做法具有明显的可取性，因为这使得那些不必要和虚假的诉讼不会在一开始就将公司董事牵扯其中，进而浪费其时间和资源。尼日利亚在此问题上仍应该学习英国的做法，同时明确规定应当在诉讼程序的何种阶段通知董事。

第四，对于其他不确定问题，首先，尼日利亚法院对于适格原告范围的任意缩小是有失妥当的做法，既然法律规定了明确的适格原告范围，其目的就是为了保障尽可能多的少数群体之利益，对此法院应当严格遵守 CAMA 的规定，不得无故将前任董事和股东等排除在适格原告范围之外。其次，CAMA 中对于诉前通知具体规定的空白使得这一通知的实际意义大大降低，与立法机关的意图相去甚远，因此尼日利亚应当效仿加拿大等国家的做法，将诉前通知的具体内容明确，比如通知中应包括诉讼请求事项、请求的事实和理由等，还应当规定通知的形式、具体期限及送达地址等，以便能够最大限度地维护公司的知晓权。再次，鉴于申请人善意在实际操作中难以有效证明，尼日利亚应当考虑在 CAMA 中将这一传统规定删除，法院也可从更多维度来考察诉讼的合理性。因此，尼日利亚可参考香港做法，明确规定在不当行为已获股东批准的情况下，法官基于此决定是否授予代表诉讼许可时应当参考的因素，[2]这些因素包括作出批准决议股东的独立性，他们对该不法行为的信息知晓程度以及他们在批准该不当行为时

---

〔1〕 当然，英国《2006 年公司法》并未提及申请人需要证明不当行为人控制。因此可以认为这意味着“不当行为人控制”不再是必须适用的条件。参见 *Wishart v. Castlecroft Securities Ltd* [2009] CSIH 65; 2010 S.C. 16; 2009 S.L.T. 812 at [38]. See also Explanatory Notes to the Companies Act 2006, para.491。

〔2〕 See Hong Kong New Companies Ordinance (Ordinance No. 28 of 2012) s734(3). See alsoAustralian Corporations Act 2001 s239(2), 该条规定了类似的法院必须参考因素。

是否出于维护公司利益之正当目的。最后，尼日利亚应当对“符合公司利益”进行明确的解释，并规定一系列的参考因素以供法院作出决策，同时在法院作出决策前还必须听取公司董事（涉嫌作出不当行为的董事除外）的共同意见。

五、结语

尼日利亚经过多年努力，终于从英国传统法律的束缚中挣脱出来自成一派。然而，独立并非意味着不需合理借鉴。相较于其他国家相对完善的股东代表诉讼制度，尼日利亚显然有些力不从心。本章通过重点评析尼日利亚现行股东代表诉讼制度，在此基础上提出改进问题的思路。为使代表诉讼制度能切实落地，尼日利亚还需对其他国家有益的法律制度进行学习借鉴，研究不同国家之间的共同点与差异性，来找寻最适合本国社会经济发展状况的改革办法，以平衡保护少数股东利益与防止个别股东恶意诉讼之间的天平。这是一个道阻且长的过程，但也是各国一直不懈追寻的目标。

第十七章　肯尼亚股东代表诉讼：侧面惊鸿似故人

一、肯尼亚股东代表诉讼制度的历史渊源

肯尼亚作为英国曾经的殖民地，其法律深受英美法系传统的影响，其现代法律很多也是直接继受的英国法，这一点在其公司法上表现尤为突出。在2015年肯尼亚公司法修订之前，肯尼亚的股东代表诉讼也主要存在于庞杂的判例法之中，没有成文化的法定股东代表诉讼。数年来，肯尼亚法院在司法活动中逐渐确认了以英国1843年Foss v. Harbottle案[1]为基础而建立起的规则及其例外。

在Foss v. Harbottle一案中，两名股东代表所有股东（涉案股东除外）针对公司董事向法院提起诉讼，声称涉案董事以明显高于市场的价格将自己的土地卖给公司，致使公司利益受损，属于一种欺诈行为，同时也是自我交易的行为，因此请求法院撤销该不当交易行为。然而，该诉讼请求最终并没有得到法院的支持。法院认为，单个的股东并不是适格的原告，其理由是公司和股东在法律人格上是完全独立的，公司利益受损，应该由公司自身来提起诉讼，此即著名的适格原告规则（proper plaintiff principle）。同时，该案也建立了另一规则，即“内部管理规则”也叫多数决规则（internal management rule），其含义是：如果某种行为是经过股东会批准或承认的，那么单个股东就无权起诉。可以推断的是，法官之所以这样认为，

〔1〕*Foss v. Harbottle* (1843) 2 Hare 461.

在于对公司独立人格的维护和对早期合伙规则的尊重，不愿介入公司的经营管理，尊重公司集体所作决定。这和当时英国社会放任自由主义的经济思想背景有着很大的关系。上述两大规则组成了著名的福斯规则。

然而，随着实践的发展，法院在审判活动中也逐渐认识到了福斯规则本身可能产生的问题。根据适格原告规则，只有公司的组织机构，诸如董事会等才能代表公司提起诉讼，但如果公司机构被一些大股东所控制，那么公司则永远不可能向法院起诉，因为潜在的被诉行为正是这些大股东意志的体现。那么，如果真存在公司利益受到不法侵害的事实时，无人能维护公司的利益，那些受到间接侵害的股东也无能为力。其次，根据多数决规则，若某一行为是经过股东会批准或承认的，那么也应该豁免，但问题在于，有些行为本身就是经过股东会批准的，若这些行为本身就是违法的，又该怎样应对？

鉴于此，经过后续几代法官对福斯规则的修正，在一些判例中发展出了福斯规则的几种例外情形，在这些情况下，法院则会允许股东的起诉：

（一）越权行为

如果被诉行为已经超出了公司章程所规定的权限，那么这种行为是不能得到股东大会的追认的。可以推断，这主要是出于对公司章程性文件的尊重和对其效力的维护。越权行为具有显著的违法性和不正当性，是对章程的僭越。在后来的判决中，有法官提出，股东同时须证明加害人有控制公司的事实，否则法院将驳回股东的诉求。之所以提出此种要求，不外乎是要求股东证明依靠公司本身无法纠正该侵害行为，这也进一步说明了代表诉讼的兜底性质，即不到万不得已，法院不会介入公司内务。

（二）违反特别多数决要求

如果公司章程规定某项行为的作出必须经过特别多数决议程序，那么未经特别程序作出的行为是不能经由简单多数程序而得到批准或追认的。如果简单多数程序可以对应当经过特别多数程序的瑕疵决议作出追认，那么实质上是对公司章程的修改和否定，而对章程的修改恰恰也应经过特别多数决程序。因此，福斯规则的第二条一般无适用的余地。

（三）控制人欺诈

这种例外情形很好理解，如果实施欺诈行为的董事本身就是控股股东，那么公司机构无论如何是不可能针对该行为起诉的，因为这种行为本身就是公司控制者所追求的。具体而言，董事会可能已被控制，在股东中，控股股东一般也能决定股东大会的决议。然而这种欺诈行为具有明显的违法性、不正当性，为了维护其他股东和公司的利益，应当予以纠正，因此法院在此种情况下会支持代表诉讼。

（四）股东个人权利受到侵害

如果公司直接侵犯到了股东的个人权利，那么股东可以自己的名义起诉。其实这种情况已不属于股东代表诉讼的范畴，在我国属于股东直接诉讼。因为其诉由是股东权利受损而非公司利益受损，其诉权并非派生于公司的诉权。

综上所述，福斯规则及其例外总体上代表了普通法对于代表诉讼的限制态度，同时也反映了普通法对于公司经营自由、效率的维护。该规则限制了滥诉，能够使公司免于讼累，使其专心于自身的经营活动，但对少数股东的利益维护不够充分，对于代表诉讼提起的条件较为严苛。福斯规则及其例外共同构成了肯尼亚股东代表诉讼制度的渊源，对其后来的代表诉讼的发展产生了重要的影响。

二、肯尼亚股东代表诉讼在实践中的发展

肯尼亚法院在继受上述发源于英国的规则的同时，也有着自己本国的发展。福斯规则及其例外涉及的主要是股东代表诉讼在哪些情况下能够被允许提起、应当满足哪些条件等实体性内容，但它并没有告诉我们应该怎样提起这种诉讼、诉讼程序应当如何进行等程序性的问题。因此肯尼亚法院在解决实际案件中针对这种不可避免的问题贡献出了自己的智慧，这些程序性问题主要集中在诉讼程序的进行是否应当经过法院许可以及由谁来

提起许可申请上。

在具有代表意义的 CMC Holdings Limited 一案中，知识渊博的主审法官在查阅长期的诉讼实践后提出：在一件股东代表诉讼案件受理之前，申请人应当首先向法院提出单方申请，以寻求法院对代表诉讼的许可；其后，申请人应再提交一份书面陈述以证明其具有起诉资格以及支持诉讼的表面证据（prima facie case）。[1] 据此，我们可以看出，该案一共涉及了以下几个程序性问题：第一，许可，原告在代表诉讼程序开始前首先应当向法院申请以获得进行代表诉讼的许可；第二，申请的单方性，即原告单方就可以启动申请程序，并不需要他方的参与。如果要求启动代表诉讼的申请需要公司的参与，那么可以设想，作为诉讼被告的董事们，若在诉讼还没开始时便已知晓了股东原告的起诉意图，肯定会千方百计地阻挠，这会使原告的起诉难上加难，这具有一定的合理性；第三，对原告的证据要求，即原告应当证明自己有权起诉以及提出支持诉讼的表面证据，这条规定的意义在于通过初步的证据要求筛除那些无理诉讼。然而，以上仅仅是一家之言，在对判例的比较中可以发现，对于申请许可的时间节点以及申请的单方性还是多方性的问题上，存在不同的意见。

在 Dr Jane Wambui Weru v. Overseas Private Investment Corporation[2] 一案中，法院认为："寻求继续诉讼的许可应该在诉讼提起后进行……诉状以及申请诉讼继续的申请书必须在听证之前提交并且申请应当让公司知晓……"另外，在 Atlaf Abdulrasul Dadani v. Amini Akberazi Manji & 3 Others 一案中，[3] 法院也确认，一方在提起诉讼之前必须寻求法院的许可。可以看出，CMC 案和 Jane Wambui 案在申请许可的时间节点以及申请提出的单方性还是多方性上提出了不同的解决方法，并且各有道理。前者主张在诉讼进行之前，原告方就应申请许可并提出相应的证据，并且在此过程中无须公司的参与，只有在法院许可诉讼之后，代表诉讼才进入正题。这种

〔1〕 *In the Matte of CMC Holdings Limited* [2012] eKLR.

〔2〕 [2012] eKLR.

〔3〕 [2004] eKLR.

做法有一个好处，即在代表诉讼开始前，法院得以审查原告的起诉资格，判断该案是否值得进入正式的代表诉讼程序，在此过程中，可以将一些无理的骚扰性诉讼排除在外，而公司此时并没被告知参加诉讼，因此也不用受其连累。只有在实质性的审理程序中，公司及董事才会被要求应诉。与此相对，后者主张寻求代表诉讼的许可应在诉讼程序开始之后进行，原告的申请也应当让公司知晓。这种做法将诉讼程序分为两个阶段，即程序性阶段和实质性阶段，在程序性阶段中，原告应当提出证据证明自己的起诉资格和表面证据，在法院许可后，代表诉讼即进行下一阶段的实质性审理程序。法院给出的理由是，原告需要提出证据，而这些证据往往处于公司的控制之下，因此需要公司的参与和配合。

以上争论进一步反映了相关领域成文法的缺失，股东代表诉讼的程序问题亟须统一的成文法来统领。在 CMC 案中，法官也提出了类似的抱怨。

此外，在审判实践中，肯尼亚法院对为了使代表诉讼成立，原告所需达到的证据门槛也做出了自己的解释。在 Tash Goel Vedprakasb v. Moses Wambua Mutua and Rabbit Republic limited 一案中，[1]法院认为，在许可阶段，申请人无须提出证明欺诈事实的全部证据，所需要的仅仅是初步证据。具体而言，Gikonyo 法官在解释哪些情况构成“欺诈”的问题时，提出：“欺诈包括了这些为其他人的利益而实施的错误行为，董事会实施的任何为了其他人或董事会个别成员利益的欺诈性交易，并且公司因此受有损失，董事故意拒绝采取纠正措施。”

在解释起诉资格和表面证据这一问题上，有两个案例值得关注。在 Dadani 一案（Atlaf Abdulrasul Dadani v. Amini Akberazi Manji & 3 Others）中，高等法院认为，拥有公司 50% 股份的股东无法证明公司已经被大多数股东所控制，因此想要被许可提起代表诉讼，其必须且只能证明其无法控制和决定董事会的决议，只要这一事实得到证明，也就等于证明了他拥有起诉资格，这一要求的实质其实是证明该股东并没有控制公司的能力，因此

〔1〕 [2014] eKLR.

也无法以一己之力来解决这一问题，只能求助于法院。但采取识别股份多少的方式未免过于流于形式。在另一起案件中，法院更为清楚地阐述了这一问题的实质：在 David Langat v. ST Luke's Ortbopaedic & Trauma Hospital Limited & 2 Others 一案中，[1] 原告股东和 Dadani 一案中的股东一样，拥有公司 50% 的股份，法院认为机械地区分原告股东是少数股东还是多数股东，并没有抓住问题的实质，并且可能会导致司法不公，即使拥有 50% 的股份，在某些情形下股东也可能会发现其所处地位与小股东并无二致。什么是小股东？小股东因其掌握较少的股份以及投票权，无法左右股东会、董事会的决议，仅凭一己之力无法通过任何能体现自己意志的决定。但拥有公司 50% 股份的股东同样会面临这种境遇，设想，如果某股东反对董事会或董事的一项欺诈行为，在股东大会上提出议案主张撤销该行为，但掌握另外 50% 股份的股东都赞成董事的行为，因而撤销议案并没有通过，该股东只能眼睁睁看着公司和自己的利益受到侵害，却无能为力。这两个案例显示了肯尼亚法官们的智慧，他们抓住了问题的实质。如前所述，代表诉讼的一大特点是其兜底性，在股东无法通过公司自身的机制来解决问题时，方能求助于代表诉讼，期望法院能主持公道，至于该股东拥有公司多少股份，是大股东还是小股东都不重要。正如在英国早期的判例中，一直将股东代表诉讼机械地称为“少数股东诉讼”，直到后来才将其改称为“代表诉讼”，因为代表诉讼更能体现这一诉讼的实质。

以上案例在显示肯尼亚法官们智慧的同时也反映了他们在程序性规范阙如时的“挣扎”。至此，统一清晰明确的程序性规范似乎成为肯尼亚股东代表诉讼改革的头等大事。

三、肯尼亚现行法定股东代表诉讼制度的主要内容

由于判例法存在裁判标准不清、各判例观点不一并且体系庞杂的问题以及受英国《2006 年公司法》的影响，肯尼亚于 2015 年也修订了其公司法，

---

〔1〕 [2013] eKLR.

将股东代表诉讼制度予以法定化、成文化，试图厘清并完善股东代表诉讼这一制度，应对判例法提出的挑战，并尽可能地为司法活动提供清晰统一的裁判标准，但其实际达到的效果还有待实践的检验。

经过2015年修改后的肯尼亚《公司法》在第XI部分第238—242条具体规定了股东代表诉讼制度，主要明确了法定股东代表诉讼的定义、适用条件和申请程序。将股东代表诉讼制度予以法定化，以成文法的形式编入法典是2015年肯尼亚《公司法》修改的一大亮点和进步。

第238条第1款[1]将股东代表诉讼制度定义为由股东代表公司，旨在寻求赔偿，就一项侵犯公司利益的行为提起的诉讼，且诉因存在于公司自身。根据此项定义，可以得出以下重要推论：首先，提起诉讼的人必须具有股东资格，该条第5款[2]同时规定，股东资格的获得是在诉因显现出来之前还是之后并不重要。换句话说，只要股东起诉时拥有股东资格即可。第二，诉因应当产生于公司自身，也就是说在代表诉讼中公司才是真正的直接受害人，股东只是代表公司行使属于公司的诉权，并且诉讼利益是归于公司的。如果股东的诉因是自身权益受到伤害或者其他，则不能构成代表诉讼。此外，如果原告胜诉，赔偿也是属于公司的，而非提起诉讼的股东，原告最多只能就其参加诉讼所产生的合理费用寻求补偿。第三，股东提起诉讼的目的是为了公司的利益，而非个人利益或其他目的，也就是说股东提起诉讼应当是出于善意。

第238条第3款[3]以列举的方式规定了能够触发股东代表诉讼的几种不当行为：公司董事实际存在的或者拟议的行为、过失、不作为、对职责和信托义务的违反。采取列举性规定而非概括性规定来限制诉因一定程度上反映了立法部门对于代表诉讼的谨慎态度，在一定程度上也能防止滥诉的问题，为公司董事会的行为提供一个较大的合法空间，从而尊重公司的自主经营权。此外，这也使代表诉讼的提起条件更为清晰、准确。

---

〔1〕 Companies Act (Act No. 17 of 2015) s238(1).

〔2〕 Companies Act (Act No. 17 of 2015) s238(5).

〔3〕 Companies Act (Act No. 17 of 2015) s238(3).

第239条[1]规定的主要是程序性事项，包括：第一，要求在代表诉讼进入实质性审理程序之前，股东应当向法院申请继续诉讼的许可；第二，如果股东的申请以及提出的证据并不能勾画出一个使代表诉讼成立的表面案件，那么法院可以驳回该申请或者作出其认为适当的决定；[2]第三，如果根据第2款的规定，股东的申请没有被驳回，那么法院下一步可以进一步释明公司应当提出的证据或者休庭直至所需证据都已获得；第四，在对申请的听证过程中，法院可以在其认为合适的情况下作出允许代表诉讼进行的决定，也可拒绝股东的申请，或者休庭并给予股东其认为合适的指示。从以上规定可以看出，第238条不仅对于触发代表诉讼的诉因进行了限制性规定，同时也给予了法官极大的自由裁量权，即在法定框架内，法官可以自主决定是否允许代表诉讼的进行，这使得在实际中代表诉讼程序的进展方向具有较大的不确定性。但同时，申请程序的前置也充当了一个筛选机制，在此过程中法官可淘汰一批不能满足条件或者其认为没有价值或意义的案件，尽可能确保进入实质性审理程序的案件都是值得付出精力和时间的，从而保护公司免于骚扰性诉讼的侵扰。值得注意的是，之前存在于判例法中的一个分歧现在得到了解决，即申请提出的单方性还是多方性。从上述条文可以推论出，成文法倾向于赞同申请的单方性，因为在申请过程中法律条文只提到了股东，并没有规定公司或者董事应当做的事情，只有在股东的申请得到批准后，法院才有可能命令公司提出必要的证据，此时公司或者董事才会参与到诉讼进程中。然而之前存在于判例法中的另一个问题却仍然没有得到解决，那就是提起申请的时间节点问题，第238至242条均无涉及。英国《2006年公司法》颁布后，英国随即修订了民事诉讼规则，添加了专门的章节来规范代表诉讼制度，明确地对申请的时间节点和单方性作出了规定。因此，肯尼亚法院究竟会怎样解决这一问题，可能要等到肯尼亚的民事诉讼规则的下一次修订才有定论。

---

〔1〕 Companies Act (Act No. 17 of 2015) s239(4).

〔2〕 可以看出，这是对之前判例法规则中“表面证据”规则的继受。

第 240 条[1]规定了股东的“诉讼接管权”，即在满足相应条件下，股东可以替代公司继续进行代表诉讼。具体而言，如果公司自己已经就其受到的侵害提起了诉讼，但只要符合下面三个条件，股东就可以向法院申请由其替代公司继续代表诉讼的进行：第一，公司提起或者参与诉讼的方式不合理，可以认定为对诉讼程序的滥用；第二，公司没有认真勤勉地维护自己的利益；第三，由股东来承接诉讼是合适的。这条规定可谓是肯尼亚公司法的一大进步。在司法实践中，常常会出现公司董事会为了防止股东提起代表诉讼，抢先一步向法院提起诉讼，但却不是真正为了维护公司利益，而是利用诉讼程序来进行防御，因为这时股东因其主张的事由已经处于诉讼程序之中，代表诉讼无法成立，因此这次立法可谓填补上了这项漏洞，更有利于代表诉讼制度作用的发挥，保护中小股东的利益。

第 241 条[2]规定了法院在作出许可决定时应当考虑的因素。第一款明确规定，当存在以下情形时，法院应当拒绝股东的申请：第一，一个尽职的董事根据本法第 144 条[3]认为不应当进行诉讼，即董事运用了独立的商事判断（independent judgement）；第二，股东指控的行为或疏忽还没发生，但事先已经被公司所认可；第三，股东指控的行为或疏忽已经发生，但是事先被公司所认可或事后被追认。该款规定旨在尊重公司的自由意志和决策权，不过分插手干预公司的正常经营。如果董事在进行独立的理性判断之后认为提起诉讼并不符合公司的利益，那么法院应当尊重该决策，因为这个决定也属于商事决策的一种。并且，第二种及第三种情形其实是在贯彻判例法中福斯规则中的多数决规则，是对多数决规则的一次重申。第 241 条第 2 款具体规定了法院在决定是否给予申请人许可的时候应当考虑的因素：其一，申请人在寻求代表诉讼的继续时是否出于善意；其二，公司是否可能追认该违反义务之行为；其三，公司是否已经决定放弃该主张；其四，股东的诉求是否可以基于其自身的权利来实现，而不是代表诉讼。换

〔1〕 Companies Act (Act No. 17 of 2015) s240.

〔2〕 Companies Act (Act No. 17 of 2015) s241(1).

〔3〕 Companies Act (Act No. 17 of 2015) s144.

句话说，股东是否可以通过提起股东直接诉讼来实现其诉求。最后一款规定，在判断过程中，法官应当特别重视与该案没有直接或间接私人利益的股东的看法。因为这种股东一来可能更了解公司的实际情况，二来也更容易保持比较公平中立的态度，他们的意见可以帮助法院得出合理的判断。其实这类似于美国公司法中规定的特别诉讼委员会，特别诉讼委员会的任务是确定公司要不要接过诉讼，要不要终止诉讼，委员会成员都是与代表诉讼所质疑的交易没有个人利害关系的董事，[1]因为这样的董事才可能独立地作出比较公正、中立的判断，从公司的角度来考虑诉讼是否符合公司的利益。

第 242 条[2]在实质上和第 240 条一样，防止董事唆使其他没有个人利害关系的股东抢先起诉，从而将真正想要起诉的股东挡在法院大门之外。如果之前提起诉讼的股东并没有尽心尽力地维护公司的利益，只是为了利用诉讼程序，那么其他股东仍然可以像第 240 条规定的那样，向法院申请由自己来替换之前的股东继续进行代表诉讼。

通过以上对肯尼亚《公司法》第 XI 部分关于股东代表诉讼制度为数不多的五个条文的逐条分析可以看出，肯尼亚在完善其法定股东代表诉讼制度的历程中迈出了重要的第一步，实现了“从无到有”的突破。但从内容的实质而言，其象征意义大于实质意义：它们实际在很大程度上是对既有判例法规则的一次整理和重述，[3]有些问题依然没有得到解决，并且其自身也可能产生一些新的实践上的挑战。2015 年修改的《公司法》对于法定股东代表诉讼的规定可谓是“侧面惊鸿似故人”。肯尼亚股东代表诉讼制度的发展仍是长路漫漫，但所幸的是它一直在前行。

---

〔1〕 参见朱锦清：《公司法学》（下），清华大学出版社 2017 年版，第 279 页。

〔2〕 Companies Act (Act No. 17 of 2015) s242.

〔3〕 Yohana Gadaffi, Miriam Tatu, ‘Derivative Action under the Companies Act 2015: New Jurisprudence or Mere Codification of Common Law Principles’ (2016) 2 *Strathmore Law Journal* 75, 96.

四、肯尼亚现行股东代表诉讼制度的不足

根据上述对于肯尼亚现行股东代表诉讼制度的分析并结合之前在实践中判例法的适用情况，肯尼亚现行的法定股东代表诉讼在具体适用过程中可能会面临以下难题和挑战：

（一）“购买诉讼”问题

如前所述，肯尼亚法定股东代表诉讼对于起诉股东的资格并没有严格限制，只要起诉时具有股东资格即可。即使并没有因之前董事的不当行为而受到损害的股东仍可代表公司提起诉讼，这一规定实际上是继受了英国《2006 年公司法》的规定。应当肯定的是，这一规定更加强调了代表诉讼的诉权是源于公司，而非股东个人。因此只要拥有股东资格的人都可以代表公司。然而，也有人认为这一规定在实践中很可能会产生“购买诉讼”的问题。设想，某人之前并不是公司股东，但他可以通过临时购买少量股份的方式获取股东资格，从而达到提起代表诉讼的目的。又譬如，原告律师为了自己的利益而提起“恶讼”，可能临时购买少量股份或者怂恿他人临时购买股份。[1]这会导致代表诉讼受到一定程度的滥用。对于这一问题的认识和处理，股东代表诉讼实践最为发达的美国的处理方法可资参考。与英国和肯尼亚公司法不同，美国法规定了严格的同时持有规则，即原告在侵权行为发生时必须持有公司股份或者事后从这样的人手里继承了股份。这里的继承是指股份依法律规定自动转移，不包括购买。[2]这种规定有效地防止了购买诉讼的问题。此外，有人认为这一规定也可以防止后来加入的股东间接“发横财”，因为事后购买股份的人所支付的价格中已经反映了侵权所造成的损害，如果再次允许他提起代表诉讼，他很可能会从公司的赔偿中间接地受益，从而造成不公平的局面。这里引出了一个让人深思的问题，即是否应当仅仅因为会导致双重获益而阻止后加入股东（通过购买行为获取股份的股东）提起代表诉讼？美国著名的帮高潘特公司上诉帮高

---

〔1〕 参见施天涛：《公司法论》（第三版），法律出版社，第 450 页。

〔2〕 参见朱锦清：《公司法学》（下），清华大学出版社 2017 年版，第 254 页。

与阿鲁斯图克铁路公司案（Bangor Punta Operations, Inc. v. Bangor & Aroostook Railroad Co.）[1]就反映了这一问题。笔者赞同本案中上诉法院富有法律经济分析意味的观点。在此案中，尽管原告胜诉会造成“发横财”的局面，但是同时也能挽回公司的损失，有利于社会公共利益，[2]并且股东代表诉讼制度的目的主要是维护和促进公司利益，有时股东因此获益并不是至关重要的因素。从某种程度上来说，股东能因此获益甚至是一种激励因素，鼓励股东积极起诉。回到同时持有规则上来，严格的规定在一定程度上可能会抑制股东代表诉讼的提起。因此，后来的立法对于这一规则进行了修正，规定了几种例外情形：一是原告在取得股份时该种错误行为并不为公众或者原告所知晓。[3]因为在这种情况下，原告由于并不知情，所以不可能是购买诉讼，并且从“发横财”的角度来看，原告购买股份时支付的价格也并没反映这部分损失，不存在双重获益的问题。二是有些判例采用了持续错误原则，即如果原告股东诉称的行为一直持续到了起诉时，那么就符合同时所有权的要求。这主要是针对持续性的，导致损害状态一直持续的行为。可以看出，美国法对于股东的起诉资格有着较为严格的规定，能够有效防止购买诉讼的问题。同时应当注意的是，由于美国的股东代表诉讼制度并不像肯尼亚和英国法规定的那样要求股东在诉前寻求法官的许可，因此通过严格的起诉资格要求可以筛选出一部分无价值的和恶意的诉讼。另外，同期持有规则还有一个重要的意义在于，它能使提起诉讼的股东也是遭受董事不当行为的间接受害人之一，这在一定程度上能保证其与其他受害股东处于相同的地位，从而增强其能够公平公正代表所有股东的能力。而在英国和肯尼亚公司法中，诉前许可的存在，相当于拥有一个人工筛选系统，即使存在购买诉讼的问题，法官也可以运用自己的自由裁量权将其排除在诉讼程序之外。另外，从另一角度来看待这个问题也颇具意

---

〔1〕 *Bangor Punta Operations, Inc. v. Bangor &Aroostook Railroad Co.*, 417U.S.703, 94S. Ct.2575 (1974).

〔2〕 在此案中，帮高潘特公司具有半公益性质。

〔3〕 See ALI’s Prin.Corp.Gov. § 7.02(a) (1).

味，在代表诉讼实践尚欠发达的肯尼亚，对于股东起诉资格的宽松态度在一定程度上也能鼓励、方便股东们积极行使自己的权利，因为股东代表诉讼在肯尼亚的运用还远远没有达到让人担心滥诉的程度。在未来，“购买诉讼”可能会成为一个问题，但就目前而言，却不足为虑。

（二）“表面证据标准”之不确定

如前所述，肯尼亚现行法定股东代表诉讼要求股东在申请代表诉讼许可时，应当提出必要的表面证据，否则法院将驳回其申请。该规定的初衷是想通过这种证据门槛，将一些恶意诉讼、虚假诉讼排除在外，使得进入实质审理程序的案件都是值得诉讼的真实案件。但此双刃剑规定也同时给原告股东施加了较重的负担，使其提起诉讼困难重重。并且现行规定也并没有具体限定应当达到的证据标准，其将判定是否构成表面证据标准的权力交给了法官，这无疑会再一次人为地造成实践中的标准不清、同案不同标准的问题，这与成文法追求的清晰、标准统一的目标背道而驰。

在实际操作中，原告股东提出表面证据也面临着较大的阻力。与案件事实有关的证据往往掌握在公司及其董事会手里，由于与原告存在激烈的利益冲突，董事肯定不会愿意将这部分证据、信息披露给原告，甚至会千方百计地阻止其起诉。此外，由于表面证据的标准不清，原告在搜集证据的时候也缺乏相应的导向，不知道应当收集到什么程度。因此，这样的规定会使原告股东的起诉难上加难。反观以美国为例的一些其他国家，由于并不存在诉前许可程序，原告股东不必单方面承担这样的举证负担，这无疑是符合现实的，对于代表诉讼发挥其应有的功能也有着很大的作用。因此，进一步明确法官的审查标准，增强诉讼程序进行的可预见能力，应当是肯尼亚法定股东代表诉讼制度完善的一大关键点。

（三）善意界定之困境

2015 年修订的《公司法》规定，法院在作出是否许可代表诉讼继续进行的决定时，股东的善意是一个重要的考虑因素。遗憾的是，该法并没有对“善意”一词作出定义。由此可见，善意的判断权又落入了法官手中，而不同的法官又有着不一样的价值观念、知识结构和考虑因素，从而加大了善意判断的不确定性和判例的复杂性、差异性。大部分人认为法院在决定是否允许代表诉讼进行时应当掌握相当的自由裁量权，如果定义得太明确、清晰，反而会给法官适用法律带来比较大的限制。但是，把问题都交给法官处理就会更好吗？把问题抛给法官会造成实践中的同案异判，甚至会造成法官的无所适从，而把问题都交给成文法，又可能会导致标准的僵化，只能说是两害相权取其轻，至于采取何种方式更好，给予法官多大的自由裁量权，还有待实践的检验。

对于善意的界定，有的判例从严把握，有的判例较为宽松。有些判例将善意界定为：仅仅为了公司的利益，不能有其他的隐秘目的。在 Barrett v. Duckett 一案中，[1] 由于有证据显示原告股东在提起诉讼时存在报复被告的目的，因而法院认定原告股东并不是站在公司的立场上考虑问题，而是根据自己的个人情况。如此认定，貌似秉承了代表诉讼的本质，能够防止股东“公报私仇”，但问题是如果对善意的界定如此严苛，那么代表诉讼就很难成立。事实上，原告股东往往会多多少少从胜诉中获益，如果因此认为其有其他目的而否定其起诉，并不合理。并且，在任何诉讼中，原告与被告往往存在矛盾对立的情绪，但这样的情绪本身并不能否定原告的善意，如果因此否定原告的善意，那么也是不符合人性的，也不利于代表诉讼制度功能的积极发挥。[2] 那么，应当怎样看待起诉股东在起诉时怀有的其他目的和心思呢？在 Lesini and others v. Westrip Holdings Ltd and Others 一案中，[3] 理性的 Lewison 法官提出了他的解决思路，其将原告股东的目的分为主要目的和附属目的，允许股东在实际上能够通过诉讼获利，只要其主要目的是维护公司的利益即可。为了自己或第三方获益的附属目的并不当然

〔1〕 [1995] BCC362.

〔2〕 Yohana Gadaffi, Miriam Tatu, ‘Derivative Action under the Companies Act 2015: New Jurisprudence or Mere Codification of Common Law Principles’ (2016) 2 *Strathmore Law Journal* 75,96.

〔3〕 [2009] EWHC2526(Ch).

导致善意的缺失。可以说，这样的观点让人耳目一新，并且在逻辑上也完全行得通。但任何看似科学合理的想法一旦落入实际行动中，就可能产生偏差。这一思路在实践操作中产生的问题是主要目的和附属目的判定之困难，原告股东的内心真实想法是很难从外界予以窥测的。不难想象，会有狡诈的股东将以维护公司利益之名而行谋取私利之实。在这种情况下，法官只能采取“动机客观化”[1]的方法，从客观情况、结果等一些客观标准来推测原告的内心。不管怎样，可以预见的是，作为一个没有定论，较为模糊的标准，善意因素在某些场合可能会成为法官控制案件的具有弹性的工具。但终究具有如此强烈主观意味标准的善意因素并没有成为提起诉讼的一个必要前提条件，只是作为法官参考的一个重要因素。

（四）董事独立判断（independent judgement）之认定

肯尼亚公司法第 143 条[2]规定董事负有促进公司成功的义务，并列举了在此过程中董事应当考虑的因素；第 144 条规定董事在行使职权的过程中应当运用独立的商业判断；第 241 条第 1 款第 1 项规定如果某人根据第 144 条的要求不会寻求代表诉讼的继续，那么法院应当拒绝原告的申请。也就是说如果董事们主张其根据自己出于善意的独立商业判断，认为不起诉更符合公司的利益，那么根据商业判断规则（the business judgement rule），法院应当尊重董事们的决定，从而拒绝股东的申请。因为是否提起诉讼，是一个商事判断的问题。以往董事们往往以代表诉讼会对公司的声誉造成损害、产生高昂的诉讼费用以及对公司管理形成破坏为由拒绝诉讼，但现在他们只需要证明自己是善意地运用商事判断权即可。进一步的问题是，何谓善意地运用商事判断权？关键在于法官对于第 144 条的解释。

在之前提到的 Lesini 案中，法院就判决如果董事运用独立的商业判断而没有提起诉讼，那么股东的代表诉讼申请应当被拒绝，其适用的规则是

---

〔1〕 参见林少伟：《英国派生诉讼的最新发展：普通法的回归》，载《时代法学》2011 年第 4 期。

〔2〕 Companies Act (Act No. 17 of 2015) s143.

“只有当法院认定公司董事没有履行其促进公司的成功的义务时，其才会考虑继续代表诉讼”。本案中的 Lewison 法官更进一步地列举了一系列董事在依据英国《2006 年公司法》第 172 条[1]行事时应当考虑的因素，即诉讼的规模大小、诉讼费用、对公司运营造成的不良影响和公司承担诉讼的能力等，虽然该案是英国判例，但也为肯尼亚法院在考虑这个问题时提供了一些启示。

同样可供肯尼亚法院参考的是，美国法院在对待特别诉讼委员会的决定时所采用的标准。下面主要对比两种标准，即纽约标准和特拉华标准。

第一，纽约标准。根据纽约标准，法院应当服从独立的特别诉讼委员会的判断和决策。但是，法院不对特别诉讼委员会的结论进行实质审查，仅进行一些形式上的审查，即特别诉讼委员会的独立性、善意以及其是否进行合理的调查。委员会的独立性在一定程度上保证了其决策的善意，而合理的调查保证了其决策是基于其对案件事实有了充分了解之后而做出的负责任的商业决策。因此从这三个要素入手来审查比较有效，这同时也为肯尼亚法官在具体适用《公司法》第 241 条时提供了方向。

第二，特拉华标准。与纽约标准相反，根据特拉华标准，法院可以对特别诉讼委员会的结论进行实质审查和评估，即法院有权力否定特别诉讼委员会的判断。这实质上反映了特拉华州对结构性偏见理论（structural bias）[2]的考虑。在该标准下，法院对特别诉讼委员会的决定进行审查时分为两个层次，先形式而后实质，具体而言：第一，法院首先就该委员会的独立性、善意性、合理的调查以及支持其结论的证据进行审查；第二，法院可以运用其独立的商业判断来决定是否同意申请，法院在此过程中进行的其实是一个利益衡量，即在善意股东提出的维护公司利益为目的的代表

---

〔1〕其内容与 2015 年修订的肯尼亚《公司法》第 144 条内容相似，即规定董事的独立判断义务。

〔2〕具体而言，特别诉讼委员会并不能做到真正的利益无涉和独立，其成员依然是非独立董事，与董事会有着千丝万缕的利益关系，并且由董事会任命。

诉讼和由独立委员会提出的公司最佳利益之间寻求一个平衡点。[1]

与之相对应，上述 Lesini 一案中法官的考量更加符合特拉华标准，法官自己心里有一杆秤，即以法官的眼光来看，一名理性人应当考虑哪些因素，以及这些因素是否构成拒绝诉讼的合理理由。应当指出的是，修改之前的肯尼亚公司法并没有规定董事在履职过程中应当施加独立的商业判断。2015 年修改之后的肯尼亚《公司法》第 144 条属于新增内容，因此在没有足够多的判例形成一些公认的解释之前，肯尼亚法官们在适用该条时仍需自谋出路。

（五）诉讼费用

2015 年修订的肯尼亚《公司法》并没有规定股东代表诉讼的诉讼费用由谁承担，可谓是一大立法空白，这会对潜在的起诉造成一定的阻碍。换言之，原告股东在败诉时可能会承担所有诉讼费用。在没有对诉讼费用的承担作出明确规定时，原告股东在起诉时可能会瞻前顾后，畏首畏尾，从而对代表诉讼产生一定的抑制作用。因此，对于诉讼费用的承担进行明确规定，免除后顾之忧是成文法下一步应该填补上的另一漏洞。在成文法阙如期间，肯尼亚法院未尝不可采取以下的裁判立场：在诉讼终止时，如果法院认为该种诉讼给公司带来实质性利益，那么其可以判令公司向原告支付基于诉讼所产生的费用（包括律师费用），而当法院认为该种诉讼的提起或维持缺乏合理的诉因或者缺乏适当的目的，其可以判令原告向被告支付基于该诉讼所产生的费用（包括律师费用）。这种做法能够兼顾原告股东和公司之间的利益关系，同时也能防止滥诉。

五、肯尼亚股东代表诉讼制度未来的完善方向

如前所述，肯尼亚的股东代表诉讼制度无论是缘起还是后续的发展和修订，均深受英国法律的影响。从最初的福斯规则及其例外到 2015 年公司法的修订，都透露出一股浓浓的英格兰风情。英国判例法对这个古老而又

〔1〕 参见施天涛：《公司法论》（第三版），法律出版社，第 470 页。

遥远的东非国家产生了直接而又深刻的影响。在他们的股东代表诉讼制度中，法院居于几乎核心的地位。诉讼程序的进行首先应当获取法院的许可，而法院在考虑是否给予许可时的考虑因素也不甚明晰。可以说，法官的喜好直接决定了这场股东与公司管理层之间大战的胜负。诉讼进程中很多环节的推动和进行都交给了法官，法官掌握着较大的自由裁量权，因此其股东代表诉讼制度的司法意味和衡平意味更加浓厚。但它所产生的负面影响也是不可忽视的，前文已经论述许多，包括裁判标准的多样化、模糊化、原告股东没有清晰的行为导向、原告股东承担过多诉讼进程不稳定的风险等。尤其是程序性规范，更应当走向清晰化、统一化、标准化。但从上文的分析中，可以看出，肯尼亚还有很长的路要走，多项程序标准仍待明确，多项法律空白仍待填补。

在这里值得一提的是美国股东代表诉讼制度所反映出的与肯尼亚和英国模式不一样的规范路径。美国所采取的股东代表诉讼框架和肯尼亚代表的英国模式具有显著的区别：首先，美国公司法对于股东的起诉资格有着比较精细严苛的规定；此外，美国公司法还要求股东在向法院起诉之前应请求公司内部机构[1]采取相应措施以解决其诉求，如果经过公司内部程序仍无法解决问题，才可以向法院起诉，此谓先诉请求。如果原告认为向公司请求是没有意义的（在很多情况下确实如此），那么其应当在诉状中指出具体的事实来说明请求是没有作用的从而豁免先诉请求程序。先诉请求的好处是最大限度地尊重了公司固有的经营权，给了公司解决自身问题的一个非诉渠道，这进一步凸显了股东代表诉讼的兜底性质。如果公司自身能够通过内部程序对案件进行消化、处理，又何必使之进入诉讼程序呢？这同时也节省了司法资源。而先诉请求的存在也充当了一种案件筛除机制，使得进入诉讼程序的都是股东无法指望公司自身解决的，必须经过法院介入才能了结的案件。这样的制度安排使得代表诉讼的程序具有鲜明的层次

---

〔1〕 主要存在三种模式：第一是向董事会请求；二是向股东会请求；三是交叉请求，即先向监事会提出请求，如有障碍，再向董事会提出，如我国《公司法》的规定。

感和逻辑性，以及可操作性。美国的股东代表诉讼之所以没有像肯尼亚那样，必须事先得到法官的允许，而是直接进入诉讼程序，原因大概在于：其已经通过较为完善的法律规定对起诉条件和资格进行了规定，同时也能保证进入诉讼程序案件的价值。不得不说这种制度安排具有很大的科学性。相比之下，肯尼亚和英国的股东代表诉讼则过于依赖法官的判断。

但明确精细的制度安排仰赖充足的规范供给和丰富的判例实践，肯尼亚现行法定股东代表诉讼寥寥五个条文肯定无法达到这样的目标，规范供给的不足只能将大量事项的认定交给司法人员，人为地使诉讼程序的进行走向模糊化和个性化，美其名曰“具体情况具体分析”，但有时候这只是规范不足的无奈之举，等待着实践材料的发展，假以时日再将法律加以完善。肯尼亚现行法定股东代表诉讼制度没有先诉请求的规定，对股东起诉资格的规定也比较宽松，法律程序的规定还比较简陋和粗糙，存在很多的法律空白，很多事务的具体判断裁量留给了法官，比如代表诉讼的成立须事先得到法院的许可，而在此过程中，法院掌握着“生杀大权”，虽然法律规定了一些其必须考虑的因素，但这种制度安排在总体上使得程序的进行具有较大的不确定性和模糊性，从而可能影响代表诉讼制度功能的发挥。诚如有些观点认为，法律规定有时不宜太精确，字句含义的唯一化会使法律丧失生命力，无法应对社会的发展，无法应对纷繁复杂的社会现实，而适当的模糊化可以留给法官一定的自由裁量权，在个案中具体衡量，从而保持法律应有的灵活性，避免案件的裁判走向僵化和教条化，但这种自由裁量权的授予一定是经过立法者仔细考量的，它并不能成为立法者懒政的借口。

在未来的道路上，肯尼亚的眼光不应当仅仅再局限于英伦三岛，沉迷于强大的路径依赖，而是应当树立更广阔的视角，飞越浩瀚的太平洋，从股东代表诉讼实践最为发达的国家汲取不一样的养料，加强规范供给，提高立法技术，使股东代表诉讼制度走向成熟化、规范化。

六、结语

本章通过五大部分系统梳理了肯尼亚股东代表诉讼制度的前世今生，从纵向和横向两个维度初步把握了其发展脉络，论述了其产生渊源、在判例法实践中的进一步发展、2015 年的法定化、现行法定代表诉讼制度的不足以及对未来发展的展望。肇始于福斯规则及其例外的肯尼亚股东代表诉讼在历经数十年的发展后于 2015 年迎来一次华丽转身——从庞杂古老的判例法规则转变为成文法。2015 年肯尼亚《公司法》的修订对于其代表诉讼的发展而言是一个重要的分水岭，让人耳目一新的“法定股东代表诉讼”的横空出世如同惊鸿一般刺激着公司法学者们的神经，但仔细分析其内容之后，又有着一见如故的熟悉感觉：其内容主要是对既往判例法规则的一次重述和整理，并且借鉴了大量英国公司法的内容，在规范意义上并没有足够多的突破和创见，仍留下了大量的法律空白和未解决的问题，实乃“侧面惊鸿似故人”。但这也不能断然否定其具有的重大意义，它标志着肯尼亚股东代表诉讼制度逐步走向成文化、法定化、成熟化。如同产生它的国家一样，它们在各个方面都仍处于初创、摸索和借鉴的阶段，很多事物都属于舶来品，缺少本土资源，依赖于外部的吸收。在未来的完善和发展中，肯尼亚应当将学习和借鉴的对象扩大到更广阔的范围，结合本国的实际情况和法律传统，分析各国制度的优缺点，取其精华，去其糟粕，兼收并蓄，为我所用，提高本国的立法技术，加大规范供给，使其股东代表诉讼规则不断精细化、人性化、明晰化、科学化，更好地发挥出股东代表诉讼制度的应有功能，促进公司的规范治理。

第十八章　马来西亚股东代表诉讼制度：不破不立，以立促破

一、股东代表诉讼制度的历史流变

（一）他山之石——对英国法的移植

作为英国曾经的殖民地，马来西亚法律的发展史堪称一段法律移植史。自 1511 年葡萄牙入侵以来，马来西亚开始长达 400 多年的殖民时期。其中，英国的统治对马来西亚传统法律产生了深远持久的影响。随着英国立法、司法、行政的入植导致原本不成文的、灵活的、适应性强的马来西亚传统法律被扼杀，最终造成马来西亚对传统法律的彻底放弃。[1]

在马来西亚法律移植史中，可能没有任何一个国家的法律能像英国法律制度那样占据着如此重要的地位。英国法律在马来西亚的应用如此普遍，有人估计（即便是保守估计），90% 的马来西亚法律要么直接来自英国，要么基于英国先例。[2]这其中交织着历史、政治和经济等多种复杂元素，即使在马来西亚已独立半个多世纪的今天，英国的法律制度对马来西亚的影响仍无处不在。主要原因有以下两点：

〔1〕 Hooker, *Adat Laws in Modern Malaya: Land Tenure, Traditional Government and Religion (*Oxford University Press, 1972) 3.

〔2〕 Richard Mead, 'Malaysia's National Language Policy and the Legal System' (1988) 30 Yale *University Southeast Asian Studies*, 49, 85.

1. 经济因素：英国为寻求持续的经济利益

即便马来西亚已独立，但由于英国仍希望获得在当地的持续经济利益，因此英国政府希望马来西亚能正式采用英国公司法和商法，并且通过 1956 年颁布的《民法条例》实现这一目的。其规定除非条款是由成文法规定，否则适用英国的商法。[1] 由此可见，英国法律对于马来西亚的影响可谓深远，而不仅仅局限于殖民统治时期。

2. 历史因素：英语在法律领域的广泛应用

首先，马来西亚法律文书与文献资料中大量使用英语。众所周知，语言影响思维，因此英文思考逻辑在法律文书中仍然很流行。英语在法律教育和专业领域的持续使用进一步加剧这一现象。因为大多数律师都接受过英语法学教育，所以法律报告也是用英语写成，而用马来语书写的法律文本和参考材料少之又少。而且，马来西亚法律文献的缺乏因法律术语的翻译问题而加剧，马来语中可能没有适当的词与之对应，直译常常扭曲专业词汇的真正含义。有学者特别指出，法律的概念和语言具有非常具体的含义，因为它是在一个特定社会的历史、传统和文化中发展出来的。除了受过法律教育的人之外，大多数马来西亚人对英语的法律概念和术语很陌生。[2]

其次，法院大量使用英语。因为法律专业人员对英语熟悉，这意味着英语一直是高级法院的主导语言。甚至到 1967 年，英语仍然是马来西亚法庭上的官方语言，直至《国家语言法》颁布，才要求所有法庭诉讼都必须使用马来语，但有一个重要的例外——法庭可以“在考虑到司法利益之后”，部分混用马来语和英语进行。国家语言政策的实施导致用马来语和英语两种语言制定的法规同时并存。但一般而言，英语在马来西亚高级法院中仍被普遍使用，因为它仍然是法律专业人员的非正式通用语言。

最后，法律人才多是接受英国法律教育培养而成的。在马来西亚独立

〔1〕 Civil Law Act 1956, s5.

〔2〕 See Nik Safiah Karim, ‘The Malay Language in Law: Linguistic Perspective’ (1991) *Seminar of Language and the Law*.

不久的一段时期，其立法和司法系统仍大量依赖英国人。在法律专业人才培养方面，唯一的学校也是英国法律学院，直至 1976 年第一批来自马来西亚大学的法学生毕业，这种情况才有所转变。

由于以上种种原因，马来西亚本土的法律创新十分不足，这一点在股东救济制度中十分明显。马来西亚的《公司法》很大程度上是根据澳大利亚的《统一公司法》，然后对英国有关公司的法律规定予以修改而成。因此，它既以澳大利亚法为基础，又融入英国公司法的概念制度，糅合两国之特色。而代表诉讼制度是公司法中保护小股东利益的一项重要制度，马来西亚的股东代表诉讼制度可谓是继承英国和澳大利亚法律，适用的是普通法下的代表诉讼制度。

股东代表诉讼，又称为股东派生诉讼，最早在英国萌芽，并由美国发扬光大。因为董事仅对公司负有义务，所以福斯规则明确了只有公司，而不是股东，才能对违反职责的董事提起诉讼。通常情况下，如果有人损害公司利益，那么公司作为具有独立法律人格的主体，理应由其自身行使法律权利。[1]但现实中可能会存在一个尴尬局面，即公司的诉讼活动是通过法定代表人进行，通常是公司董事长，但他可能就是损害公司利益的人，监守自盗，所以往往不会提起诉讼来指控自己，这样的结果就是公司的大股东或董事可以肆意侵占公司财产，中小股东利益因此可能备受蹂躏，得不到保护。因此法律允许在某些特定情况下股东可以代表公司进行诉讼行为，但这一权利是源于公司自身的权利，因此称为“代表诉讼”。如果被指控的违法者对董事会有相当大的影响力，公司可能根本不愿提起诉讼，此时代表诉讼就是中小股东寻求救济的重要手段，是保护中小股东利益的武器，因此代表诉讼也一直被认为是股东救济方式的最后一剂良药。在普通法上，代表诉讼是指代表公司的成员要求行使属于公司的权利。所以，成员提出诉讼的权利“源于”公司的权利，[2]股东代表诉讼制度，被学者形

---

〔1〕 *Salomon v. Salomon & Co Ltd* [1897]A.C.22HL.

〔2〕 *Wallersteiner v. Moir*(No. 2) [1975]1Q.B.373CA(Civ Div).

像地称为“普通法国家的一项天才发明”。[1]

（二）改柱张弦——从普通法向制定法的转变

1. 普通法下的股东代表诉讼

对于股东代表诉讼，普通法的立场是基于福斯案中的适格原告规则和多数决规则两种规则，其标志着股东代表诉讼制度的萌芽。第一，适格原告规则。英国上诉法院对该规则的解释就是：“这样的一种基本原理，即作为一般规则，A 不能就 B 对 C 造成的损害代表 C 起诉 B 请求赔偿或其他救济。当然，如果股东个人受到侵害，该股东可以就其个人损害提起直接诉讼，但是股东个人不能就其由于公司损害而遭受的间接损害要求赔偿，否则公司有多少股东，那么被告就面临多少个诉讼，这显然是不合理的。”[2]质言之，公司才是唯一有权在其利益受到侵害时提起诉讼的主体，也就是说股东个人并不是适格原告。第二，多数决规则。在福斯一案中，威格拉姆法官首次指出：“对于多数股东可以合法批准的不当行为法院不应进行干涉。”[3]这意味着，若没有多数股东的表决认可，少数股东不能以公司名义起诉公司的董事、控股股东。具体来说，多数决规则包含以下意思：其一，它承认简单多数股东可以批准针对公司的不正当行为，进而认可公司决策的集体性；其二，不当行为一旦落入简单多数股东的批准范围，小股东不能再就此提起代表诉讼，这体现了司法不干预商业事务的基本态度。[4]

上述两种规则存在有违公平之嫌，但其产生于深刻的历史背景之中。在福斯一案判决时，公司还不能自由设立，当时依法设立的公司实质上与私人合伙相似。在 19 世纪早期，根据合伙法原则：“法官根本反对干涉合伙人之间的事务，除非是为解散合伙之目的，否则法院没有任何义务去解

〔1〕 Robert C. Clark, *Corporate Law (*Little, Brown & Company 1986) 639.

〔2〕 *Prudential Assurance Co. Ltd. v. Newman Industries Ltd* (No. 2) [1982] Ch. 204.

〔3〕 *Foss v. Harbottle* [1843]2 Hare 461, 494.

〔4〕 Kenneth Wedderburn, ‘Shareholders’ Rights and the Rule in *Foss v. Harbottle*’ (1957) 15 *Cambridge Law Journal* 194.

决所有的合伙争议。”[1]同时，英国正处于工业革命的鼎盛时期，经济上放任自由的思想占主导地位，法院的司法判决也不可避免地受到这一思潮的影响。正是因为在这样的特定历史背景下，法院以该原则为裁判基础，一方面，少数股东服从多数股东被认为是天经地义的，所以并不存在不公平，因为在这种类似合伙的公司内部，股东之间存在着相互信任和合同义务，当他们进入公司时就应该意识到这种结果；另一方面，法院遵循着司法不干预合伙事务的传统。

福斯一案将该原则引进公司法，这种不予司法干涉的政策保护公司经营免受股东不当干预。这在当时不仅可以理解，而且颇为合理，因为该案判决时但凡是根据多数决规则所作的起诉或不起诉的决定都是正当的，有法官甚至认为即便少数股东认为这种决定是显而易见的错误，但少数毕竟不是多数。[2]这样一来，福斯案中多数决规则的确立也就不难理解。

福斯规则以十分清晰的态度限制少数股东的司法救济权，法院也长期遵循这一原则。但如果这一规则长期保持，少数股东的权利得不到保障，就会面临如下冲突局面：公司权力如果完全掌握在大股东或董事等高级管理人员的手上，而在其侵害公司利益的时候，自然不愿代表公司提起诉讼。在这种情形之下若再剥夺小股东作为原告提起诉讼的权利，那么公司无疑会遭受难以弥补的损失。为解决这一普通法上的危机，英国法院开始从衡平法上寻求出路，因为衡平法就是为缓和普通法的严厉性而发展出的一套法律规则。正因如此，代表诉讼初露锋芒。法官在判决中提出可提起代表诉讼的例外，即欺诈原则与加害人控制原则。

马来西亚作为英国的前殖民地，在公司法上深受英国的影响，马来西亚承继英国股东代表诉讼的制度。马来西亚法律认为“欺诈”行为和存在“不当行为人控制”是构成“欺诈小股东”成立的两个要件，只有在满足此

〔1〕 Lindley, *The Law of Partnership* (Sweet & Maxwell, 1979) 752,753.

〔2〕 Bottomley, ‘Shareholders' derivative actions and Public interest suit’ (1992) 15 *University of New South Wales Law Journal* 138.

条件下，才可以提起代表诉讼。传统福斯规则下，小股东提起股东代表诉讼的权利受到严格的限制，不能就多数股东批准之事提起诉讼，且欺诈的标准难以确定，无法准确定义董事的何种行为导致公司利益受损才能归为欺诈。由此，普通法下的代表诉讼弊端开始显露。

2.“立”的阶段：制定法下股东代表诉讼的引入

普通法下的代表诉讼缺乏具体的条文指引，且诉讼的提起要跨越重重障碍，包括必须获得法院许可、“欺诈少数股东”例外的内在模糊性和限制性、高额的诉讼成本以及获取公司内部信息不便等种种程序上的困难。随着时代的发展，经济的增长，跨国投资日益兴起，投资者对公司治理提出更高的要求，代表诉讼作为保护中小股东权益的有力手段，其在现阶段的改革方向就是程序需更合理化、透明化和现代化。传统判例法下的股东代表诉讼，因为其过分注重先例而作茧自缚，无法适应现代社会经济的发展。并且在马来西亚公司法改革之前，其他如新西兰、加拿大和澳大利亚等普通法国家，都相继对本国的公司法进行检讨，对福斯规则进行修订，在进一步完善制定法上的代表诉讼的同时，废除普通法上的代表诉讼规则。[1]同时，随着亚洲金融危机的发生，马来西亚的公司法改革委员会（CLRC）逐渐意识到控股股东和董事对公司利益的潜在侵害，而中小股东面临救济困难的局面。“在投资国际化程度不断加深和公司治理备受关注的时代，在我们看来对股东提起代表诉讼的要求进一步透明化是非常必需的。”[2]因此，马来西亚急需制定新的制度，破除旧有规则以适应公司治理环境的改变。修改股东代表诉讼的目的就是为解决小股东和公司控制人员之间的矛盾，提供快速、公正、有效的机制，同时又不影响目前股东和管理人员之间的权力平衡。

公司法改革委员会指出，股东在通过普通法上的股东代表诉讼制度寻

〔1〕 参见钱玉林：《英国的股东代表诉讼》，载《环球法律评论》2009 年第 2 期。

〔2〕 Law Commission Report No.246 (1997), para. 1. 7.

求赔偿时面临重大挑战。[1]为减轻普通法的诸多限制，为股东代表诉讼提供更好的立法和司法指引，更好地平衡中小股东与公司利益，公司法改革委员会将目光从普通法的规则转向制定法，破除旧有的股东代表诉讼制度，构建新的制度，以期更好地适应现代公司治理环境的转变。公司法改革委员会提到澳大利亚的改革，并引用其所带来的好处：制定法下，股东提起代表诉讼的门槛降低，更能有效保护股东权利。所以公司法改革委员会建议采取制定法下的股东代表诉讼，并借鉴包括澳大利亚在内的其他普通法国家的改革经验，认为法院在决定是否许可股东提起代表诉讼时，应考虑善意和最利于公司的原则。2007 年，在公司法改革委员会对公司法进行重要审查后，马来西亚引入制定法下的股东代表诉讼制度。《1965 年公司法》（Companies Act 1965）第 181A 和第 181B 条于 2007 年颁布，这些规定大体与之前公司法改革委员会的建议一致。马来西亚这一重大改革大幅降低股东提起代表诉讼的门槛，甚至在公司股东会批准诉讼行为的情形下法院依然可以允许股东提起代表诉讼。同时，赋予法院许可股东获取公司内部信息和命令诉讼费用由公司承担的权力。

3.“破”的阶段：普通法下股东代表诉讼的废除

但令人困惑的是，公司法改革委员会建议废除普通法股东代表诉讼规则的这一建议没有得到采用。因此，制定法下的股东代表诉讼与普通法下的股东代表诉讼在这一时期并存于马来西亚法律体系中。普通法下的股东代表诉讼可能导致不确定性和混乱，公司法改革委员会认为普通法下的代表诉讼“最终会变得多余并被废弃”。尽管马来西亚在 2007 年引入制定法下的股东代表诉讼，但马来西亚的立法明确保留普通法下的代表诉讼制度。《1965 年公司法》第 181A（3）条规定：“任何人代表公司在普通法上提起、干涉、辩护或中止任何诉讼的权利均不被废除。”但是，并没有法律解释：为什么会出现两种规则并存的情况。值得注意的是，马来西亚新的公司法

〔1〕 Corporate Law Reform Committee, ‘Members’ Right and Remedies’ (2007) A Consultative Document.

于2017年1月31日生效，该法终于废除了普通法的股东代表诉讼制度。至此，马来西亚实行全新的制定法代表诉讼规则，摒弃了普通法的相关制度。马来西亚的股东代表诉讼的制度革新经历了以立促破的阶段，而不是传统的先将旧有制度废除，再构建新的制度。最主要的原因可能是无论在观念上，还是在机制和法律上，旧传统和新传统都会不稳定地并存很多年，所以，马来西亚才选择了以立促破的方式改革股东代表诉讼制度，而不是直接将旧有制度废除。

二、制定法下的股东代表诉讼制度具体规定

（一）原告资格要求

股东代表诉讼制度的设计初衷就是为保护公司和小股东利益不受大股东或董事的侵害，因此如何确定股东代表诉讼的当事人，对于发挥这项制度的功能具有重要意义。原告是提起诉讼的主体，原告的适格与否是股东代表诉讼首要解决的问题。马来西亚新的股东代表诉讼制度允许特定的股东，在法庭许可下，代表公司提起股东代表诉讼，该规定与其他立法区域的规定大致一致：提起诉讼是出于公司利益；诉讼是代表公司的行为；股东代表诉讼程序的开始需要法院许可。

新的股东代表诉讼制度与普通法下的股东代表诉讼制度相比很大的不同是，能够提起股东代表诉讼的人员范围相当广泛，包括公司股东、有权登记成为公司股东的人、公司前股东（但诉讼必须与该股东退出公司的情形有因果关系）。[1]此项规定与我国公司法规定有所不同，我国现行《公司法》对于股东代表诉讼的原告资格作出的相应规定是：在有限责任公司中，股东代表诉讼的原告只需具备股东资格即可提起诉讼；在股份有限公司中，股东代表诉讼的原告需要同时满足持股数量和持股时间两个条件的限制才有权提起诉讼。由此可见，马来西亚允许公司前股东提起诉讼，其适格原告范围较广。

---

〔1〕 Companies Act 1965 (Malaysia) s181A (4).

（二）诉讼程序要求

马来西亚《公司法》规定，代表诉讼的提起必须是在法院许可的前提下。即在真正代表诉讼之前存在一个诉讼许可程序，其是指符合法定条件的股东，不能直接向法院以个人名义主张公司享有的损害赔偿请求权，而是首先向法院提出“允许以自己名义主张公司享有的损害赔偿请求权”的申请，然后再由法院根据法律规定对其申请进行审查，决定是否允许其起诉。这一具有实质审查内容的特许程序是为防止恶意诉讼，避免公司受恶意滥诉的困扰，影响正常的经营活动。法院在决定是否许可股东代表诉讼提起时，应考虑到股东行为是否出于善意，以及从表面上看，该申请是否符合公司的最佳利益。[1]如果法院拒绝准许，那么法院就没有权力再颁发任何相关的命令。如果法院准许股东提起代表诉讼，股东必须在法院作出许可之日起 30 日内启动诉讼。一旦获得法院准许，股东代表公司提起的任何诉讼，不得中止、和解或撤诉，除非得到法院的许可。[2]这一规定的目的是使法院能够及时了解诉讼程序进程，防止原告和被告之间相互勾结，达成不公平和解或者其他不公平的交易，以损害公司和其他股东的利益。由此可见，法院是否准许股东提起股东代表诉讼的裁量至关重要，关乎诉讼程序的启动。在马来西亚，法院准许股东提起代表诉讼的裁量标准主要有以下几点：

1. 善意

马来西亚上诉法院认为，申请人负有举证责任证明自己的诉讼行为是善意的，其目的是平衡股东利益与公司利益。法院需探究申请人究竟是真心实意为公司，还是心怀鬼胎为一己私利。但究竟如何判断申请人是否为善意呢？善意问题归根结底是动机问题，上诉法院认为应考虑两方面：第一，申请人能诚实相信诉因的存在或对诉讼有合理的胜算；第二，提出申请的目的并非是为了个人私益。如此一来，法院须以客观标准来探寻申请

〔1〕 Companies Act 1965 (Malaysia) s181B (4).

〔2〕 Companies Act 1965 (Malaysia) s181C.

人的内心真意。

申请人缺乏善意是法院拒绝许可的一个重要原因。在 Daljit Singh v. Forefront Online Sdn Bhd 一案中[1]，法院以申请人缺乏善意为理由拒绝代表诉讼许可，在该判决中，法院认为申请人不是善意的，因为申请人并不把公司的利益放在心上，而只关注自己的利益，同时指出双方之间的纠纷已经持续多年。审理该案的法官认为，申请许可代表诉讼不过是双方争议中的"附带步骤"。申请人不愿在被告缺席的情况下听取申请，寻求准许提起代表诉讼是在故意拖延程序。法官在裁定申请人缺乏善意时，强调当事人之间激烈的矛盾关系，但没有进一步解释为何申请代表诉讼准许被视为双方争议的附带步骤。

申请人是否善意是马来西亚代表诉讼许可程序中的一个重要裁量标准，由此可见，申请人在提起许可程序时需证明代表诉讼的提起是为公司利益，由此才有得到法院许可的可能。

2. 符合公司最大利益

法院在诉讼许可程序中还需审查原告股东是否以公司利益为出发点，因为并非所有的代表诉讼都符合公司最大利益，此时就需要法院在公司利益与股东诉权之间进行价值衡量。如果经过衡量，公司的利益确因代表诉讼的提起而受到重大损害，法院就会驳回股东的诉讼请求。股东代表诉讼的目的在于维护公司的整体利益，而公司是一个追求效率的营利组织，这就决定了代表诉讼在整体架构上必然要以效率为主导，以利益为首位。若代表诉讼之提起会影响公司正常经营，造成公司利益损害，就会被认定为不符合公司利益的最大化，法院就会拒绝股东代表诉讼的提起。

（三）书面通知

马来西亚《公司法》规定申请人在提请法院准许代表诉讼的 30 天前应书面通知董事会。[2] 但是，如果申请人书面通知的时间少于 30 日并不会

〔1〕 *Daljit Singh v. Forefront Online Sdn Bhd* [2010]1 LNS 1631.

〔2〕 Companies Act 1965 (Malaysia) s181B (2).

成为法院拒绝申请的理由，只要不因通知的时间过短给被告造成实质不公平，短于规定的时间内通知仅仅会被视为不正当行为。在 Ng Hoy Keong v. Chua Choon Yang 一案中，原告仅在提起申请前 9 日才向董事会发出书面通知。在该案中，法院参考了中国香港特别行政区、新加坡和加拿大的法律，认为法律授予法院缩短提交时间或免除发出通知的权力，重申这一点，是强调代表诉讼的申请不一定会因未遵守发出有关通知所规定的时间而被拒之门外。

这一规定的目的主要是考虑到公司本身掌握着有关董事等人是否应对公司承担赔偿责任最多和最全面的第一手材料，为妥善地解决纠纷，公司先行对股东诉讼请求充分地调查并作出答复至关重要。如此一来，也能促使公司认真调查，并构筑行之有效的公司内部监督体制，但这并不意味着股东未能严格遵守这一时间要求就会被拒绝。

（四）成本与信息

诉讼费用的承担是股东代表诉讼制度中一个至关重要的问题，因为合理分配诉讼费用负担，不仅可以促使股东积极行使代表诉权，同时也能避免出现滥讼的危险。马来西亚《公司法》规定，如果允许申请人提起代表诉讼，法律则赋予法院广泛的自由裁量权，让法院作出它认为合适的命令，包括要求公司支付与诉讼相关的合理诉讼费用的命令。[1] 众所周知，股东代表诉讼是为公司利益而非股东自身利益，股东不能通过代表诉讼获利，相反会有承担诉讼成本的风险。因此，潜在的巨额诉讼费势必犹如一座大山阻挡在股东面前。少数股东为维护公司权利而产生的巨大成本，可能是对代表诉讼最大的抑制因素，但马来西亚法律规定只有在法院许可程序通过时，才能对诉讼费用的承担作出裁定。“有一种可能是，如申请不成功，申请人不仅要承担自己的费用，而且还要承担被告的费用。”[2] 这就是

---

〔1〕 Arad Reisberg, 'Derivative Claims Under the Companies Act 2006: Much Ado About Nothing?' (2008) *University College London Law Research Paper No. 09-02.*

〔2〕 Companies Act 1965 (Malaysia) s181E (1) (e).

Celcom 案[1]中的申请人所面临的困境。

因此，明确规定法院向获得许可的申请人授予权利是可取的，但如果法院没有批准诉讼许可程序，则要由申请股东自己承担该项程序的费用。可见，马来西亚《公司法》是以代表诉讼许可程序是否得到法院批准，作为申请人和公司之间诉讼费用承担的划分界限。如果诉讼许可程序被法院驳回，则申请人要承担相关的费用，在法院对诉讼许可程序所作的驳回决定中就会包含这一费用承担的内容。

除诉讼费用之外，信息的获取也是代表诉讼的关键，因为只有掌握重要信息才能证明董事或大股东中饱私囊的行为，但对于中小股东而言，获取公司经营信息十分困难。故此，新的法律条文赋予法院作出命令的自由裁量权，以便申请人获取有关诉讼的进一步资料或证据。马来西亚法律规定，法院可作出其认为合适的任何人向申请人提供协助和信息的命令，包括允许查阅公司的账簿。法院有权中止诉讼程序，以便为诉讼的进行作出指示。[2]

本规定旨在协助未参与管理的股东克服获取必要信息的障碍。但是，马来西亚法院却很少使用这一权力。相反，在案件中，法院经常以证据不足或没有合理的理由采取行动而拒绝代表诉讼的提起。法院拥有的这项权力是法律为使申请人获取信息便利而赋予的。然而，在实际情况中，法院并未合理利用这一法律赋予的权力。

三、马来西亚股东代表诉讼制度评析

（一）马来西亚股东代表诉讼制度的优点

制定法下的股东代表诉讼制度是否能达到公司法改革委员会提出的现代化目标，使股东代表诉讼的提起更加便利？从制度设计和司法实践可以看出，现行的代表诉讼制度相比以往有如下优点：

---

〔1〕 *Celcom Berhad v. Mohd Shuaib Ishak* [2010] 7 CLJ 808.

〔2〕 Companies Act 1965 (Malaysia) s181E (1) (c).

1. 代表诉讼程序清晰

普通法下的股东代表诉讼，其规则模糊而过时。这些规则都只能在判例中寻找，而很多判例是多年之前判决形成的，有些已经不能适应新的变化发展。此外，已判决的案例中还存在着不一致的情况，导致后来者难以寻找准确依据。制定法使股东代表诉讼能够更加确定，特别是在诉讼程序方面，清楚而又符合逻辑。它也使得小股东起诉时有更强的预见性，能够对诉讼结果有一个更好的判断。因为新《公司法》清楚地规定法院在决定是否允许股东继续代表诉讼时考虑的因素，股东也可以据此判断诉讼继续进行或者胜诉的可能性，以此可以克服之前普通法下代表诉讼程序繁杂、标准不定和起诉困难的缺点。

2. 法官拥有较大的自由裁量权

制定法股东代表诉讼的另一特点是法官被赋予极大自由裁量权。法官的地位不可小觑，基本掌控整个案件的进展节奏。法官在依据法律规定的情况下，可以根据自身的理解作出许可或拒绝代表诉讼进行的决定。对于法院许可代表诉讼的条件，新《公司法》并没有规定一个明确的认定标准，而是列举出各种有关情形给法院作参考，同时法官应当根据个案分别作出判断，可以不受这些情形的限制。公司的内部管理事务本来就属于正常的商业判断，法官不愿意深入公司再作二次判断。但法官又不能视小股东受压迫而不顾，因此，由法官来掌控整个案件，虽然无奈，但也不失为一种公正之举。由法官来主宰代表诉讼案件，本质上是信任法官作为没有利害关系的独立第三人的裁判。如此一来，司法监督就成为维护公司高效自治和小股东保护之间平衡的主要路径。[1]

3. 允许提起诉讼的股东范围广

就目前世界各国的立法趋势而言，各国都不约而同地取消或者减少对代表诉讼原告资格的限制。取消或降低对股东代表诉讼原告股东持股期限

---

〔1〕 参见李小宁:《公司法视角下的股东代表诉讼》，复旦大学出版社，2009 年，第 85 页。

和持股比例的要求，事实上是鼓励中小股东提起股东代表诉讼，这对股东代表诉讼充分发挥“完善公司治理结构”和“保护公司中小股东利益”的双重功能起到十分积极的作用，也在一定程度上推动股东代表诉讼制度的运用。

马来西亚对原告资格的规定较为宽松，包括三类：公司股东、有权登记成为公司股东的人和公司前股东（但诉讼必须与该股东退出公司的情形有因果关系）。由此可见，原告资格并没有被股东持股期限和持股比例所限制，甚至提起诉讼时并非公司股东也仍有资格。对代表诉讼原告设置约束性规定主要出于防止滥诉的目的，但在股东代表诉讼数量本就相对稀少的现状下，在中小股东主动提起代表诉讼、约束治权扩张的动力严重不足的当下，马来西亚放宽原告资格更符合当初引入制定法下的股东代表诉讼的初衷。

（二）马来西亚股东代表诉讼的不足

1. 法院对代表诉讼许可持严格态度

在马来西亚，能够获得法院许可的股东代表诉讼案件寥寥无几，法院对于许可股东提起代表诉讼持谨慎而保守的态度。最主要的三个拒绝许可的理由是：无不当行为人控制[1]、缺乏诉讼资格[2]和程序瑕疵。[3]马来西

〔1〕 AIC *Dotcom Sdn Bhd v. MTex Corporation Sdn Bhd* [2009] 1 LNS 118; *Shamsul bin Saad v. Tengku Dato Ibrahim Petra* [2010] 4 MLJ 37; *Ho Hup Construction Company Bhd v. Bukit Jalil Development Sdn Bhd* [2012] 1 CLJ 649; *Leow Yin Choon v. Tang Fook Siong* [2012] 1 LNS 780; *Pioneer Haven Sdn Bhd v. Ho Hup Construction Company Bhd* [2012] 2 CLJ 169; *Suhaimi Ibrahim & Ors v. Hi-Summit Construction Sdn Bhd* [2014] 1 LNS 1770.

〔2〕 *Shamsul bin Saad v. Tengku Dato Ibrahim Petra* [2010] 4 MLJ 37; *Ho Hup Construction Company Bhd v. Bukit Jalil Development Sdn Bhd* [2012] 1 CLJ 649; *Leow Yin Choon v. Tang Fook Siong* [2012] 1 LNS 780; *Hua Realty Bhd v. KTS News Sdn Bhd* [2012] 1 LNS 1119; *Krishnasamy G B Vatchelu v. Eng Ah Phoo* @ Ng Ah Phoo [2013] 1 LNS 1160; *Suhaimi Ibrahim & Ors v. Hi-Summit Construction Sdn Bhd* [2014] 1 LNS 1770.

〔3〕 AIC *Dotcom Sdn Bhd v. MTex Corporation Sdn Bhd* [2009] 1 LNS 118; *Lim Peak Suan Sdn Bhd v. Sungei Bongkoh Estate Sdn Bhd* [2009] 2 CLJ 719; *Leow Yin Choon v. Tang Fook Siong* [2012] 1 LNS 780; *Krishnasamy G B Vatchelu v. Eng Ah Phoo @ Ng Ah Phoo* [2013] 1 LNS 1160; *Koh Jui Hiong v. Ki Tak Sang* [2014] 2 CLJ 401; *Li Chin Thee v. Francis Chin* [2014] 1 LNS 1330; *Abdul Rahim Suleiman v. Faridah Md Lazim* [2015] 1 LNS 313.

亚的诸多案件表明，法院在决定是否给予许可时，除第 181A 条和第 181B 条明确规定的条件外，还经常参考其他若干标准。有时，这些都被认为是第 181B(4)(b) 的一部分——是否出于对公司最大利益的初步考虑而许可。例如，法院会审查是否有合理的成功前景，或考虑支持这一主张的证据的力度。[1]申请人还被要求用尽所有内部救济渠道，向法院证明公司不会因被指控的错误而对董事提起诉讼。[2]这种情况似乎与《公司法》第 181A 和 181B 条所规定的标准没有明显的联系。但是，这些因素同样也成为法院在决定是否准许申请人提起股东代表诉讼时的考量因素，表明司法程序比立法上的规定更为严格。

在 Suhaimi Ibrahim v. Hi-Summit Construction Sdn Bhd 一案中，[3]申请人提起代表诉讼的理由被法院拒绝，原因是申请人并非真正受害的少数人，尽管第 181A 条和 181B 条没有对此作出任何明确要求。在施加这些条件时，法院参考普通法下的代表诉讼的目的，即不当行为人控制董事会时，仅允许少数股东提起诉讼程序。因此，法官们认为，制定法下的代表诉讼的隐含目的同样是允许受害的少数人寻求补救。这种司法方式的效果是将制定法下的代表诉讼限制在“真正受害的少数群体”，尽管法条中没有此类限制。因此，可以认为，普通法代表诉讼的一些限制已经侵犯到成文法的代表诉讼，限制后者在促进股东获得司法救济方面的有效性。[4]

2. 诉讼成本高、时间长

由于股东代表诉讼胜诉所得赔偿将归于公司，原告股东并不能从中直接受益，如果原告股东将承担败诉时支付诉讼费用的风险，但胜诉却不能从中获益，那么对于原告而言显然极不公平。权利义务如此不对等，成本和收益如此不相称，中小股东何来提起代表诉讼之动力？

---

〔1〕 *Lee Suan Ngee v. On Network Sdn Bhd* [2013] 1 LNS 506.

〔2〕 *Suhaimi Ibrahim & Ors v. Hi-Summit Construction Sdn Bhd* [2014] 1 LNS 1770; *Abdul Rahim Suleiman v. Faridah Md Lazim* [2015] 1 LNS 313 [68].

〔3〕 *Suhaimi Ibrahim v. Hi-Summit Construction Sdn Bhd* [2014] 1 LNS 1770.

〔4〕 See Sharifah Suhana Ahmad, ‘ Malaysian Legal System ’ (2007) *Malayan Law Journal*.

当小股东察觉到不当行为发生时，且该不当行为应当被纠正，则其当然可以考虑提起代表诉讼。但小股东提起代表诉讼冒着血本无归的风险，而那些不当行为人很可能知道并利用股东这一心理，在此循环下，他们很可能会肆无忌惮地掠夺公司利益。故此，诉讼成本问题是影响小股东是否提起代表诉讼的关键，马来西亚法院拥有对申请人的成本作出命令的自由裁量权，但只能在法院授予许可时方能作出此等命令。也就是说，如果法院裁定不许可，那小股东可谓是“赔了夫人又折兵”。因此，法律最好明确规定，请求费用由公司负担应作为一名成功的申请人的权利，但即使在拒绝许可的情况下，法院仍应有权酌情将申请人应负担的费用分担一部分给公司。

与成本密切相关的一个问题是许可阶段所需的时间。在 Celcom 案中，申请书于 2008 年提交。同年晚些时候，高等法院批准了许可命令，但上诉程序又花费两年时间才完成。许可阶段、全面审判以及上诉程序所需要的时间，将使除具有最坚定信念的小股东以外的其他股东望而却步。

3. 两种制度并行的混沌局面

马来西亚公司法改革委员会建议制定成文法代表诉讼的目的是希望通过简化程序和条件，废除普通法上代表诉讼的障碍和困难，便利股东对公司内部人的不当行为代表公司提起诉讼。然而，在马来西亚股东代表诉讼发展中，有一个规定令人费解，就是在 2007 年引入制定法下的股东代表诉讼之后，一直都是普通法与制定法下的代表诉讼并行的局面。从政策的角度来看，允许普通法和成文法并存将导致混乱，阻碍法律的发展。此外，代表诉讼的其他程序仍然有不少混淆之处，包括原告的所在地、法律要求和许可的条件。由于这些因素的综合作用，代表诉讼的案件很少能得到许可，更不用说进入真正审判的阶段。直到 2017 年 1 月颁布新《公司法》才明确普通法下的股东代表诉讼不再适用。

在此之前，两种不同的制度并行可能会造成使用上的困惑。据统计，提出代表诉讼的申请中有一半是基于普通法原则作出的。[1]以普通法为依据的案件判决中并没有包含足够的理由来解释为什么这些判决是基于普通法而不是制定法，这些判决中有些甚至完全没有提及制定法的代表诉讼制度。也有不少案件是依据福斯规则的例外情况少数欺诈进行裁判。拒绝许可最常被引用的理由是无不当行为人控制、未能遵守程序要求和缺乏证据。[2]萨利姆（Salim）教授在审阅其中一件根据普通法裁定的案件时发现，原告选择依据普通法而非成文法提起代表诉讼，其背后理由可能是这些原告股东误以为前者不需要获得法庭许可而可直接进入审判阶段。[3]但实际上并非如此，两种不同的代表诉讼制度并行，不同的程序要求同时存在于同一时期内，不仅会造成当事人困惑，同时也会造成法院裁判不一。萨利姆教授认为，为明晰起见，普通法代表诉讼应该被废除。随着《2016 年公司法》于 2017 年 1 月生效，马来西亚终于彻底废除了普通法下的代表诉讼。

四、举步维艰——实践中股东代表诉讼面临的困境

（一）从 Celcom 案看股东代表诉讼的发展困境

在马来西亚，法院对于代表诉讼的许可一贯持谨慎和保守的态度，不会轻易准许股东提起代表诉讼，关于代表诉讼的一则重要判决是 Celcom Berhad v. Mohd Shuaib Ishak 一案的上诉法院判决。[4]该案件对《1965 年公司法》第 181B 条下的准予代表诉讼的标准产生巨大影响。

在该案中，原告是 Celcom 的一名前股东，他指控 Celcom Berhad 的董事使公司违反一项协议，导致公司以较低的股价发出强制性全面要约。因

〔1〕 *Foss v. Harbottle* [1843] 67 ER 189; *Prudential Assurance Co Ltd v. Newman Industries Ltd* (No. 2) [1982] Ch 204; *Tan Guan Eng v. Ng Kweng Hee* [1992] 1 MLJ 487; *Tan Guan Eng v. Ng Kweng Hee* [1992] 1 MLJ 487; *Abdul Rahim Bin Aki v. Krubong Industrial Park* (Melaka) Sdn Bhd [1995] 3 MLJ 417.

〔2〕 *Ramakrishnan Rajeswari v. Syarikat V. K. Kalyanasundram Sdn Bhd* [2015] 1 LNS 168.

〔3〕 See Mohammad Rizal Salim, 'Whither the Common Law Derivative Action: A Malaysian Case Study' (2016) 27 *Social Science Electronic Publishing* 14, 17.

〔4〕 *Celcom Berhad v. Mohd Shuaib Ishak* [2010] 7 CLJ 808.

此，原告的股份被强制以每股 2.75 令吉收购。原告声称，如果董事没有导致公司违反该项协议，收购将以每股 7.00 令吉的价格进行。一审法院准许该股东提出代表诉讼。但在上诉中，一审法官的许可被推翻。上诉法院认为，一审法官过于轻易地批准代表诉讼的提起，其主张应严格执行《1965 年公司法》第 181A 条的标准。上诉法院在作出决定时考虑到一个独立董事会根据法律咨询意见作出有关决定，所以上诉法院不愿过多干预董事的商业决定。

上诉法院考虑到《1965 年公司法》第 181B 条所指明的善意准则，并援引澳大利亚 Swansson v. R.A. Pratt 一案的判决，在其裁判理由中提到“申请人是否善意地认为存在一个良好的诉讼理由，并有合理的成功前景”这一具体裁判标准。[1] 此外，法院指出该申请的提出不应有附带目的。法院还审议了第 181B 条中关于“批准申请是否对公司最有利”的标准。根据案件事实，上诉法院裁定申请人缺乏善意。法院认为，申请人只是在提升他的个人利益，因为他已就同一事实对被告提起个人诉讼。这一结论似乎在一定程度上受到申请人在诉讼前 6 年已不再是成员的影响。调查还发现，这些诉讼不利于公司的利益。如果申请成功，将意味着取消全部强制性全面收购要约，这将损害公司的市场声誉，并给股东造成重大损失，所以该代表诉讼的提起没有“合理的商业意义”。

（二）评析

1. 许可标准高

综合马来西亚裁判的代表诉讼案件，不难发现，法院在决定是否准许代表诉讼时，除第 181A 条和第 181B 条明确规定的条件外，还会参考若干其他标准。这些标准都被认为是第 181B 条的扩充——是否出于对公司最大利益的初步考虑而许可代表诉讼，这种情况似乎与《1965 年公司法》第 181A 和 181B 条所规定的标准没有明显的联系。而马来西亚法院出于对公司自治的尊重，在相当多的案件中，法院会以技术理由拒绝代表诉讼诉求。

---

〔1〕 *Swansson v. R.A. Pratt* [2010] 7 CLJ 808 [16].

但在2007年，马来西亚将代表诉讼成文法化，以降低普通法下代表诉讼提起的难度，切实保护中小股东的利益。但在后来的诸多案件中，法院以比《公司法》第181条更为严格的标准来判断是否准许股东提起代表诉讼，这无疑提高了诉讼门槛，法院的这种做法似乎也有悖立法初衷。必须承认，法院在寻求股东利益与防止滥诉之间的平衡中起到不可或缺的作用，但在法律已对代表诉讼的提起设置诸多门槛的情况下，如果法院再将其提高势必会使天平偏向董事一方。

2. 尊重商业判断

在Celcom案中，法院认为，不应对一个保持适当和审慎态度的董事的商业判断加以干涉。公司的经营取决于多数股东的决策，公司的诉讼包括对公司董事、控制股东行为的追究，是典型的公司内部事务，亦应取决于公司多数股东的意志，法院不应越俎代庖。法院的许可程序是一个筛选的过程，在这种情况下，法院持审慎态度，其中一个重要原因是法院不愿过多干涉公司的商业判断，专业的人做专业的事，法院十分注意在司法程序中对公司经营的干涉程度。

股东代表诉讼本来是公司股东为维护公司的利益而提出的，赋予股东诉权是为适应公司所有权与经营权相分离而产生的一项重要的公司法律制度，它在公司法的发展史上具有划时代的重要意义。马来西亚引入制定法的代表诉讼制度更是为增加其可诉性，对于保护股东权益有不可低估的作用。但是，任何制度都不可能是完美无缺的，股东代表诉讼制度的负面效应也是不可忽视的。首先，公司自治是公司制度发展的历史逻辑和根本法则，呵护公司自治是公司制度的本质要求。[1]而股东代表诉讼制度意味着司法权对公司自治的干预，是对公司内部自身利益制衡机制失灵的纠正，但法官通常缺乏作出商业判断的专业知识，因而往往无力干预公司内部事务，由此将管理层的决定诉至法院的价值微乎其微。其次，在股东针对董事的直接诉讼中，很容易使董事对股东和第三人的法律责任存在于董事执

〔1〕 参见蔡立东：《公司自治论》，北京大学出版社，2006年，第19—43页。

行职务的所有场合，明显会导致责任泛化。董事对股东直接责任泛化的结果还会使董事在任何事项的决策上畏首畏尾、瞻前顾后，这对经营者在瞬息万变的商战中及时灵活决策是非常不利的。这样，在任何场合，只要董事的职务行为存在过错，均要其越过公司这道屏障对股东直接负责，将会导致董事会的公司机关地位和传统公司独立人格理论的完全崩溃，显然，这是不必要也是应该避免的。最后，与保护股东，特别是小股东利益的愿望相反，代表诉讼很有可能被原告的律师操纵，演变成为对公司的“袭击者诉讼”。从代表诉讼的结果来看，很多案件是以庭外和解、公司出钱“堵住原告律师的嘴”而告终的。[1]因此，马来西亚法院格外注意董事权责的平衡与司法对公司经营的干预。

3. 个人利益与公司利益的界限模糊

马来西亚法院对于股东是否善意的判断标准其中一项就是提出申请的目的并非是为个人私益。在 Celcom 案中，上诉法院就以申请人只是在促进他的个人利益，因为他已就同一事实对被告提起个人诉讼为由，认为申请人不具有善意。提起诉讼一般是原告计算得失后的行为，原告只会在预期诉讼收益大于成本时提起诉讼。而与普通民事诉讼中原告承担诉讼成本同时享有诉讼收益不同，代表诉讼中的原告和诉讼受益人是分离的。案件胜诉利益归属公司，被告将向公司而不是原告履行义务，原告股东只能按照其持股比例“间接”分享利益。质言之，原告提起代表诉讼的初衷须是全心全意为公司利益而非为一己私利。

法律制度确立的以“多数决”为基础的公司经营管理运作机制，在一定意义上体现出法律对“整体意义”上股东与公司内部利益关系的调整，而股东代表诉讼制度则是法律对“少数”股东乃至单个股东与公司利益关系的调整。在通常情况下，以“多数决”原则为基点的公司经营管理制度体现公司运作机制的正当性和效率性，而在特殊情况下，保护少数股东的

〔1〕 See Jones, ‘An Empirical Examination of the Resolution of Shareholder Derivative and Class Action Lawsuits’ (1980) 542 *Boston Univenuty Law Review* 542, 544.

股东代表诉讼制度则更深刻地体现了股东的平等原则和公司运作机制的正当性。综上，股东代表诉讼实际上是公司管理机制的例外，股东基于他与公司的利益关系，在特殊情况下行使监督制约权的一种手段。但是，在公司经营过程中，个人利益与公司利益的界限模糊，在某些情形中会存在包含关系，并不是泾渭分明。不可否认，会存在公司利益受损导致股东个人利益也受到影响的情况。但如果马来西亚法院以申请人是为个人利益，就断定其不具有善意，则有以偏概全之嫌。

五、结语

马来西亚作为英国的前殖民地，其法律制度也深受英国法律影响，在2007年之前，马来西亚一直适用普通法下的股东代表诉讼。诉讼门槛高，诉讼成本高、时间长，成功提起诉讼对于小股东而言难上加难。但随着亚洲金融危机发生，人们逐渐意识到大股东或董事会利用职务之便中饱私囊使公司利益受损，而股东代表诉讼制度是中小股东维护权益的有力武器。于是，马来西亚急需破除旧有制度，订立新的规则，由此引入制定法下的代表诉讼制度。与之前相比，新的代表诉讼制度程序清晰，法官拥有较大的自由裁量权，允许提起诉讼的股东范围广。但是实际效果真的达到公司法改革委员会所预期的了吗？从一些案例来看，法院对于代表诉讼的许可还是持谨慎的态度，这不仅体现在许可标准高，同时还体现在法院不愿过多干涉公司专业的商业判断。综合各种因素使得马来西亚的股东代表诉讼提起的成功率很低，法院以无不当行为人控制、缺乏诉讼资格、程序瑕疵等多种理由拒绝许可。而且，马来西亚还经历了一段制定法下的股东代表诉讼与普通法下的股东代表诉讼并存于同一法律体系中的混沌时期。之后，才在马来西亚公司法改革委员会的力求下于2017年1月起不再适用普通法下的股东代表诉讼。由此可见，马来西亚的整个股东代表诉讼的历史沿革是先有“立”的阶段，首先引进制定法下的代表诉讼制度，订立新的代表诉讼规则，立法先行，于法有据，再通过“立”来反向推动“破”的阶段，使原有的普通法股东代表诉讼被“破除”。

随着投资国际化，股东代表诉讼作为保护中小股东利益的最后一道防线，合理有效的制度设计，对维护各方利益、吸引投资有重要作用。成文立法的制定标志着马来西亚法律界意识到保护中小股东的重要性，其立法初衷就是让司法监督成为维护公司高效自治和小股东保护之间平衡的主要方法。但是，就现阶段的司法实践看来，马来西亚目前的股东代表诉讼制度离公司法改革委员会所要求的创设一个更加合理现代化的股东代表诉讼的目标尚有一段距离。创设新的制定法规范也并不是全盘否认原有的规则。如何打造出更加符合国际需求的现代化股东代表诉讼制度，让该制度真正发挥效用，是马来西亚公司法今后需要解决的问题。

第四部分　中国：欲罢不能？

第十九章　样本数据分析

一、研究概况与数据样本说明[1]

（一）研究方法

本章采用定量实证研究的方法研究股东代表诉讼制度在中国的施行状况。实证研究该方法主要用于研究现实社会中的法律，运用社会学和经济学等社会科学的方法，关注法律与社会的互动关系，特别是揭示法律的实施情况，其核心问题是“现实中的法律是什么”[2]。定量实证研究注重样本收集，全样本或者部分样本，并对样本进行定量统计分析，进而运用逻辑推理与比较研究的方法归纳出该制度的司法实践状况与其背后可能的原因。本书采取全样本研究，收集2006年1月1日（2005年《公司法》生效之日）至2017年4月30日，北大法宝数据库中收集的全部股东代表诉讼案例，采取全样本研究能够使研究结果更加接近客观和具体，更加能反映真实状况。[3]

本书亦采用案例分析方法与比较法学研究方法进行研究，对样本中的

---

〔1〕关于中国股东代表诉讼的相关数据，由西南政法大学2016级研究生罗小雪同学搜集整理而成，在此特致谢意。

〔2〕黄辉：《法学实证研究方法及其在中国的运用》，载《法学研究》2013年第6期。

〔3〕笔者经大致搜索发现，北大法宝数据库中股东代表诉讼案件数量相对于中国裁判文书网更多，且二者大部分的案件是重复的，若要搜集全网的股东代表诉讼案件，工作量太大，故经综合考量选择了北大法宝数据库中的案例作为分析的样本。笔者期待以后的学者们能搜集更为全面的股东代表诉讼案件数据样本。

典型案例进行个案研究，深入分析法官审理案件过程中的逻辑推理，同时将我国现行法律制度与其他典型国家和地区（如美国、英国、日本、我国台湾地区等）进行对比，为构建更具有操作性、更统一的股东代表诉讼制度体系奠定基础。

（二）数据样本总体情况

本书采取模糊搜索的方法，以“代表诉讼”“股东代表诉讼”为全文关键词，于北大法宝数据库中进行搜索，时间跨度为2006年1月1日至2017年4月30日，最后检索时间为2017年5月1日。其中收集“代表诉讼”下案例与裁判文书225篇，“股东代表诉讼”下案例与裁判文书696篇，共921篇。笔者对该921篇案例与裁判文书进行仔细甄别与剔除，具体说明如下：（1）剔除重复的文书；（2）有的文书反映的并不是股东代表诉讼案件，特别是在以“股东代表诉讼”为词条进行搜索时，部分文书只是在判决正文中出现了该词条，是法院在解释案件过程中提到的其他与本案有关联的案件，或者只是在向当事人释明本案的可行解决办法时提到了“股东代表诉讼”，实际的审理内容或判决依据不涉及股东代表诉讼制度，故应对此类案件进行仔细甄别并剔除；（3）所选取的案例中有的经过了二审、再审甚至重审等多重程序，对于此类案件，将合并为一个样本进行统计；（4）收集的裁判文书中有部分管辖异议、申请终止、未交纳诉讼费按撤诉处理等裁定书，对于该类裁定书也将其归入本体判决案件中，作为一个样本进行分析。最终，经过仔细筛选甄别，得到303例文书样本。本书以该303例案例为基础对股东代表诉讼制度分多个类目进行调查统计与实证分析。

同时，需要说明的是，本书存在一些局限性：（1）囿于网络技术的发展，早期存在部分未上网的文书，而且因地域差异，文书上网工作的力度也不同，故仍有部分股东代表诉讼案例裁判文书未在网上公布；（2）本书只以北大法宝数据库为基础进行搜索，然该数据库并不全面，部分代表诉讼案例未收录在该数据库中；（3）部分文书的裁判内容寥寥无几，参考内容受限，文书正文缺少裁判推理过程，不能很好地得知法官的裁判逻辑与裁判思路，这在一定程度上将影响对制度运行状况的统计评估；（4）因笔者研究水平有限、理论功底不够深厚等多方面原因，统计过程中可能存在误差，遗漏相关案例，导致统计结果不是百分百准确，但也大致能反映股东代表诉讼制度现行司法实践状况。笔者期待各网络数据库能不断完善，同时也会不断提升自身能力，争取日后能有更严谨的研究成果，故万望读者审慎看待本书研究结论。

二、数据样本的量化分析

（一）案件总体概况

股东代表诉讼属于舶来品，到底在我国会不会“水土不服”，能不能够得到很好适用还得看发生案件的多寡，通过对股东代表诉讼案件整体情况的统计分析，能让读者对该类案件的适用情况有一个总体的认知。整理股东代表诉讼案件的年度分布，可窥见该类诉讼的发展趋势；考察股东代表诉讼省份分布，可探究各地区对该制度的接受程度；阐述股东代表诉讼案件经过的审级以及法院的裁判状况、案件最终的胜败状况，探查审判该类案件的标准是否统一，当事人之间矛盾的激烈程度。

1. 案件年度分布

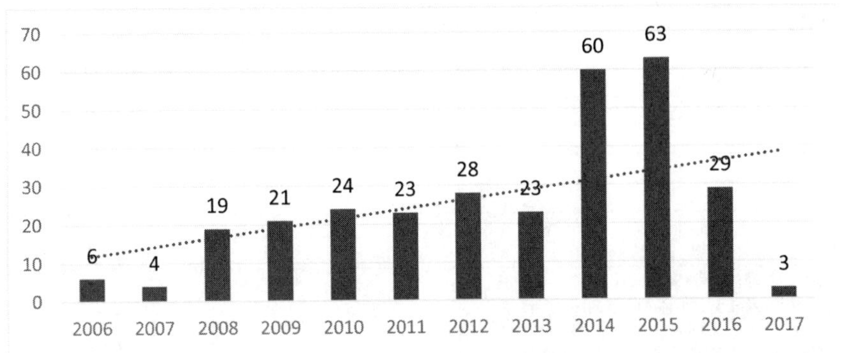

图 19-1 派生诉讼案件年度分布

以上数据反映了自 2005 年我国《公司法》引入股东代表诉讼制度以来，每年发生的股东代表诉讼案件数量变化，表中的虚线是变化“趋势线”。从图 19-1 可以看出，股东代表诉讼案件呈现出逐年增多的趋势，2006 年至 2013 年增长趋势缓慢，案件数量基本趋同，2014 年、2015 年案件数量显著增多。需要说明的是，因为笔者检索案例的截止日期为2017年4月30日，受时间原因限制，2017年已公布的股东代表诉讼案例较少，故收集到的样本只有3例。同时，部分2016年的案例还未审结，即使已经审理完毕，但还未公布或还未收录进北大法宝数据库中，一定程度上使得2016年的样本数量偏少，为29例。整体来说，股东代表诉讼案件数量逐年增多，说明股东代表诉讼制度已经逐步得以适用，这是符合市场经济规律的，企业快速发展，逐步转型，纠纷不断增多，对公司治理的要求进一步增强，这也正说明股东代表诉讼制度急需完善，以满足日益增长的社会需求。

但具体来看，每年发生的股东代表诉讼案件较其他类型的公司诉讼案件数量仍然偏少，有学者认为，该制度会出现滥用问题，并建议进一步对该制度的适用施加限制。[1]笔者认为，就目前社会现状来看，公司和小股东权益遭受侵害的现象仍然严重，几乎很少存在滥用代表诉讼权利的情况，目前的状况是仍需要降低提起诉讼的门槛，鼓励中小股东积极行使诉权，监督公司的管理，保护公司的合法权益。

2. 案件审理法院

表19-1　审理法院分布情况

审理法院所在地	股东代表诉讼案件数量	所占百分比
上海市	60	19.8%
江苏省	43	14.2%
北京市（最高院18件）	38	12.5%
广东省	37	12.2%
浙江省	31	10.2%
山东省	12	4.0%
福建省	11	3.6%
辽宁省（7）、四川省（7）、河南省（6）、湖南省（6）、重庆市（6）	32	10.6%
广西壮族自治区（4）、海南省（4）、内蒙古自治区（4）、新疆维吾尔自治区（4）、湖北省（3）、陕西省（3）、天津市（3）、安徽省（3）、黑龙江省（2）、江西省（2）、山西省（2）、云南省（2）、甘肃省（1）、吉林省（1）、青海省（1）	39	12.9%
总数	303	100%

〔1〕参见傅穹、曹理：《股东派生诉讼提起权滥用防止研究——兼评2005年〈公司法〉的相关规定》，载《当代法学》2006年第2期。

如表 19-1 所示，我国股东代表诉讼案件多发生在经济较为发达的地区以及东南沿海地区。在内陆等市场经济相对落后的地区，代表诉讼案件数量较少。就统计情况来看，北京市、上海市、广东省及江苏省这几个省市的代表诉讼案件所占比例就达到全部案件的 58.7%，超过总案件数量的一半。广西壮族自治区、海南省等 15 个省，这 10 年间，案件数量仅为 1 至 4 件，可见股东代表诉讼在这些地区基本得不到适用。

然这一现状是预料之内的，是符合社会发展规律的。股东代表诉讼制度主要用于解决涉及公司的相关纠纷，在经济发达地区，市场经济活跃，公司结构复杂多元，市场运行过程中更容易发生经济纠纷，主体之间有更大的几率提起股东代表诉讼。另一方面，经济较发达地区律师以及法官的知识水平相对较高，整体法律素质也相对较高，对于才引入不久的股东代表诉讼制度的接受能力更强，对于制度的适用等问题也掌握得更好，故出现公司纠纷时也愿意选择除传统诉讼之外的这一新型诉讼方式。经济发达地区发生的股东代表诉讼案件较多，种类繁杂，囊括了多方面的问题，法官在长期司法实践中总结的经验也较多，这些经验以及案件审判推理逻辑对于我国更好地完善股东代表诉讼制度有重大的借鉴意义。

3. 案件诉讼情况

图 19-2 呈现了数据样本股东代表诉讼案例经过的诉讼程序情况。在 303 件案例中，有 104 件案例经过一审程序即告终结，当事人没有上诉，占比约 34.3%；有 177 件案例的生效裁判由二审法院作出，所占案件比例约为 58.4%，22 件案例经过了再审程序，所占比例约为 7.3%。若是单论上诉率，结合上述二审及再审案件数量可知，上诉率高达 65.7%，远高于一般民事案件上诉率。[1] 由此可见股东代表诉讼案件当事人之间矛盾的激烈程度以及法律适用的不统一。在 199 件经过上诉的案件中，除去一例原告

〔1〕 于中国裁判文书网上搜索统计 2016 年 1 月 1 日至 2016 年 12 月 31 日民事案由下一审案例为 4852057 件，二审案例为 739454 件，再审案例为 235444 件，上诉率约为 16.7%，网址：http://wenshu.court.gov.cn/list/。

撤回起诉的案件和两例当事人之间通过调解结案的案件[1]，法院经过审判后维持原判的有 142 件，占比为 72.4%；经过审判后撤销原判的案件有 54 件，占比为 27.6%。

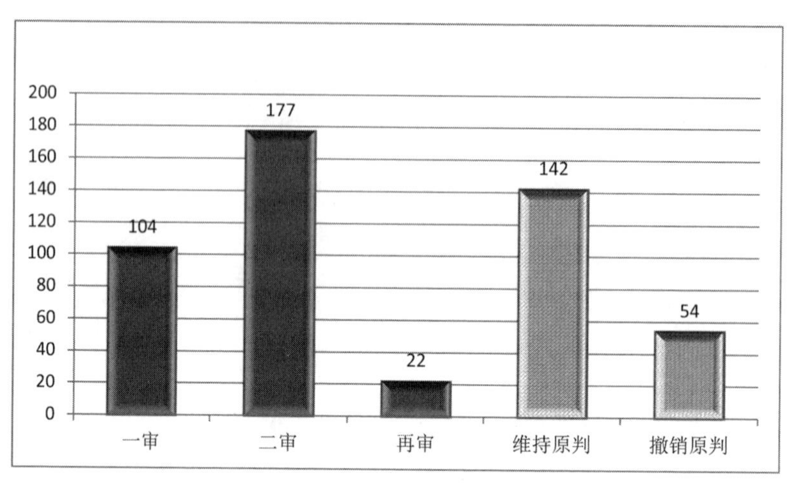

图 19-2　案件的诉讼情况

股东代表诉讼案件的上诉率和改判率如此之高，究其原因，大致如此：一方面，股东代表诉讼制度是 2005 年才引入我国的新型制度，只在《公司法》第 151 条对提起主体、适用范围、前置程序等进行了相关规定，相关司法解释略有涉及。但是这些规定没有经过我国实践的考量，偏理论化、原则化，缺乏可操作性，立法上还有一些空白和模糊之处，在现实适用过程中没有统一的标准，导致法官在裁量过程中没有可参考的统一的法律上的依据，对于一些细化的问题只能自由裁量。另一方面，法官、律师、当事人的法律素质不一，对于股东代表诉讼制度的理解也不一样，在审判过程中容易出现矛盾，有些案件还会出现同案不同判的情况。以上原因导致我国股东代表诉讼案件上诉率及改判率偏高。对此，只有经过长期的司法实践，并于立法上逐步细化完善股东代表诉讼制度，才能改善此现状，使股东代表诉讼审理依据及审理结果趋于统一。

〔1〕二审撤回起诉的：（2011）渝五中法民终字第 3948 号。二审调解结案的：(2008) 民二终字第 123 号、（2010）浙杭商终字第 146 号。

4. 案件胜败情况

表 19-2 案件胜败情况

胜败情况	案件数量	所占比例
胜诉	101	33.8%
败诉	180	60.2%
驳回诉讼请求	90	50%
驳回起诉	90	50%
不清楚	18	6.0%
总数	299	100%

303 例数据样本中，诉讼的最终结果情况，有 2 例是调解结案，2 例是原告撤回了起诉，故这 4 例案件不作为统计案件胜诉率的基数。表 19-2 中，299 个样本中，有 101 个样本原告最终胜诉，胜诉率为 33.8%，180 个样本中原告最终败诉，所占比例为 60.2%，这个败诉率相较于其他案件的败诉率偏高。并且，在胜诉的案件中，有一部分案例法院只支持了原告诉讼标的的一小部分，实践中，对于董事、监事、高管等被告应赔偿给公司的具体金额也存在较大争议。另外，需要说明的是，“不清楚”胜败情况的案例是裁判中撤销原判，裁定重新审理或者裁定立案受理后，没有后续判决，或者只有管辖权争议的裁判，不清楚具体情况的案例。对于败诉的案件，有 50% 的案件是被法院判决驳回诉讼请求，50% 的案件是被法院裁定驳回起诉。

在统计过程中发现，驳回起诉的原因有一半是不符合程序规定，还未进入股东代表诉讼的实体审理过程。主要原因在于原告提起股东代表诉讼前，没有经过前置程序步骤，即没有“穷尽内部救济”，或者前置程序不符合规定，或者是原告主张的“紧急情况”不成立。由此可看出，由于前置程序问题被法院驳回的案件占很大比例。前置程序的设置在于防止滥诉，过滤恶意诉讼以及骚扰诉讼，避免行权股东滥用司法资源，扰乱市场秩序，同时体现对公司独立人格的尊重。股东代表诉讼中的被告大多是在公司的经营管理中拥有实际控制权的董事、监事、高管或者控股股东，因而法律如果过于严格地要求原告股东在起诉前必须完整地履行前置程序，则在很大程度上会降低股东代表诉讼制度的实用价值，甚至导致其“名存实亡”。[1]如此大比重的因前置程序问题驳回起诉到底是真正防止了滥诉还是阻碍了股东保护公司合法权益免受继续侵害，值得深思，对于该问题在此不详述，本书第二部分再探其究竟。

（二）案涉公司具体情况

诉讼过程中，行权股东是原告，董事、监事、高管以及他人等侵害公司利益的人是被告，那公司的地位如何？又是在什么样的公司中股东会选择提起股东代表诉讼？公司是与诉讼结果有利害关系的主体，通过对案涉公司类型、案涉公司股东人数等的统计分析，可以比较清楚地知道股东代表诉讼制度适用的先决背景条件以及公司的准确定位。

1. 案涉公司类型

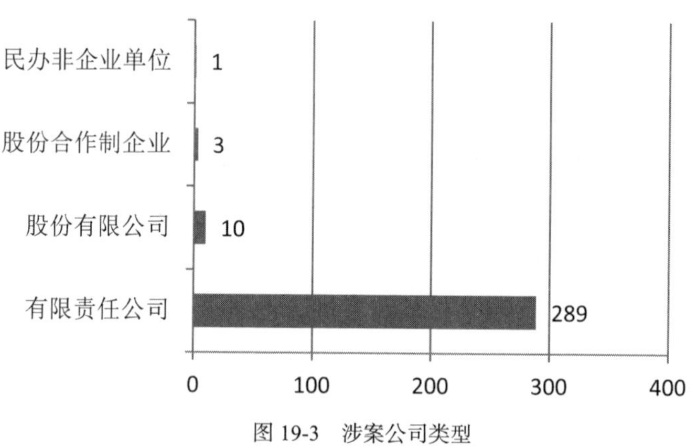

图 19-3　涉案公司类型

从图 19-3 可以看出，在 303 个案例样本中，有 289 个公司为有限责任公司，占比高达 95.3%，仅有 10 个公司为股份有限公司，有 3 个股份合作制企业以及 1 个民办非企业单位。我国《公司法》将公司类型区分为有限责任公司和股份有限公司，股东代表诉讼多发生在有限责任公司中，发生在股份有限公司中的案例极少。

---

〔1〕朱慈蕴：《股东派生诉讼的前置程序问题研究——“紧急情况”之外是否存在可豁免情形》，载《政法学刊》2010 年第 3 期。

有 3 个案例，案涉公司为股份合作制企业。[1] 目前我国未颁布股份合作制企业专属适用的法律法规。股份合作制企业具有公司制企业和合伙制企业的双重特征，既不属于公司企业，也不属于合伙企业，对于该类型公司的纠纷处理，法院的主要依据是其内部章程的规定，没有章程规定或者章程规定不明确时，参照《公司法》或者《合伙企业法》的相关规定处理。有 1 例为民办非企业单位[2]，案涉公司为一实验学校。依据我国法律规定，民办非企业单位应适用《民办非企业单位登记管理暂行条例》等法规调节，不适用《公司法》。但在该案中，原告依据《公司法》第 151 条起诉，法院也依据该条审理，最终法院以原告没有履行前置程序为由裁定驳回了原告的上诉请求。

2005 年《公司法》之所以最终引入股东代表诉讼制度，其中一个重要原因就是当时的证券市场上存在太多公司治理和投资者保护的问题。[3] 盼望股东代表诉讼制度的引进能够鼓励中小股东积极维权，改善股份有限公司中大股东或公司管理者滥用控制权的状况，并逐步改善公司治理。然近几年发生在股份有限公司中的股东代表诉讼案例极少，并不符合制度设计预期目的，该制度并没有发挥其在股份有限公司中应有的功能。那么于股份有限公司而言，股东代表诉讼制度对原告资格的限制是否过严，是否存在放宽的可能性？通说认为，限制股份有限公司中股东代表诉讼原告的持股时间与持股期限的目的是为了防止滥诉，但就目前的司法实践来看，股东代表诉讼在股份有限公司中还没达到广泛适用的程度，更谈不上滥诉。持股 1% 以下的股东提起的诉讼不一定就是恶意诉讼，持股 1% 以上的股东提起的诉讼不一定就不是恶意诉讼，防止滥诉可通过其他途径进行规范，应稍微放宽对股份有限公司原告资格的限制。

---

〔1〕 参见（2014）佛城法民二初字第 909 号、(2015) 通中商终字第 00445 号、(2015) 鄂武汉中民商终字第 00732 号。

〔2〕 参见（2015）滁民二终字第 00471 号。

〔3〕 参见黄辉:《中国股东派生诉讼制度: 实证研究及完善建议》, 载《人大法律评论》2014 年卷第 1 期。

2. 案涉公司股东数量

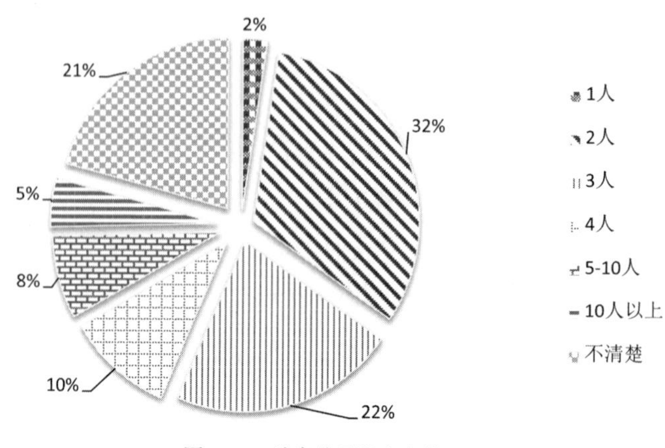

图 19-4　涉案公司股东人数

如图 19-4 所呈现，案涉公司股东数量为 1 的案例样本有 7 个，所占总数比例为 2%，股东数量为 2 的案例有 98 个，所占比例高达 32%，股东数量为 3 的案例有 66 个，所占比例为 22%，股东数量为 4 的案例有 31 个，所占比例为 10%，股东数量为 5 至 10 的样本有 24 个，所占比例为 8%，股东数量为 10 以上的案例有 14 个，所占比例为 5%，另外，从裁判文书中无法得知公司股东数量的案例有 63 个，占比 21%。

不难看出，股东数量为 2 至 3 的公司中最易发生代表诉讼，超过总数的 50%。该类公司股东人数少，人合性强，股东之间一旦失去信任或稍有矛盾，就难以在决策上达成一致，导致公司治理产生困境；并且，股东人数少的公司中，股东更易掌握控制权或者在管理上拥有绝对优势，发生权利滥用的几率也比较大，进而引发股东代表诉讼。

另外，有 7 个样本案例，公司的股东只有 1 人，即一人公司。一人公司中股东对公司的经营管理事项有绝对的控制权，可以决定公司的经营决策以及公司是否对侵害公司的主体提起诉讼，那为何还会出现公司怠于起诉时的股东代表诉讼呢？研究过程中发现，这 7 例案件中，有部分案件，虽然原告拥有全部股权，但是实际上已经丧失了对公司的控制权，公司的各类印章、证照、财产以及账册等均由董事、高管等控制，且董事、高管拒不执行董事会决议。公司由这些董事及高管控制，原告股东不能提起直接诉讼，故只得选择股东代表诉讼以保护公司利益。由此也可以看出在目前所有权与经营权分离的公司治理模式下，股权不一定意味着控制权。另外部分案例属于双重代表诉讼，存在于母子公司的情形下，母公司的股东在母公司怠于追究子公司董事、监事以及高管的法律责任时提起的诉讼。这类案件较少，笔者仅收集到 4 例样本。目前法律对此没有规定，法院对这类案件的裁判结果也是截然不同，多依据自由裁量权。笔者认为，随着社会的发展，双重代表诉讼有其现实需要，需要有明确的法律规范以提供审判依据。双重代表诉讼具体实践如何呢？本书第二部分以及第三部分将结合实例进行详述。

3. 公司在诉讼中的地位

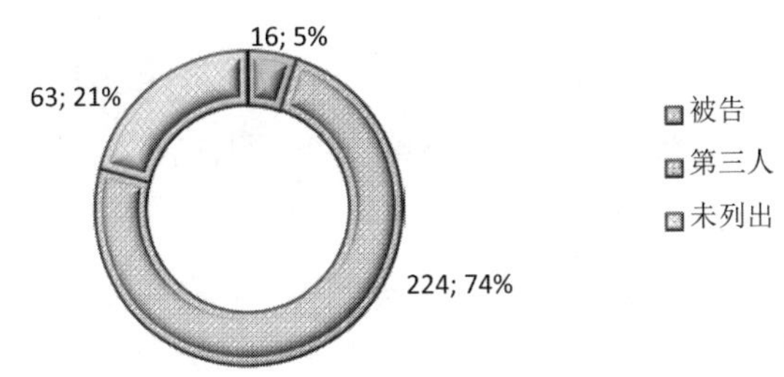

图 19-5　公司的诉讼地位

股东代表诉讼中，公司的地位到底是什么，对此立法上长期处于空白状态。司法实践中，如图 19-5 所示，在 224 个案件中，法院将公司列为第三人，占比 74%；将公司列为被告的仅有 16 个案件，占比 5%；值得注意的是，在 63 个案件中，达总数的 21%，法院没有将公司作为当事人列出，而是选择回避了这一问题。在裁判文书中，法院也基本没有说明将公司列为诉讼中第三人或被告的理由，难以以此来确认程序的正当，这确是一种遗憾。

理论上，或有学者主张将公司列为原告[1]，或列为被告[2]，或列为第三

〔1〕参见杨路：《股东派生诉讼问题研究》，载《人民司法》2003 年第 4 期。

〔2〕参见甘培忠：《论股东派生诉讼在中国的有效适用》，载《北京大学学报（哲学社会科学版）》2002 年第 5 期。

人[1]，也有学者主张股东以公司的名义提起诉讼，公司作为原告，而股东则取代法定代表人的地位成为诉讼当事人。[2]对于该问题理论上一直争议不断，不管是哪一种方式都难以得到社会的认可。英美法系国家，公司属于必要当事人，在诉讼中居于双重地位，而日本则将公司视为诉讼参与人，以共同诉讼人或辅助当事人身份参加诉讼。而以我国本土司法实践来看，则是倾向于将公司列为第三人，采取了与其他国家不同的具有中国本土特色的模式。我国最新出台的《公司法司法解释四》第24条第1款就适应司法实践多数情况，明确规定了公司的“第三人”诉讼地位，这是股东代表诉讼制度上一个大的进步，诉讼主要涉及公司，以后公司的诉讼地位也就有法可依。[3]但其只是笼统地予以规定，未明确该“第三人”是“有独立请求权的第三人”（以下简称有独三）还是“无独立请求权的第三人”（以下简称无独三）。传统意义上有独三对双方当事人争议的诉讼标的有独立请求权，能提出独立于原被告双方的诉讼请求，其诉讼地位本质即原告；而无独三的诉讼地位既不属原告也不属被告，只能在其与诉讼案件结果存在法律上利害关系时自己申请参加诉讼或者由法院通知参加，因为其对案件的诉讼标的不存在独立请求权。《公司法司法解释四（征求意见稿）》第50条第2款中确认，被告反诉的，应当以公司为反诉被告，但由原告行使权利。该规定即否定了公司有独三的诉讼地位；另外，该条明确法院在受理股东代表诉讼案件后，应当通知公司参加诉讼，实际是强制要求公司参与到诉讼中来，以使诉讼判决结果对公司产生效力，这也不同于传统意义上的无独三。但是正式通过的《公司法司法解释四》删去了该条款内容，回避了该问题，使公司“第三人”地位的具体含义仍处于一种模糊状态。笔者认

---

〔1〕 参见湖滨、曹顺名：《股东代表诉讼的合理性基础和制度设计》，载《法学研究》2004年第4期。

〔2〕 参见钱玉林：《论股东代表诉讼中公司的地位——法制史的观察与当代的实践》，载《清华法学》2011年第2期。

〔3〕 第24条：“符合公司法第一百五十一条第一款规定条件的股东，依据公司法第一百五十一条第二款、第三款规定，直接对董事、监事、高级管理人员或者他人提起诉讼的，应当列公司为第三人参加诉讼。”

为，基于股东代表诉讼本身的特殊性，公司“第三人”的具体性质无可置疑地有其区别于传统第三人的特殊之处。

4. 公司经营状况

表 19-3 公司经营状况

公司经营状况	样本数	所占比例
正常经营	241	79.5%
吊销执照前停业状态	9	3.0%
应清算未清算（吊销执照或决定解散后未成立清算组）	28	9.2%
清算中（自行清算或强制清算）	23	7.6%
已注销	2	0.7%
总数	303	100%

表 19-3 反映的是案涉公司经营状况的调查统计结果。案涉公司处于正常经营状况的占总数的 79.5%，吊销执照决定解散前处于停业状态的公司占总数的 9%，在吊销执照或者决定解散后，应成立清算组而未成立的公司占总数的 9.2%，处于清算中的公司占 7.6%，另外，案涉公司中还有 2 个公司已注销。

笔者按照表 19-3 分类的原因在于：前置程序是股东代表诉讼中重要的一环，而公司经营出现问题，处于不同阶段时，股东代表诉讼前置程序的适用因公司内部治理结构的不同而存在区别。当公司处于清算阶段，已成立清算组时，《公司法》第 184 条规定公司清算组在清算期间代表公司参与民事诉讼，此时公司董事会与监事会已不能行使职权，原告股东在起诉之前寻求内部救济之时，应向清算组请求。《公司法司法解释二》第 23 条也规定了清算组成员在执行职务过程中违反法律、行政法规或者公司章程时，符合条件的股东可以以其为被告提起诉讼，如周某斌诉郑某廉损害公司利益责任纠纷上诉案。[1]

对于已注销的案件，公司法人资格丧失，原公司股东能否请求原公司董事、高管等承担损害公司利益的责任呢？这一问题学界甚少关注，在张某萍等与某某信息技术（上海）有限公司损害公司利益责任纠纷上诉案

〔1〕参见甘肃省高级人民法院 (2014) 甘民二终字第 149 号判决书。

中[1]，人民法院经过审理认为，在公司注销后以自己的名义并且为了公司的利益提起股东代表诉讼的股东是适格主体，具备原告资格。该案中，原告张某萍主张被告许某、李某及盛趣公司在没有告知原告股东的情形下，私下注销了公司，这种行为不符合股东间诚信原则的要求，同时这种行为也严重损害了股东张桂萍的合法权益，故要求被告赔偿原告经济损失，且原告未履行前置程序。一、二审法院支持了原告诉请金额的合理部分。二审法院认为，因案涉公司时代公司已经注销，在法律上已不具有主体资格，张桂萍履行股东代表诉讼的前置程序存在困难，故法院豁免其前置程序，原告主体适格。从该案来看，法院认可公司注销后原公司股东的代表诉讼权，虽此类案例在实践中较少，立法上也缺少规定，但仍值得我们关注。

而对于公司在吊销营业执照前处于停业阶段时、吊销执照后成立清算组之前的阶段时，公司内部管理结构复杂，涉及的前置程序请求及豁免相关问题，本书将结合具体案例作为重点问题在后文第二部分重点分析。

（三）诉讼方相关事由

提起股东代表诉讼的原告需要具备什么资格，又是在什么情况下会提起代表诉讼，被告又是何种类型，在案涉公司中居于什么职位，通过对303例样本的分析，对以上问题可明晰一二。

1. 诉由类型

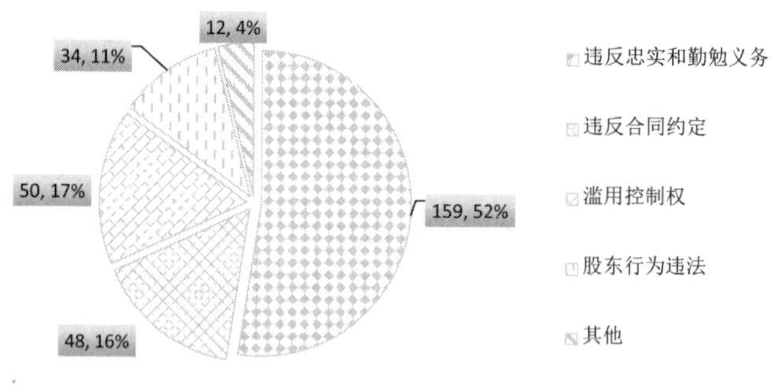

图 19-6　被告可追诉行为类型

〔1〕参见北京市第一中级人民法院 (2014) 一中民终字第 5729 号判决书。

统计过程中发现，一个案件中可能包含了几种被告可追诉行为，在此只分类统计一个案件中主要的诉由类型。如图19-6所示，占总数的52%，超过一半的样本是由董事、监事或高管违反忠实与勤勉义务而引起的诉讼，违反忠实与勤勉义务是股东代表诉讼案件最主要的诉由类型[1]，绝大部分案件的诉由是违反忠实义务，其中，具体的违法类型有利用职权便利侵占挪用公司资产、自我交易与关联交易、与他人签订低价不公平合同、卸任后违法占有公司证照等；被告可追诉行为是违反合同约定、不履行合同义务的案件有48例，占总数的16%，也是一重要的诉由类型；被告可追诉行为是滥用控制权的样本有50例，该分类主要针对的是公司中不担任管理职务的控股股东和实际控制人滥用控制权的情况[2]，具体表现有控股股东利用控股地位转移侵占公司资产、实际控制人未经股东会同意私自订立侵害公司利益的协议、控股股东利用关联关系进行关联交易等；针对“股东行为违法”该类可追诉行为，统计过程中发现有34件案例涉及，占总数的11%，主要表现是股东出资瑕疵或抽逃出资、不具有控股地位的股东侵占公司资产、与他人恶意串通侵害公司利益等；另外，还有约4%的其他被告可追诉行为，主要包括他人侵权、他人侵占公司资产以及其他从判决中不可查明的原因。

2. 原告股东持股情况

依据我国《公司法》第151条规定，股东代表诉讼下有限责任公司中原告股东的资格限制明显宽于股份有限公司。只要符合有限责任公司股东资格，就能够作为原告提起股东代表诉讼；但是在股份有限公司中，原告股东首先需要满足的条件是连续180日单独或合计持有公司1%以上股份。上表显示，有65个案件中原告股东持股在10.0%至33.3%，占比为

〔1〕 笔者此处分类时没有区分忠实义务与勤勉义务，因为笔者在统计中发现，大多数原告在起诉时其诉由是将忠实与勤勉义务合在一起，不会将其拆分开来，且甚少有勤勉义务，故此处将其作为一类案由处理。

〔2〕 公司董事、监事或高管也会存在滥用控制权的情况，但由于其身份特殊性，故笔者将董事、监事或高管滥用控制权的情形归入“忠实与勤勉义务”这一诉由中。

21.5%，有 89 个案件中原告股东持股在 33.3% 至 50.0%，占比为 29.4%，持股 10.0% 至 50.0% 的股东居于多数。据此，提起股东代表诉讼的股东持股较多，虽然有的案件中有几个原告，其持股是合计持股，但根据图 19-7“单独持有”股份和“共同持有”股份的案件数可知，绝大部分的案件中原告是单独持股。另外，有 49 个案涉公司中原告持股超过 50.0%，即控股股东提起诉讼。控股股东在拥有公司控制权的情况下为何还会提起股东代表诉讼呢？究其原因，可以发现，原告股东或许在股份上形成控制局面，然对公司的经营管理可能没有控制权，比如高管等公司管理人员合法保管公司印章之后拒不执行股东会或者董事会决议，也拒不交出公司印章等证件材料，形成公司管理或决策上的僵局之后，控股股东没有办法得到公司印章，就无法以公司名义向人民法院提起直接诉讼，故只能选择以股东名义提起代表诉讼。需要说明的是，有 78 个案例样本裁判文书中，没有写明原告的持股比例，但由于样本总基数大，故该部分案例中股东的持股情况应当与已知案件大致相同，反映的趋势、占比等基本一致。

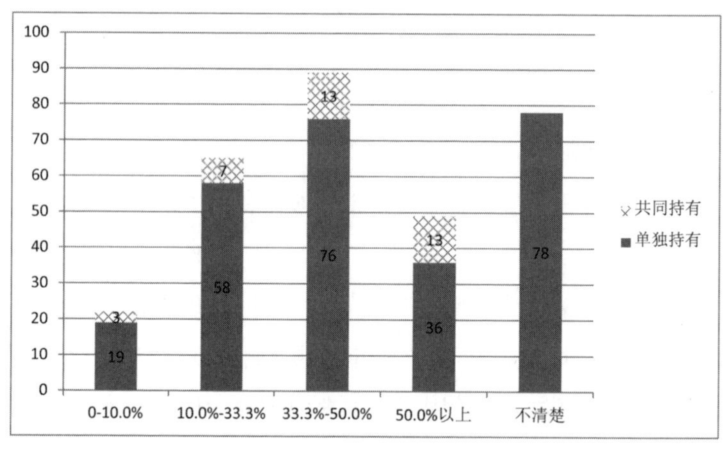

表 19-7　原告股东持股情况

3. 被告类型

表 19-4 被告类型

被告类型	案件数量	百分比
董事和高管	205	48.3%
是控股股东	138	
不是控股股东	67	
监事	17	4.0%
是控股股东	3	
不是控股股东	14	
“他人”	197	46.5%
控股股东或实际控制人（无职务）	52	
关联方（关联企业或关联人）	39	
交易相对方	47	
股东	37	
其他	22	
不清楚	5	1.2%
总数	424	100%

目前，我国《公司法》第 151 条规定的股东代表诉讼被告对象包括董事、监事、高管，以及其他侵害公司合法权益的“他人”。如表 19-4 所示，股东代表诉讼的被告多数是董事和高管以及“他人”，是董事、高级管理人员的有 205 人，占比为 48.3%〔1〕，其中处于控股股东地位的董事、高管居于多数；被告为监事的较少，有 17 人，占比为 4.0%；被告为“他人”的人数也相当多，有 197 人，占比为 46.5%，与被告为董事、高管的数量平分秋色。

《公司法》第 152 条第 3 款虽然规定原告股东可以对侵害公司权益的“他人”提起股东代表诉讼，但是，该规定过于原则化，没有规定“他人”的具体范围。在统计过程中发现，“他人”主要涉及公司控股股东或实际控制人、关联企业或关联个人、交易相对方、其他股东等 。

对于股东代表诉讼被告问题，美国采取“自由模式”，只要侵害了公司权益的人，都可以成为股东代表诉讼的被告；日本和我国台湾地区采“限制模式”，将股东代表诉讼的被告限制为公司内部人，范围相对狭窄。〔2〕

〔1〕因笔者统计时是按具体被告人数来确定，有的案件中被告不止 1 人，故旅途 19-7 总数为 424 人。

〔2〕参见刘凯湘:《股东代表诉讼的司法适用与立法完善——以〈公司法〉第 152 条的解释为中心》，载《中国法学》2008 年第 4 期。

我国股东代表诉讼中被告的范围相对宽泛，《公司法司法解释四（征求意见稿）》第 31 条第 2 款明确规定，“他人”是指除公司或者全资子公司的董事、监事、高级管理人员以外的其他人。可见，我国也倾向于放宽被告范围，即他人只要侵害公司权益，股东都可以依程序将其诉至法院。然正式通过的《公司法司法解释四》又删去了该条规定，没有限缩也没有放宽“他人”的范围，而是仍然将其置于立法上的空白状态。在以后的审判实践中，具体司法操作仍然在于法院的自由裁量。笔者认为，股东代表诉讼的诉权派生于公司的权利，公司有权追究一切损害自身利益的人，故在公司怠于起诉的情况下，股东也有权起诉所有损害公司利益的人。

（四）股东代表诉讼前置程序

原告股东在提起股东代表诉讼前，都应该履行前置程序，该程序在股东代表诉讼中扮演着重要的角色。股东在向法院提起代表诉讼前，应向公司的董事（会）或监事（会）提出起诉请求，董事（会）或监事（会）拒绝提起诉讼或在 30 日内未予答复时，股东才能依据《公司法》第 151 条的规定向人民法院提起诉讼。股东未经前置程序不得向法院起诉，除非原告主张实际存在“不立即提起诉讼会使公司利益受到难以弥补的损害”的紧急情况。

1. 前置程序履行情况

表 19-5　前置程序履行情况

是否履行了前置程序	案件数量	百分比
是	150	50.8%
公司拒绝提起诉讼	35	
公司在 30 日内未予答复	115	
否	131	41.9%
法院豁免前置程序	60	
法院未豁免前置程序	71	
不清楚	22	7.3%
总数	303	100%

据以上统计结果，有 150 个样本中的股东履行了前置程序，请求了董事（会）或监事（会）提起诉讼，其中 35 件案例中的公司明确拒绝提起诉讼，而 115 件案例中的公司在 30 日内没有答复公司自己是否会提起诉讼。

由此，绝大部分的公司会选择消极对待股东的请求。笔者在调查中发现，在这 150 件判例中，除了几起法院认为股东前置程序请求对象错误，驳回其起诉的以外，均认可股东已穷尽内部救济，认为原告适格，而没有释明公司拒绝请求的原因或者为什么对股东的请求不予回复，即法院只对股东的前置请求进行形式审查而不进行实质审查。当然，立法上也没有规定法院对前置程序的审查标准，那法院这种做法是否足够尊重公司的独立人格地位呢？值得我们思考。

另外，有 131 例，接近总数一半的案例中股东没有经过前置程序就提起了诉讼，其中，约 60 个样本中法院豁免了原告的前置请求，71 个样本中法院没有豁免，由此看出，法院豁免前置程序的情形不占少数，那司法实践中法院豁免前置请求的原因是什么呢？由下表进行统计分析。

2. 前置程序豁免原因

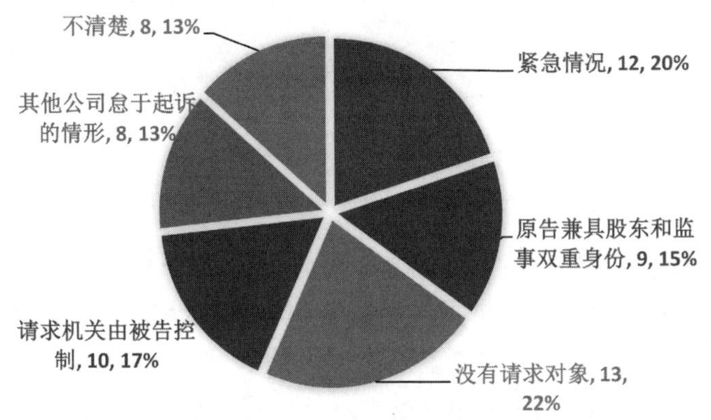

图 19-8　前置程序豁免原因

如表 19-3 所呈现，笔者主要将前置程序豁免原因大致分为以下五类：第一类是“紧急情况”，收集到 12 例样本，占豁免请求判例总数的 20%，这也是我国目前《公司法》第 151 条第 2 款明确规定的豁免原因，司法实践中的认定主要在于法官的自由裁量，结合原告提供的证据以及对案涉公司利益受损情况的整体考量来判断；第二类是“原告兼具股东和监事双重身份”，收集到 9 例样本，占比为 15%，这类豁免原因主要在于案涉公司没有设立监事会，只有原告一名监事，而原告以监事身份起诉存在困难或者法院直接认定监事股东自己请求自己提起诉讼没有必要，认可原告提起股东代表诉讼；第三类是“没有请求对象”，收集到 13 例样本，占比为 22%，属于主要的豁免原因，涉及该类豁免原因的主要包括公司已注销、公司未设监事会或监事、原监事辞职未改选新监事、监事会无法正常运转、清算过程中还未组成清算组等情形，出现上述情形的原因大多在于公司治理结构不够完善，以致出现问题时没有统一的救济程序；第四类是“请求机关由被告控制”，收集到 10 例样本，占比为 17%，该类豁免原因主要体现于被告为清算组组长、被告实际掌控公司、公司只有两人而原告为执行董事被告为监事等情形下；第五类是“其他公司怠于起诉的情形”，收集到 8 例样本，占比为 13%，该类情形主要包括公司曾经起诉被告后又撤诉、公司经营存在矛盾并无法形成有效董事会决议等。另外，还有 8 例样本，法官也豁免了股东前置请求，但裁判文书中未释明具体豁免原因及其正当性，故具体情况无从知悉。

我国现行法仅规定了“紧急情况”一种豁免情形，而从以上分析可知，除去“紧急情况”以及不清楚具体豁免原因的判例，涉及“其他豁免原因”的判例占豁免请求判例总数的比例高达 67%。公司结构复杂多元，矛盾纠纷难以调和，法院确定认可这些豁免原因时没有具体的法律依据，均是实践中依案涉公司具体情况的大胆创新，有时也会导致同案不同判的情形。我国属成文法国家，法治社会需要有法可依，故急需对前置程序豁免原因进行细化规制。前置程序纷繁复杂，对于其中具体问题，本书将于下文进行初步探析。

（五）诉讼成本与收益

股东代表诉讼中股东享有的诉权是由公司的诉权派生而来的，公司股东本没有直接起诉侵害公司合法权益之人的权利，其只是在公司因为某些原因怠于起诉时为了公司的利益提起诉讼，股东胜诉后所获得的赔偿等均属于公司。但诉讼需要交纳诉讼费用，依据民事诉讼规则，诉讼费用一般由败诉方负担，但原告在提起诉讼时通常要预交案件受理费。故在与股东无直接利益关系的情况下，基于成本与收益的考量，诉讼费用的多寡以及诉讼后公司成本收益情况或许会为股东是否选择提起股东代表诉讼提供一些参考，影响其诉讼的积极性。

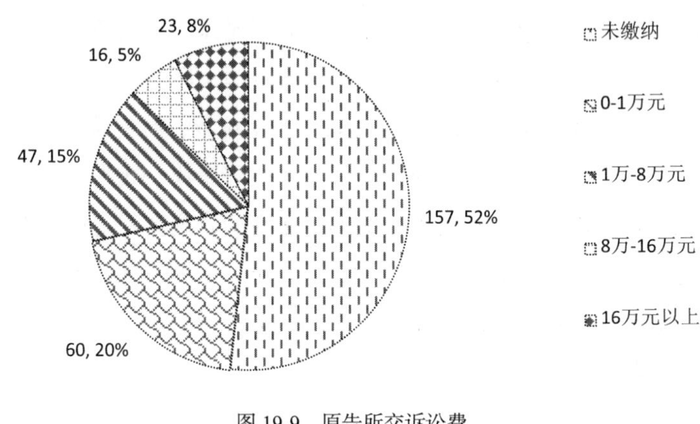

图 19-9　原告所交诉讼费

股东代表诉讼适用的多寡很大原因在于原告提起诉讼的积极性，诉讼成本与收益也主要是原告股东需要考量的因素，故图 19-9 统计分析了经过所有诉讼程序后原告最终需要交纳的诉讼费。另外，因裁判文书中极少有关于律师费的相关信息，故这里讨论的诉讼费用是原告需要向法院交纳的诉讼费用，包括案件受理费、保全费、鉴定费、翻译费等，而不包括原告为诉讼所需负担的律师费用，故原告实际上需要负担的费用多于图 19-9 所呈现。其中，案件受理费是原告需要交纳的主要的费用。依据我国《诉讼费用交纳办法》，案件受理费的交纳标准在于案件的性质：若是财产案件则根据诉讼请求的具体金额或者价额，按照相应的比例分段累计交纳；若是非财产案件则依案件的不同性质按件收取，一般金额较小，通常不超过 500 元。[1] 股东代表诉讼大多是财产性质的案件，采用前一种标准收取案件受理费。

如图 19-9 所示，原告未交纳诉讼费用的判例有 157 件，占判例总数的

〔1〕参见《诉讼费用交纳办法》第 13 条。

52%，其中包括原告完全胜诉以及法院裁定驳回原告起诉这两种不需要交纳诉讼费的情况，结合表 19-2，原告因完全胜诉而免于交纳诉讼费用的判例有 67 件，部分胜诉的案件有 34 件，部分胜诉后原告仍要交纳部分诉讼费用；从图 19-9 中可以看出，原告交纳诉讼费用多集中在 8 万元以下，共有 107 件判例，占判例总数的 35%；交纳 8 万元以上诉讼费用的判例也不在少数，共收集到判例 39 件，其中有 23 件判例中原告交纳的诉讼费用超过了 16 万元，这对于原告来说负担是较重的。再者，原告通常需要预交全部的案件受理费，在胜诉后才由法院部分或全部返还，或由被告支付给原告，故原告在诉讼之初承担的诉讼成本是极高的，这在一定程度上会影响股东提起代表诉讼。故为了使代表诉讼得到更好适用，是否需要对股东代表诉讼采取按件收费的策略需要我们深思熟虑。对于该问题将在后文进行探讨。

第二十章　司法裁判逻辑

一、对前置程序豁免适用情况的实证分析

从前述表 19-2 可知，在 180 起原告败诉的案件中，有 90 起案件被法院裁定驳回起诉，究其原因，是因为原告于起诉前未履行前置程序、前置程序履行不正确或案件不属于“紧急情况”。我国《公司法》第 151 条只规定了“紧急情况”一种豁免情形，且没有司法解释对“紧急情况”做出解释说明，司法实践中也是委任法官依据个案自由灵活认定。由于法官对于法律的理解不一样，在司法审判中自然会出现案件结果的不确定性，甚至会出现同案不同判的情况。那司法实践中法官到底会如何认定“紧急情况”？在非紧急情况之外，是否存在其他可以得到豁免的特殊情况？下面结合具体案例予以探究。

（一）“紧急情况”

在全球育乐发展股份有限公司与林某程公司证照返还纠纷上诉案中，案涉公司未设立监事会或监事，被告为董事长，法院认为原告不经过前置程序直接提起诉讼没有法律依据：

原告上诉后主张“本案得添公司客观上长期无法召开董事会，公司资产、收入、支出不明，被上诉人林某程侵害股东权利、造成公司无序、瘫痪及严重损失，情况紧急，故而其有权直接提起本案诉讼”。二审法院认为：

“上诉人就得添公司危机及利益受损等事实，在本案一、二审仅有自己的单方陈述，缺乏证据佐证，在案证据并未体现有情况紧急、不立即提起

诉讼将会使公司利益受到难以弥补的损失之情形出现，故对上诉人的该主张，本院亦不予支持。”[1]

该案中，法院认为原告应向董事会或除被告以外的其他董事请求提起诉讼，因原告未提供“紧急情况”的证据而最终驳回了原告的上诉。

在上海龙仓置业有限公司、王士明与深圳市即达行国际投资有限公司损害公司利益责任纠纷案中，诉由是控股股东和高管串通损害公司利益，原告在起诉前只向公司法定代表人发送了要求追究被告法律责任的函件，而未向公司监事发出，法院认为原告未履行前置程序，原告于另案中亦表示其未履行前置程序。一审法院认为：

“即达行公司提起本案诉讼时，龙仓公司已与案外人SOHO(中国)上海房地产公司签订上海嘉瑞国际广场的房屋销售合同，即达行公司为避免损失扩大，提起本案诉讼应当符合公司法规定的情况紧急、不立即提起诉讼将会使公司利益受到损害的情形……虽然即达行公司未履行股东代表诉讼前置程序即提起本案诉讼，但符合我国公司法关于股东提起股东代表诉讼的规定。”[2]

被告上诉后二审法院未审理该问题，予以认可。该案中原告未主张“紧急情况”，也未提供证据证明，法院主要基于股东与案外人签订了案涉房屋的合同，该合同的履行情况会影响到案涉公司的财产状况进而主动认定案件属于“情况紧急、不立即提起诉讼将会使公司利益受到损害的情形”。

以上两个案件中法院对于原告的举证责任要求不一样，显然对于“紧急情况”的处理结果也不一样。

又如，在许文兴等与吴永建损害公司利益赔偿纠纷上诉案中，二审法院认为：

“许文兴占有普仁公司90%的股权，是普仁公司的实际控制人，朱玉香与许文兴系夫妻关系，在许文兴、朱玉香与普仁公司之间存在关联交易

---

〔1〕福建省高级人民法院(2014)闽民终字第580号判决书。

〔2〕上海市高级人民法院(2015)沪高民二(商)终字第35号判决书。

行为的情况下，许文兴申请普仁公司破产的行为，使吴永建有理由相信普仁公司出现了《中华人民共和国公司法》第一百五十二条规定的紧急情况。”[1]

法院以两被告之间系夫妻，且与公司存在关联交易的情况下推断其申请公司破产的目的不正当，认定为“紧急情况”。

在李某强等与林加其公司利益责任纠纷上诉案中，诉因是执行董事损害公司利益：

原告上诉认为：“身为厦门永福贵公司执行董事的林某其和监事叶某君既是夫妻又是损害公司利益的直接实施主体。在此情况下，即使叶某君不是本案被告，但其与林某其是法律意义上的密切利益关联人，甚至是连带责任人，通过监事叶某君为公司利益起诉追究林加其损害公司利益的责任已经不能实现，监事功能名存实亡……林加其系厦门永福贵公司股东、执行董事、法定代表人，其擅自将厦门永福贵公司所有的1750万元款项非法转移到个人账户，据为己有。目前该笔款项下落不明，导致公司经营陷于瘫痪，情况紧急，若不立即起诉，公司的财产损失无法挽回。该情形符合《公司法》第152条规定的情况紧急的情形。”二审法院认为：“林某其与叶彦君虽系夫妻关系，但现有证据无法证明李至强与张湘琳所诉称的林某其损害厦门永福贵公司的行为与叶某君有关……如果叶彦君与林某其有共同利益，在李某强、张某琳向其提起对林加其诉讼的书面请求后，其拒绝提起诉讼或在三十日内怠于履行起诉义务，则李某强、张某琳可依法提起诉讼……本院认为，目前证据不足以证明本案符合《公司法》第一百五十一条第二款规定的‘情况紧急、不立即提起诉讼将会使公司利益受到难以弥补的损害的情形’。”[2]

该案与上文许文兴案的案情相类似，但法院对于案情是否属于“情况紧急”采取了不同的态度，没有因为被告与案涉公司的监事是夫妻而认定

---

〔1〕北京市第二中级人民法院(2009)二中民终字第11811号判决书。

〔2〕福建省高级人民法院(2014)闽民终字第263号裁定书。

为“情况紧急”。

综合分析以上四个案件，在相似的案情中法院的处理方式不同。原告主张公司财产受到威胁，必须立即提起诉讼，部分案件中能支撑原告陈述的证据材料较少，有的法院选择严格依照举证责任相关规定，原告承担举证不能的后果，有的法院在审查与公司相关的必要材料时，基于自由裁量，判断公司存在“紧急情况”，豁免原告的前置程序；后面两个案件中，被告均与监事具有利益关系，一个法院认定为“紧急情况”，另一个法院认为原告未履行前置程序。由此，目前司法实践中对于“情况紧急、不立即提起诉讼将会使公司利益受到难以弥补的损害”的认定存在不同的标准，没有形成较为统一之势，对于“紧急情况”的举证责任也未明晰。是否属于“紧急情况”主要以主观上“不立即提起诉讼公司是否会受到难以弥补的损害为标准”。司法实践中存在此种差别的原因在于现行法律对“紧急情况”的规定没有进行细化阐述，法官在判案时存在很大的自由裁量空间，因此导致司法适用不统一。要解决这一现状，就要从制度本身入手，对“紧急情况”的具体表现以及相关的举证责任进行细化规定。

笔者认为，在没有法律明确规定的前提下，综合审判实践经验，法官在认定是否属于“紧急情况”时可以考虑以下情形：公司财产正在受到损失，不立即提起诉讼公司财产将会损失严重并且难以找回；股东等待相关公司治理机关的答复将使公司的权利期间届满；侵害主体正在转移公司财产或者其他可能导致公司财产灭失并难以挽回的情形；其他会因股东等待公司治理机关答复而使公司利益受损的情形。

（二）“其他豁免情形”

笔者在研读样本案例过程中发现，司法裁判实践中前置程序的豁免情形除了“紧急情况”外还有很多其他的豁免原因，正如前述图 19-4 所呈现的。以下，笔者举例分析几种主要的豁免情形。

1. 原告兼具股东和监事双重身份

在收集到的案例中，一共有 16 件案例原告具有股东和监事双重身份，2 件案例中原告履行了前置程序，法院也认可前置程序，故不存在豁免情形。另外14件案例中，均是原告没有履行前置程序，其中9件案例法院予以豁免，5件案例法院没有豁免。综合来看，法院在原告具有股东和监事双重身份时的前置程序豁免率较高。

在陈佳与黄晓刚损害公司利益责任纠纷案中，该案被告为执行董事，公司只有一名监事即原告，依据《公司法》第151条第1款的规定，股东应于起诉前先向公司的监事提出书面请求，由于案件特殊性，原告股东即为监事，法院在“本院认为”部分写道：

“本案中原告同时具备中博公司股东和监事的身份，要求其履行书面请求程序的义务即意味着其须向执行董事即被告黄晓刚及其执行监事即原告本人提交书面请求。现执行董事即本案被告，执行监事即本案原告，原告向被告提交书面请求要求被告‘自己起诉自己’显然不具可行性，原告向作为监事的自己提交书面请求也无必要。因此，在本案中博公司仅有两个股东分别担任执行董事和执行监事，现又分别作为本案原、被告的情形下，上述书面履行请求的前置程序已无实际意义。”[1]

该种情形下法院没有机械地要求股东履行前置程序向监事提出书面请求，而是根据案件具体情况灵活处理，认为此种案件情形下要求“原告向作为监事的自己提交书面要求”实无必要，最终认可原告可不经过前置程序而直接提起股东代表诉讼。类似的案件还有刘厚荣与刘铮等利益责任纠纷上诉案等。[2]

然而，在蔡创华与陈景良股东代表诉讼纠纷上诉案中，法院持不同态度，在裁定书中写道：

“本案中虽存在上诉人同时具备原审第三人公司股东和监事的身份混同，但不应因此而免除其依法履行书面请求程序的义务。”[3]

该案与上文陈佳案的案情类似，在该案中，虽然上诉人（原告）也主张“上诉人作为股东和监事的双重身份，不可能自己给自己发书面通知”，

---

〔1〕浙江省绍兴县人民法院(2013)绍商初字第278号判决书。

〔2〕参见四川省广安市中级人民法院(2014)广法民终字第723号判决书。

〔3〕广东省广州市中级人民法院(2010)穗中法民二终字第2152号裁定书。

法院却采用与陈某案不同的裁判逻辑，没有豁免原告的前置程序。

分析案件可知，原告同时具有股东与监事双重身份这种情形多出现在有限责任公司中，公司股东人数较少，没有设立监事会，只有监事一人，监事同时又是公司股东，16 件样本案例中除依据裁判文书不可得知以外，公司治理结构均满足这种情形。这种情况下原告若是以股东身份起诉，依据司法实践来看，可以豁免其前置程序，因为原告的意思表示即为监事的意思表示，股东无须仅为满足程序要求而尴尬地自己给自己发出书面请求后予以拒绝，再提起诉讼。该“多此一举”的行为只会无端增加当事人的诉累。但法院也不能一概而论，不能仅因为原告具有监事身份就豁免其请求，也要考虑具体情况，如张来与林凤姣等股权确认纠纷上诉案[1]，在公司吊销执照，依法应进行清算的情况下，法院认为要等待公司成立清算组，依清算组意思行事。另外，若公司设有监事会，原告仅为其中一名监事，此时也不宜直接豁免原告前置程序，应要求其向监事会提出请求，以避免司法过多干预，尊重公司独立人格。[2]

同时，笔者认为，原告在起诉时应明确自己具体以股东身份或监事身份起诉。

在丁德友与张志君等公司利益责任纠纷上诉案中，二审法院认为：

“丁德友既是公司股东又是公司监事，其确实有权选择以股东身份或以监事身份提起诉讼。但丁德友若以监事身份提起诉讼，应当以公司的名义起诉，诉讼利益归于公司；若以股东身份起诉，因盐城宇洋公司未设监事会，则应当履行书面要求公司监事代表公司起诉的前置程序，遭到拒绝后方可以股东身份起诉。丁德友本人即是盐城宇洋公司的监事，从其起诉的行为来看，其应当是同意起诉公司的执行董事的，故本案丁德友可以监事身份代表公司提起诉讼，其直接以个人名义起诉公司的执行董事，诉讼主

〔1〕 参见浙江省杭州市中级人民法院 (2010) 浙杭商终字第 890 号裁定书。

〔2〕 参见朱慈蕴：《股东派生诉讼的前置程序研究——“紧急情况”之外是否存在可豁免情形》，载《政法学刊》2010 年第 3 期。

体不适格。”[1]

从上述法院的裁判思路可知[2]，具有双重身份的股东起诉时具有选择权，若选择以股东身份起诉，则需要履行前置程序；若选择以监事身份起诉，则必须以公司的名义进行。无独有偶，在邵某亮诉刘某琴一案中[3]，法院在裁判说理部分也分别对原告作为股东或作为监事提起诉讼的情形下是否适格做出了阐述。这两件案例中，法院最终都以主体不适格为由驳回了原告起诉。

但在郝某与汪某燕损害公司利益赔偿纠纷上诉案中，原告明确其以监事身份起诉（仍列自己为原告），一审法院判决认为：

“郝某在该案中以监事身份对执行董事汪某燕提起诉讼，该院考虑到郝玲也是公司股东，其身份上具有双重性，故其起诉无须受限于‘股东向监事提出书面请求’的前置程序要求，其起诉合法有效，作为该案原告适格。”[4]

该案中，原告以监事身份起诉，按照丁德友案法院的裁判观点，则原告郝某应以公司名义提起诉讼，其以个人名义提起诉讼主体不适格。然郝玲案中，法院以原告身份具有双重属性为由，豁免了前置程序，认定原告适格。这两案属同案不同判的情形，审判思路、观点等均在于不同法官的自由意志。因立法上对于上述情形没有具体规定，故在诉讼中也只能由法官自由裁量。

然法律的适用在于其明确具体，模糊不明的法律不利于实现法律的公平与正义。诉讼中必须明确法律主体的性质，这也是民事诉讼的基本要求。显然，我国立法者也将司法实践需要具体体现于法律之上，近期颁布的《公司法司法解释四》第23条明确规定了公司的监事会（监事）或董事会（执

---

〔1〕江苏省盐城市中级人民法院(2015)盐商终字第00630号裁定书。

〔2〕笔者认为该裁判逻辑存在值得商榷之处，若按其意思，则原告只能选择以监事身份起诉。以股东身份起诉的话，需履行前置程序，然自己作为监事以行动表示监事能提起诉讼，故还是应当以监事身份起诉，没有存在以股东身份起诉且适格的可能性。

〔3〕参见山西省襄垣县人民法院(2016)晋0423民初931号裁定书。

〔4〕北京市第一中级人民法院(2009)一中民终字第5142号判决书。

行董事）对损害公司利益的董事、高管、监事或他人提起诉讼时，应当列公司为原告。[1]该条规定填补了立法上的空白状态，使之后的司法实践逐渐趋于统一。

综上所述，当原告具有股东与监事双重身份时，若原告选择以监事身份提起诉讼，且应当列公司为原告；若原告选择以股东身份提起诉讼，应列自己为原告，属于为公司利益提起的股东代表诉讼，此种情形下提起诉讼前应履行前置程序——但此时，笔者认为，在案涉公司只有一名监事的情形下，法院可依据案件具体情况对前置程序予以豁免。

2. 公司治理结构不完善

由图 19-3 可知，我国股东代表诉讼基本发生于有限责任公司中，由图 19-4 可知，案涉公司股东人数二至三人居多。有限责任公司中人合性较强，股东人数少，而监事职位在我国有限责任公司中容易被边缘化，难免会出现未设立监事会或监事的情形。股东在依据《公司法》第 151 条对董事、高管提起诉讼时，应先向监事会（监事）提出书面请求。在监事缺位的情况下，法院会如何处理股东的前置程序要求呢？

在王涛等与佛山市南海区大沥陆豪摩托车有限公司等公司利益责任纠纷上诉案中，上诉人（原告）主张“陆豪公司只有法定代表人，无任何法定的组织机构和人员……股东一直处于诉讼之中，公司内部根本就没有设立董事会、监事会及董事、监事……王涛、王勤（原告）无从联络上陈顺龙（被告）本人，因此王涛、王勤根本不可能行使内部救济的权利”。广东省佛山市中级人民法院以上诉人“无证据显示其在起诉前已进行前置程序用尽内部救济”为由[2]，认定原审法院裁定驳回原告起诉符合法律规定。

---

〔1〕 第 23 条：“监事会或者不设监事会的有限责任公司的监事依据公司法第一百五十一条第一款规定对董事、高级管理人员提起诉讼的，应当列公司为原告，依法由监事会主席或者不设监事会的有限责任公司的监事代表公司进行诉讼。

董事会或者不设董事会的有限责任公司的执行董事依据公司法第一百五十一条第一款规定对监事提起诉讼的，或者依据公司法第一百五十一条第三款规定对他人提起诉讼的，应当列公司为原告，依法由董事长或者执行董事代表公司进行诉讼。”

〔2〕 参见广东省佛山市中级人民法院 (2014) 佛中法民二终字第 1206 号裁定书。

在 TAT CO.Ltd 诉陆致成损害公司股东权益纠纷案中，北京市高级人民法院也认为："TAT 公司以清芯光电未设立监事会，陆致成非法控制清芯光电而否定履行股东代表诉讼的前置程序，进而提起股东直接诉讼的上诉理由不成立。"[1]这两起案件中，法院均未因案涉公司缺少监事或监事会而豁免原告股东的前置程序。

另一方面，在蒋克平与徐力生损害公司利益赔偿纠纷上诉案中，被告为执行董事，江苏省宿迁市中级人民法院认为："日新公司工商登记载明的监事陈某早已不再担任公司监事，双方当事人对上述事实并无异议。因此，在日新公司无监事任职的情况下，股东显然无法提起向监事书面申请的前置程序，也不能向该执行董事提起申请，主张公司执行董事侵犯公司利益……"[2]以此认定原告具有起诉资格。在黄珍龙与郑锦云等股东损害公司利益赔偿纠纷上诉案中，福建省高级人民法院认为，在"龙岩长隆公司未设立董事会和监事会，也未设立监事，只设立一名执行董事且由黄珍龙（本案被告）担任"的情况下，原告有权为了公司的利益以自己的名义直接向法院提起诉讼。[3]这两起案件中，法院均豁免了股东的前置程序，认定其为适格原告。

笔者赞同在监事会（监事）缺位的情况下，豁免股东的前置程序，有两点原因：第一，审判实践中有现实需要。虽然前述列举了法院两种不同的处理结果，但是司法实践中，大部分法院愿意放宽程序要求，前置程序只是法院在审理案件过程中，为了便于清楚公司内部治理情况，考虑强化公司管理层责任意识的一条指引性条文，对于法院来说，其并非是强制性的规范要求。第二，很多情况下，公司监事缺位的同时，股东代表诉讼的被告为案涉公司的执行董事，此时，若机械地要求原告股东履行前置程序，书面请求被告"自己起诉自己"，已无实质意义，只是流于形式而已。

---

〔1〕北京市高级人民法院（2010）高民终字第 534 号判决书。

〔2〕江苏省宿迁市中级人民法院 (2011) 宿中商终字第 0132 号判决书。

〔3〕参见福建省高级人民法院 (2010) 闽民终字第 117 号判决书。

3. 公司处于清算过程中

公司在清算阶段时，依据《公司法》第184条的规定，公司在清算期间，其对外对内的各项法律事务由清算组代表公司进行。不同阶段的豁免情形如下：

（1）公司被判决解散或者自行决定解散，还未成立清算组时。在孙某刚等诉史友红公司利益责任纠纷案中，一审法院认为“河海公司的执行董事及监事已不能对外行使相关职权，包括代表公司提起诉讼。公司股东在发现公司利益受损的情况下，通过书面请求监事会或董事会提起诉讼已无实际意义及可能，又因河海公司的清算组也未成立，足以说明公司内部救济途径已经无法实现权益救济”[1]。进而认定原告有权提起诉讼。二审法院也持相同观点。

在其他案件中，也有法院认为在公司未成立清算组时应向法定代表人提出书面请求：

在中国金石滩发展有限公司与青岛愚者房地产开发有限公司等公司利益责任纠纷申请案中，最高法院认为“在公司解散但未成立清算组的情形下，股东如认为他人侵犯公司合法权益造成公司损失的，应当直接向原法定代表人提出请求，在原法定代表人怠于起诉时，方有权提起股东代表诉讼”[2]。法院以存在法定代表人为由认为原告履行前置程序没有客观上的障碍。

（2）公司已注销。在张某萍等与盛趣信息技术（上海）有限公司损害公司利益责任纠纷上诉案中，在原告张桂萍“未能就时代公司的解散清算事宜行使表决权以及未实际参与时代公司清算工作，并且在张某萍与时代公司尚有未决诉讼的前提下”，被告将公司注销，损害公司，进而损害股东利益。北京市一中院在判决书中指出：

“因时代公司已经注销，其主体资格已灭失，故张某萍无法履行股东代

〔1〕江苏省徐州市人民法院 (2015) 徐商终字第0177号判决书。

〔2〕最高人民法院 (2014) 民申字第678号裁定书。

表诉讼的前置程序，因此张桂萍基于其股东资格提起本案诉讼，主张许凌、李瑛和盛趣公司承担赔偿责任于法有据。”[1]

以上几个案例反映的是清算过程中的前置程序履行情况，从司法审判实践来看，清算阶段前置程序的请求以及豁免大致是以下情形：已决定解散但还未成立清算组时，豁免前置程序或者要求向公司法定代表人履行前置程序；成立清算组后，前置程序的请求对象是清算组，但是当被告为清算组组长时，清算组由被告控制，此时也存在豁免前置程序的情况；公司注销后，因非正常原因注销公司时，原公司股东也可免除前置程序提起诉讼。

如表 20 所示，现实司法实践中案涉公司具体情况纷繁复杂，本部分也只分析了部分主要的前置程序豁免原因，即表中的“紧急情况”“原告兼具股东和监事身份”以及“没有请求对象”项下的部分案例。前置程序是股东代表诉讼的基础，是关键一环，关系到在公司治理机关不能履行职能时股东是否能通过代表诉讼保护公司合法权益，从而获得救济。笔者认为基于现实司法实践情况以及未来公司发展趋势，应扩大前置程序豁免范围，为中小股东提供尽可能及时有效的救济。正如周会斌案中甘肃省高院认为前置程序“规定的目的是为促使股东在维护公司利益方面尽量与公司决策机构形成一致的利益认同，避免经营分歧，并非为股东代表诉讼设置必经的前置程序”。综上分析可看，可将豁免范围扩大至以下情形：股东兼具股东与监事双重身份；公司治理结构不完善，如监事缺位；公司处于清算过程中，未成立清算组时；公司已注销；请求对象与被告存在利益关系，如有证据证明董事、监事等由侵权人控制、董事与监事存在利益关联等情形。

二、诉讼成本与收益的考量

本书第一部分图 19-5 用图表的形式揭示了原告所承担的诉讼费用现状，由图可以看出还存在很大一部分股东代表诉讼中原告所承担诉讼费用的金

---

〔1〕北京市第一中级人民法院 (2014) 一中民终字第 5729 号判决书。

额偏高。有学者认为，股东代表诉讼制度实际司法实践现状差强人意，其中的原因不仅在于该制度对股东代表诉讼设置了前置程序等层层程序障碍，也因为该制度对原告股东缺乏激励措施，基于成本与收益的考量，中小股东选择股东代表诉讼寻求救济的可能性较小。〔1〕理论上，多数学者也认为，为使股东代表诉讼制度能够得到更好的适用，调动公司中小股东提起股东代表诉讼的积极性，需要改革股东代表诉讼收费规定，减轻股东代表诉讼中诉讼费负担，同时，赋予原告股东胜诉利益分享权以及诉讼费用补偿权。〔2〕依此理论，原告股东胜诉后，可要求公司承担股东因诉讼发生的诉讼费用、律师费等支出，司法实践情况如何呢？原告诉讼费用可达多少？一般情况下，原告胜诉，诉讼费用由被告承担，但若原告败诉，能否要求公司承担原告为股东代表诉讼发生的支出？实践中是否有原告股东向公司提出胜诉利益分享权？法院及公司针对上述问题如何处理呢？以下将结合案例进行实证分析。

（一）诉讼费用交纳

在收集到的股东代表诉讼样本案例中，案件诉讼费用最高的案例是上海龙仓置业有限公司等与深圳市即达行国际投资有限公司等损害公司利益责任纠纷案，〔3〕原告为公司法人股东。一审法院判决案件受理费为 2041800 元，最终由被告负担，但由原告于起诉时预交。后被告上诉，故一审原告股东不用预先交纳案件受理费。另外一个诉讼费用极高的样本案例是浙江和信电力开发有限公司与通和置业投资有限公司损害公司权益纠纷案。〔4〕此案中原告最终部分胜诉，一审案件受理费为 1802760 元，原告负担 459703.8 元，二审以调解结案，减半收取受理费 640917.75 元，原告负担 192275.33 元。由此，最终原告负担的诉讼费用高达 651979.13 元。原告股东在起诉之初需要预交案件受理费，故原告于起诉时需要缴纳案件受理

〔1〕参见刘俊海：《现代公司法》，法律出版社 2015 年版，第 274—282 页。

〔2〕参见刘冬京：《我国股东派生诉讼制度研究》，群众出版社 2011 年版，第 102—118 页。

〔3〕参见上海市高级人民法院 (2015) 沪高民二 (商) 终字第 35 号民事判决书。

〔4〕参见最高人民法院 (2008) 民二终字第 123 号民事调解书。

费约 180 万元。虽然这两起诉讼中原告为公司法人股东，支付能力相较于自然人来说更强，然 201 万元与 180 万元的诉讼费对于公司来说也存在不小的压力，同时还要承担败诉的风险。判决书中也没有提及公司是否会补偿原告交纳的诉讼费用。如此高昂的诉讼费的确是原告股东起诉时需要考虑的因素。

另有深圳市中泰来投资控股股份有限公司与黄明皓损害公司利益责任纠纷上诉案[1]，该案中案涉公司为股份有限公司。案件一审法院基本支持了原告的诉讼请求[2]，二审程序中上诉人是被告，故原告只需交纳初审的案件受理费。一审法院判决案件受理费为人民币 831800 元，最终由被告负担，但该费用为原告股东于起诉时预交。且本案中原告为自然人股东，在股份有限公司中持股为 2.4%。想来一个公司中的小股东要一下支出如此巨额诉讼费用也非易事。原告自然人股东败诉的案件中，如褚荣松与广州万福房地产有限公司等损害股东利益责任纠纷案[3]，该案中一审和二审诉讼费用分别为 336700 元、331700 元，最终均由原告承担，原告一共承担了高达 66 万元左右的诉讼费。

列举上述四个样本案例呈现高额的诉讼费用现状，除此之外，还有许多股东代表诉讼案例的诉讼费用偏高，超过 20 万元诉讼费用的案件不在少数，在此不一一列举。

（二）诉讼费用补偿

笔者在整理过程中发现，在诉讼中少有原告会直接在诉请中要求公司支付原告律师费等因维权发生的费用，毕竟这也会在一定程度上造成被告主体的混乱以及公司的诉讼地位尴尬。就收集到的原告要求案涉公司支付律师费的判例，例如在平海发展有限公司与上海市泛亚律师事务所等损害公司权益纠纷上诉案中[4]，原告在诉讼请求中要求案涉公司支付原告因本

〔1〕参见广东省高级人民法院 (2013) 粤高法民四终字第 28 号民事判决书。

〔2〕参见法院未支持原告的律师费主张。关于本案律师费，下文将谈到。

〔3〕参见广东省广州市中级人民法院 (2015) 穗中法民二终字第 573 号民事判决书。

〔4〕参见上海市高级人民法院 (2006) 沪高民四 (商) 终字第 58 号民事判决书。

案诉讼发生的费用，法院最终支持了原告，判决案涉公司德城公司支付原告律师代理费以及原告为本案诉讼支付的档案材料查阅费共计 69132.3 元。在南京能发科技集团有限公司等诉上海宽频科技股份有限公司等担保追偿权纠纷案中[1]，原告诉请案涉公司支付原告股东的律师代理费 79000 万元，由于该费用未实际支付，故一审法院驳回了该请求，但在判决书中写到原告股东"可在该费用实际发生后再予主张"。这实际上承认了股东的费用补偿权。

这两个案例中，原告股东提起股东代表诉讼胜诉后，法院都认为其有权向公司提出费用补偿的请求，公司也应该基于公平合理的原则补偿给原告。

然在原告股东败诉的场合，如华育有限公司与被告常宁市东方商贸城投资发展有限公司等损害公司利益责任纠纷案[2]，原告要求公司支付诉讼费用 30 万元。由于原告所主张的被告侵害公司利益的事实与理由不成立，缺少证据支撑，最终败诉，法院在判决中并没有审查原告提出的诉讼费用负担的请求，最终仍由原告股东自行承担诉讼费用。

另有部分样本案例，原告股东在诉讼中请求被告承担原告因诉讼支出的律师费、翻译费等。在上述深圳市中泰来投资控股股份有限公司案中[3]，原告在诉求中请求法院判令被告连带赔偿原告律师费损失 50 万元。虽然最后经过实体审理，法院支持了原告的主要诉讼请求，但驳回了原告关于被告赔偿律师费的主张。其在判决中未说明驳回律师费主张的具体理由，只说"依据不足，不予采信"。被告上诉后二审法院也未再审理该律师费主张问题。另在北京东永投资有限公司等诉三亚鹿回头旅游区开发有限公司公司利益责任纠纷案中[4]，原告股东在诉讼请求中提出要求法院判令被告承担原告聘请律师的费用共计 150 万元，但由于法院在实体审理中以原告未

〔1〕参见江苏省高级人民法院 (2011) 苏商终字第 0161 号民事判决书。
〔2〕参见湖南省衡阳市中级人民法院 (2014) 衡中法民三初字第 96 号民事判决书。
〔3〕参见广东省高级人民法院 (2013) 粤高法民四终字第 28 号民事判决书。
〔4〕参见海南省三亚市中级人民法院 (2016) 琼 02 民初 74 号民事判决书。

能提供证据证明其主张，应承担举证不利的后果为由，驳回了原告的诉讼请求。原告败诉，法院也没有支持原告的律师费主张。

值得注意的是瑞士魏克控股有限公司等与泰州浩普投资有限公司公司关联交易损害责任纠纷上诉案，该案最终原告股东胜诉。起诉时原告的其中一项诉讼请求是要求被告赔偿原告浩普公司因本案诉讼而发生的律师费用 207005 元。一审法院认为“瑞士魏克公司（主要被告）利用关联交易损害公司利益，这同时也侵害了浩普公司自身的合法权益，浩普公司聘请律师提出股东代表诉讼并支出代理费用 207005 元，这是为维护自身权利而支出的必要费用，且在收费的合理范围之内，该费用应当由损害公司利益的一方即瑞士魏克公司承担”，被告上诉后，二审法院也认为“浩普公司聘请律师提出股东代表诉讼并支出代理费用 207005 元，在收费的合理范围之内，这是为维护泰州魏德曼公司和其自身权利而支出的必要费用”[1]。基于公平原则，法院支持了原告提出的由被告支付合理律师费的请求。

在上述这三件原告请求被告支付律师费等费用的样本案例中，法院对是否由被告承担律师费持不确定性，有的法院支持，有的法院不支持。笔者在总结中发现，总的趋势是法院不支持由被告承担原告支出的律师代理费。依据民事诉讼一般规则，其余普通民事诉讼中，原告因诉讼而产生的律师费等因维权产生的正当费用一般不由被告承担，若原告胜诉，被告只承担案件受理费等诉讼费用。样本判决书中对律师费用等的负担问题探讨较少，故也不能够明确地知道法院的裁判逻辑。对于该问题也没有法律依据，司法实践审理裁判过程中法院主要基于公平合理原则自由裁量。

由此，司法实践中，原告股东对于律师费的承担对象存在不确定性，有的请求被告承担，有的请求公司承担（虽然此种情况较少）。但总的来说，律师费等费用基本是原告股东与公司之间自行解决，故不能得知其具体状况，只是从司法实践来看，有必要明确原告股东律师费等为诉讼而发生的费用的补偿权。可以要求公司在合理的范围内进行补偿。此后的司法实践，

〔1〕 江苏省高级人民法院 (2012) 苏商外终字第 0049 号民事判决书。

宜体现法律适用的明确性。原告股东在诉讼请求中不会再要求被告承担律师费，但可以于诉讼后要求公司承担，公司若不承担，则原告股东可依法予以起诉寻求救济。

综合前两个问题，目前股东代表诉讼中，若原告败诉，则由原告承担诉讼费用，公司不承担；若原告胜诉，可以请求公司承担合理的律师费、差旅费等费用，多数法院会持支持态度；原告不能要求被告承担律师费，只能在完全胜诉或者部分胜诉后请求公司给予补偿；据收集到的判决文书中，没有原告股东向公司提出胜诉利益分享权的情形，当然，判决书、调解书等内容涉及范围有限，股东与公司之间的利益分配也属应私下自行解决的事项。

实践表明法院偏于支持原告拥有费用补偿请求权。现行法也给予了明确规定:《公司法司法解释四》第 26 条规定股东全部或部分胜诉后，公司应承担股东因参加诉讼支付的合理费用。这条规定是股东代表诉讼制度的一大进步，虽然只规定了胜诉后股东的费用补偿请求权，但这也反映一定程度上公司对原告提起股东代表诉讼的支持，公司的后盾力量，可以提高原告的积极性。但是现行法目前没有改变股东代表诉讼案件的案件受理费交纳办法，股东仍面临高额案件受理费；也没有明确原告股东在胜诉或部分胜诉的情况下是否有权请求公司直接补偿原告所受损失。这不利于股东代表诉讼制度的进一步广泛适用。笔者认为，应建立相应激励机制，鼓励原告股东提起代表诉讼，降低股东代表诉讼的门槛。

第二十一章　超越制度困境

中国股东代表诉讼的使用如此之少，不仅有违立法初衷，也无法为保护少数股东利益提供强有力的救济措施，更不利于我国公司法现代化进程的顺利推进。为此，如何破解这种“欲罢不能”的制度困境，无疑值得深思。

一、可能制度缺陷

（一）原告股东适格的限制过严。[1]

为防止代表诉讼权利的滥用，导致恶意诉讼的增加，以避免公司为诉讼所累，公司法对股份有限公司的股东增设了提起代表诉讼的适格条件，即只有连续 180 日以上单独或者合计持有公司 1% 以上股份的股东，方有行使代表诉讼权利的资格。然而，这一资格限制遭到了不少学者的批评。有学者认为，1% 的股份持有限制过高，也不公平，因为不同类型、不同行业的公司股份价值不一“一刀切”地以股份比例作为资格条件很可能对某些公司类型的股东造成不公平，可代以股份价值的标准。[2]也有学者认为，可适当降低股份持有比例，以提高股东适用代表诉讼的可能性。[3]

---

〔1〕 参见刘金华:《股东代位诉讼制度研究》，2007 年中国政法大学博士论文，第 54 页。

〔2〕 Zhu and Chen, ‘China Introduces Statutory Derivative Action’ (2005) 24 *International Financial Law Review* 21.

〔3〕 Fang Ma, ‘The Deficiencies of Derivative Actions in China’ (2010) 31 *Company Lawyer* 150, 159.

（二）前置程序缺乏可操作性。

代表诉讼之所以名之为“代表”，源于公司本应作为原告之直接诉讼。之所以“派生”给股东，让其“代表”公司，实乃源于种种不得已之因素，如不法行为人控制公司，导致公司无法提起诉讼以保障自身利益。因此，代表诉讼作为最后的救济措施，其行使须穷尽公司内部救济，以符合代表诉讼之性质与公司独立之人格。有鉴于此，我国公司法确立前置程序，要求适格股东在提起代表诉讼之前，须向董事会（或执行董事）或监事会（监事）提起相关请求。在请求被拒绝或情况紧急、不立即提起诉讼将会使公司利益受到难以弥补的损害之时，适格股东方可直接提起代表诉讼。批评者认为，该规定过于原则化，缺乏现实操作性。比如，请求机关不明确，增加程序障碍。[1]请求内容尚待明确，如请求形式、请求等待时间、次数等，请求豁免也过于简单化和抽象，需要进一步细化和完善。[2]

（三）缺乏激励措施

代表诉讼迥异于一般诉讼的一大特点是该诉讼所得归公司所有，而非归原告股东，因为股东所提之诉讼乃代表公司，股东个人本身并无资格提起代表诉讼。但如诉讼失败，则原告股东须承担相关损失，包括缴纳诉讼费用和律师费用等。在如此不平衡的情况下，如能减轻原告股东的费用负担，必定会促进代表诉讼的使用。目前，我国对代表诉讼的收费按财产诉讼标准，诉讼标的数额越大，则收取费用越高。有鉴于此，很多学者认为，应向日本学习，将代表诉讼的费用按非财产案件标准进行计算，从而提高该制度的可利用性。此外，原告股东为提起诉讼，须花费大量的时间精力，

---

〔1〕 比如在董事和监事均非潜在被告时，股东应当向何机关提出请求。有学者认为，应当依序向监事会、董事会和股东会提出请求。也有学者认为，原则上应先向监事会提出请求，必要时可召开股东大会。值得注意的是，上述两个说法均是在《公司法》2005 年修改之前提出的，因此，“股东会或股东大会”作为请求机关并不符合现行公司法的规定。但这两种学说的标准并不因此而失去意义。参见张民安：《代表诉讼研究》，载《法制与社会发展》1998 年第 6 期；陈朝阳：《股东代表诉讼制度研究——兼论我国〈公司法〉的立法完善》，载《现代法学》2000 年第 5 期。

〔2〕 参见章晓洪：《股东派生诉讼研究》，2006 年西南政法大学博士论文，第 111—112 页。

一旦败诉，则须承担个中代价。即使幸而胜诉，该胜诉利益也由全体股东共享。《公司法司法解释四》虽然规定赋予胜诉股东可要求公司承担其参加诉讼而支付的合理费用，但这种费用与其前期付出以及可能因败诉而分文不得相比，可谓杯水车薪。因此，这种显然不公平的制度设置不改变，代表诉讼难以有效实施。[1]

（四）多种法系制度的混合难以适应本土化

在我国 2005 年正式确立代表诉讼之前，其他各发达法域国家已有代表诉讼制度。事实上，自英国于 1842 年确立福斯规则后，代表诉讼的发展已有上百年历史。无论在英美法系，还是大陆法系，大多数国家均已确立股东代表诉讼制度。然而，我国当初确立的代表诉讼，试图采各国之优，以设完美之法。如借鉴美国，采前置程序，移德国、日本之法，植主体资格之限制。而这种出于善意之立法初衷，采各发达法域之制度，却难以形成有效的合力，使代表诉讼可为广大股东所使用。

二、对上述改进措施的批判：制度困境

上述改进措施的言下之意似乎是，只要代表诉讼按照上述要点进行相应改变，则代表诉讼在实践中的使用必定大量增加，其促使董事或高级管理人员、保护公司及少数股东利益的功效也必定大大增强。然而，果真如此么？因我国代表诉讼尚未按照上述措施进行改变（事实上大多数立法也不可能完全、彻底地按照学界提出的意见进行相应修改），无法从实证角度进行相应比较，进而得出结论，但这并不妨碍我们从逻辑上对这种假设或想当然的思路进行分析和批判。

首先，学者批评对股东原告的资格限制过高，连续 180 日以上单独或者合计持有公司 1% 以上股份的要求使得绝大多数股东难以满足此要求。然而，这种想当然的立法建议思路有谬误之嫌：第一，该要求仅仅是针对

〔1〕 Zhong Zhang, ‘Making Shareholder Derivative Actions Happen in China: How Should Lawsuits be Funded?’ (2008) 38 *Hong Kong Law Journal* 523, 562.

股份有限公司而言，对于有限责任公司股东而言，其并不受此资格限制。假如说股份有限公司的股东因受股份持有比例和时间的限制而难以有效行使代表诉讼之权，那何以解释不受此限制的有限责任公司股份对此权利的行使也是少之又少（相对于公司法赋予的其他诉讼权利而言）？第二，对股东行使代表诉讼的资格进行限制并非中国首创，事实上，其他发达法域对股东的限制尤为严格。比如，一直为国内法学界所尊崇的德国，其对股东持股的比例限制以往非常高，达到 10%，1998 年降到 5%，最新的要求则是 1%。[1]意大利对股东的持股比例限制也高达 2.5%。[2]欧盟公司法指令也提出股东行使代表诉讼须持有公司一定股份。[3]美国虽没直接对持股比例作出规定，但设置了“同时股份持有”等规制限制。第三，即使有必要降低 1% 的持股比例和连续 180 日的持股时间，降为何种比例或何段时间也是一大问题。难道降低一半至 0.5% 就能使代表诉讼焕发生机？如一半不行，继续降至 0.2%？第四，有学者提出按股份价值进行计算。然而，“一刀切”地按照股份价值进行设限虽貌似公平，却在实践中难以操作，或至少操作成本过高。

其次，学者批评我国代表诉讼的前置程序要求过于原则性，操作性不强，导致股东在现实中无法有效使用这一强大武器保护公司及自身利益。不可否认，因这一前置性程序乃出于“穷尽公司内部救济”目的而设，在某种程度上阻碍了代表诉讼的可利用性。且目前我国不够精细，甚至（有意）过于粗糙的立法模式也导致前置程序缺乏可操作性。建议将来立法细化前置程序，提高实践可利用性无疑值得称赞。然以此作为代表诉讼不具

---

〔1〕 German Stock Corporation Act (Aktiengesetz),147 Ⅲ。

〔2〕 Avv. Roberto Ulissi, ‘Company Law Reform in Italy: An Overview of Current Initiatives’ Conference Paper (OECD, Stockholm, December 2000), available at <http://www.oecd.org/dataoecd/21/32/1857507.pdf.> [最后访问时间：2015 年 9 月 30 日]

〔3〕 欧盟《公司法第 5 号指令草案》第 16 条第 1 项规定：成员国应当规定，如果具备下列条件之一的一名或者数名股东代表公司，并以公司的名义请求公司治理机构代表公司提起诉讼追究本指令第 14 条所载的责任，该诉讼也应提起：（1）持有一定账面价值或者记账价值以上的股份，但成员国不得要求此种股份超过实际认购资本数额的 5%。（2）持有一定账面价值或者记账价值以上的股份，但成员国不得要求此种股份超过 100000 欧洲货币记账单位。

有（或仅具有较低）可适用性的理由则过于牵强和想当然。第一，我国的前置程序乃借鉴自美国，但美国代表诉讼活跃度很高，前置程序对美国股东的负面影响可谓微小。第二，事实上，根据笔者调查，因未履行前置程序而提起诉讼的仅为22件，其余案例均有依据公司法规定先行穷尽公司内部救济，后向法院提起诉讼。而在这22件案例中，有不少案例是由于股东或者对此规定不了解[1]，或者因公司处于清算阶段而出现法律空白[2]，或者因股东与监事身份混合的[3]，等等。可见，所谓前置程序欠缺操作性的解释并不具有说服力。细化、完善前置程序毋庸置疑可为代表诉讼的实践适用添光增彩，但以此作为认定代表诉讼难以有效利用的理由则过于牵强和想当然。

再次，通过改革诉讼费用机制，将代表诉讼收费标准由财产诉讼标准改为非财产性诉讼标准，可降低原告股东可能缴纳的费用，从而提高代表诉讼可利用性。诚然，这种改进措施无疑可有力降低诉讼费用，然而，该修法建议是否能有效促进股东对代表诉讼的使用则存有疑问：第一，日本代表诉讼的实践证明，诉讼费用的改革并不能当然地推进代表诉讼。这种基于经济理性人的立法思维难以有效解释日本代表诉讼大量增加的现象。作为同属东亚文化圈的中国，将代表诉讼改为按非财产诉讼进行收费是否或能在何种程度上促进代表诉讼不无疑问。第二，即便诉讼费用的改革有效，其效用也仅在于减少股东行使代表诉讼的障碍，而不能给予鼓励。显

〔1〕比如参见张科诉张晨公司实际控制人、高级管理人员损害公司利益赔偿纠纷案，北京市海淀区人民法院（2008）海民初字第23873号民事裁定书。

〔2〕比如参见张来与林凤姣等股权确认纠纷上诉案，浙江省杭州市中级人民法院（2010）浙杭商终字第890号民事裁定书。

〔3〕比如参见董业民与王成海等控股股东、实际控制人、董事、监事、高级管理人员损害公司利益赔偿纠纷上诉案，上海市第一中级人民法院（2009）沪一中民三（商）终字第905号民事判决书。在此案中，法院认为，提起诉讼的股东董业民同时担任公司监事，他不可能书面请求身为监事的自己提起诉讼，因此可免除前置程序。但在另一案中，却与此相反。广州中院认为，即便是股东原告与监事身份混同，也“不应因此而免除其依法履行书面请求程序的义务”。见蔡创华与陈景良股东代表诉讼纠纷上诉案，广东省广州市中级人民法院（2010）穗中法民二终字第2152号民事裁定书。

然，降低行使某种权利的障碍并不等同于提供行使该种权利的激励。

最后，有学者认为，借鉴于多法域的代表诉讼意在采各国之优，结果却适得其反，难以形成有效合力，各因素相互消减，抵消彼此之间的优势。确实，如不经过精心讨论与设计，这种混杂式的立法路径不但难以发挥原本的功效，反而会削弱其正面效用，甚至产生负效果。然而，纵览我国公司法诸制度，包括代表诉讼在内，整个公司法的立法框架和制度架构均带有明显的混杂色彩，如为制衡董事，在原本借鉴德国的监事会的基础上，又学习美国，引进独立董事。如果说这种混杂的立法样式无甚功效，则无疑抹杀了中国公司法现代化的努力与进程，也无法解释中国经济何以在缺乏无甚功效的公司法规制下能迅猛发展。可见，说代表诉讼采各国之精华而难以有效发挥整合效用也难以具有较强说服力。

三、中国股东代表诉讼何以可能：超越制度困境

无疑，学界提出上述种种改进措施的努力值得肯定，因为一种制度的引进或创造须历经死法向活法、纸上法向行动法。在此过程中，原先设想的制度，哪怕在他国或异域并无问题甚至完美，也可能受制于本土内生性因素影响而无法充分发挥预期的效果。这种法律制定与法律实施的差异并非异象，恰恰相反，这是法治过程中难以避免的结果。然而，当一项制度出现问题或难以产生良性效果或某个法律不能实现立法者的目的时，如立法者或学界总是冀望于通过修改原法律或制定新的法律试图实现原定目标，如此循环，原目标则很可能被如同洋葱般的法律层层包住。而这种立法或修法思路，依英国已故政治哲学家巴利（Barry）教授所言，会降低民主问责制的效力。[1]

此外，通过制度解决制度问题虽是法治形式化的重要一环，但具体到代表诉讼中，这种“制度至上”的研究范式则面临困境。日本的代表诉讼实践表明，代表诉讼的提起，除了制度上的原因，还有其他因素不可忽视，

---

〔1〕 Nornan Barry, ‘The Market, Liberty and the Regulatory State’ (1994) 14 *Economic Affairs* 511; Cento Veljanovski, *The Economics of Law* (The institute of economic affairs 2006) 152.

如人的行为理性也会影响股东是否提起代表诉讼。股东在决定是否提起代表诉讼时，受有限理性影响，其并非以传统的理性经济人自居，通过对诉讼成本和收益的考量作出决定。有鉴于此，在提高中国代表诉讼的可利用性时，关注制度本身无可厚非，但其他因素也不可忽视，因为这些因素甚至在某种程度上主导着股东对代表诉讼的行使。走出制度的视野，超越制度的界限，关注制度以外的因素，或能更有效促进原有规定的价值实现。根据上述日本代表诉讼的司法实践分析，中国代表诉讼的实施受下列因素的影响。

（一）舆论作用

媒体对某一代表诉讼案件铺天盖地地报道不仅会扩大该案本身的传播性和影响力，该案的最终结果也会对其他潜在的投资者产生潜移默化的影响。如日本 20 世纪 80 年代的司法实践所示，股东原告如获得胜诉，借助媒体报道，会放大该结果，进而使得其他潜在股东原告出现思维偏差，产生精神式启发。在决定是否提起代表诉讼时，诉讼本身可能遇到的制度障碍在此显得不足为道。受制于这种有限理性，舆论对股东的影响不可谓不深刻。在我国，财经类媒体相对其他一般性媒体而言，无论是在报道题材，抑或报道深度方面，均较为发达。如有正在进行的代表诉讼案件能得到这些销量较大的财经媒体报道，可以想象，该案件的胜诉将如同为其他潜在的股东打了一支强心针，激励和鼓舞他们为捍卫自身和公司整体利益挺身而出。

（二）维权律师

一般而言，律师即使秉以正义而保护当事人合法权益，也难逃被人指责有赚取律师费之嫌。事实上，这种取之有道的谋生方式并无过错，甚至在很大程度上推动着律师行业向前发展。具体到代表诉讼而言，因该诉讼可能出现的种种程序障碍和实体难点，一般律师基于成本投入与收益分析，可能会敬而远之。即使采用风险代理方式，也可能是那些“无比绝望的”，“窝在壁橱大小的办公室”里的律师才会侥幸一试。有鉴于此，维权律师对代表诉讼的作用不可小看。一般印象中的维权律师，主要是一些为保护弱势群体，如农民工的合法权益等挺身而出的律师，在这些维权律师眼中，经济利益并非第一，“维权”才是首位。因此，如能出现专门以保护中小投资者利益为主业的维权律师，则代表诉讼也不再遥远，而是触手可及。

（三）非政府组织

在制度本身无法提供充分保障，政府机构“无能为力”或“有心无力”的情况下，非政府组织的设立或帮助显得尤为可贵。日本的 Kabunushi Onbuzuman 组织和环保组织的推动，使得代表诉讼浪花不断，日本以敲诈企业为目标的总会屋虽不适宜为中国所借鉴，但这种“非政府组织”却可以为中国带来这样的一种启示：即代表诉讼的兴起不能仅寄希望于代表诉讼制度本身，代表诉讼的发展也不能仅依赖于投资者个人，非政府机构也具有举足轻重的作用。在我国，至今尚未有以保护投资者为宗旨的组织或协会，在我国已有专门保护消费者的消费者协会的情况下，成立诸如投资者协会的组织以保护股东权益不仅顺理成章，也极有必要。

（四）公民社会的培育

公民社会含义丰富，具体而言，有三层内涵：经济层面上的公民社会、社团层面上的公民社会以及文化意义上的公民社会。[1]在我国，私营企业的发展和资源配置市场化水平的大力提高，使得经济层面的公民社会已有一定的发展，但社团意义的公民社会却因大多数社团依赖于政府而无法独立发展而仅处于刚起步阶段。文化意义上的公民社会也因大众传媒难以有效制约公权力而发展缓慢，中国呈现出失衡的公民社会发展格局。而代表诉讼的发展离不开股权文化的弘扬，因为股权文化的核心之一是应当树立向中小投资者适度倾斜的精神。[2]而股权文化的深入民心则离不开公民社会的持续发展。代表诉讼的有效实施在很大程度上仰赖于公民社会的持续

〔1〕参见韩恒：《发育失衡的公民社会——基于公民社会三层内涵的分析》，载《理论探讨》2008 年第 4 期。

〔2〕有关股权文化的具体详情，可参见刘俊海：《现代公司法》（第二版），法律出版社 2011 年版，第 203—213 页。

发展。

事实上，根据笔者对我国股东代表诉讼案例的搜集发现，在一些经济发达地区，代表诉讼数量也较多。当然，经济发达地区，经济纠纷也相对较多。但细究之下，不难发现，这些地区公民意识也较为强烈，维权律师较为活跃，非政府组织或其他社会团体的活动也较为频繁，舆论监督的力度也较强。这些无疑为本书的论据提供有力佐证：即代表诉讼的有效行使，不仅仅依赖于纸面的制度，还须超越制度，考虑其他因素。

第二十二章　双重股东代表诉讼：国际视野与中国立场

一、问题之缘起

公司在其产生伊始，一般表现为独立的、单一的、平面的结构形态，而现代公司正向复杂的、多样的、立体的形态演变，公司之间的层级越来越多，联系越来越紧密而不可分割，具体形态表现为母子公司、关联企业、集团公司等。在母子公司关系的持股架构下，能够有效扩大母公司资本和经营规模，并提升子公司品牌影响力和市场竞争力。但同样，在这种复杂的、立体的公司结构形态下，也伴随着许多新的问题和挑战。比如，母公司出资设立子公司，尤其是设立全资子公司，子公司的董事、监事和高级管理人员通常由母公司的控股股东或者实际控制人通过协议或者其他形式安排，这就导致母公司的控股股东或者实际控制人对子公司的经营管理有很强的影响力。那么，当母公司控股股东利用其支配地位串通子公司实施关联交易等行为以损害公司利益来谋一己之私利、损害中小股东利益时，母公司的少数股东不敢奢望被实际侵害人所控制的母公司提起股东代表诉讼以挽回公司利益。

很显然，以单一公司为基础的传统公司法规范直接适用于复杂立体的母子公司架构时，不可避免地会出现法律适用上的障碍。[1]尽管我国在

〔1〕参见叶林：《公司法研究》，中国人民大学出版社2008年版，第320页。

2005 年颁布的《公司法》中增加了许多保护中小股东权利的制度设计，尤其是股东代表诉讼制度的引入。然而，面对日新月异的社会发展，法律的滞后性被放大无数倍；面对母子公司架构下母公司中小股东和债权人权利被侵害的事实，该制度显得力不从心。根据我国《公司法》第 151 条规定，无论是有限责任公司还是股份有限公司受到侵害，能够提起股东代表诉讼的权利主体只能是该公司的股东。而该公司的控股公司的股东虽有间接投资利益，但因不符合我国现行《公司法》规定的提起股东代表诉讼的原告资格要件，母公司股东不能越过母公司代替子公司向侵害行为人提起代表诉讼。为此，在我国通过立法构建双重股东代表诉讼是一个识时务且有益的措施。

公司诉讼制度完善与否，是考量公司法律制度发展水平的重要指标。[1] 而我国目前的公司诉讼制度，在母公司股东权益保护方面失灵，法律呈真空状态，这与我国《公司法》的立法精神与宗旨背道而驰。并且，在我国目前的司法实践中不乏涉及母公司少数股东权益保护问题，但由于我国缺乏与多层次公司架构相配套的制度，审理法官大多采取回避或者否认态度，不符合改革开放大环境下以法律规制经济、促进经济发展的要求。因此，就中国现有的公司法制而言，研究双重股东代表诉讼极具理论和实务意义。本章以双重股东代表诉讼为立意，围绕“是什么”“为什么”“怎么样”这三个问题，结合美国、日本的理论和实践经验，对该制度在我国的引进以及本土化提出浅见。

二、我国双重股东代表诉讼基本问题

（一）双重股东代表诉讼的概念

双重股东代表诉讼，顾名思义，是股东代表诉讼的“双重”形态。股东代表诉讼是指“当公司由于某种原因没有就其所遭受的某种行为的侵害

---

〔1〕 参见沈贵明：《二重派生诉讼适格原告要件的构建》，载《法制与社会发展》2015 年第 2 期。

提起诉讼时，公司股东可以代表公司以使公司获得赔偿等救济为目的而针对该行为所提起的诉讼”[1]；由于只存在公司股东代位本公司这一重代位关系，故也被称为单一的代表诉讼。而双重股东代表诉讼被定义为“在一家公司的权利受到侵犯而该公司和其作为其股东的另一家公司均无意行使诉讼权利的情况下，由该另一家公司的股东就该侵犯公司权利的行为提起的诉讼”[2]。从这一概念表述中可以看出，双重股东代表诉讼一般存在于母子公司架构中，如果子公司的利益受到某种侵害而其自身未对侵害行为人提起诉讼，则母公司可以提起单一的代表诉讼，此为第一重；而如果母子公司均怠于起诉，则母公司股东有权代位母公司提起诉讼，此为第二重的代表诉讼。可见，在性质上两者属于由股东提起的代表诉讼。由于双重股东代表诉讼和股东代表诉讼之间有着密不可分的内在联系，双重股东代表诉讼也被认为是股东代表诉讼的变形。[3]

（二）我国司法审判现状

鉴于我国公司法现行规范中并无“双重股东代表诉讼”这一表达，倘若用该关键词进行检索必然导致检索不充分、不全面，故笔者以“股东代表诉讼”“损害公司利益责任纠纷”“公司关联交易损害责任纠纷”等进行关键词检索、案由检索、引用法条检索，拟检索2006—2018年所有最高法和各级地方高院有关股东代表诉讼的裁判文书，共得到检索结果近600份，经过筛选，获得有效样本227份并最终形成实证分析报告，其中关于双重股东代表诉讼的案例仅有5件。在这5起双重股东代表诉讼的案件中，其中有3起的裁判结果高度一致，说理不谋而合，法院皆因原告仅是母公司股东而非子公司股东，故因此认定主体不适格，判决、裁定驳回；而另外2起则可以说是我国在司法实践中首次用判决的方式承认了双重股东代表诉讼制度，因为该两起案件除了部分被告及侵权方式不同，其他方面都大同

---

〔1〕施天涛：《公司法论》，法律出版社2018年版，第448—449页。

〔2〕薛波主编：《元照英美法词典（缩印版）》，北京大学出版社2013年版，第439页。

〔3〕参见王淼、许明月：《美国特拉华州二重代表诉讼的实践及其对我国的启示》，载《法学评论》2014年第1期。

小异，故本书仅选取其中一例［案号为（2016）陕民终 228 号］进行详细分析。

赵某海与海航酒店控股集团有限公司等损害公司利益责任纠纷，基本案情如下：2007 年 7 月，海航投资公司由股东赵某海、海航酒店控股集团有限公司（以下简称海航控股公司）出资设立，持股比例分别为 40%、60%；2009 年 7 月，陕西皇城海航酒店有限公司（以下简称皇城公司）由股东海航控股公司独资设立。其中，海航投资公司与皇城公司的董事、经理等管理层人员及法定代表人均为海航投资公司的大股东海航控股公司管理层人员或由其委派任命。2010—2014 年，因大股东海航控股公司滥用股东权利对母公司海航投资公司和子公司皇城公司进行实际控制，实施了闲置子公司财产、未经母公司董事会决议而用子公司资产为他人提供担保以及利用子公司名义为他人贷款的行为，赵某海数次提醒海航控股公司无果后，致函海航投资公司监事会，要求公司提起诉讼，向侵害公司利益的行为人行使索赔权利，但海航投资公司监事会对此未作任何答复。原告赵某海便诉至西安市中级人民法院，要求海航控股公司停止侵权，并赔偿海航投资公司、皇城公司损失 4029.613965 万元。本案中，因为我国目前仅存在单一的股东代表诉讼制度而没有双重股东代表诉讼制度，因此，原告在起诉时采用了一定的技巧，即将母子公司均列为赔偿对象；但结合整份判决书来看，原告的根本目的是为了维护子公司利益，从而维护自己的利益，鉴于立法空白的原因，为了提高案件受理和胜诉的概率才将母公司也列入赔偿对象。但一审法院除了部分事实认定不清及超出原告诉讼请求的程序错误以外，在分析赵某海是否具有原告资格时仅将该纠纷当成单一的股东代表诉讼看待，认为母公司控股股东海航控股公司滥用股东权利的行为造成子公司皇城公司的利益受到侵害，海航投资公司作为皇城公司的唯一股东其利益也势必同样受到侵害，故赵某海有权代表海航投资公司提起代表诉讼，追究侵权者的赔偿责任，该案最终判决海航控股公司直接向海航投资公司进行赔偿。

笔者认为，从前文的说理到最终的判决，一审法院的做法不仅令人费解，而且这其中的逻辑也让人疑惑。本案中，原告赵某海本就是代表子公司皇城公司行使赔偿请求权，直接利益受到损害的也是皇城公司，一审法院既然经过实体审理后认定母公司控股股东侵害了子公司利益，却在最终判决时要求侵权行为人向母公司承担责任，而将子公司视为透明，此种做法不仅在逻辑上说不通，而且对子公司的债权人也极为不公平。因此二审法院直接改判海航控股公司向皇城公司承担赔偿责任，但遗憾的是二审法院虽然认为皇城公司的利益需要保护，却在论述原告主体资格时同一审法院犯了同样的错误，仅将该纠纷当成单一的股东代表诉讼进行处理。由此可见，二审法院虽然在判决结果上比一审法院裁判得更为恰当，但在认定原告主体资格的问题上始终不敢向前迈进一步。但仔细一想，在这个案件中，我们甚至不能说这份离奇的判决有什么不妥：一审法院从股东代表诉讼的角度出发，保证了说理与判决的一致性；二审法院从实际受害人角度出发，虽然说理与判决不一致，但却保证了裁判结果的公正性与合理性。区分股东代表诉讼的关键有两点：原告代表谁的利益提起诉讼；利益的最终享有者是谁。本案中，原告赵某海代表皇城公司进行诉讼，法院也将最终赔偿利益享有者认定为皇城公司，抛开判决说理的部分，姑且可以认为二审法院用判决的方式承认了母公司股东享有代表子公司提起诉讼的资格，进而认可了双重股东代表诉讼制度。本案中，原告赵某海代表皇城公司进行诉讼，法院也将最终赔偿利益享有者认定为皇城公司，抛开判决说理的部分，姑且可以认为二审法院用判决的方式承认了母公司股东享有代表子公司提起诉讼的资格，进而认可了双重股东代表诉讼制度，在实务界有一定的进步意义。但假使我国在立法上引入双重股东代表诉讼制度，便可以很好地避免此类判决与说理不一致的尴尬情形，而且其意义远不止于此。

三、我国建立双重股东代表诉讼之必要性

“二重代表诉讼制度的产生，是现代市场经济发展的必然结果。”[1]但

---

〔1〕 沈贵明：《二重派生诉讼适格原告要件的构建》，载《法制与社会发展》2015年第2期。

是任何事物都是在曲折中前进的，必然结果形成之前也必然经过一番周折。国际上，美、日虽已通过判例或者立法确立了双重股东代表诉讼，但美国国内至今仍存在反对意见；而日本早在2005年制定《公司法》时就试图引入该制度，但因国内经济实务界的强烈反对而不了了之；法国、德国等国家更是至今都没有明确承认双重股东代表诉讼。我国最高人民法院曾在《公司法司法解释四（征求意见稿）》中，对双重股东代表诉讼做了有限的承认。但是在之后正式发布的版本中，又删除了原有相关条款，立法者这前后矛盾的做法，反映了双重股东代表诉讼制度在我国是否必要尚存很大争议。笔者则认为，当母子公司运营模式已经常态化时，规制母子公司关系、强化母公司股东保护已成为现实的需要，我国应当确立双重股东代表诉讼以克服现行公司法制的局限。

（一）我国现行公司法制的适用困境

建立在传统公司法理论基础上的我国《公司法》所调整的各类权利义务关系主要围绕单一公司展开。[1]虽然我国《公司法》第14条规定“公司可以设立子公司”[2]，且在国家工商总局颁布的《企业集团登记管理暂行规定》中明确规定了企业集团的注册资本以及名下子公司数量等具体条件[3]，表明我国允许公司之间以母子公司关系的类型存在并不禁止公司向集团化发展。但我国《公司法》关于如何规制母子公司关系、规范集团公司运作，并没有相适应的法律制度。

一方面，我国现行的股东代表诉讼制度原告资格范围过于狭窄。我国于2005年修改《公司法》时引入了股东代表诉讼制度，根据《公司法》第151条规定，享有提起代表诉讼原告资格的只能是权益受损公司的股东。[4]尽管2016年最高人民法院发布的《公司法司法解释四（征求意见稿）》采

〔1〕参见樊纪伟：《日本多重股东代表诉讼制度及其启示》，载《法学杂志》2016年第7期。

〔2〕我国《公司法》第14条。

〔3〕参见我国《企业集团登记管理暂行规定》第5条。

〔4〕参见我国《公司法》第151条。

用了扩张解释的方法，将《公司法》第151条第1款、第2款中的“董事”“监事”“高级管理人员”扩展解释为包括全资子公司的董事、高级管理人员、监事，但是除此之外并无其他制度安排且该《公司法司法解释四（征求意见稿）》最后并未实施，股东代表诉讼原告范围仍然有限。同样建立在单一公司架构基础之上的该制度无法延伸至母子公司架构，这势必会导致问题的显露。在集团化公司中，倘若子公司董事的不当行为给公司造成损害，作为出资设立（甚至是全资设立）子公司的母公司及其股东，其投资利益也必然受损。但现实情况是，如果子公司和母公司均不采取措施追究子公司董事责任以挽回公司利益，母公司股东也无计可施。另外，母公司股东也不能以母公司未对子公司董事提起股东代表诉讼为由，主张母公司董事违反勤勉义务而请求其承担责任。虽说母公司与子公司之间是投资、被投资关系，子公司受损也间接使母公司遭受损失，但母、子公司是两个法人人格相互独立的主体，在有直接受害人——子公司的情况下，要求母公司董事对子公司损害承担责任，显然忽视了母子公司之间相互独立的公司人格，在实践中也很难获得支持。[1]

另一方面，母公司少数股东权益保护措施匮乏。上文已经论证，现行股东代表诉讼制度无法为母公司少数股东权利受损提供救济，那么是否有其他保障措施呢？答案是否定的。尽管我国《公司法》为保护中小股东利益，赋予了公司股东知情权、提案权和质询权等，也增加了累积投票权、表决权限制，大股东对小股东的诚信义务等制度，但在目前整个公司法制都是围绕单一公司展开的大背景下，这些设计毫无疑问都停留在平面视角。虽然母公司可通过其对子公司的控股地位，在子公司股东大会上选举或者更换董事，以达到监督子公司经营管理活动的目的。然则，少数股东相比于控股股东天然处于弱势地位，在子公司股东大会上根本没有话语权，自然无法对子公司董事进行有效监督。此外，我国《公司法》还规定公司董事对公司负有勤勉义务和忠实义务，且在董事违反该义务时，股东可以请

〔1〕参见樊纪伟：《我国双重代表诉讼制度架构研究》，载《华东政法大学学报》2016年第4期。

求公司追究董事责任。在母子关系结构下，从母公司层面看，母公司董事对母公司负有勤勉和注意义务；从子公司层面看，子公司董事对子公司负有勤勉和注意义务。然而基于公司独立的法人人格，子公司董事对母公司不负直接的勤勉和注意义务，也从另一侧面证明母公司股东不能依据《公司法》第 147 条追究子公司董事责任。细数上文所列制度规范，竟无一能够直接或间接解决母子公司问题。

（二）构建双重股东代表诉讼之现实需求

母子公司的架构能够扩大母公司的资产规模和经营规模，降低企业外部经营风险，提高母公司的企业知名度，提升竞争力，分散经营风险。[1]因此，近年来我国公司通过转投资、合并、分立、换股等方式进行集团化经营已是大势所趋。但任何新生事物在成长为参天大树前不过是一株幼苗，母子公司运营架构同样有不可忽视的缺陷。第一，关联交易损害母公司少数股东利益。《公司法》第 216 条对关联关系进行了界定，它指的是公司控股股东、实际控制人、董事、监事、高级管理人员与其直接或者间接控制的企业之间的关系，以及可能导致公司利益发生转移的其他关系。由此可见，母公司作为子公司的控股股东是最为典型的关联人，前文也提到，子公司一般由其控股公司的大股东通过控股权决定或者影响其董事的选任，换言之，子公司董事就是母公司大股东的利益代表。母公司控股股东通过子公司董事或者高管与子公司实施关联交易等行为恶意侵害公司财产，无疑会给其他利益主体造成损害。第二，母公司少数股东无法对子公司进行有效的监督。规避母公司的投资风险是企业采取母子公司运营模式的目的之一，但同时由于我国《公司法》规定子公司拥有独立的法人人格，母公司股东无法以合法的途径介入子公司的经营管理活动。第三，控股母公司利用上市公司进行利益输送。近年来，我国上市公司利用关联交易掏空公司资产的情形比较普遍，其背后的始作俑者通常是其控股公司，通过赠与、设立抵押、担保、自我交易、低价出售和高价购买的方式，让上市公司成

---

〔1〕 参见甘培忠：《企业与公司法学》，北京大学出版社 2007 年版，第 465—466 页。

为其控股公司的利益攫取工具。

简言之，建立在传统公司理论基础上的我国现行公司法制没有母公司少数股东的立足之地。代表诉讼的本质被认为是为公司主持公道，防止其被“堕落的董事或者股东”所控制的程序设置。[1]而在母子公司经营模式大行其道的今天，缺乏双重代表诉讼制度却“放出了”更多“堕落的董事和股东”。双重代表诉讼制度是公司重组、集团化发展运作中，对中小股东保护的最后一道防线。[2]无论是健全现行公司法制的客观要求，还是市场经济发展的实际需要，都要求立法者为母公司中小股东筑好“最后一道防线”。

四、双重股东代表诉讼的国际展开

公司制度发展到母子公司化的阶段，双重股东代表诉讼自然而然成为其选择。[3]目前，世界上大多数国家和地区已确立双重股东代表诉讼，我国引进该制度，免不了要学习其他国家和地区的先进经验，美国和日本是不错的对象：其一，美国商事法律发达，我国很早之前就有移植美国法律制度以完善自身的经历；其二，美国是最早通过判例承认双重股东代表诉讼制度的国家，而日本是最早通过立法确立该制度的国家，两国该制度的确立过程和具体内容对我国具有非常重要的借鉴意义。

（一）美国

双重股东代表诉讼最早出现于美国，1879 年美国堪萨斯州最高法院在 Ryan v. Leavenworth[4]一案中指出，当母公司和子公司因被告的控制，无法或拒绝对被告提起诉讼之时，作为母公司股东的原告有权提起双重代表

---

〔1〕 参见施天涛：《公司法论》，法律出版社 2018 年版，第 449 页。

〔2〕 参见沈贵明：《二重派生诉讼适格原告要件的构建》，载《法制与社会发展》2015 年第 2 期。

〔3〕 参见樊纪伟：《我国双重代表诉讼制度架构研究》，载《华东政法大学学报》2016 年第 4 期。

〔4〕 *Ryan v. Leavenworth* ,Atchison & Northwestern Railroad Co. 21Kan 365,1897 WL731(1879).

诉讼。此案被认为是最早出现并承认的双重股东代表诉讼。1913 年特拉华州衡平法院在其审理的 Martin v. D. B. Martin Co.[1]一案中进一步明确了双重代表诉讼的适用条件，认为该制度的适用应限定在相互独立的母子公司面纱被刺破的情况之下。该案判决主要通过公司人格否认理论来阐述双重代表诉讼的正当性和合理性，然而在 1917 年的 Holmes v. Camp[2]案以及 1938 年的 U. S. Lines v. U. S. Lines Co.[3]案中，美国法院又分别将信托理论和共同控制理论作为双重代表诉讼的理论依据。虽各州的理论依据不尽相同，但客观需求却一致，都是为了回应美国控股公司出现后，公司内部控制人有可能利用母子公司的架构恶意阻断该公司股东提起代表诉讼，从而使既有的股东代表诉讼无法提起这一问题。[4]美国作为英美法系的典型国家，法律活动以司法为主，并没有明确的成文法典对双重代表诉讼进行制度规范，主要通过判例完善其起诉要件和程序要件。

1. 前提条件

在具体的程序层面，美国并没有设置严格的起诉前提条件，只要子公司权利遭受不法侵害致使母公司及其股东间接利益受损的，都可以提起双重代表诉讼。鉴于此，初始的证明责任就在于原告股东，需举证证明子公司董事或其他高级管理人员确实侵害了子公司利益。另外，其他州的判例还在此基础上扩展了一些特殊规定，如 1938 年联邦第二巡回法院在 United States Lines v. United States Lines Co.[5]一案中指出，利益受损的 A 公司与该公司股东 B 公司均受到施害者共同支配的情况下，应当承认 B 公司股东对 B 公司曾提起的股东代表诉讼的继承。

2. 适格原告

谈及单一股东代表诉讼的原告资格问题，美国各州普遍要求原告股东

〔1〕 *Martin v. D. B. Martin Co*,10 Del Ch.211, 88 A 612(1913).

〔2〕 *Holmes v. Camp,*180 A. D. 409,167NYS. 840(1917).

〔3〕 *U. S. Lines v. U. S. Lines Co.* 96F. 2d 148 C. A. 2(1938).

〔4〕 参见王森、许明月：《美国特拉华州二重代表诉讼的实践及其对我国的启示》，载《法学评论》2014 年第 1 期。

〔5〕 *United States Lines v. United States Lines Co.* 96F.2d 148(2d Cir.1938).

需满足同期所有权规则，即“在所诉称的错误行为发生于公司之时直至诉讼终结期间，原告股东必须在公司持有股份”[1]。而对于双重股东代表诉讼的原告适格性，同样要求满足同时持股要件。在美国，大致可将双重股东代表诉讼分为两种类型，一是自始的双重代表诉讼，即在被诉的不法侵害行为发生之时就已存在母子公司架构，由母公司股东对子公司董事提起的诉讼；二是转化的双重代表诉讼，是指最初提起诉讼时是单一的股东代表诉讼，后来在诉讼期间因换股或其他形式导致公司被合并，原告变为该公司控股公司的股东，从而转化成双重代表诉讼。[2]第一类属典型的双重代表诉讼，原告需满足同期所有权规则；而对于第二类，该规则不是必要条件。至于母公司对子公司的持股比例，美国同样贯彻了宽松的要求，只要母公司持有子公司半数以上股份并具有实质上的支配性权力即可提起双重代表诉讼。[3]

3. 前置程序

通常情况下，在公司利益受损时，应当先由公司直接采取措施维护自己的利益，只有在正常救济途径被阻塞或者行之无效的情况下，股东代表诉讼才有必要提起，即所谓的“竭尽公司救济”。美国在双重股东代表诉讼中坚持了这一原则，要求原告股东履行双重的前置程序，即分别向子、母公司提出追究不法侵害人责任的请求。宽松的起诉要件配合严格的前置程序才能达到制度的平衡。但也有不同，美国特拉华州高等法院在审理 Lambrecht v. Neal[4]一案中仅仅将全资母公司股东向母公司提出起诉请求作为必要前置程序。

（二）日本

2014 年 6 月 20 日，日本通过《公司法修正案》，正式引入了双重股东代表诉讼制度。其实在此之前，学界就已经开始了激烈讨论。原因有两个，

---

〔1〕施天涛：《公司法论》，法律出版社 2018 年版，第 459 页。

〔2〕*Lambrecht v. Neal.* 3A. 3d. 277(Del. 2010).

〔3〕*Lewis v. Ward.* 852A. 2d. 896(Del. 2004).

〔4〕*Lambrecht v. Neal.* 3A. 3d. 277(Del. 2010).

一是1993年的三井矿山股东代表诉讼案，日本最高裁判所就该案作出判决，确认当全资子公司财产遭受损害时，子公司的损害视为母公司的损害，母公司董事要对母公司承担责任。[1]二是日本1997年修改《反不正当竞争法》解禁了单纯持股公司，一时间企业集团化经营成为社会浪潮，也使得允许母公司股东追究子公司董事民事赔偿责任成为必要。虽然2005年日本《公司法》仅规范单层股东代表诉讼，但相关规定体现了"隐形的多重代表诉讼"[2]。由于受2008年金融危机影响，日本实体经济衰退、企业国际竞争力不足，国内要求变革公司法制的呼声愈加强烈，希望通过立法来完善公司治理结构和规制关联企业。[3]制度萌芽已生，现实土壤既存，制度的确认也就顺理成章。

1. 适用前提

同美国一样，日本成文法规定的双重股东代表诉讼适用前提没有特别要求，只要子公司董事等对子公司负有赔偿责任时，母公司股东即可提起双重股东代表诉讼。但特殊之处在于，日本《公司法》规定了原告股东可以提起该诉讼的除外情形，一是为了起诉股东或者第三人的不正当利益或者具有损害子公司或者母公司的目的，二是追究子公司董事等责任的原因事实未给母公司造成损害。[4]

2. 适格原告

根据日本《公司法》规定，能够提起双重股东代表诉讼的原告，仅限于6个月前持续持有"最终全资母公司"股东大会1%以上表决权的股东，但是公司章程可以规定少于1%的持股比例。[5]这里我们需注意"最终全资母公司"的含义，包括直接持有子公司全部股份的母公司和通过全资子公司间接持有下位公司的最上位公司，具体而言，可分为三种情况：一是

〔1〕参见日本最高裁判例1993年9月9日民集47卷7号4814页。

〔2〕樊纪伟：《日本多重代表诉讼制度及其启示》，载《法学杂志》2016年第7期。

〔3〕参见崔文玉：《日本公司法最新修改之简述——以2012年〈公司法制纲要〉为视角》，载《河北法学》2013年第4期。

〔4〕参见日本《公司法》第847条之3第1款。

〔5〕参见日本《公司法》第847条之3第4款。

直接持有子公司全部股份的母公司；二是通过全资子公司间接持有孙公司全部股份的最上位公司；三是直接持有和通过其全资子公司间接持有孙公司全部股份的最上位公司。[1] 仔细揣度后两种情形会发现，日本对于原告资格的规定不再局限于“双重”的公司层级和必须全资控股的要求，只要满足原告股东所在的最上位公司直接或者间接持有被告所在最下位公司全部股份即可。

3. 前置程序

不同于美国规定的提起双重股东代表诉讼的原告必须履行双重的前置程序，日本只需履行单重前置程序。日本《公司法》第 847 条之 3 规定，母公司股东在提起双重代表诉讼之前，需向子公司提出追究子公司董事损害赔偿责任的请求，自请求之日起 60 日内子公司未提起追究董事责任之诉讼的，母公司股东可对子公司董事直接提起诉讼。[2]

五、双重股东代表诉讼理论基础

构建一项制度，研究其背后的法理基础是非常必要的，合理的制度必定是经得起讨论的制度。关于双重股东代表诉讼制度的理论基础，目前学界主要有支持和否认两种态度。下面，笔者将对其进行具体论述，并在吸收支持学说和否认学说的基础上为我国对该制度的引入进行正当性分析。

（一）否认双重股东代表诉讼之理论

1. 存在其他救济途径

该观点认为，双重股东代表诉讼之前置程序要求原告股东在提起诉讼之前须向母、子公司董事会提出请求，如果母公司董事会拒绝起诉，母公司股东直接对其提起单一的股东代表诉讼即可救济。[3] 此理论基于双重股东代表诉讼为“非常规则的例外”，既然现有制度足以达到目的，又何必直

---

〔1〕 参见樊纪伟：《日本多重代表诉讼制度及其启示》，载《法学杂志》2016 年第 7 期。

〔2〕 参见日本《公司法》第 847 条之 3 第 7 款。

〔3〕 See David W. Locascio, ‘The Dilemma of the Double Derivative Suit’ (1989) 83 *Northwestern University Law Review* 729.

接适用一项尚有争议的制度呢？然此学说弊端也很明显：第一，实际损害计算困难。母、子公司财产相互独立，受到直接损害的是子公司，母公司只是基于投资而间接受损。而且，有时母公司因此而产生的是非经济损失，如交易机会等，这种期待性利益更是难以估量。而双重代表诉讼是请求赔偿子公司所受损害，其损害直接、明确，计算简单且节约司法资源。第二，易引发滥诉。代表诉讼本就有造成滥诉的隐患，在双重公司层级下，无疑将滥诉的危险性扩大。试想，如果一个子公司的股份由多个母公司共同持有，那岂不是所有母公司股东均可代位母公司提起单一代表诉讼，诉讼数量成倍增加。对法院而言，无价值的工作量增加是毫无意义的；对公司而言，激增的诉讼会让公司董事成为一个高危职业，或者要用高薪聘请或者空缺，但都不利于公司经营管理。

2. 违反股份同期所有权规则

同期所有权规则的设立目的在于防止“购买诉讼”，即在不法侵害行为发生之时并不是公司股东，之后为谋求私利或者干扰公司经营临时购买少量股份以提起股东代表诉讼。该规则在一定程度上有其实效性，但是严格的同期所有权规则显然不利于股东代表诉讼的提起，在抑制无价值诉讼的同时，也抑制了有价值的诉讼。[1]对于该观点已存的异议有：（1）不法行为人事先谋划以逃避责任。在现代公司集团化的发展趋势下，公司之间合并、换股很常见，而中小股东往往在这些过程中缺乏足够的信息，很多股东在公司董事会同意合并时并不知道不法行为已经发生，如果严守同期所有权规则，不法行为人便可借此逃避赔偿责任。（2）实质上并不违反同期所有权规则。该规则最本质的的内容在于保证实质公平，然而不管现实中是否已经发生股份转换或者合并，控股公司股东仍为损害发生时公司股份的衡平法上的所有人，而股份之实质所有人有权提起双重股东代表诉讼。[2]

在美国司法实践中也出现了突破同期所有权规则的判例，如1988年特

---

〔1〕 参见施天涛：《公司法论》，法律出版社2018年版，第460页。

〔2〕 参见田田、刘景亮：《双重代表诉讼理论之重塑及对我国立法的检讨》，载《法治研究》2009年第6期。

拉华州最高法院在 Sternberg v. O' Neil[1]一案中认为：在子公司发生的不当行为使得子公司受损，并且该损害效果延伸及母公司，因此应当承认母公司股东提起双重股东代表诉讼的权利，否则在程序上无法追诉这些不当行为。另，在 1993 年美国第三巡回法院审理的 Rales v. Blasband[2]一案中，法院认为虽然本案原告因股份交换不满足持续持股要求，但具有足够的间接经济利益，故承认其具有提起双重股东代表诉讼的资格。鉴于此，是否仍要在双重股东代表诉讼中僵硬适用同期所有权规则，值得立法者三思。

（二）支持双重股东代表诉讼之理论

美国伊利诺伊州上诉法院在 Brown v. Tenney[3]一案中通过描述支持该诉讼的理论来讨论双重代表诉讼的合理性，而且不是选择或者扩展其中一种理论来考量，该法院列举了六种理论支持双重股东代表诉讼，即“刺破公司法人面纱理论”“共同控制理论”“信托义务理论”“代理权理论”“特别履行理论”“最终危害为母公司股东承担理论”。此六种理论在特定条件下有各自的优点，逐渐成为学界主流，本节将重点分析前三种。

1. 刺破公司面纱理论

刺破公司面纱，也称“法人人格否认”，是指公司或其股东滥用公司独立法人人格和有限责任，损害公司其他股东或债权人利益，这时可以突破公司独立法人人格使股东承担无限责任。[4]该理论即通过刺破子公司的公司面纱，认为母子公司实质上为一个主体，进而允许母公司小股东代位子公司提起股东代表诉讼。适用刺破公司面纱理论的一般情形为母公司过度操纵子公司，将其视为获取利益的通道、工具，此时母子公司人格已经混同，子公司受损等同于母公司受损，子公司股东享有的权利母公司股东理应同样享有，母公司中小股东可以跨越公司独立人格的障碍直接向子公司董事提起代表诉讼。

---

〔1〕 *Sternberg v. O' Neil*,550A. 2d 1105(Del. 1988).

〔2〕 *Rales v. Blasband*,634A. 2d 927(Del. 1993).

〔3〕 *Brown v. Tenney*, 155. App. 3d605, 606-607(1st dist. 1987).

〔4〕 参见朱锦清：《公司法前沿问题研究》，浙江大学出版社 2014 年版，第 297 页。

不过，该观点缺陷明显。首先，何种程度为“过度操纵”，美国法院判例也没有给出具体标准，司法实践中只能依据参考一些因素进行判断，如母子公司资产是否混合、重要人事是否混同等。这无疑是用一个模糊的概念解释另一模糊的概念，根本无法解决实际问题，也有碍双重股东代表诉讼制度的广泛适用。其次，初始的举证责任在原告股东。母公司中小股东大多为公众投资人，不参与公司活动，具有天然的信息劣势。如欲获取充分的证据，必须花费大量的金钱和时间，收获的却只是与其少量股份相同比例的报酬，理性的股东也会变得冷漠。

2. 共同控制理论

共同控制理论是指当同时控制母子公司的人，做出危害子公司利益的不法行为时，母公司股东有权提起双重股东代表诉讼。[1]这是因为虽然母子公司均有法律救济途径，但是当两者被同一人控制时，其同样可以凭借自身的控制权阻止任何代表子公司或者母公司的代表诉讼，除非给予双重股东代表诉讼权，否则两者的合理利益均得不到有效的保护。

然而，该理论也存在致命的缺点。第一，适用范围太过狭窄，共同控制理论的适用前提是要有一个共同控制人，由其控制母子公司两级的董事会，且不法侵害人为共同控制人。反言之，若不存在共同控制人或者不法侵害人是共同控制人之外的主体，则不能适用该理论。而典型的非受共同控制两层架构的母子公司形态却是现实中最普遍的公司形态，此学说将绝大多数的母公司中小股东利益排除在其保护范围之外，有悖双重代表诉讼的本质。第二，假使满足上述第一个条件，判断谁是共同控制人仍是一个无法逃避的难题。对于立法者而言，要在成文法中确定判断共同控制人的具体标准是不现实的，公司的复杂结构排除了运用客观且公正的标准检验公司控制权的可能。对于法院而言，判定共同控制人也十分困难，一方面实际案件的复杂使其不能机械地通过持股比例、相同董事或者高管数量等

---

〔1〕 See David W. Locascio, ‘The Dilemma of the Double Derivative Suit’ (1989) 83 *Northwestern University Law Review* 729.

数据来判断母子公司是否处于共同控制之下；另一方面，倘若根据不同的案件考虑不同的适用标准，无疑增加了法院的司法成本，况且在中国这一成文法国家，法官的“空隙立法”也不被认可。

3. 信托义务理论

信托义务，也有学者称之为“受信义务”，指的是一种基于“委托—代理”关系所发生的“代理人”对“委托人”的管理责任。[1]长期以来，学界一直惯于用信托关系来解释董事与公司、股东之间的关系。在双重代表诉讼中，存在两层的信托关系：一层存在于子公司和母公司之间；一层存在于母公司和其股东之间。第一个关系中，母公司为信托人；第二个关系中，母公司为受托人。根据此种理论，母公司负有对其股东的受托人责任，类似地，子公司对母公司也负有受托人责任。在双重代表诉讼中，母公司股东起诉即要求子公司承担对其信托人的责任。[2]

该理论虽然从一个方面解释了双重股东代表诉讼的正当性，但是若全面采纳信托理论，则会产生令人费解的结果。首先，如上述所言，股东基于信托理论可对公司直接提起诉讼，根本无须代表诉讼。其次，根据信托义务理论，每一个股东都有独立的诉权，属于自益权性质。如果子公司违反其职责，基于第一层信托关系，子公司股东可直接起诉子公司；基于子公司对母公司股东的复信托责任，母公司或者子公司其他股东也可对子公司直接起诉，必然会导致滥诉、恶诉，子公司也有被重复追诉的风险。而双重代表诉讼的诉权属于共益权性质，代表全体股东起诉且利益归于公司，因此一个股东起诉也就消灭了其他股东起诉的机会，防止了恶意诉讼的扩散。最后，在代表诉讼中股东是代表公司起诉，公司是原告身份。而在信托理论的基础上，股东因公司违反了受托人义务直接起诉公司，公司变成了被告。倘若真将信托义务理论作为双重代表诉讼的理论依据，则公司集原告和被告身份于一身，造成逻辑混乱和法律地位的混淆。

---

〔1〕 参见施天涛：《公司法论》，法制出版社 2018 年版，第 398 页。

〔2〕 See David W. Locascio, ‘The Dilemma of the Double Derivative Suit’ (1989) 83 *Northwestern University Law Review* 729.

（三）我国理论重塑

大陆成文法系国家注重法律体系的系统性和逻辑性，不同于英美法系侧重经验和实用。我国作为沿袭了大陆法系传统的国家，需要为双重代表诉讼诉权的立法提供坚实的理论基础。通过对上述两派理论的利弊分析，笔者认为控制权理论符合当前确立双重股东代表诉讼的实践需要。所谓控制理论是指只要在公司集团中两个公司存在控制与被控制关系，即可适用双重股东代表诉讼制度。正是因为母公司对子公司的控制权，才诱使母公司大股东串通子公司董事实施不法行为损害子公司利益；也正是由于控制权所代表的大比例股份，意味着子公司受损会危及母公司股东利益，才有必要对母子公司关系进行法律规制。另，控制权理论是对共同控制理论的修正，将市场经济中绝大部分母公司中小股东纳入其保护范围，这也是双重股东代表诉讼的制度宗旨和应有之义。

在程序法理上，诉讼担当理论可论证双重股东代表诉讼的合理性。诉讼担当分为法定的诉讼担当和任意的诉讼担当，法定的诉讼担当是指法律明确规定第三人为他人而以自己的名义享有诉讼实施权；任意的诉讼担当是根据民事法律关系的内容而承认诉讼实施权。[1]该理论是为解决权利主体和诉讼主体相分离的问题而产生的，我国《公司法》中的股东代表诉讼，《民事诉讼法》中的代表人诉讼都是其体现。同样，衍生自股东代表诉讼的双重股东代表诉讼也符合该理论的基本要求。

六、我国双重股东代表诉讼的本土化进路

构建我国双重股东代表诉讼制度的必要性和重要性不言而喻，进一步便是具体的制度设计。关于这一点，有三方面要求值得立法者格外注意：一是秉承平衡原则，高超而有智慧的立法应当平衡制度所涉及的各方的利益，考量各方需求，力求定纷止争。二是持有创新精神，“二重代表诉讼在

---

〔1〕 参见李德恩：《诉讼担当的理论推演和现实环境》，载《吉首大学学报》2009年第5期。

诉讼构造上能否突破单一股东代表诉讼制度预设的藩篱，实际上决定了二重代表诉讼作为一种相对独立的诉讼形式的命运"[1]。欲发挥双重股东代表诉讼之独立存在的制度价值，必须突破单一代表诉讼的各项制度要求，重点考虑"双重"之特殊性。三是运用辩证思维，正确对待"拿来主义"，用美国、日本的经验结合中国的社会现实，走出属于自己的本土化之路。

（一）双重代表诉讼的适格原告

无原告便无诉讼，对原告的规制是诉讼制度的首要工作和重要内容。[2]简言之，双重股东代表诉讼的原告为母公司股东，但若想进行制度规制，需仔细研究此中细节。首先，如何界定母子公司关系。我国《公司法》中只是规定有母子公司形态，但并没有对母子公司概念进行解释。有学者认为，母公司系拥有一家公司半数以上股份并能够控制该公司的公司，子公司系半数以上股份受其他公司控制的公司。[3]笔者持相同观点，控制关系是母子公司架构的核心，在很难判断控制关系的情况下，持股半数以上是一个不得已却又明智的判定标准。其次，适用双重股东代表诉讼的母子公司架构下的母公司为全资母公司还是非全资母公司。有学者认为限于全资母公司[4]；也有学者认为，当母公司拥有子公司过半数的表决权时，应当承认母公司股东有权提起双重代表诉讼。[5]笔者认同后者，尽管全资子公司说不上是特例，但是相对于非全资子公司还是少数，并且后者还囊括了前者。作为解决纠纷，维系社会基本秩序的"最后一道防线"的双重股东代表诉讼制度，不能因小失大，将合理诉讼拒之门外，这也与上文中的控制

---

〔1〕王淼、许明月：《美国特拉华州二重代表诉讼的实践及其对我国的启示》，载《法学评论》2014年第1期。

〔2〕参见沈贵明：《二重代表诉讼适格原告要件的构建》，载《法制与社会发展》2015年第2期。

〔3〕参见甘培忠：《企业和公司法学》，北京大学出版社2007年版，第463页。

〔4〕参见樊纪伟：《我国双重代表诉讼制度架构研究》，载《华东政法大学学报》2016年第4期。

〔5〕参见王淼、许明月：《美国特拉华州二重代表诉讼的实践及其对我国的启示》，载《法学评论》2014年第1期。

理论相符。最后，原告股东在母公司的持股比例问题。我国《公司法》第151条规定，有限责任公司的股东、股份有限公司连续180日以上单独或者合计持有公司1%以上股份的股东，有权提起代表诉讼。对原告资格加以持股时间和持股比例的限制，自有其防止"购买诉讼"的道理。以此为参照，作为股东代表诉讼衍生品的双重股东代表诉讼有两点值得借鉴，其一，根据公司的性质不同加以区别对待；其二，原告股东的持股比例和持股时间限制可借鉴既有制度。

一言以蔽之，在母公司持有子公司半数以上表决权的公司架构中，母公司为有限责任公司的股东、母公司为股份有限公司的连续180日以上单独或者合计持有公司1%以上股份的股东，享有双重股东代表诉讼之原告资格。

（二）双重股东代表诉讼的被告范围

与原告相对应的是被告，为侵害子公司利益的不法行为人。日本双重代表诉讼的被告范围，仅限于最终全资母公司的"重要全资子公司"的董事，"重要"体现为，在子公司董事承担责任的原因发生时，母公司直接持有或者通过子公司间接持有的子公司股票的账面价格总额超过母公司总资产的五分之一。[1]此规定过于严苛，与现实不符且实效不显。一方面，不法侵害人既可能是公司内部董事或其他高管，也可能是任何公司外部第三人。不仅要聚焦于子公司董事侵权的情况，更要重视公司外部人员侵害子公司利益的行为，仅将被告限定在董事范围内，太过狭隘。另一方面，无论子公司重要不重要，只要其利益受损，其控制母公司股东利益都会受到牵连。鉴于此，我国应采取宽松的立法模式，在双重股东代表诉讼中，适时突破公司内部架构的约束，规定被告既包括内部董事、监事和其他高级管理人员，也包括外部第三人。

（三）双重股东代表诉讼的前置程序

股东代表诉讼制度的立法初衷是通过诉讼途径保护公司合法权益，但

---

〔1〕参见日本《公司法》第847条之3第4款。

在另一方面公司是具有独立法律人格的主体，要保证其自主治理。前置程序的设置就是为了防止公司的正常经营活动受到恶意代表诉讼的干扰，而在母子公司架构下，公司结构从单一变为复杂，干扰因素随之成倍增加，双重股东代表诉讼更需前置程序以求制度平衡。鉴于代表诉讼的居次地位和补救性质，在单一的股东代表诉讼中，前置程序要求“竭尽公司内部救济”。同理，在双重股东代表诉讼中，理应要求“竭尽母子公司内部救济”，即母公司股东欲提起双重代表诉讼，必须履行双重的前置程序，分别向子公司和母公司提起救济请求，只有当二者均不可行时，才能以自己的名义提起双重代表诉讼。前者叫穷尽子公司内部救济，后者叫穷尽子公司外部救济。

上文只是概括性的制度要求，具体还有以下几点和单一代表诉讼不同，值得我们注意：一是接受申请的机关。在寻求子公司内部救济时，适用于“交叉请求规则”，接受申请机关根据被申请人不同而相应变化，防止不法侵害人与接受申请机关勾结逃避责任；寻求子公司外部救济时，接受申请机关为母公司董事会。二是双重前置程序的申请顺序。原则上说没有先后顺序，只要原告股东能够证明其已经履行即可，但是子公司是否决定起诉决定着母公司是否能够提起代表诉讼，因此，母公司需要等待子公司对申请给予答复之后才能做出回应。三是前置程序的豁免。应当允许有特殊情况存在，如当履行前置程序会给公司造成无可挽回之损失，可准许股东无须履行前置程序。例外情况应当谨慎使用，由申请人证明豁免情形的存在。

（四）对双重股东代表诉讼的防御

现代公司所有权和经营权相分离，很多中小股东乃至机构投资者都只是公司的财务投资人，不参与或者没有能力参与公司经营管理，由专业董事来打理公司事务。既然如此，二者就要各司其职，股东不能随意干涉董事的独立经营权。在多层次的公司控制架构中，引入双重股东代表诉讼制度，影响经营的不安定因素也从子公司本身扩展到其任意一个上位公司。适当地对双重股东代表诉讼进行防御，可使公司免受无端诉讼的折磨。

1. 明确适格原告的主观要件

此防御措施的目的是在保护母公司中小股东利益与防止无理滥诉之间寻求平衡。前文规定的适格原告的资格仅限于客观方面，但于理论上而言，原告必须基于朴素的正义感代表公司行使权利，主观上必须符合正当目的原则。日本《公司法》中规定的双重股东代表诉讼的适用条件，以及美国很多州的公司法均规定了对原告资格限制的“净手原则”[1]，都是对原告主观方面的规制。我国可以此为制度蓝本，规定母公司股东在起诉时应能证明自己是代表母子公司利益起诉，若有证据证明原告股东是为了一己私利或他人利益，或存在损害母子公司利益等其他不当行为，则股东不得起诉。不同阶段处理结果不尽相同，在前置程序审查阶段，接受申请机关可阻却代表诉讼；在法院审理阶段，法院应驳回其起诉。

2. 赋予公司治理机关阻却代表诉讼的权利

依据上文预设的前置程序规定，履行该程序有两种结果：一是公司对不法侵害人提起诉讼；二是公司拒绝起诉，股东代位公司提起代表诉讼。据此，无论如何都有诉讼途径以保护股东权利；无论公司治理机关以何种理由拒绝起诉，股东均有权起诉。笔者以为，应当在一定情况下赋予两级公司治理机关（即接受前置程序申请机关）在前置程序中阻却代表诉讼的权利。母子公司任何一级治理机关都有此权利，阻却结果有两种，一是调解，二是股东不得起诉，两者都有阻却诉讼的效果。前者是指在潜在诉讼双方（此时还未发生诉讼）同意调解，且能达成一致的情况下，准许公司治理机关对其进行调解，并出具调解书。当然，此调解书不具有法律性质，事后有异议可进行救济。后者是指在特殊情形下，公司治理机关拒绝起诉即排除了股东提起代表诉讼的权利。既然设置了前置程序，就不能将之束之高阁，要赋予公司治理机关一定的实体性权利，也为司法机关分担工作。特殊情况必须是法定情形，如原告基于不当目的起诉、被诉行为符合商业

---

〔1〕所谓净手原则，即指代表公司提起诉讼的股东，必须没有批准、追认董事会所执行的对公司造成损害之行为，否则不能取得代表诉权。

判断规则等。

3. 赋予公司中途阻止代表诉讼的权利

在代表诉讼中，真正享有诉权的主体是公司，直接受害人也是公司，公司不应当只是一个旁观者。在诉讼进行中，如果母、子公司能够证明其现在有能力实施与所控诉问题有关的商业决策，公司可以向法院请求终止诉讼。[1]在这种情况下，法院必须重新审查公司请求，如果母公司或者子公司证据充分，能够证明不需诉讼，通过自身的商业决策能够挽回损失，则可判定终止诉讼；反之，则诉讼继续。这一措施看似对原告股东不利，但却有很大实际意义。公司比法院更清楚公司所受损失为几何，比法官更明白公司如何经营，能够挽回损失、平息双方矛盾不正是诉讼的最高目标吗？

4. 适用商业判断规则

双重代表诉讼是对公司独立人格的进一步突破，为尊重公司的自治性，在适用时相比单一代表诉讼更应谨慎。为遏制好事且贪利的股东利用该制度冲击公司的正常经营活动，应适用商业判断规则保护公司董事或其他决策人员。商业判断规则是英美法国家判断董事是否违反注意义务的标准，是指董事或其他公司高管在进行商业决策时，只要尽到了理性管理人的注意义务，并以股东和公司最大利益为宗旨，即使客观上造成了公司损失，也可免于赔偿责任。在双重股东代表诉讼的前置程序审查和法院审理中，两级公司和法官理应考虑到市场的瞬息万变，董事决策不可能万无一失，将被告董事之行为纳入商业判断规则之范围。当然，该规则的应用有几点值得细究。第一，商业判断规则的适用对象为董事和其他公司高管，而双重股东代表诉讼的被告范围却不限于此，因此该规则在双重股东代表诉讼的应用也限于被告为公司内部人员时。第二，商业判断规则适用于董事注意义务而非忠实义务，若被告董事之侵害行为涉及忠实义务则不可适用。对董事会而言，任何金钱性质的“金色降落伞”都比不上制度形成的

---

〔1〕参见施天涛:《公司法论》，法律出版社2018年版，第472页。

“万能降落伞”。

七、结语

法律亦需与时俱进，在公司形成之初，引进股东代表诉讼制度，这不正是法律灵活性的体现吗？那么在公司集团化愈加普及的今天，引入双重股东代表诉讼制度也正当时。本书立足于国际视野，欲借美、日之“石”，琢己身之“玉”；同时，坚持中国立场，以构建中国特色双重股东代表诉讼为根本目的。在具体的制度设计层面，涉及双重股东代表诉讼之原告资格、前置程序、被告资格以及防御措施等方面。笔者精雕细琢，力求实现制度之衡平：鼓励正当诉讼和阻止不正当诉讼的平衡，公司独立法人人格和保护股东权利的平衡，以及节约诉讼资源与程序公平的平衡。以期能够完善公司集团治理机制、保护投资人基本权益、提升我国公司法治发展水平。双重股东代表诉讼，这一株移植而来的幼苗，在中国本土环境的滋养下，终能成长为参天大树。

第五部分　发展态势

第二十三章　紧久必松，松久必紧

诚如本书之前所述，英美法系与大陆法系对股东代表诉讼的态度与立场有差异，但此种差异背后的原因是何？因此差异的揭示，是否也意味着并体现出股东代表诉讼的发展态势？基于此种思路，本章试图提炼英美法系与大陆法系中典型性国家股东代表诉讼制度的特点，考察两大法系对股东代表诉讼制度是否有共同点抑或区别点，并借此尝试揭示代表诉讼未来的发展态势。

一、英美法系与大陆法系的可能区别

（一）可能区别的原因

当今法域，两大法系即便不存在水火不相容的情形，在具体制度方面，也难以避免存有不可比拟之特点。为此，在某一特定法系国家中，学者对某一具体制度，总是倾向于以概括性的语言表达英美法系怎样，大陆法系如何。这种简要概括的表达方式，在学术传授中可能有其优势，即简单易记。但作为学术研究，则很可能因过于简单化而产生误读，甚至错谬。具体到代表诉讼制度，一般认为，英美法系国家对此持友好态度，鼓励股东提起代表诉讼以保障自身及公司权益，即便无此宽松制度，至少也不限制股东享有行使代表诉讼的权利。相反，在大陆法系国家，它们则倾向于限制代表诉讼的适用，即便无此限制程度，至少也不鼓励股东提起诉讼捍卫

合法权益。〔1〕

英美法系与大陆法系对代表诉讼制度的差异对待可能背后有以下原因：第一，诉讼文化的不同。英美法系强调一种法律的秩序（order with law），认为社会秩序须通过法律的施加及适用才能得以维持。为此，英美法系国家着重强调通过司法途径解决纠纷，认为将纠纷解决在司法的框架内，不仅有利于维护法律权威，也能维持社会秩序。而在大陆法系国家，它们更注重于一种无须法律的秩序（order without law），认为其他"非法"机制在纠纷解决中具有举足轻重的作用。特别是在东方色彩文化浓重的亚洲国家，它们更侧重于集体的意志与社会的和谐，认为法之理在法外。这种迥然不同的诉讼文化决定了两大法系国家在代表诉讼制度方面必然具有不同的态度。第二，规则理念的不同。英美法系国家在构造公司法具体制度时，注重事后的补偿与惩治。这种强调事后惩罚的规则理念，必然偏好股东诉讼制度，以有力保障股东权益。而大陆法系国家则恰恰相反，它们往往认为规则首先应具有完备性，通过包围式的立法，以"有备无患"的方式对股东进行事先的保障。这种侧重事先保障的规则理念，导致立法并不赞赏代表诉讼这一事后惩罚的机制。第三，股权结构的不同。一国的股权结构，与该国的股权保障机制息息相关。英美法系股权结构具有分散性特点，董事相对较易操纵公司，并从中攫取私益。因此股东相对更为需要代表诉讼以震慑和惩治董事。而大陆法系国家的股权结构则呈现出集中性特点，公司一般为大股东所控制，董事在大股东的掌控之下，相对较难为所欲为。因此，大陆法系国家的股东对代表诉讼的需求并不强烈。

基于上述原因，可以认为，代表诉讼在英美法系与大陆法系所存之差异具备合理性。然而，这种合理性是否具有正当性？或者，在何种程度上具有一定的正当性？甚至，英美法系与大陆法系是否确实存有上述差异？下面将对两大法系的四个代表性法域进行探讨，以寻求此中答案。

---

〔1〕关于此观点，可参见 Gerard Hertig, 'Western European's Corporate Governance Dilemma' (Kluwer, 2000) in: Theodor Baums, Klaus Hopt, and Norbert Horn (eds.), *Corporations, Capital Markets and Business in the Law (Liber Amicorum Buxbaum)* 265, 282.

（二）英美法系国家的股东代表诉讼

1. 美国

美国的代表诉讼在传统上非常活跃，在全球可谓独树一帜。美国耶鲁大学法学院罗曼诺（Romano）教授进行的实证研究显示，20 世纪 60 年代至 80 年代，大概有 19% 的美国公众公司有过代表诉讼经历。美国汤普森（Thompson）和托马斯（Thomas）教授曾对特拉华州于 1999 年到 2000 年的公司诉讼进行统计调查，他们发现，这两年间，涉及代表诉讼案件的数量高达 40 例，远远超过其他法域。[1]这种活跃的背后，可能存在以下原因：第一，代表诉讼在美国传统上被视为是一种"公司管理的首要监管者"[2]。与其他法域将之作为最后救济手段所不同的是，美国股东行使代表诉讼权利，不必穷尽公司内部的一切救济手段，所谓的前置程序也具有一定的豁免情形。第二，美国传统上对受"压迫"（oppression）的少数股东极富同情心，并赋予其多种救济途径。如股东能证实其受到压迫，法律一般提供两种救济手段，强制解散公司或加强受信义务。[3]鉴于强制解散乃是对公司生命的终结，影响极广，波及面大，且不利于商业发展。因此，法律更倾向于通过加强受信义务这一途径保障受压迫股东的合法权益，而代表诉讼作为惩治不端行为者的强有力工具，被视为增强受信义务的有效路径之一。第三，具有美国制度的律师费用特色也促进了代表诉讼的发展。美国实行各付其费制度，即律师费用与诉讼结果无关，由当事人各自支付。这意味着即便败诉，股东原告也无须承担对方的律师费用，而仅需支付己方的律师费用。然而，美国又允许股东原告与律师签订风险代理，这使得股东原告在提起代表诉讼时，几乎无所畏惧，因为其无损可失。最后，原告

---

〔1〕 Robert B. Thompson & Randall S. Thomas, 'The Public and Private Faces of Derivative Lawsuits' (2004) 57 *Vand. L. Rev.* 1747.

〔2〕 See Reiner Kraakman, John Armour, Paul Davies, Luca Enriques, Henry Hansmann, Gérard Hertig, Klaus Hopt, Hideki Kanda and Edward Rock, *The Anatomy of Corporate Law: A Comparative and Functional Approach* (2nd edn, Oxford University Press 2009) 117.

〔3〕 Robert B. Thompson, 'The Shareholder's Cause of Action for Oppression', (1993) 48 *Business Law* 699.

股东获得胜诉后，如被告因此对公司进行赔偿，产生“共同基金”（common fund），则原告股东可从此基金中获得一定的补偿。这种补偿，与上述的美式律师费用规则相结合，使得股东几乎无本万利。美国的代表诉讼也因而风起云涌、层出不穷。

然而，近年来美国对代表诉讼的态度发生了转变，原先友好的态度趋向于有所限制。这体现在以下几个方面：第一，股东持股时间的要求。并非任何股东均可提起代表诉讼，股东必须符合“同时拥有股份原则”才有资格提起诉讼。此外，有些州甚至规定，股东所持股份必须具有持续性，须持续拥有股份直至法院裁判。第二，股东须缴纳保证金。美国有些州规定，当股东持有股份少于5%时，须缴纳一定的保证金，以防止“虚假”股东恶意利用代表诉讼。[1]第三，和解须经过法院同意。一般而言，和解是当事人之间自由意志的表达，也是双方合意的体现，司法机关不宜介入。但为防止和解被利用，以致损害公司和其他股东利益，美国法要求和解须经过法院同意才能生效。第四，费用的转移。如上面所叙，美国诉讼费用采取各付各费制度，律师费用也可以风险代理方式进行。如此一来，股东原告万无一失。美国《标准公司法》为此规定，如诉讼程序的启动或者继续没有合理的诉因或是出于不正当目的，则法院可命令原告支付被告在该程序中进行辩护而发生的任何合理费用（包括律师费用）。[2]第五，董事责任保险的实施与扩大。美国现在绝大多数州都允许公司为董事购买保险。董事责任保险的实施与扩大，不仅可确保公司或原告股东可顺利得到金钱赔偿，同时也在很大程度上减少了董事责任。第六，股东忠实义务的施加。忠实义务在传统上仅针对公司董事或控股股东。小股东因其力量弱小，无法操纵公司并从中攫取私益，而不负忠实义务之担。但现在，小股东也有损害公司利益之可能，比如通过滥用代表诉讼，而致公司声誉受损。有鉴于此，美国法也逐渐强调小股东也须负有忠实义务。

---

〔1〕 Xiaoning Li, *A Comparative Study of Shareholders' Derivative Actions* (Kluwer Law International 2007) 96.

〔2〕 Model Business Corporate Act, s7.46(2).

2. 英国

代表诉讼源于英国的 Foss v. Harbottle 一案，即福斯规则。然而，恰恰是这个案例，严格限制或在某种程度上禁止股东提起代表诉讼。在此案中，法官明确指出，股东并无资格代表公司起诉侵害公司利益者，只有公司才享有此资格。[1]法官以此引申出两大原则：原告适格原则以及多数决定原则。[2]这两大原则，不仅严格限制了代表诉讼的运用，也反映了当时法官对股东提起代表诉讼的担忧。之所以说代表诉讼源于福斯规则，实质上是指该案法官在禁止股东代表公司提起诉讼的一般原则下，还提出了例外情形，即在符合以下例外情形下，股东可提起代表诉讼：欺诈和加害人控制。此后，英国普通法在上百年的演变中，也发展出另外三个例外原则：非法及越权[3]、违反特别决议的程序[4]以及侵犯股东个人利益。[5]然而，即便有多个例外原则出现，英国法官仍冀望于公司自身内部机制自我完善，而甚少有放宽代表诉讼提起资格案例的出现。更重要的是，由于缺乏统一的案例指引，股东对代表诉讼这一权利也难有合理期望，律师为完全了解这一规则，须认真研读上百年的相关案例，这不仅浪费大量时间，也不太实际。[6]这也为后来普通法的改造埋下伏笔。

此后，英国于 20 世纪 90 年代开始启动新一轮的公司法修改，法律委员会在立法咨询文件中指出，传统普通法的代表诉讼存在四大缺陷：第一，原有制度过时且过于刚硬。相关案例规则散乱，且相互矛盾，难以适应现代社会的发展。第二，“控制”一词模糊不清，股东在实践中很难证明董事有“控制”公司的事实。第三，股东也难以证明董事受益的事实。单靠股东一人之力，在受益形式多样化、隐藏化的情况下，股东很难对此进行有

---

〔1〕 *Foss v. Harbottle* (1843) 2 Hare 461.

〔2〕 这两个原则出自 *Foss* 一案，后被 *Prudential Assurance Co Ltd v Newman Industries Ltd* (No. 2) [1982] Ch 204 上诉法院所确认。

〔3〕 *Prudential Assurance Co Ltd v. Newman Industries Ltd* (No. 2) [1982] C.

〔4〕 *Edwards v. Halliwell* [1950] 2 All ER 1064.

〔5〕 *Eley v. Positive Government Security Life Assurance Co* (1876).

〔6〕 Consultation Paper para 4.35.

效证明。第四，代表诉讼耗时过长，不仅增加股东原告的时间和金钱成本，也浪费司法资源。

有鉴于此，法律委员会提议以立法的形式全面替代普通法的代表诉讼，以求诉讼程序的简化与清晰。学界虽有反对声音，担忧代表诉讼的成文法化会限制其适用的范围和发展，但代表诉讼最终以全新的面貌，替代普通法，出现在英国《2006 年公司法》的第 11 部分。这次全新立法，基本上改写了普通法规则：第一，废除“加害人控制公司”要件，股东不再需要证明董事有控制公司的事实。第二，拓宽起诉范围，董事如因疏忽大意而致公司利益受损，即便本人没有受益，也可成为被告。第三，将代表诉讼过程一分为二，在第一阶段要求有表面证据，如符合这一条件，则进入第二阶段。此时法官须发函要求公司提供相关的证据进行答辩。可见，《2006 年公司法》对代表诉讼的全新改造，实质上改变了英国传统的敌视态度，不仅放宽了股东起诉资格，也加剧了董事的职业风险，这也是此次公司法修改的一大亮点。

（二）大陆法系国家的股东代表诉讼制度

1. 日本

日本商法规范始于明治时代，通过借鉴和移植德国法，日本于 1899 年通过商法。[1]当时并没有代表诉讼的相关规定，直至第二次世界大战结束后，受美国法影响，1950 年公司法才正式确立代表诉讼制度，该法规定只有连续 6 个月以上持有公司股份 1% 以上的股东才有资格提起诉讼。股东提起代表诉讼的，须先向董事会提出请求，如公司拒绝或在 30 日内未提起诉讼的，股东方有权向法院提起诉讼。[2]该规定的目的在于震慑公司董事，以保障公司及股东个人权益。但在实践中，该规定如同沉睡的权利，极少为股东所使用。在实施的前五年内，没有出现一件相关案例。至 1985 年整

〔1〕 日本第一部《公司法》早于 1893 年即通过实施。

〔2〕 参见《日本公司法》第 267 条规定。

整35年中，也只有25例左右，年均不到一例，这与美国形成强烈对比。[1]

面对代表诉讼沉睡的35年，有学者认为，这可能源于东方的忍让文化，如非迫不得已，宁可忍让，也不惹是生非，诉诸法院。[2]然而，这种文化解释论并不具有很强的说服力，原因很简单：1918年至1939年期间，日本的诉讼案例数量非常高。[3]假如日本人真受东方文化影响，不愿提起代表诉讼，那如何解释此段时间高数量的诉讼案例？美国哈佛大学日本法研究专家拉姆塞耶教授甚至将这种文化解释论称之为“同义反复”，他认为用非诉讼文化解释代表诉讼几无所用，并没有达到解释目的，实质上只是在重复同一命题。[4]

但自20世纪90年代始，代表诉讼的案子出现井喷式增长。仅1993年一年，就有86个案件等待审理，相当于前35年的4倍，此后代表诉讼案件数量逐年提高，直至1999年达到顶峰，有222个案件。[5]一般认为，日本90年代始代表诉讼之所以被广泛使用，是因为日本于1993年修改了《日本商法》，将代表诉讼确定为非财产权请求，收取数额较低的固定的诉讼费用，调动了股东提起代表诉讼的积极性。

日益增长的诉讼案件，也使得日本法学界开始反思代表诉讼的内在性

---

〔1〕 Shiro Kawashima and Susumu Sakurai, ‘Shareholder Drivative Litigation in Japan: Law, Practice, and Suggested Reforms’ (1997) 33 *Stanford Journal of International Law* 17.

〔2〕 Mark West, ‘The Pricing of Shareholder Derivative Actions in Japan and the United States’ (1994) 4 *Northwestern University Law Review* 1436-507; Tom Ginsburgh and Glenn Hoetker, ‘The unreluctant litigant? An Empirical Analysis of Japan’s Turn to Litigation’ (2006) 35 *Journal of Legal Studies* 31-59, 33.

〔3〕 John Haley, ‘The Myth of the Reluctant Litigant’ (1978) 4 *Journal of Japanese Studies* 359 -90.

〔4〕 Ramseyer, ‘The Costs of the Consensual Myth: Antitrust Enforcement and Institutional Barriers to Litigation in Japan’ (1985) 94 *Yale Law Journal* 604-45.

〔5〕 详细数据，请参见：Masafumi Nakahigashi and Dan W. Puchniak, ‘Land of the Rising Derivative Action: Revisiting Irrationality to Understand Japan’s Unreluctant Shareholder Litigant’, from Dan W. Puchniak, Harald Baum and Michael Ewing-Chow (edited), *The Derivative Action in Asia: A Comparative and Functional Approach*, (Cambridge: Cambridge University Press, 2012) 128-185.

功用，并对其是否被滥用存有忧虑。作为对此种担忧的回应，日本于 2001 年对代表诉讼做出限制性规定，放宽公司的答复时间，即将公司须在 30 日之内作出答复延长至 60 日，以鼓励争议在公司内部得以解决，而避免诉诸法院。[1]此外，日本 2005 年修改的《公司法》也对董事责任作出上限，以防止董事因畏惧潜在的诉讼而缩手缩脚。[2]最后，日本2005年《公司法》对代表诉讼的提起有一禁止性规定：如提起之诉讼会产生不公平现象或会损害公司利益，则股东丧失这一诉权，不得启动代表诉讼程序。[3]由此，日本对代表诉讼的态度似有走回头路之嫌。

2. 德国

德国在传统上并没有真正意义上的代表诉讼。所谓的代表诉讼，一般仅限于公司集团内部。即根据德国《股份公司法》规定，在公司集团中，被控制公司的个体股东可以自己的名义行使公司针对控制公司，或其法定代表人，或其董事会成员，或其监事会成员的损害赔偿请求权。[4]此类诉讼所得，只能归于公司，而不得由原告股东所享有。然而，这一诉讼权利在实践中几无用武之地。有学者指出，这一规定形同虚设的原因可能在于：第一，诉权可适用范围过窄；第二，胜诉所得之赔偿归于公司，使股东丧失提起诉讼之激励；第三，小股东存在获悉信息之障碍。[5]

作为大陆法系代表国家，德国在传统上没有赋予股东代表诉讼之权，有如下原因：首先，德国法在传统上更注重于利益相关人的保护。在德国公司治理概念中，股东并非唯一或最重要的因素，其他利益相关者，如雇

---

〔1〕 Corporation Act, s847 and s850.

〔2〕 Corporation Act, s425-427.

〔3〕 Corporation Act, s847.

〔4〕 德国《股份公司法》第 309、310、317、318 和 323 条。主流意见认为，此种诉权，性质上无疑属于股东代表诉讼，因其本质上是公司利益而非股东个人利益受损。但也有少数学者认为，该诉权与有限公司中的 actio pro socio 相类似，故应视之为股东个人诉权。具体参见：Klaus J. Hopt, 'Shareholder Rights and Remedies: A View from Germany and the Continent', (1997) CfiLR 261。

〔5〕 Hans C. Hirt, *The Enforcement of Directors' Duties in Britain and Germany: A Comparative Study with Particular Reference to Large Companies*(Peter Lang, Bern 2004).

员、债权人等也具有重要地位。其次，德国公司法采取的二元制结构，使得董事会权力在法律上受到一定限制，股东的监督地位因而有所削弱。[1]再者，小股东有迫使公司提起诉讼的权利。如董事因与公司在某些争议事项具有利益冲突而公司难以正确作出是否该起诉的决定时，股东有权迫使公司提起诉讼，但此类诉讼只能由公司内部组织机构或法院任命的特别代表提起，而不能以股东个人名义进行。[2]最后，禁止股东提起代表诉讼，可防止董事受到不正当干预，以维持公司高效运营、持续发展。德国持续多年的经济繁荣也为这一禁止性规定作背书。

然而，2005 年 11 月生效的《德国关于公司完善和股东诉讼现代化的法律》对原有公司法进行了大幅度修改，其中包括确立真正意义上的代表诉讼，这主要体现在以下方面：第一，大幅度放宽原告股东资格，只要股东拥有注册资本额 1% 或持有公司股份达到 10 万欧元，即享有启动代表诉讼程序之资格。第二，扩大潜在被告范围，除公司董事可被追诉外，控制股东也可成为代表诉讼之被告。[3]甚至于，利用各种影响而故意损害公司利益以及因此损害而获利的其他人也可成为被告。第三，废除原有的诉讼费用规定，提高股东行使诉权的积极性。根据 2005 年《股份公司法》规定，如原告股东在前置程序中获胜，则此后即便败诉或部分败诉，也可就其费用支出要求公司补偿。第四，强制性要求股份公司必须在联邦公报的电子版上设置股东论坛，以促进股东之间的交流。这一规定显然可帮助少数股东达到提起代表诉讼所需之股本要求，进而有利于促进代表诉讼的适用。第五，风险代理的适度放宽。德国传统上不允许律师以风险代理的方式接

〔1〕 也有学者不认同这一观点。如在 Stengel 看来，德国二元制结构与英美法并没有本质上的区别。英美法公司董事会有“内部董事”（即执行董事）与“外部董事”（即独立董事）之分，外部董事在很大程度上有与“监事会”有所类似。具体参见：Arndt Stengel, ‘Directors Powers and Shareholders: A Comparison of Systems’ (1998) 9 *International Company and Commercial Law Review* 49-56。

〔2〕 参见 1998 年《股份公司法》第 147 条规定。

〔3〕 1998 年《股份公司法》第 117 条并不适用于控制股东因经股东大会对公司施加不当影响而致使公司利益受损的行为，因而股东也无法根据原第 147 条之规定对控制股东此类行为提起诉讼。

受涉及股东权利的诉讼，以防止股东滥用相关诉权而不当干预公司的正常运作。2008 年开始，德国对律师风险代理的案件规定进行适度放宽，允许在一定条件下可以风险代理方式提起诉讼：对于那些不通过风险代理方式便无法提起诉讼的股东而言，法律允许其与律师签订风险代理，以保障其诉权的实现。

二、对英美法系与大陆法系误读的澄清

从对上述两大法系的四个代表性国家的分析可知，所谓英美法系与大陆法系在代表诉讼制度方面的区别可谓是一种“想象”的区别，是在两种迥异的大范畴之下，理所当然地区分小概念的“偷懒”做法。在代表诉讼世界里，英美法系与大陆法系不仅没有传说中的根本性区别，甚至于在各自法系内部，也各具特色。除此之外，英美法系与大陆法系还出现了一定的融合。

首先，作为英美法系代表的英国与美国，与作为大陆法系代表的德国与日本在代表诉讼制度方面根本不存在所谓的区别。本书一开始所提出的几大理由，如诉讼文化、规范设计与股权结构，在代表诉讼制度面前可谓不堪一击。诉讼文化认为英美法系倾向于通过司法途径解决纠纷，因而代表诉讼数量较多；而大陆法系主张通过法外途径解决冲突，导致代表诉讼较少为股东使用。然而，日本的代表诉讼案例却远远超过英国。其次，所谓规则理念的差异，即英美法系侧重事后的救济与惩罚，而大陆法系强调法律的完备性与事先的保障。诚然，在传统视野里，大陆法系强调成文法化，主张以包围式的法典化运动进行事无巨细的立法。而英美法系则依靠法官造法，规则的形成与约束依赖于法官的判决。这两种截然不同的规则理念必然导致不同的制度设计。然而，从最近数十年的发展态势不难看出，两大法系有相互吸取各自优势的趋势。如英美法系开始注重成文法运动，如英国的代表诉讼制度，即通过成文法的形式正式确立和实施。而大陆法系则也开始注重判例法的作用，以增强法的灵活性。如德国在第二次世界大战后就已注重判例的补充作用，在公司法适用方面，判例法的地位尤显

重要。[1]日本在这方面比德国站得更高，走得更远。第二次世界大战后，日本深受美国影响，重视判例法，并确立遵循先例原则。如日本《裁判所构成法》规定，下级法院必须遵循上级法院判例。有鉴于此，这种相互融合的趋势，使得两大法系在规则理念方面，至少在代表诉讼规则理念方面，并不存在重大性差异。最后，不同股权结构固然会引起不同的公司治理问题，如股权分散之国家，易产生股东与董事的纵向代理成本，而股权集中之法域，则易出现大股东与小股东的横向代理问题。然而，在代表诉讼被告不仅包括董事，股东（尤其是大股东或控股股东）也被囊括在内的情况下，股权结构与代表诉讼的活跃度并不必然具有太多的关联，它所能影响的仅仅是代表诉讼被告的身份（董事或股东）。可见，在代表诉讼制度方面，并不存在英美法系与大陆法系的区别。

其次，代表诉讼在英美法系与大陆法系内部之间也各有差异。如在英美法发源地的英国与美国，他们不仅对代表诉讼的司法态度截然不同，在制度设计方面也具有根本性差异。比如美国需要股东履行前置程序，而英国则将代表诉讼一分为二，交由司法裁决。在股东资格方面，美国有同时持股要求，而英国则完全彻底废除这一要求。在大陆法系国家的日本与德国，它们对代表诉讼也实施不同的制度，比如在股东起诉资格的持股数量和时间方面，均有不同的规定。

最后，英美法系与大陆法系之间也有一定的融合。这两大法系不仅不存在所谓的重大差异，甚至还具有一定的相容性。比如，日本虽属大陆法系国家，并深受德国法影响，但其代表诉讼制度却难以摆脱美国法的影子，如在防止股东可能滥用诉权的程序方面，二者均采用了前置程序，要求股东在提起代表诉讼之前，须向公司提出书面请求。而德国法虽是大陆法系的代表国家，其代表诉讼制度却受英国法的影响，二者均注重司法机关的

〔1〕《德国民法典》问世的另一个重要意义是对法官造法的限制。然而，这种以成文法欺压判例法，以固定法排斥自由裁量权的做法并非没有争议。可以说，与德国法典化运动相伴随的，是对其合理性的质疑之声。特别是德国学者埃尔利希（EugenEhrlich，1862—1922），观点更为激进，他否定法典作用，主张发展活的法律，强调判例法的重要性。

介入，强调法院在代表诉讼程序中的作用与地位。以此来看，代表诉讼在英美法系国家与大陆法系国家之间的界线并不清晰。

三、股东代表诉讼路向何方

纵览上述四个代表性法域，不难发现，股东代表诉讼呈现出一种“紧久必松、松久必紧”的发展态势。换言之，原先倾向于限制代表诉讼、法院不太乐意接受股东诉讼请求的国家，现在有所放宽，对代表诉讼的捆绑已逐步放松。比如英国和德国，英国法官传统上并不愿意采纳股东原告的诉求，在程序上也对代表诉讼施加种种限制，以至于使此制度有名无实。《2006 年公司法》颁布实施后，代表诉讼焕然一新，原有的各种限制与障碍被全然废除，试图实现“为解决少数股东与公司管理者之间的矛盾提供高效、公平、划算的模式”[1]。德国传统上也没有真正意义上的代表诉讼，直至 2005 年《股份公司法》的修改，才正式确立采纳代表诉讼，允许股东代表公司对不当行为人提起诉求。这两个国家均呈现出“紧久必松”的特点。

而传统上认可代表诉讼、股东诉讼活跃度很高的法域，则呈现出“松久必紧”的趋势。这些国家通过施加各种条件，试图控制甚至压制代表诉讼的提起。比如在美国，传统上，代表诉讼非常活跃，甚至已超出其作为保障少数股东及公司利益的角色，而有被股东利用或滥用以实现个人企图的越位之嫌。也正因如此，美国近年来对代表诉讼设置了程度不一的障碍，以防止代表诉讼被滥用，而这体现出代表诉讼“松久必紧”的一面。值得玩味的是，日本可谓完整的经历了这一发展循环。由一开始之前的 35 年“沉睡”状态，到后来井喷式增长，并在 2002 年达到顶峰，此后呈逐年下降趋势，完整体现了“紧久必松，松久必紧”的特点。

但，代表诉讼何以呈现出“松久必紧，紧久必松”的弹性特点？为何它不像其他制度一样刚硬？通过梳理总结上述四个国家代表诉讼的发展历

---

〔1〕 Consultation Paper para 1.9.

程，笔者认为，代表诉讼之所以有此特点，大概有如下原因：

第一，代表诉讼本身的特点。代表诉讼制度之所以具有伸缩性，很大程度上与其本身的特点息息相关。众所周知，代表诉讼源于公司，它本身并非股东所享有的诉权，而是衍生于公司诉权。在承认公司享有独立法人人格的强大理论下，将公司本身所应享有的诉权转移给股东，无疑会遭受理论与实践的双重困境，即便代表诉讼在理论上有其逻辑自圆之处，也难以抵挡实践中司法机关犹豫不定的态度，即某些法域司法机关可能基于“适格原告”原则而倾向于拒绝原告股东的诉求，而其他法域法官则可能基于正义理念，愿意接受股东诉求。司法机关的暧昧态度，加上立法上的左右为难，决定了代表诉讼的可伸缩性较大，可松，也可紧。

第二，代表诉讼须以利益平衡为基准。代表诉讼的规则设计与实践应用，离不开利益平衡。具体而言，包括司法干预与公司自治的利益平衡、少数股东与大股东的利益平衡以及股东与董事之间的利益平衡。代表诉讼作为一种司法力量，其在实践中的适用必然会影响公司自身的规则运行。鉴于公司自治早已成为全球共识，司法机关在介入公司内部事务时，必须慎之又慎。然而，审慎态度，并不代表可以当一个沉默的旁观者。在不法行为人控制公司时，此种旁观很可能是残酷的。因此，对代表诉讼的拿捏，应考虑司法干预与公司自治之间的平衡。此外，在股权结构相对集中的国家，容易出现少数股东与大股东之间横向的代理成本，而在股权相对分散的国家，则会出现股东与董事之间纵向的代理成本。代表诉讼作为保障（小）股东及公司利益的手段，也必须考虑其与（大）股东与董事之间的利益平衡，以实现公司高效运作和经营。有鉴于此，代表诉讼与其他利益方休戚与共，代表诉讼的规则设计与司法应用也因此无法强硬不屈，必须具有一定的弹性和柔软度，才能使利益各方保持相对平衡。

第三，代表诉讼的松与紧很大程度上取决于其他保障机制。代表诉讼虽是保障股东权益的机制之一，但往往被视为是“最后的救济手段”，只有在“穷尽公司内部救济”之后方能使用。因此，代表诉讼的松与紧与其他保障机制紧密相关。比如在英国，传统上，保障少数股东最强有力的机制是不公平损害制度（unfair prejudice），该制度与代表诉讼相较，不仅诉讼程序限制少，且救济范围非常广泛，颇受股东欢迎。但该制度历经数十年发展，却停滞不前，即便在《2006年公司法》修改中，也丝毫未动。这也变相倒逼代表诉讼程序的简化与便捷化。在德国，原有保障股东机制的强制诉权在实践中很少适用，股东权益保障机制有所缺失，2005年《股份公司法》将代表诉讼正式确立，并予以适度放宽，可谓是对股东权益保障机制的弥补。而在美国，由于资本市场并购限制较多[1]，通过公司控制权市场（market for corporate control）这一市场机制难以有效监督董事，代表诉讼因此而有所活跃。近年来，美国对并购市场的束缚有所放宽，公司控制权市场机制的增强，迫使立法及司法界对代表诉讼（相对以往）趋于严格。这意味着，代表诉讼与其他保障机制即便不是绝对的此消彼长，也具有相互补充的关系。因此，其他保障机制的增强或薄弱，会导致代表诉讼的松与紧。

第四，一国的经济水平也会影响代表诉讼制度的松紧。以德国为例，德国在2005年修改《股份公司法》之前，并无真正意义上的代表诉讼，对股东权益保护的理念也较为薄弱。这种传统的观念似乎逆世界发展之潮流，特别是在各国均强调保护投资者利益的时代，德国的聚焦点仍然在于其他利益相关者而忽视股东。以至于德国有种看法，认为“股东在购买股票的时候是愚蠢的并且鲁莽的”[2]。然而，德国之所以“固执己见”，可以说是得益于其国内经济水平的持续增长。这种强大的经济实力，为其公司法律制度的维持提供了强有力的背书。然而，20世纪90年代以来，德国经济增长乏力，甚至有所停滞，公司丑闻也不时出现，而经济全球化的发展愈

〔1〕美国并购市场之所以不够活跃，主要源于公司法的地域化，即美国公司法的适用是以州为边际，各州有各州的公司法规范，而各州不同的公司法规范，使得资本市场的并购难以像其他统一法域（如英国）那般顺畅。特别是在各州背后政治力量的影响下，公司并购更是困难重重。

〔2〕Franck Chantayan, An Examination of American and German Corporate Law Norms, 16 STJJLC 431 (2002) 445-446.

发迅猛。为吸引更多投资者，德国不得不开始重视股东价值[1]，加强对股东权益的保障，同时对董事缺乏司法约束的传统也亟须变革。德国于 2000 年开始公司法改革，并在 2005 年修改的《股份公司法》中正式确立真正意义上的代表诉讼，以保障小股东以及公司的合法权益。由此可见，代表诉讼的紧与松，与该国本身的经济发展水平也休戚相关。而一国的经济发展有快有慢，有持续增长之时，也有低迷不振之日。与之相应，代表诉讼也会相应有张弛与松紧。

---

〔1〕 Maximilian Grub, 'A Trend Towards More Shareholder Value in Germany: Recent Developments in German Stock Corporation Law' (1999) 10 *International Company and Commercial Law Review* 42-46.

参考文献

一、中文著作

1. 埃德加·博登海默．法理学法哲学与法律方法．邓正来译．北京：中国政法大学出版社，1999.

2. 蔡立东．公司自治论．北京：北京大学出版社，2006.

3. 陈朝阳．股东代表诉讼制度研究．现代法学，2000，5.

4. 樊云慧．英国少数股东权诉讼救济制度研究．北京：中国法制出版社，2005.

5. 金邦贵译．法国商法典．北京：中国法制出版社，2000.

6. 柯芳枝．公司法论》(下)，台北：三民书局，2003.

7. 柯芳枝．公司法要义．台北：三民书局，2005.

8. 李飞．当代外国破产法．北京：中国法制出版社，2006.

9. 李小宁．公司法视角下的股东代表诉讼．上海：复旦大学出版社，2009.

10. 李小宁．公司法视角下的股东代表诉讼——对英国、美国、德国和中国的比较研究．北京：法律出版社，2009.

11. 林少伟．英国现代公司法．北京：中国法制出版社，2015.

12. 刘冬．我国股东代表诉讼制度研究．北京：群众出版社，2011 年

13. 刘冬京．我国股东代表诉讼制度研究．北京：群众出版社，2011.

14. 刘俊海．股东诸权利如何保护与行使．北京：人民法院出版社，

1995.

15. 刘俊海 . 现代公司法 . 北京：法律出版社，2015.

16. 刘俊海 . 新公司法的制度创新 . 立法争点与解释难点 . 北京：法律出版社，2006.

17. 刘连煜 . 现代公司法 . 北京：中国政法大学出版社，2014.

18. 罗结珍译 . 法国公司法典（上）. 北京：中国法制出版社，2007.

19. 美国法律研究院 . 公司治理原则：分析与建议（下卷）. 楼建波等译 . 北京：法律出版社，2006.

20. 沈四宝编译 . 最新美国标准公司法 . 北京：法律出版社，2006.

21. 施天涛著 . 公司法论 . 北京：法律出版社，2018.

22. 托马斯·莱塞尔（德）. 德国资合公司法 . 高旭军，单晓光等译 . 北京：法律出版社，2005.

23. 王文宇 . 公司法论 . 北京：中国政法大学出版社，2004.

24. 薛波主编 . 元照英美法词典（缩印版）. 北京：北京大学出版社，2013.

25. 杨建华 . 问题研析：民事诉讼法 . 台北：三民书局，1998.

26. 叶林 . 公司法研究 . 北京：中国人民大学出版社，2008.

27. 张民安 . 公司法的现代化 . 广州：中山大学出版社，2006.

28. 张民安 . 现代英美董事法律地位研究 . 北京：法律出版社，2007.

29. 张巍 . 资本的规则 . 北京：中国法制出版社，2017.

30. 朱锦清 . 公司法前沿问题研究 . 杭州：浙江大学出版社，2014.

31. 朱锦清 . 公司法学（下）. 北京：清华大学出版社，2017.

32. 朱芸阳 . 全球化与本土化互动中的股东代表诉讼 . 北京：法律出版社，2015.

二、中文论文

1. 陈文婧 . 印度 < 公司法 > 的新进修改及印度公司治理制度评述 . 金砖国家法律问题研究 . 2017,2.

2. 陈逸敏，朱羿锟 . 股东派生诉权保护：东亚经验及其启示 . 学术交流 .2004(12).

3. 崔文玉 . 日本公司法最新修改之简述——以 2012 年《公司法制纲要》为视角 . 河北法学 .2013(4).

4. 崔有喆 . 论公司法的少数股东权益制度 . 北京：中国政法大学 ,2002.

5. 戴铭晟 . 台湾股东代表诉讼制度之现在与未来——以日本法为借鉴 . 台湾法学杂志 .2015(8).

6. 邓汉慧 . 西蒙的有限理性研究综述 . 国土资源高等职业教育研究 .2002(4).

7. 段逸超 . 股东代表诉讼的法理探悉 . 河北法学 .2004(3).

8. 傅穹，曹理 . 股东代表诉讼提起权滥用防止研究——兼评 2005 年《公司法》的相关规定 . 当代法学 .2006(3).

9. 甘培忠 . 论股东代表诉讼在中国的有效适用 . 北京大学学报（哲学社会科学版）.2002(5).

10. 韩恒 . 发育失衡的公民社会——基于公民社会三层内涵的分析 . 理论探讨 .2008(4).

11. 胡晓静 . 德国股东派生诉讼制度评析 . 当代法学 .2007(2).

12. 湖滨，曹顺名 . 股东代表诉讼的合理性基础和制度设计 . 法学研究 .2004(4).

13. 黄辉 . 法学实证研究方法及其在中国的运用 . 法学研究 .2013(6).

14. 黄辉 . 中国股东代表诉讼制度：实证研究及完善建议 . 人大法律评论 .2014(1).

15. 蒋大兴 . 股东代表诉讼中的“公司意思”——关于股东会哲学生成哲学的展开 . 公司法律评论 .2008.

16. 李德恩．诉讼担当的理论推演和现实环境．吉首大学学报 .2009(5).

17. 李宁顺．股东代表诉讼当事人制度研究．求索 .2006(6).

18. 李小宁．简析德国股份公司法关于股东代表诉讼的最新改革．湖南大学学报（社会科学版）.2009(3).

19. 廖大颖．论公司治理核心涉及与股东权之保护——分析股东代表诉讼制度之法理．骆永家教授七十华诞祝寿论文集．元照出版社 .2005.

20. 林国全．股份有限公司董事民事赔偿责任之追究．月旦民商法杂志 .2003(1).

21. 林少伟．英国代表诉讼的最新发展：普通法的回归．时代法学 .2011(4).

22. 刘金华．股东代位诉讼制度研究．中国政法大学博士论文 .2007.

23. 刘连煜．股东代表诉讼．台湾本土法学杂志 .2004(11).

24. 聂卫锋．法国商法典：总则述评——历史与当下．比较法研究 .2012(3).

25. 攀纪伟．日本多重股东代表诉讼制度及其启示．法学杂志 .2016(7).

26. 钱玉林．论股东代表诉讼中公司的地位——法制史的观察与当代的实践．清华法学 .2011(2).

27. 钱玉林．英国的股东代表诉讼．环球法律评论 .2009(2).

28. 沈贵明．二重代表诉讼适格原告要件的构建．法制与社会发展 .2015(2).

29. 苏启林，欧晓明．家族性企业集团治理以韩国财阀为例．载改革 .2003(4).

30. 陶立早．台湾投保中心之股东代表诉讼制度借鉴．西安电子科技大学学报 .2014(4).

31. 田田，刘景亮．双重代表诉讼理论值重塑及对我国立法的检讨．法治研究 .2009(6).

32. 王惠光．公司法中代表诉讼制度的缺失与改进之道．商法导论——赖英照教授祝贺论文．台北：元照出版社 .1995.

33. 王建文 . 法国商法：法典化、去法典化与再法典化 . 西部法学评论 .2008(2).

34. 王建文 . 我国股东代表诉讼制度评判与适用——兼评《公司法解释（二）（征求意见稿）》的相关规定 . 北方法学 .2007(4).

35. 王茂林 . 论我国股东代表诉讼制度的构建 . 甘肃政法学院学报 .2003(5).

36. 王淼，许明月 . 美国特拉华州二重代表诉讼的实践及其对我国的启示 . 法学评论 .2014(1).

37. 王舜模 , 金晓帆 . 韩国股东代表诉讼制度及其运用 . 公司法律评论 .2008(8).

38. 王文宇 . 从公司治理论董监事法制之改革 . 台湾本土法学杂志 .2002(34).

39. 徐纯先 . 股东代表诉讼制度对比性研究 . 改革与战略 .2002(07-08).

40. 杨路 . 股东代表诉讼提起权 . 人民司法 .2003(4).

41. 袁艺，茅宁 . 从经济理性到有限理性：经济学研究理性假设的演变 . 经济学家 .2007(2).

42. 张民安 . 代表诉讼研究 . 法制与社会发展 .1998(6).

43. 章晓洪 . 股东代表诉讼研究 . 西南政法大学博士论文 .2006.

44. 赵万一，华德波 . 公司治理问题的法学思考——对中国公司治理法律问题研究的回顾与展望 . 河北法学 .2010(9).

45. 郑曙光 : 论股东代表诉讼制度在我国的完善 . 河北法学 .2002(2).

46. 周建军 . 小股东运动在韩国：从“小股东”到“利益相关者”的转变 . 当代韩国 .2008(1).

47. 周剑龙 . 论股份有限公司经营的内部监督机制——中国公司法发展之前瞻 . 法学评论 .1995(1).

48. 朱慈蕴 . 股东代表诉讼的前置程序问题研究——“紧急情况”之外是否存在可豁免情形 . 政法学刊 .2010(3).

三、中文案例

1. 上海市高级人民法院（2006）沪高民四（商）终字第 58 号民事判决书 .

2. （2008）民二终字第 123 号 .

3. 北京市海淀区人民法院（2008）海民初字第 23873 号民事裁定书 .

4. 最高人民法院（2008）民二终字第 123 号民事调解书 .

5. 北京市第二中级人民法院（2009）二中民终字第 11811 号判决书 .

6. 北京市第一中级人民法院（2009）一中民终字第 5142 号判决书 .

7. 上海市第一中级人民法院（2009）沪一中民三（商）终字第 905 号民事判决书 .

8. （2010）浙杭商终字第 146 号 .

9. 北京市高级人民法院（2010）高民终字第 534 号判决书 .

10. 福建省高级人民法院（2010）闽民终字第 117 号判决书 .

11. 广东省广州市中级人民法院（2010）穗中法民二终字第 2152 号裁定书 .

12. 浙江省杭州市中级人民法院（2010）浙杭商终字第 890 号裁定书 .

13.（2011）渝五中法民终字第 3948 号 .

14. 江苏省高级人民法院（2011）苏商终字第 0161 号民事判决书 .

15. 江苏省宿迁市中级人民法院（2011）宿中商终字第 0132 号判决书 .

16. 江苏省高级人民法院（2012）苏商外终字第 0049 号民事判决书 .

17. 广东省高级人民法院（2013）粤高法民四终字第 28 号民事判决书 .

18. 浙江省绍兴县人民法院（2013）绍商初字第 278 号判决书 .

19.（2014）佛城法民二初字第 909 号 .

20. 北京市第一中级人民法院（2014）一中民终字第 5729 号判决书 .

21. 湖南省衡阳市中级人民法院（2014）衡中法民三初字第 96 号民事判决书 .

22. 福建省高级人民法院（2014）闽民终字第 263 号裁定书 .

23. 福建省高级人民法院（2014）闽民终字第 580 号判决书 .

24. 广东省佛山市中级人民法院（2014）佛中法民二终字第 1206 号裁定书 .

25. 甘肃省高级人民法院（2014）甘民二终字第 149 号判决书 .

26. 四川省广安市中级人民法院（2014）广法民终字第 723 号判决书 .

27. 最高人民法院（2014）民申字第 678 号裁定书 .

28.（2015）通中商终字第 00445 号 .

29.（2015）鄂武汉中民商终字第 00732 号 .

30.（2015）滁民二终字第 00471 号 .

31. 广东省广州市中级人民法院（2015）穗中法民二终字第 573 号民事判决书 .

32. 江苏省徐州市人民法院（2015）徐商终字第 0177 号判决书 .

33. 江苏省盐城市中级人民法院（2015）盐商终字第 00630 号裁定书 .

34. 上海市高级人民法院（2015）沪高民二（商）终字第 35 号判决书 .

35. 海南省三亚市中级人民法院（2016）琼 02 民初 74 号民事判决书 .

36. 山西省襄垣县人民法院（2016）晋 0423 民初 931 号裁定书 .

四、英文著作

1. A.J. Boyle, *Minority Shareholder's Remedies* (Cambridge University Press, 2002), 29.

2. Adolf Berle and Gardiner Means, *The Modern Corporation and Private Property* (Transaction Publishers 1932).

3. Arad Reisberg, *Derivative Actions and Corporate Governance* (Oxford University Press, 2007) 54.

4. Brenda Hannigan, *Company Law* (3rd edn., Oxford University Press 2012).

5. Bruce Welling, *Corporate Law in Canada: The Governing Principles* (Butterworths, 1992).

6. Bui, Trong Dan, *Legal Issues of Enforcement for Corporate Governance in Vietnam: Constraints and Recommendations* (Emerald Group Publishing Limited, 2005).

7. Cento Veljanovski, *The Economics of Law* (The institute of economic affairs 2006).

8. C. HOUPIN & H. BOSVIEUX, *2 TRAITÉ GÉNÉRAL DES SOCIÉTÉS CIVILES ET COMMERCIALES ET DES ASSOCIATIONS* (1929).

9. Chew and Margaret, *Minority Shareholders' Right and Remedies* (2nd Singapore: LexisNexis 2017).

10. Dan W. Puchniak, Harald Baum and Michael Ewing-Chow (edited) '*The Derivative Action in Asia: A Comparative and Functional Approach*' (Cambridge University Press, 2012).

11. Derek French, *Mayson, French and Ryan on Company Law* (Oxford University Press, 2018).

12. Dr Robert Austin and Ian M. Ramsay, *Ford's Principles of Corporations Law* (LexisNexis, 2002).

13. Elizabeth J. Boros, *Minority Shareholders' Remedies* (Oxford, Clarendon Press, 1995).

14. Farouk Cassim et al. , *Contemporary Company Law* (*Juta*, 2012).

15. Fujita,Tomotaka, *Transformation of the Management Liability Regime in Japan in the Wake of the 1993 Revision*, (Routledge, 2008).

16. Gower and Davies, *Principles of Modern Company Law* (9th edition, Sweet & Maxwell, 2012).

17. Hans C. Hirt, *The Enforcement of Directors' Duties in Britain and Germany: A Comparative Study with Particular Reference to Large Companies*(Peter Lang, Bern 2004).

18. Helen Jane Nicholson, *Borrowing Court Systems: The Experience of Socialist Vietnam* (Brill, 2007).

19. Heydon and Loughlan, *Cases and Materials on Equity and Trusts* (Butterworths Law, 1997).

20. Hooker, *Adat Laws in Modern Malaya: Land Tenure, Traditional Government and Religion (*Oxford University Press, 1972).

21. Jennifer Kunst et al. , *Henochsberg on The Companies Act* (Butterworths, 1994).

22. John Gillespie, *Transplanting commercial law reform : developing a "rule of law" in Vietnam,* (Routledge, 2005).

23. John Parkinson, *Corporate Power and Responsibility-Issues in the Theory of Company Law* (Clarendon Press, 1993).

24. Len Sealy, *Cases and Materials in Company Law* (Butterworths, 2001).

25. Lindley, *The Law of Partnership* (Sweet & Maxwell, 1979).

26. Mark Ramseyer and Minoru Nakazato, *Japanese Law: An Economic Approach* (University of Chicago Press, 1989).

27. Mathias Reimann & Reinhard Zimmermann, *The Oxford Handbook of Comparative Law* (Oxford University Press, 2008).

28. Maurice Lvy-Leboyer, 'The Large Corporation in Modern France' (1980) *MANAGE RiAL HIERARCHIES: COMPARATIVE PERSPECTIVES ON THE RISE OF THE MODERN INDUSTRIAL.*

29. Nguyen Ngoc Bich & Nguyen Dinh Cung, *Company Capital,Management and Disputes under Law on Enterprise 2005* (NXB Tri Thức, 2009).

30. Ok-Rial Song, *Improving Corporate Governance though Litigation: Derivative Suits and Class Actions in Korea* (Routledge, 2008).

31. Paul L. Davie, *Gower's Principles of Modern Company Law* (Sweet & Maxwell, 1997).

32. Philip Johnston, *Bad Laws* (Constable Publisher, 2010).

33. Quynh Thuy Quach, *Does More Litigation Mean More Justice to Shareholders? The Case of Derivative Actions in Vietnam* (Cambridge University

Press, 2012).

34. Ralph C. Ferrara, Laura Leedy Gansler, *Shareholder Derivative Litigation: Besieging The Board* (Law Journal Seminars-Press 2013).

35. Reiner Kraakman, John Armour, Paul Davies, Luca Enriques, Henry Hansmann, Gérard Hertig, Klaus Hopt, Hideki Kanda and Edward Rock, *The Anatomy of Corporate Law: A Comparative and Functional Approach* (2nd edn, Oxford University Press 2009).

36. Richard Posner, *Economic Analysis of Law* (3rd, Little Brown, 1986).

37. Robert C. Clark, *Corporate Law* (Little, Brown and Company 1987).

38. Robert. Shiller, *Irrational Exuberance: Revised and Expanded* (Princeton University Press, 2016).

39. Stephen Girvin, Sandra Frisby and Alastair Hudson, *Charlesworth Company Law* (Sweet & Maxwell, 2010).

40. Victor Joffe, David Drake, Giles Richardson and Daniel Lightman, *Minority Shareholders: Law, Practice and Procedure* (Oxford University Press, 2008).

41. William Lucius Cary and Cary Eisenberg, *Cases and Materials on Corporations* (Foundation Pr 1980).

42. Wood, *Survey and Report Regarding Stockholders' Derivative Suits* (The Wood Reword 1944).

43. Xiaoning Li, *A Comparative Study of Shareholders' Derivative Actions* (Kluwer Law International 2007).

五、外文论文

1. J. Boyle, ‘The Minority Shareholders in the Nineteenth Century: A Study in Anglo-American Legal History’ (1965) 28 *Modern Law Review.*

2. J. Boyle, ‘The New Derivative Action’ (1997) 18 *Company Lawyer.*

3. Adrian Cadbury, ‘Family Firms and Their Governance: Creating Tomorrow’s Company from Today’s’ (2000) 5 *Egon Zehnder International.*

4. Afra Afsharipour, ‘Corporate Governance Convergence: Lessons from the Indian Experience’ (2009) 29 *Northwestern Journal of International Law and Business.*

5. Alexander Stremitzer, ‘Plaintiffs Exploiting Plaintiffs’ (2010) *Yale Law & Econ. Research Paper.*

6. Alistair Alcock, ‘An Accidental Change to Directors’ Duties’ (2009) 30 *Company Lawyer.*

7. Amit Varma, ‘India’s Far from Free Markets’ (2005) June 16 *The Wall Street Journal Asia.*

8. Andrew Keay, ‘Derivative Proceedings in a brave new world for company management and shareholders’ (2010) 3 *Journal of Business law.*

9. Andrew Keay, ‘Enlightened Shareholder Value, the Reform of the Duties of Company Directors and the Corporate Objective’ (2006) 1 *Lloyds Maritime and Commercial Law Quarterly.*

10. Anil Hargovan, ‘Under Judicial and Legislative Attack: The Rule in *Foss v. Harbottle*’ (1996) 113 *South Afican Law Journal.*

11. Ann M. Scarlett, ‘Investors Beware: Assessing Shareholder Derivative Litigation in India and China’ (2011) 33 *University of Pennsylvania Journal of International Law.*

12. Ann Scarlett, ‘Shareholder Derivative Action Litigation’s Historical and Normative Foundations’ (2013) 61 *Buffalo Law Review.*

13. Arjya B. Majumdar and Sneha Bhawnani, 'Class Action Suits - Genesis, Analysis and Comparison' (2016) *Corporate Law and Corporate Affairs.*

14. Arndt Stengel, 'Directors Powers and Shareholders: A Comparison of Systems' (1998) 9 *International Company and Commercial Law Review.*

15. Avilov Gainan, 'General Principles of Company Law for Transition Economies' (1999) 24 *Journal of Corporation Law.*

16. Bernard Black, Brian Cheffins and Michael Klausner, 'Shareholder Suits and outside Director Liability: The Case of Korea' (2011) 325 *Journal of Law Review.*

17. Bernard Grelon, 'Shareholders? Lawsuits against the Management of a Company and its Shareholders under French Law' (2009) 6 *European Company & Financial Law Review.*

18. Bernard S. Black and Vikramaditya S. Khanna, 'Can Corporate Governance Reforms Increase Firms Market Values? Event Study Evidence from India' (2007) 4 *Journal of Empirical Legal Studies.*

19. Boong-Kyu Lee, 'Don Quixote or Robin Hood: Minority Shareholder Rights and Corporate Governance in Korea' (2002) 15 *Columbia Journal of Asian Law.*

20. Bottomley, 'Shareholders' derivative actions and Public interest suit' (1992) 15 *University of New South Wales Law Journal.*

21. Brian Cheffins, 'Reforming the Derivative Action: The Canadian Experience and British Prospects' (1997) 2 *Company, Financial and Insolvency Law.*

22. Bui, Xuan Hai, 'Vietnamese Company Law:The Development and Corporate Governance Issues' (2006) 18 *Bond Law Review.*

23. Hale, 'What's Right with the Rule in *Foss v. Harbottle*?' (1997) 1 *Company Financial and Insolvency Law Review.*

24. Christine Jolls, ‘Behavioural Economics Analysis of Redistributive Legal Rules’ (1998) 51 *Vanderbilt Law Review.*

25. Christopher R.Drahozal & Stephen J. Ware, ‘Why Do Business Use (or Not Use) Arbitration Clauses’ (2010) 25 *Ohio State Journal on Dispute Resolution.*

26. Coffee & Schwartz, ‘The Survival of the Derivative Suit: An Evaluation and a Proposal for Legislative Reform’ (1981) 81 *Columbia Law Review.*

27. Curtis Milhaupt, ‘Non-profit organizations as investor protection: economic theory, and evidence from east Asia’ (2004) 29 *Yale Journal of International Law.*

28. Dan D. Prentice, ‘Another Exception to the Rule in Rule in *Foss v. Harbottle*’ (1972) 35 *Modern Law Review.*

29. Dan D. Prentice, ‘Note: Shareholder Actions: The Rule in *Foss v. Harbottle*’ (1988) 104 *Law Quarterly Review.*

30. Dan W. Puchniak and Masafumi Nakahigashi, ‘Japan’s Love for Derivative Actions: irrational Behaviour and Non-Economic Motives as Rational Explanations for Shareholder Litigation’ (2012) 45 *Vanderbilt Journal of Transnational Law.*

31. Dan W. Puchniak, ‘The Derivative Action in Asia: A Complex Reality’ (2012) 9 *Berkeley Business Law Journal.*

32. Daniel Fischel and Michael Bradley, ‘The Role of Liability Rules and the Derivative Suit in Corporate Law: A Theoretical and Empirical Analysis’ (1986) 71 *Cornell Law Review.*

33. David W. Locascio, ‘The Dilemma of the Double Derivative Suit’ (1989) 83 *Northwestern University Law Review.*

34. Deborah Demott, ‘Shareholder Litigation in Australia and the United States: Common Problems, Uncommon Solutions’ (1987) 11 *Sydney Law Review.*

35. Deryn Fisher, 'The Enlightened Shareholder Leaving Stakeholders in the Dark: Will Section 172(1) of the Companies Act 2006 Make Directors Consider the Impact of Their Decisions on Third Parties?' (2009) 20 *International Company and Commercial Law Review.*

36. Dominique Schmidt, 'De quelques règles procédurales régissant l'action en responsabilité civile contre les dirigeants de sociétés « cotées » in bonis' (2008) *ÉTUDES DE DROIT PRIVÉ.*

37. Ehud Kamar, 'Shareholder Litigation under Indeterminate Corporate Law' (1999) 66 *University of Chicago Law Review.*

38. Emmanuel Adegbite, Kenneth Amaeshi and Olufemi Amao, 'The Politics of Shareholder Activism in Nigeria' (2012) 105 *Journal of Business Ethics.*

39. Erickson and Jessica, 'Corporate Governance in the Courtroom: An Empirical Analysis' (2010)51 *William & Mary Law Review.*

40. Fang Ma, 'The Deficiencies of Derivative Actions in China' (2010) 31 *Company Lawyer.*

41. Fuerman and Ross, 'Securities Class Actions Compared to Derivative Lawsuits: Evidence from the Stock Option Backdating Litigation on Their Relative Disciplining of Fraudster Executives' (2016) 8 *Journal of Forensic and Investigative Accounting.*

42. Gary Becker, 'Crime and Punishment: An Economic Approach' (1968) 76 *Journal of Political Economy.*

43. Gerard Hertig, 'Western European's Corporate Governance Dilemma' (Kluwer, 2000) in: Theodor Baums, Klaus Hopt, and Norbert Horn (eds.), *Corporations, Capital Markets and Business in the Law (Liber Amicorum Buxbaum).*

44. Glenn G. Moris, 'Shareholder Derivative Suits: Louisiana Law' (1996) 6 *Loyola of Los Angeles Law Review.*

45. Griggs and Lowry, ‘Minority Shareholder Remedies: A Comparative View’ (1994)5 *Journal of Business Law.*

46. Griggs Lynden, ‘A Statutory Derivative Action: Lessons that may be Learnt from its Past!’ (2002) 6 *University of Western Sydney Law Review.*

47. Hans C. Hirt, ‘The Enforcement of Directors’ Duties Pursuant to the Aktiengesetz Present Law and Reform in Germany: Part2’ (2005) 16 *International Company and Commercial Law Review.*

48. Helena Stoop, ‘The Derivative Action Provisions in The Companies Act 71 of 2008’ (2012) 3 *The South African Law Journal.*

49. Hui Huang, ‘Shareholder Derivative Litigation in China: Empirical Findings and Comparative Analysis’ (2012) 27 *Banking & Finance Law Review.*

50. Ian M. Ramsay and Benjamin B. Saunders, ‘Litigation by Shareholders and Directors: An Empirical Study of the Australian Statutory Derivative Action’ (2006) 6 *Journal of Corporate Law Study.*

51. Ian Ramsay, ‘Corporate Governance, Shareholder Litigation and the Prospects for a Statutory Derivative Action’ (1992) 15 *University of New South Wales law Journal* .

52. Ian Ramsay, ‘Corporate Governance, Shareholder Litigation and the Prospects for a Statutory Derivative Action’ (1992)15 *University of New South Wales Law Journal.*

53. James A. Fanto, ‘The Role of of Corporate Law in French Corporate Governance’ (1998) 31 *Cornell International Law Journal.*

54. James D. Cox, ‘Compensation, Deterence, and the Market as Boundaries for Derivative Suit Procedures’ (1984) 52 *The George Washington International Law Review.*

55. James D. Cox, ‘Searching for the Corporation’s Voice in Derivative Suit Litigation: A Critique of Zapata and the ALI Project’ (1982) *Duke Law Journal.*

56. James D. Cox, ‘The Social Meaning of Shareholder Suits’ (1999) 65

Brooklyn Law Review.

57. James Hanks, ‘Evaluating Recent State Legislation on Director and Officer Liability Limitation and Indemnification’ (1988) 43 *Business law Review.*

58. James McConvill, ‘Part 2F. 1A of the Corporations Act: Insert a New Section 242(2) or Give it the Boot?’ (2002) 30 *Australian Business Law Review.*

59. Jaycee Park, ‘Free Enterprise Institute NGO Director Publicly Criticizes the Ideology’ (2001) 5 *the People's Solidarity for Participatory Democracy.*

60. Jeffrey Gorris, ‘Delaware Corporate Law & the MBCA: A Study in Symbiosis’ (2011) *Law and Contemporary Problems.*

61. Jennifer Payne ‘Section 459 and Public Companies’ (1999) 115 *Law Quarterly Review.*

62. Jennifer Payne, ‘A Re-examination of Ratification’ (1999) 3 *The Cambridge Law Journal.*

63. Jennifer Payne, ‘Clean Hands in Derivative Actions’ (2002) 61 *Cambridge Law Journal.*

64. Jerold S. Solovy, Barry Levenstam and Daniel S. Goldman, ‘The Role of Special Litigation Committees in Shareholder Derivative Litigation’ 1990 (25) *Tort & Insurance Law Journal.*

65. John Armour and Priya Lele, ‘Law, Finance, and Politics: The Case of India’ (2009) 43 *Law and Society Review.*

66. John C. Coffee, ‘Understanding the Plaintiff's Attorney: The Implication of Economic Theory for Private Enforcement of Law Through Class and Derivative Actions’ (1986) 86 *Columbia Law Review.*

67. John Coffee and Donald Schwartz, ‘The Survival of the Derivative Suit: An Evaluation and a Proposal for Legislative Reform’ (1981) 81 *Columbia Law Review.*

68. John Coffee, ‘New Myths and Old Realities: The American Law Institute Faces the Derivative Action’ (1993) 48 *Business Lawyer.*

69. John Haley, ‘The Myth of the Reluctant Litigant’ (1978) 4 *Journal of Japanese Studies*.

70. John Kluver, ‘Derivative Action and the Rule in *Foss v. Harbottle*: Do We Need a Statutory Remedy?’ (19993) 11 *Company and Securities Law Journal*.

71. John W. Welch, ‘Shareholder Individual and Derivative Actions: UnderlyingRationales and the Closely Held Corporation’ (1984) *Journal of Corporation Law*.

72. Jonathan R. Macey and Geoffrey P. Miller ‘The Plaintiffs’ Attorney’s Role in Class Action and Derivative Litigation: Economic Analysis and Recommendations for Reform’ (1991) 58 *University of Chicago Law Review*.

73. Jones, ‘An Empirical Examination of the Resolution of Shareholder Derivative and Class Action Lawsuits’ (1980) 542 *Boston Univenuty Law Review*.

74. Jooyoung Kim, Joongi Kim, ‘Shareholder Activism in Korea: A Review of How PSPD Has Used Legal Measures to Strengthen Korean Corporate Governance’ (2001) 51 *Journal of Korean Law*.

75. Keay and Loughrey, ‘Something old, Something new, Something Borrowed: An Analysis of the New Derivative Action under the Companies Act 2006’ (2008) 124 *Law Quarterly Review*.

76. Keith Fletcher, ‘CLERP and Minority Shareholder Rights’ (2001) 13 *Australian Journal of Corporate Law*.

77. Kenneth Davis, ‘The Forgotten Derivative Suit’ (2008) 61 *Vanderbilt Law Review*.

78. Kenneth Wedderburn, ‘Derivative actions and *Foss v. Harbottle*’ (1981) 44 *Modern Law Review*.

79. Kenneth Wedderburn, ‘Shareholders’ Rights and the Rule in *Foss v. Harbottle*’ (1957) 15 *Cambridge Law Journal*.

80. Klaus J. Hopt, 'Shareholder Rights and Remedies:a View from Germany and the Continent' (1997) 2 *Company, Financial and Insolvency Law Review.*

81. Kon Sik Kim, 'Corporate Governance in Korea' (1986) 21 *Journal of Comparative Business and Capital Market Law.*

82. Kristina de Vere Stevens, 'Should We Toss Foss?: Toward an Australian Statutory Derivative Action' (1997) 25 *Australian Business Law Review.*

83. Lang Thai, 'How Popular are Statutory Derivative Actions in Australia? Comparisons with United States, Canada and New Zealand' (2002) 30 *Australian Business Law Review.*

84. Len Sealy, '*Foss v. Harbottle.* A Marathon Where Nobody Wins' (1981) 40 *Cambridge Law Journal.*

85. Len Sealy, 'Power of the General Meeting to Intervene' (1989) 1 T*he Cambridge Law Journal.*

86. Len Sealy, 'The Rule in *Foss v. Harbottle*: The Australian Experience' (1989) 10 *Company Lawyer.*

87. Leslie Kosmin , 'Minority Shareholders' Remedies: A Practitioner Perspective' (1997) 2 *Company Financial and Insolvency Law Review.*

88. Lindi Coutzee, 'A Comparative Analysis of the Derivative Litigation Proceedings under the Companies Act 61 of 1973 and Companies Act 71 of 2008' (2010) 1 *Acta Juridica.*

89. Lucian A. Bebchuk & Allen Ferrell, 'Federalism and Corporate Law: The Race to Protect Managers from Takeovers' (1990) 99 *Columbia Law Review.*

90. Lynden Griggs, 'The Statutory Derivative Action: Lessons that May be Learnt from its Past!' (2002) 6 *Universiy of Western Sydney Law Review.*

91. M.Stamp, 'Minority Shareholders: Another Nail in the Coffin' (1988) 9 *Company Lawyer.*

92. Maleka Femida Cassim, 'Judicial discretion in derivative actions under the Companies Acts of 2008' (2013) 130 *The South African Law Journal.*

93. Maloney, 'Derivative Action in Australia and New Zealand: Will the Statutory Provisions Improve Shareholders' Enforcement Rights?' (1998) 10 *Bond Law Review.*

94. Marcelle Colares Oliveria, Silvio Romero de Almeida, Rodrigo Stefe and Glauber Cunha, 'Comparative Analysis of the Corporate Governance Codes of the Five BRICS Counties, Accounting' (2014) 17 *Management and Governanc.*

95. Mark D. West, 'The Pricing of Shareholder Derivative Actions in Japan and the United States' (1994) 88 *Northwestern University Law Review.*

96. Mark West, 'The Pricing of Shareholder Derivative Actions in Japan and the United States' (1994) 88 *Northwestern University Law Review.*

97. Mark West, 'The Pricing of Shareholder Derivative Actions in Japan and the United States' (1994) 4 *Northwestern University Law Review.*

98. Mark West, 'Why Shareholders Sue: the Evidence from Japan' (2001) 30 *Journal of Legal Studies*.

99. Mathias M. Siems, 'Welche Auswirkungen hat das neue Verfolgungsrecht der Aktionärsminderheit?' (2005) 104 *ZEITSCHRIFT FÜR VERGLEICHENDE RECHTSWISSENSCHAFT [ZVGLRWISS].*

100. Matthew Berkahn, 'The Derivative Action in Australia and New Zealand: Will the Statutory Provisions Improve Shareholders' Enforcement Rights?' (1998) 10 *Bond Law Review.*

101. Maximilian Grub, 'A Trend Towards More Shareholder Value in Germany: Recent Developments in German Stock Corporation Law' (1999) 10 *International Company and Commercial Law Review.*

102. McPherson, 'Duties of Directors and the Powers of Shareholders' (1977) 51 *Austrilian Law Journal.*

103. Michael Whincop, ‘Overcoming Corporate Law: Instrumentalism, Pragmatism and the Separate Legal Entity Concept’ (1997) 15 *Company & Securities Law Journal.*

104. Mohammad Rizal Salim, ‘Whither the Common Law Derivative Action: A Malaysian Case Study’ (2016) 27 *Social Science Electronic Publishing.*

105. Morton Keller, ‘Regulation of Large Enterprise: The United States Experience in Comparative Perspective’ (2001) *MANAGERIAL HIERARctIEs.*

106. N. Russell, ‘Liberalising the Derivative Action’ (1982) *New Zealand Law Journal.*

107. Nik Safiah Karim, ‘The Malay Language in Law: Linguistic Perspective’ (1991) *Seminar of Language and the Law.*

108. Nornan Barry, ‘The Market, Liberty and the Regulatory State’ (1994) 14 *Economic Affairs.*

109. Oludara Awolalu, ‘Derivative actions in Nigeria: a case for reform’ (2017) 1 *International Company and Commercial Law Review.*

110. Oserheimen A. Osunbor, ‘A Critical Appraisal of the “Interests of Justice” as an Exception to the Rule in *Foss v. Harbottle*’ 1987) 36 *International and Comparative Law Quarterly.*

111. Paolo Giudici, ‘Representative Litigation in Italian Capital Markets: Italian Derivative Suits and (if ever) Securities Class Actions’ (2009) 6 *European Company & Financial Law Review.*

112. Param Pandya, ‘The Fate of Class Action Suits in India:Then and Now?’ (2014) 4*Company Law Journal.*

113. Patrick M. Maloney, ‘Whither the Statutory Derivative Action?’ (1986) 64 *Canadian Bar Review.*

114. Payne and Jennifer, ‘Clean Hands’ in Derivative Actions’ (2002) 61 *Cambridge Law Journal.*

115. Pearlie Koh Ming Choo, 'The Statutory Derivative Action in Singapore: A Critical and Comparative Examination' (2001) 13 *Bond Law Review.*

116. Peter Fitzsimons, 'Statutory Derivative Actions in New Zealand' (1996) 14 *Company and Securities Law Journal.*

117. Peter Prince, 'Australia's Statutory Derivative Action: Using the New Zealand Experience' (2000) 18 *Company and Securities Law Journal.*

118. Pham, Duy Nghia, 'A Dream of Half of Million Enterprises and an Unified Act: Law on Enterprise 2005 from a Comparative Perspective' (2006) 7 *State and Law Journal.*

119. PHILIPPE MARINI, 'LA MODERNISATION DU DROIT DES SOCIÉTÉS' (1996) *THE MODERNIZATION OF CORPORATE LAW.*

120. Phil-Sang Lee, 'Economic Crisis and Chaebol Reform in Korea' (2000) 14 *APEC Study Center Columbia University Discussion Paper.*

121. Rajesh Chakrabarti, 'Corporate Governance in India-Evolution and Challenges' (2005) *SSRN Electronic Journal.*

122. Ramseyer, 'The Costs of the Consensual Myth: Antitrust Enforcement and Institutional Barriers to Litigation in Japan' (1985) 94 *Yale Law Journal.*

123. Randall S. Thompson and Robert B. Thomas, 'A Theory of Representative Shareholder Suits and Its Application to Multijurisdictional Litigation' (2012) 106 *Social Science Electronic Publishing.*

124. Reinier Kraaman, Hyun Park and Steven Shavell, 'When Are Shareholders Suits in Shareholder Interests?' (1994) 82 *Georgetown Law Journal.*

125. Richard Mead, 'Malaysia's National Language Policy and the Legal System' (1988) 30 Y*ale University Southeast Asian Studies.*

126. Robert A. Prentice, 'The Inevitability of A Strong SEC' (2006) 91 *Cornell Law Review.*

127. Robert B. Thompson & Hillary A. Sale, 'Securities Fraud as Corporate Governance: Reflections upon Federalism' (2003) 56 *Vanderbilt Law Review.*

128. Robert B. Thompson & Randall S. Thomas, 'The Public and Private Faces of Derivative Lawsuits' (2004) 57 *Vand. L. Rev.*

129. Robert B. Thompson, 'The Shareholder's Cause of Action for Oppression' , (1993) 48 *Business Law.*

130. Robert M. Dick, 'A Reconsideration of the 'Justice' Exception to the Rule in *Foss v. Harbottle*' (1964) 2 *University of British Columbia Law Review.*

131. Robert Romano, 'The Shareholder Suit: Litigation Without Foundation? ' (1991) 7 *Journal of Law Economics & Organization.*

132. Robert Thompson and Randall Thomas, 'The Public and Private Faces of Derivative Lawsuits' (2004) 57 *Vanderbilt Law Review.*

133. Roberta Romano, 'The Shareholder Suit: Litigation without Foundation' (1991) 7 *Journal of Law, Economics and Organisation.*

134. Russell Korobkin and Thomas Ulen, 'Law and Behavioural Science: Removing the Rationality Assumption from Law and Economics' (2000) 88 *California Law Review.*

135. Samuel Issacharoff and Geoffrey P. Miller, 'Will Aggregate Litigation Come to Europe?' (2009) 62 *Vanderbilt Law Review.*

136. Sanjai Bhagat and Roberta Romano, 'Event Studies and the Law: Empirical Studies of Corporate Law' (2002) 4 *American Law & Economics Review.*

137. Sarah Kiarie, 'At Crossroads: Shareholder Value, Stakeholder Value and Enlightened Shareholder Value: Which Road Should the United Kingdom Take?' (2006) 17 *International Company and Commercial Law Review.*

138. Sarah Watkins, 'The Common Law Derivative Action: An Outmoded Relic' (1999) 30 *Cambrian Law Review.*

139. Sarah Wells, 'Maintaining Standing in a Shareholder Derivative

Action' (2004) 38 *U.C. Davis Law Review.*

140. Saul Fridman, 'Ratification and the Statutory Derivative Action in the Companies Act 1993' (1998) 16 *Company and Securities Law Journal.*

141. Shaowei Lin, 'Derivative Actions in China: Cases Analysis' , (2014) 44 *Hong Kong Law Journal.*

142. Sharifah Suhana Ahmad, ' Malaysian Legal System ' (2007) *Malayan Law Journal.*

143. Shaun Clyne, 'Modern Corporate Governance' (2000) 11 *Australian Journal of Corporate Law.*

144. Shiro Kawashima and Susumu Sakurai, 'Shareholder derivative Litigation in Japan: Law, Practice, and Suggested Reforms' (1997) 33 *Stanford Journal of International Law.*

145. Stephen Bottomley, 'Shareholder Derivative Actions and Public Interest Suits: Two Versions of the Same Story?' (1992) 15 *University of New South Wales Law Journal.*

146. Steven A.Ramirez, 'Arbitration and Reform in Private Securities Litigation: Dealing with the Meritorious As Well As the Frivolous' (1999) 40 *William & Mary Law Review.*

147. Sung Wook JOH, 'Korean Corporate Governance and Firm Performance' (2001) 2 *Korea Development Institute.*

148. Takao Tanase, 'The Management of Disputes: Automobile Accident Compensation in Japan' (1990) 24 *Law and Society Review.*

149. Tania Mazumdar, 'Where the Traditional and Modern Collide: Indian Corporate Governance Law' (2008) 16 *Tulane Journal of International and Comparative Law.*

150. Theodor Baums, 'Company Law Reform in German' (2002) *Journal of Corporate Law.*

151. Tom Ginsburgh and Glenn Hoetker, 'The Unreluctant Litigant? An

Empirical Analysis of Japan's Turn to Litigation' (2006) 35 *Journal of Legal Studies.*

152. Ulrich Noack and Dirk Zetzsche, 'Corporate Governance Reform in Germany: The Second Decade' (2005) *European Business Law Review.*

153. Vuyani R. Ngalwana, 'Majority Rule and Minority Protection in South African Company Law: A Reddish Herring' (1996) 113 *South African Law Journal.*

154. William Kaplan and Bruce Elwood, 'The Derivative Action: A Shareholder's 'Bleak House' ?' (2003) 36 *University of British Columbia Law Review.*

155. William W. Bratton & Michael L. Wachter, 'The Case against Shareholder Empowerment' (2010) 3 *University of Pennsylvania Law Review.*

156. Woon-Youl Choi , Sung Hoon Cho, 'Shareholder activism in Korea: An analysis of PSPD's activities' (2003) 11 *Pacific-Basin Finance Journal.*

157. Woon-Youl Choi, Sung Hoon Cho, 'Shareholder Activism In Korea: An Analyisis Of PSPD's Activities' (2003) 11 *Pacific-Basin Finance Jounal.*

158. Yohana Gadaffi, Miriam Tatu, 'Derivative Action under the Companies Act 2015: New Jurisprudence or Mere Codification of Common Law Principles' (2016) 2 *Strathmore Law Journal.*

159. Zhong Zhang, 'Making Shareholder Derivative Actions Happen in China: How Should Lawsuits be Funded?' (2008) 38 *Hong Kong Law Journal.*

160. Zhu and Chen, 'China Introduces Statutory Derivative Action' (2005) 24 *International Financial Law Review.*

六、英文案例

1. *West v. Randall*(1820), 2 Mason 181, 29 Fed. Cas. 718, 29 F. Cas. 718.

2. *Foss v. Harbottle* (1843) 2 Hare 461.

3. *Atwool v. Merryweather* (1867) LR 5 Eq 464n.

4. *MacDougall v. Gardiner* [1875] 1 Ch D 13.

5. *Eley v. Positive Government Security Life Assurance Co* (1876).

6. *Ryan v. Leavenworth*,Atchison & Northwestern Railroad Co. 21Kan 365,1897 WL731(1879).

7. *North-West Transportation Co Ltd v. Beatty* (1887) 12 App Cas 589.

8. *Salomon v. Salomon & Co* [1897] AC 22, 29.

9. *Burland v. Earle* [1902] AC 83,93 (PC) 83,93 (PC) per Lord Davey.

10. *Martin v. D. B. Martin Co*,10 Del Ch.211, 88 A 612(1913).

11. *Cook v. Deeks*[1916] AC 554.

12. *Holmes v. Camp,*180 A. D. 409,167NYS. 840(1917).

13. *Shuttleworth v. Cox Brothers and Co (Maidenhead) Ltd* [1927] 2 KB 9.

14. *John Shaw & Sons (Salford) Ltd v. Shaw* [1935] 2 KB 113 (CA).

15. *Bharat Insurance Co. Ltd v. Kanhaya Lal*, AIR [1935] Lah 792.

16. *U. S. Lines v. U. S. Lines Co.* 96F. 2d 148 C. A. 2(1938).

17. *Regal (Hastings) Ltd v. Gulliver* [1942] 1 All ER 378(HL).

18. *Meyer v. Fleming*, 327 US 161 - Supreme Court 1946.

19. *Cohen v. Beneficial Indus. Loan Corp.*, 337 U.S. 541, 548 (1949).

20. *Edwards v. Halliwell* (1950) 2 All ER 1064.

21. *Barrett v. Duckett* [1955] 1 B.C.L.C.243.

22. *Pavlides v. Jensen* [1956] Ch 565.

23. *SCWS* V *Meyer* [1959] AC 342 at p342 per Lord Simonds.

24. *Shanti Prasad Jain v. Kalinga Tubes Ltd*, AIR [1965] SC 1535.

25. *Regal(Hastings) Ltd v. Gulliver* [1967]2 A.C.134 Hl.

26. *Mbene v Ofili* (1968) N.C.L.R. 293.

27. *S.M. Ramakrishna Rao v. Bangalore Race Club Ltd* [1970] 40 Comp. Cas. 1154.

28. *Ebrahimi v. Westbourne Galleries Ltd* [1972] 2 All ER 492 at 500.

29. *Bangor Punta Operations, Inc. v. Bangor &Aroostook Railroad Co.*,

417U.S.703, 94S.Ct.2575 (1974).

30. *Wallersteiner v. Moir*(No. 2) [1975]1Q.B.373CA(Civ Div).

31. *American Cyanamid Co v. Ethicon* [1975] A.C. 396 at 405-407.

32. *Harff v. Kerkorian*, 347 A. 2d 133- Del: Supreme Court 1975.

33. *Brown and Others v. Nanco (Pty) Ltd ,* 1977 (3) SA 761 (W).

34. *Daniels v. Daniels* [1978] Ch406.

35. *Auerbach v. Benett* 47 NY 2d 619,393 NE 2s 994 (1979).

36. *Appotive v. Computrex Centres Ltd* (1981) 16 B.L.R. 133 (BCSC).

37. *Bellman v. Western Approaches Ltd* (1981) 33 B.C.L.R. 45.

38. *Prudential Assurance Co Ltd v. Newman Industries Ltd* (No. 2) [1981] Ch 257, 323.

39. *Zapata Corp v. Maldonado* 430 A2d 779 (Del 1981).

40. *Eastmanco (Kilner House) Ltd v. Greater London Council* [1982] 1 All ER 437, 443.

41. *Heron International Ltd v. Lord Grade* [1983] BCLC 244.

42. *Howard (RP) Ltd & Richard Alan Witchell v. Woodman Matthews and Co (a frim)* [1983] BCLC 117.

43. *Aronson v. Lewis*, 473 A.2d 805, 81l (Del. 1984).

44. *Edokpolo v. Sem-Edo Wire Industries Ltd* (1984) 7 S. C. 119.

45. *Lewis v. Anderson*, 477 A. 2d 1040-Del: Supreme Court 1984.

46. *Nurcombe v. Nurcombe* [1985] 1 WLR 370.

47. *Fargo v. Godfroy* [1986]3 All E.R.279Ch d.

48. *General Electric Company v. Welch*, 638 F.Supp. 215, 221 (D. Conn. 1986).

49. *Pullman- Peabody Co. V. Joy Mfg.Co.*, 662 F. Supp. 32-Dist. Court; D. New Jersey 1986.

50. *Re a Company* (No. 007623 of 1984) [1986] BCLC 362.

51. *Sparks Electronics Nig. Ltd v. Ponmile* (1986) 2 N.W.L.R. (Pt 23) 516.

52. *Brown v. Tenney,* 155. App. 3d605, 606-607(1st dist. 1987).

53. *Omisade v. Akande* (1987) 2 N.W.L.R. (Pt 55).

54. *Kramer v. Western Pac*. Industry, 546 A. 2d 348, 354-Del: Supreme Court 1988.

55. *Movitex v. Bulfield* [1988] BCLC 104.

56. *Smith v. Croft* (No. 2) [1988] Ch 114.

57. *Sternberg v. O'Neil,*550A. 2d 1105(Del. 1988).

58. *Elufioye v. Halilu* (1990) 2N. W. L. R. 130.

59. *Splegel v. Buntrock* 571 A. 2d 767, 773; MBCA 20 - Del: Supreme Court 1990 02, s 8.01(b); Delaware General corporation Law, s141(a).

60. *Yalaju Amaye v. AREC Ltd* (1990) N.W.L.R. (Pt 145) 422.

61. *Re Castleburn Ltd* [1991] BCLC 89.

62. *Jacobs Farms Ltd v. Jacobs* (1992) OJ No. 813 (ont. gen. dev).

63. *Tan Guan Eng v. Ng Kweng Hee* [1992] 1 MLJ 487.

64. *Rales v. Blasband,*634A. 2d 927(Del. 1993).

65. *Armstrong v. Arbour* (5 July 1994), Vancouver Registry No. A933861.

66. *Central Bank of Nigeria v. Kotoye* (1994) 3NWLR (pt 338) 66.

67. *Dempster v. Mallina Holdings Ltd*, 15 ACSR 1 (1994).

68. *Re Macro* (Ipswich) Ltd [1994] 2 BCLC 354, 404d.

69. *Abdul Rahim Bin Aki v. Krubong Industrial Park* (Melaka) Sdn Bhd [1995] 3 MLJ 417.

70. *Barrett v. Duckett* [1995] B.C.C. 362.

71. *Cf Aloridge Pty Ltd (prov liq apptd) v. Western Austrialian Gem Explorer Pty Ltd* , 127 ALR 410 (1995).

72. *George Fischer (Great Britain) Ltd v. Multi Construction Ltd* [1995] 1 BCLC 260.

73. *Gombe v. P.W. (Nigeria) Ltd* (1995) 6WWLR (pt. 402) 402.

74. *Hemant D. Vakil v. RDI Print and Publishing Pvt. Ltd* [1995] 84 Comp.

Cas. 838.

75. *R & H Electric Ltd v. Haden Bill Electrical Ltd* [1995] 2 BCLC 280.

76. *Re Saul D Harrison & Sons plc* [1995] 1 BCLC 14, 18b-c.

77. *Quinlan v. Essex Hinge Co Ltd* [1996] 2 BCLC 417.

78. *Thomas George v. KCG Verghese* [1996] 86 Comp. Cas. 213.

79. *Gerber Garment Technology v. Lectra Systems Ltd* [1997] RPC 443.

80. *Schafer v. International Capital Corporation* (1997) 4 WWR 99 (Sask. QB).

81. *Re Astec (BSR) plc* [1998] 2 BCLC 556, 575h-i.

82. *Stein v. Blake* [1998] 1 BCLC 573.

83. *Harbor Finance Partner v. Huizenga* 751 A.2d 879 – Del: Court of Chancery 1999.

84. *O'Neill v. Phillips*[1999] 2 BCLC 1, 7h.

85. *Re Legal Cost Negotiators Ltd* [1999] 2 BCLC 17.

86. *Rubinstein v. Skyeller*, Inc. , 48 F. Supp.2d315, 323 (S. D.N. Y. 1999).

87. *Cf Chapman v. E-Sports Club Worldwide Ltd* (2000) 35 ACSR 462.

88. *Chapman v. E-Sports Club Worldwide Ltd* (2000) 35 ACSR 462.

89. *RTP Holdings Py Ltd v. Roberts*, 36 ACSR 170 (2000).

90. *Johnson v. Gore Wood Co.* [2001] 1 BCLC 313,337f-33b.

91. *Malpiede v. Townson*, 780 A. 2d 1075 - Del: Supreme Court 2001.

92. *Talisman Technologies Inc v. Queensland Electronic Switching Pty Ltd* [2001] QSC 324 at [31].

93. *Walker v. Stones* [2001] QB 902.

94. *Adenuga v. Odumeru* (2002) FNWDR (pt 821) 163.

95. *Braga v. Braga Consolidated Pty Ltd* [2002] NSWSC 603 at [6].

96. *CVC/Opportunity Equity Partners Ltd v. Demarco Almeida* [2002] 2 BCLC 108,118, paras 37-8.

97. *Day v. Cook* [2002] 1 BCLC 1.

98. *Goose v. Graphic World Group Holdings Pty Ltd* (2002) 170 FLR 451.

99. *Konamaneni v. Rolls-Royce Industrial Power(India) Ltd* [2002] 1 W.L.R.1269 Ch D.

100. *M. Sreenivasulu Reddy v. Kishore R. Chhabria [2002]* 109 *Comp. Cas.* 18 *(Bom).*

101. *Meyor Inc (formery Talisman Technologies Inc) v. Queensland Electronic Switching Pty Ltd* [2002] QCA 269.

102. *Swansson v. R A Pratt Properties Pty Ltd* (2002) 42 ACSR 313.

103. *Westgold Resources NL v. Precious Metals Australia Ltd* [2002] WASC 221 at [21].

104. *Bhullar v. Bhullar* [2003] EWCA Civ 424.

105. *Charlton v. Baber* (2003) 47 ACSR 31.

106. *Clark v. Curland* [2003] EWCA Civ 810.

107. *Foyster v. Foyster Holdings Pty Ltd* (2003) 44 ACSR 705.

108. *Giles v. Rhind* [2003] 1 BCLC 1.

109. *In re Clearspring Management Ltd* [2003] EWHC 2516 (Ch), para 25.

110. *Isak Constructions (Aust) Pty Ltd v. Faress* (2003) 47 ACSR 224.

111. *Janssen v. Best & Flanagan*, 662 NW 2d 876 - Minn: Supreme Court 2003.

112. *Carpenter v. Pioneer Park Ply Ltd (in liq)*, 211 ALR 457 (2004).

113. *Carpenter v. Pioneer Park Pty Ltd (in liq)* (2004) 211 ALR 457.

114. *Klien v. FPL Group Inc.*, Case No. 02-20170-CIV-GOLD/SIMONTON-Dist. Court, SD Florida 2004.

115. *Lewis v. Ward.* 852A. 2d. 896(Del. 2004).

116. *Portfolios of Distinction Ltd v. Laird* [2004] EWHC 2071(Ch).

117. *Saltwater Studios Pty Ltd v. Hathaway* [2004] QSC 435 at [10].

118. *Saltwater Studios Pty Ltd v. Hathaway* [2004] QSC 435 at [7].

119. the Dongbang Peregrine case, Supreme Court 2002-na-60467, 60474

(Dec. 10, 2004).

120. *Airey v. Cordell* [2005]EWHC 2728 (Ch).

121. *Chief Geofrey Ozuh v. Chief Anthony Ezeweputa* (2005) 4NWLR (pt. 915) 221.

122. *Diamantides v. JP Morgan Chase Bank* [2005] EWCA (Civ) 1612.

123. *Exeter City AFC Ltd v. Football Conference Ltd* [2005] 1 BCLC 238.

124. *Mumbray v. Lapper* [2005]EWHC 1152(Ch).

125. *Ozueh v Ezeweputa* (2005) 4 N. W. L. R. (Pt 915) 221.

126. *Fisher v. Cadman* [2006] 1 BCLC 499 at 526.

127. *Grace v. Biagioli* [2006] 2 BCLC 70, 93, para 61.

128. *Piven v. Ryan*, No. 05 CV 4619, Dist. Court, ND Illinois 2006.

129. Rho and Kim (2011), the LG Petrochemical case, Seoul Southern District Court 2003-gahap-1176 (Aug. 17, 2006).

130. *Conard v. Black*, 940 A. 2d 28, 41- Del: Court of Chancery 2007.

131. *Gamlestaden Fastigeheter v. Baltic Partners Ltd* [2007] UKPC 26, para 37.

132. *Irvine v. Irvine* (No. 1) [2007] 1 BCLC 349, 417, para 256.

133. *Fanmailuk.com Ltd v. Cooper* [2008] BCC 877.

134. *Franbar Holdings Ltd v. Patel* [2008] BCC 885.

135. *Mission Capital Plc v. Sinclair* [2008] BCC 866.

136. *Nirad Amilal Mehta v. Genelec Ltd* [2008] 146 Comp. Cas. 481.

137. *Dotcom Sdn Bhd v. MTex Corporation Sdn Bhd* [2009] 1 LNS 118.

138. *Iesini* [2009] EWHC 2526.

139. *Jaideep Halwasiya v. Rasoi Ltd*, [2009] 150 Comp. Cas. 1.

140. *Lim Peak Suan Sdn Bhd v. Sungei Bongkoh Estate Sdn Bhd* [2009] 2 CLJ 719.

141. *Stimpson v. Southern Landlords Association* [2009] EWHC 2072(Ch).

142. *Wishart v. Castlecroft Securities Ltd* [2009] CSIH 65; 2010 S.C. 16.

143. *Agip (Nigeria) Ltd v. Agip Petrol Internationa*l (2010) 5 N. W. L. R. (Pt 1187) 348.

144. *Celcom Berhad v. Mohd Shuaib Ishak* [2010] 7 CLJ 808.

145. *Daljit Singh v. Forefront Online Sdn Bhd* [2010]1 LNS 1631.

146. *Iesini v. Westrip Holdings Ltd* [2010] BCC 420.

147. *Kiani v. Cooper* [2010] BCC 463.

148. *Lambrecht v. Neal.* 3A. 3d. 277(Del. 2010).

149. *Shamsul bin Saad v. Tengku Dato Ibrahim Petra* [2010] 4 MLJ 37.

150. *Ritchie v. Union of Construction, Allied Trades and Technicians* [2011] EWHC 3613 (Ch).

151. *Stainer v. Lee* [2011] BCC 134.

152. *Cinematic Finance Ltd v. Ryder* [2012] BCC 797 (Ch D).

153. *Ho Hup Construction Company Bhd v. Bukit Jalil Development Sdn Bhd* [2012] 1 CLJ 649.

154. *Hua Realty Bhd v. KTS News Sdn Bhd* [2012] 1 LNS 1119.

155. *Hughes v. Weiss* [2012] EWHC 2363 (Ch).

156. *Kleanthous v. Paphitis* [2012] BCC 676.

157. *Leow Yin Choon v. Tang Fook Siong* [2012] 1 LNS 780.

158. *Mouritzen v. Greystone Enterprises (Pty) Ltd*, 2012 ZAKZDHC 34, 8 June 2012.

159. *Parry v. Bartlett* [2012] BCC 700.

160. *Pioneer Haven Sdn Bhd v. Ho Hup Construction Company Bhd* [2012] 2 CLJ 169.

161. *Bamford v. Harvey* [2013] Bus LR 589.

162. *Certain Ltd Partners in Henderson PFI Secondary Fund II LLP v. Henderson PFI Secondary Fund II LP* [2013] QB 934.

163. *Harrod Grill v. Chenevert*, Civil Action No. 7999-CS - Del: Court of Chancery 2013.

164. *Krishnasamy G B Vatchelu v. Eng Ah Phoo @ Ng Ah Phoo* [2013] 1 LNS 1160.

165. *Lee Suan Ngee v. On Network Sdn Bhd* [2013] 1 LNS 506.

166. *Phillips v. Fryer* [2013] BCC 176 (Ch D).

167. *Universal Project Management Services Ltd v. Fort Gilkicker Ltd & Others* [2013] EWHC 348 (Ch.).

168. *YL Sheffield LLC v. Wells Fargo Bank*, 2013 NY Slip Op 67290 - NY: Appellate Div., 1st Dept. 2013.

169. *Koh Jui Hiong v. Ki Tak Sang* [2014] 2 CLJ 401; *Li Chin Thee v. Francis Chin* [2014] 1 LNS 1330.

170. *Suhaimi Ibrahim & Ors v. Hi-Summit Construction Sdn Bhd* [2014] 1 LNS 1770.

171. *Abdul Rahim Suleiman v. Faridah Md Lazim* [2015] 1 LNS 313.

172. *Delaware County Employees Retirement Fund v. Sanchez*, Del: Supreme Court 2015.

173. *Ramakrishnan Rajeswari v. Syarikat V. K. Kalyanasundram Sdn Bhd* [2015] 1 LNS 168.

174. *Sneed v. Webre*, 465 SW 3d 169 - Tex: Supreme Court 2015.

175. *Mbethe v. United Manganese of Kalahari (Pty) Ltd,* 2017 ZASCA 67, 30 May 2017.

后记

坦率地说，我对写后记有所抗拒。一是工作五年来，刚好出版了五本专（译）著，平均每年一本的节奏，意味着每年都要写一篇后记。一般后记所涉及的个人学术经历、“奋斗”过程、辛酸往事、个人答谢等，于我而言，几已写完，再继续重复似乎有点矫情。二（也更为重要的）是，现在的后记呈现出花里胡哨的趋势，据我有限的视野，有用文言文写的后记，也有语不惊人死不休的词藻堆砌，更有表白式的后记。不是说这种表达方式不适宜，而是在绝大多数学术著作平淡无奇的无奈现实下，仿佛真正值得一看的，只有最后一两页的后记，想起就痛心。

当然，再怎么抗拒，也得遵循显规则。

关于本书的由来，实际上源于我在英国求学时的学位论文。我硕士和博士论文均以股东代表诉讼为题。故此，为了“全方位、多层次”的研究这一制度，我尽可能全面搜集既有文献，并认真拜读。博士毕业一年，我将英文博士论文修改后在国外出版。后来有朋友建议我可以把英文博士论文翻译成中文后再出版，此前国内有不少海归博士也这么操作过。我有所心动，因为这不仅省心省事，也能多一本凑数的专著，离我“著作等身”的目标也可再进一步。但后来我还是放弃这一念头，原因无他：当年写博士论文时，为了最大程度避免语法错误，一个完整的句子我要冥思苦想多遍才敢下笔。后经过数次校对提交后，我曾经有数周时间不想再看论文。博士毕业后，为了出版，又再一次强忍“恶心”逐字逐句的校对和修改，可谓已达极限。如果要翻译成中文出版，就意味着还要重新走一遍“来时的路”。于我而言，实无兴致。

然而，好歹在过去数年中，我搜集了大量文献，如果能将这些资料整合消化后形成一本书，也算是不浪费多年的“努力”。故此，我专门参考了国内已出版的几本关于股东代表诉讼的专著（基本上是博士论文）。为了以示区别，本书主要有两个特色：一是尽可能介绍更多国家或地区的股东代表诉讼制度。目前我国关于股东代表诉讼的域外研究，主要集中于美国、英国、德国和日本，其他国家和地区的相关介绍相对罕见。故此，我尽可能搜集更多国家和地区的相关资料，以便呈现出股东代表诉讼的“全球视野”，也算是为国内研究填补可能的“空白”。二是对我国股东代表诉讼进行了全方位的实证分析，通过案例分析的方式，对股东代表诉讼的各个构成要素（或程序要求）进行一一分析，试图避免纸上谈兵式的“空谈误国”。当然，这些尝试难免也有弊端，比如有些国家的相关文献太少，导致无法全面剖析；有些则因是小语种国家，只能通过阅读二手资料了解相关制度，精准度无疑大打折扣。但不管如何，这本书的出版也算是了结了我一个心愿。

本书的出版，首先要感谢李文彬老师和王京图老师，没有他们两位的的精心校对和编辑，本书不会如此顺利地出版。此外，也要感谢我 17 级和 18 级的研究生，谢谢他们为本书付出了大量的时间和精力。当然，文责自负，本文一切的谬误，当由我个人承担。

林少伟

2019 年 8 月 11 日于新加坡